Christa von Hantelmann
Handbuch der Inneneinrichtung

Christa von Hantelmann

Handbuch der Inneneinrichtung

Ratgeber für Planen – Wohnen – Gestalten

Keyser

ISBN 3-87405-089-0

Gesamtherstellung: Ernst Kieser KG, Augsburg

Printed in Germany

Inhaltsverzeichnis

Allgemeine Einführung

Was ist Wohnen?

Dieses Handbuch soll ein Ratgeber für alle die sein, die Hilfe beim Einrichten ihres Hauses oder ihrer Wohnung suchen. Um eine Behausung wohnlich zu gestalten, bedarf es zahlreicher Aktionen. Wie sinnvoll diese Aktionen ausgeführt werden, hängt von dem Grad der Erfahrung und Kenntnis ab, mit dem sie geleitet werden. Es ist das Ziel dieses Buches zu helfen, diese Erfahrung zu vertiefen, zu ordnen und zur Erkenntnis zu bringen. Das Wohnen soll zur bewußten Aktion werden und von allen Zufälligkeiten befreit sein. Wir alle haben mehr Zeit zum Wohnen, wir suchen Behaglichkeit in unserer Behausung, wir spüren die Fähigkeit zum kreativen Gestalten. Das Buch möchte Anregung geben, dieser Fähigkeit Ausdruck zu verleihen. Es soll eine Hilfe sein, einen guten Einklang zwischen ästhetischer Gestaltung und technischer Funktion im Wohnbereich zu schaffen. In diesem Zusammenhang sei auf den Soziologen Bahrdt hingewiesen, der formulierte: Wohnlich ist ein Raum, eine Wohnung, ein Haus, wenn es einer Vielzahl von alltäglichen Funktionen, zu denen auch Arbeit, aber nicht jede Arbeit gehört, einen alltäglich-behaglichen, vertrauten Rahmen gibt, und zwar so, daß diese Funktionen sich nicht nur nicht gegenseitig stören, sondern sogar miteinander harmonieren. Diese Harmonie ist ein Stück Kultur.
Wohnlichkeit wird verstanden als alltägliche Behaglichkeit. Ein Raum ist dann wohnlich, wenn er uns zum Verweilen einlädt; dazu gehört, daß er anheimelt, vertraut wirkt, selbst, wenn wir ihn zum erstenmal betreten. Zur Wohnlichkeit gehört auch etwas Gewöhnlichkeit im guten Sinne: man muß sich gewöhnen können. Wohnlichkeit heißt: sich in einer überschaubaren, vertrauten Umwelt entfalten können.

Lebensstil und Wohnstil

Längst ist das Thema Wohnen ein Gegenstand öffentlicher Diskussion in Zeitungen und Zeitschriften geworden. Man könnte bereits von einem Zeitalter der Wohn-Aufklärung sprechen. Wir haben inzwischen verstanden, daß Wohnen zum wesentlichen Bestandteil des Lebens gehört, genau wie andere kulturelle Bereiche, die Freude an der Kunst, die Pflege der Geselligkeit und ebenso auch die Freude am Essen. Richtiges Wohnen ist eine Voraussetzung für unser Wohlbefinden, unsere Gesundheit, unsere Daseinsfreude, aber auch für unsere Arbeitskraft. Diese erfreuliche Erkenntnis hat dazu geführt, daß wir mit viel Überlegung an das Werk des Einrichtens herangehen. Überholte Begriffe von allzuviel Förmlichkeit in bezug auf Repräsentationspflichten sind ausgeräumt, und große Möglichkeiten des zwanglosen Wohnens haben sich eröffnet. Wer ein eigenes Haus zu bauen plant oder sich mit dem Gedanken befaßt, eine Wohnung einzurichten oder gar eine Eigentumswohnung zu erwerben, der sollte wissen, daß er dieses große Wagnis meist nur einmal im Leben beginnt. So kann man diese Aufgabe nicht ernst genug nehmen, und man sollte sich reichlich Zeit dafür einrichten. Dieses Buch hat die Absicht, ein Ratgeber für die zu sein, die sich mit dem Wohnen beschäftigen wollen oder müssen. Somit sind die Ratschläge für Haus und Wohnung gleichermaßen relevant. Es sei dem Leser überlassen, sich das jeweils für ihn Gültige herauszuziehen. Da es hier ja auch um Grundsätzliches des Einrichtens geht, vermeiden wir es, ständig den Unterschied zwischen wohnen im Haus und wohnen in einer Wohnung zu machen. Ein Haus sollte immer von innen nach außen geplant und entworfen werden. Zunächst ist es eine dringliche Bitte, für den Bau eines Hauses oder die Einrichtung einer großen Wohnung stets einen Architekten oder Innenarchitekten zu Rate zu ziehen. Aber im allgemeinen beginnt die Planung der Bauwilligen schon lange vorher im eigenen Familienbereich. Und dies ist auch gut so. Bereits in dem Moment, in dem sich der Bauherr Gedanken über die Wahl des Architekten macht, muß er eine klare Vorstellung haben, wie er einmal wohnen möchte. Er muß auch in der Lage sein, diese Vorstellung präzise ausdrücken zu können, d. h. er muß sein Familienleben genau schildern, er muß seine Wünsche erst erkennen und dann formulieren können, er muß wissen, in welchem Stil er zu wohnen wünscht. Dem folgt, daß sich zwei Menschen zusammenfinden, die sich bisher kaum kannten, nämlich der Architekt und ein Bauherr, um über recht private Dinge zu beraten, nämlich über das Wohnen der eigenen Familie.
»Laß mich sehen wie Du wohnst, und ich sage Dir, wer Du bist.«
Die Art der Wohneinrichtung verrät viel von dem Wesen eines Menschen.

Seine Wohnung spiegelt seine Passion, seine Eitelkeit, sein Schutzbedürfnis, seinen Freiheitsdrang, seine Sicherheit bzw. seine Hilflosigkeit in Fragen des Geschmacks wider. Gerade jener Unsicherheit will dieses Buch mit Ratschlägen zu Hilfe kommen. Meist schon lange bevor der Grundstückskauf getätigt wird, kreisen unsere Gedanken um das Wohnen im eigenen Heim.

Dabei entstehen bereits vage Vorstellungen, wie dieses Heim einmal aussehen könnte. Fragmente reihen sich aneinander oder bleiben beziehungslos als Einzelideen im Raum hängen. Ständig dringen neue Eindrücke vor. Wir sehen andere Häuser, besuchen Freunde, sehen interessante Details, wir machen Reisen in fremde Länder, überwältigende Eindrücke verdrängen die alten, schon fast fest gewordenen Bilder. Bald gleicht unsere Vorstellung von dem eigenen Heim, in dem wir einmal wohnen möchten, dem Bild eines fröhlichen Jahrmarkttreibens. Diese Vorstufe des eigenen Planens kann gar nicht lange genug dauern und sollte gründlich genutzt werden. Vieles sollte gesammelt werden. Es wird sich eines Tages sehr günstig auswirken, wenn diese Notizen in einem großen Buch festgehalten werden. Die Zeit des Einrichtens und Bauens ist nachher sehr viel kürzer, das heißt aber auch, es sind sehr viel schneller sehr viele Fehler zu machen. Vergleichsweise dazu ist die Zeit des Planens lang, und man sollte sorgfältig arbeiten während dieser Zeit. Es ist nie verkehrt, sich an gelungenen Einrichtungen anderer Menschen zu orientieren, wenn man lernt, den eigenen Maßstab anzulegen. Ein gutes Hilfsmittel ist es vielleicht, sich bewußt zu werden, welche Häuser oder welche Einrichtungen einem in den letzten Jahren durch besondere Schönheit und Ausgewogenheit aufgefallen sind. Nicht selten werden es die Häuser sein, in welchen auch die Menschen, die in ihnen wohnen, sich so geben, wie sie wirklich sind, wo Wohnen und Lebensstil eine Einheit bilden. Das sollte eine wichtige Voraussetzung für eine erfolgreiche Einrichtungsphase sein.

Lebensgewohnheiten

Irgendwann wird bei diesem Sammeln von Eindrücken der bewußte Prozeß des Weglassens einsetzen. Wer sich eine Umgebung gestalten will, die zu ihm paßt, muß nicht nur für Anregungen offen sein, sondern er muß auch Einflüssen Widerstand leisten können. Wer beispielsweise erkennt, daß ein bestimmter, sehr interessant gestalteter Raum in seiner Ausdrucksform nicht zu ihm selbst paßt, der sollte auch lernen, diese Eindrücke nicht zu sammeln. Diese Anregung ist dann unfruchtbar, und sie muß konsequent weggelassen werden. So wird sich beim Sammeln und Weglassen, beim Notizenmachen und wieder Verwerfen nach und nach eine eigene Vorstellung herausarbeiten, wobei die Grundzüge durch Alternativentscheidungen festgelegt werden:

Suchen wir eine Höhle, die uns umgibt, oder wollen wir viel Licht hereinlassen und die Natur in den Wohnraum mit einbeziehen? Leben wir im Kreise der Familie oder haben wir gesellschaftliche Verpflichtungen und müssen repräsentieren? Soll unser Haus nach außen hin unseren Wohlstand zeigen oder lieben wir es, in ganz privater, zurückgezogener Atmosphäre zu leben? Sind wir Naturmenschen oder Großstädter? Haben wir eine echte Beziehung zum Garten oder betrachten wir lieber des Nachbarn gepflegtes Arrangement vom Fenster aus? Suchen wir zu Hause in erster Linie Ruhe oder läßt unser Berufsleben noch ein Hobby zu, das wir in unseren eigenen vier Wänden pflegen möchten? Stehen wir früh auf oder leben wir abends intensiv? Fühlen sich alle Familienmitglieder am wohlsten in der Gemeinschaft oder braucht eines eine Oase der Abgeschiedenheit und Ruhe für sich? Sind wir gegen Lärm allergisch oder sind wir lichtempfindlich? Entsprechen Weite und Zimmerfluchten unserem Wohngefühl oder machen wir gern die Türen hinter uns zu und haben alles behaglich nah um uns herum? Bilden ausführliche Mahlzeiten den Mittelpunkt des Familienlebens? Dann sollte der Eßplatz in der Hausplanung besondere Berücksichtigung finden.
Für ganz junge Bauherren ist es vielleicht schwierig, den eigenen Stil zu erkennen und zu wissen, wie sie morgen wohnen möchten. Ihnen sei geraten, den großen Rahmen relativ unabhängig von modischen Einflüssen zu wählen und sich eventuelle Extravaganzen mehr bei der Wahl der leicht veränderlichen Gegenstände zu erlauben. Die Möbel und die bewegliche Innenausstattung lassen sich im Laufe der Jahre einmal verändern. Fast jeder von uns macht im Laufe seines Lebens grundsätzliche Stilwandlungen durch. Ein junges Ehepaar sollte versuchen, etwas vorauszublicken. Wie würde man gerne wohnen? Wie wäre es, wenn man Kinder hätte? Wie würde das Familienleben dann aussehen? Was stellt sich der Mann vor, wenn er auf dem Höhepunkt seiner beruflichen Laufbahn steht?
Es sollte mit den ersten theoretischen Anregungen hier genug sein.

Konzeption des Wohnstils

Nach den bisherigen Anregungen ist es vielleicht möglich, sich darüber im klaren zu sein, wie die eigenen Lebensgewohnheiten aussehen. Somit ist eine der Voraussetzungen für den eigenen Wohnstil gebildet. Der nächste Punkt ist es, den Stil zu erkennen, in dem man glaubt, wohnen zu wollen. Schon bei der Planung des Hauses muß die Konzeption des Stils, in dem man sein Haus einrichten möchte, festliegen. Diese Stilart sollte mit dem Lebensstil der Bewohner übereinstimmen. In die einmal festgelegten Linien sollen sich dann auch die Details, nämlich die Möbel, die Bilder einfügen, wobei von Mal zu Mal wieder neu zu entscheiden ist, ob man auf dem richtigen Wege geht, ob der Stilbruch nicht zu hart ist und der neuhinzugekommene Gegenstand vielleicht als ein Fremdkörper empfunden wird. Viel Überlegung und etwas Geschmack gehören dazu, aber bitte verzweifeln Sie nicht, Geschmack läßt sich schulen! Zunächst wollen wir uns bewußt werden, welcher Wohnstil wohl der unsrige werden sollte. Es soll ein Hilfsmittel sein, zunächst verschiedene Stilmöglichkeiten aufzuzählen.

Moderne Zweckmäßigkeit

Moderne Auffassung setzt klare, knappe Linienführung voraus. Die Zweckgebundenheit blitzt uns geradezu überlegen entgegen. Sachlich wird jeder Gegenstand auf seine Funktion hin geprüft. Kann er nicht bestehen, wird er aus unserer Umgebung verbannt. Diese Räume können leicht etwas nüchtern wirken, aber das stört den sachlich empfindenden Menschen nicht. Man atmet hier frische Luft, Trödel und Troddeln sind uns verhaßt. Die Räume werden nicht vollgestellt, große Durchblicke, weite Fensteröffnung (selbst wenn die Aussicht völlig fehlt) zeigen, daß hier nichts zu verbergen ist. Menschen, die diesen Wohnstil bevorzugen, können meistens weitgehend auf Türen verzichten und bevorzugen die Großraumlösung. Das Säubern dieser Räume ist auf ein Minimum an Arbeit beschränkt, nichts Überflüssiges steht herum. Alle Gegenstände sind auf ihre Zweckmäßigkeit geprüft und üben ihre Funktion sichtbar aus. Farbkontraste können ruhig härter sein, die Auswahl des dazu passenden Mobiliars ist groß. Aber auch in dieser Stilrichtung ist individuelles Gestalten möglich, gut überlegte Akzente werden sicher gesetzt.

Rustikaler Stil

Wer sich zu einem naturhaften, ländlichen Einrichtungsstil bekennt, der sollte bereits bei der Planung des Hauses von außen mit diesem Stil beginnen. Organisch wirkt hier nur, wenn auch das Äußere und Innere des Hauses übereinstimmen. Zunächst ist die Voraussetzung, daß sich die Betreffenden nicht nur als »Stadtmenschen« fühlen, sondern ein echtes Verhältnis zur Natur und ihrem Rhythmus haben. Dieser heute so beliebte rustikale Einrichtungsstil wird häufig von den Menschen gesucht, die ein Gegengewicht zur Technik und Zweckmäßigkeit unserer funktionalen Zeit suchen. Eine günstige Voraussetzung dieser Stilrichtung ist ein Grundstück in ländlicher Umgebung oder am Stadtrand. Ein betont rustikaler Einrichtungsstil im zehnten Stock eines Hochhauses wirkt ein wenig paradox. Eine wichtige Voraussetzung für ein gelungenes Einrichten im rustikalen Stil ist, sich echter Materialien und echter Gegenstände aus ländlicher Umgebung zu besinnen. Man sollte alle Pseudoartikel vermeiden, wie z. B. Lampen aus einem Ochsenjoch oder ähnliche, völlig zweckentfremdete Dinge. Den Grundstock der Einrichtung werden meistens kräftige Eichenmöbel bilden. Zinn und Messing wird diesem Einrichtungswilligen lieber sein als allzuviel Silber. Wir bevorzugen, an einem kräftigen, hölzernen Tisch zu essen, einfache Trinkgefäße stehen auf dem Tisch statt kristallgeschliffene Gläser. Derben Stoffen geben wir den Vorzug, Streifendamaste bewundern wir lieber nur bei anderen. Wir entscheiden uns für kräftige Formen, warme Farben, Stoffe im Leinen- oder Handwebcharakter. Alles Echte und Naturhafte zieht uns an. Man sollte sich aber darüber klar sein, daß dieser Einrichtungsstil ein wenig mehr Platz braucht; er ist in Gefahr in allzukleinen Räumen etwas lächerlich zu wirken. Es wird nicht viel Verständnis benötigt, um zu wissen, daß ein bäuerlicher Eichenschrank in einer Diele etwas mehr Raum benötigt, als eine weißgestrichene Einbauwand.

Zeitlose Eleganz

Es sind gerade die Menschen, die viel gesehen haben und viel gereist sind, die den Wandel der Zeiten und des Geschmacks beobachtet haben, die sich dann zu einem zeitlosen Wohnstil bekennen. Oft wird diese »Begrenzung« mißverstanden. Es bedeutet keinesfalls, daß diese Menschen keinen eigenen Stil besitzen; es gehört nämlich viel Charakterstärke dazu, sich konsequent der zeitlosen, dauerhaften Eleganz zu beugen. Leider ist diese Eleganz dabei etwas von den finanziellen Möglichkeiten abhängig. Qualitätsgebundene, solide Möbel sind nicht die billigsten. Wer sich zeitlos einrichten möchte, wird schreiende Farben vermeiden und sich gut ausprobierter bekannter Farbkombinationen erinnern, um nichts zu riskieren. Lichte Wände, bequeme Sitzmöbelgruppen, gute Stoffe finden sich in klarer Ruhe zusammen. Ist die Grundeinrichtung der Behausung so zeitlos neutral gewählt, fällt es nicht schwer, gelegentliche kleine Anlässe, Familienfeiern oder ähnliches in dieser Umgebung in einem anderen Stil zu dekorieren. Die Umrahmung paßt dann immer. Alle Möglichkeiten sind offen, gelegentliches geselliges Beisammensein einmal etwas rustikaler und ein andermal etwas eleganter zu arrangieren. Unser Stilgefühl wird uns davor bewahren, zuviel Nippes aufzustellen oder modischen Dekoren zu verfallen. Es gehört viel eigene

Sicherheit dazu, sich in diesem zeitlosen, eleganten Stil richtig zu arrangieren. Je weiter die inzwischen erworbenen eigenen Einrichtungsfähigkeiten vorangeschritten sind, desto mehr wird zu sehen sein, daß dieser Stil nicht langweilig zu sein braucht. Es ist auch hier immer wieder ratsam, sich von guten Einrichtungsbildbänden beeinflussen zu lassen.

Romantischer Wohnstil

Unter dem Begriff »romantisch« läßt sich vieles einreihen. In erster Linie wird es in dem romantisch eingerichteten Haus gemütlich sein – hoffentlich aber nicht unerträglich gemütlich. Hier wird mit viel Liebe und Phantasie gewohnt. Sprossenfenster mit Voile-Gardinen sind uns lieber als riesige Glaswände. Zarte Farbtöne ziehen wir kräftigen und schockierenden Farbanstrichen vor. Auch ein bißchen Kitsch wird sich einschleichen, aber dieser liebenswerte Kitsch zeugt von der Dekorationsfreudigkeit der Bewohner. Mancher Architekt wird dieser Wohnkonzeption nur mit Zaudern folgen mögen. Aber schließlich muß diese sich ja nicht allzusehr im Äußeren eines Hauses kundtun. Ein guter Architekt wird verstehen, der so romantisch veranlagten Bauherrin zu zeigen, daß dieser Stil mehr für das Innere des Hauses geeignet ist. Viel Anregung braucht der Romantiker meistens nicht, denn er steckt selbst voller Ideen. Bremsen ist oftmals nötiger am Platze.
Auch hier gilt der Rat, sich besonders vor Zweckentfremdungen zu hüten. Eine gute Orientierung bildet das Betrachten früherer Wohnstile. Die Überfüllung der Räume während der Jahrhundertwende zeigt, daß die Romantik im Wohnen ad absurdum geführt wurde. Die Sprödigkeit gewisser Biedermeier-Zimmer würde unserer heutigen Einstellung nicht mehr entsprechen. Dieser romantische Einrichtungsstil ist meistens besonders glücklich in kleineren Räumen. Für große Wohnräume ist Voraussetzung, daß einige schwere Möbelstücke oder Farben die richtigen Akzente setzen, damit der Raum nicht in viele reizvoll komponierte Einzelarrangements zerfällt.

Kombination von alt und neu

Die Kombination von alten, ererbten Möbelstücken mit sachlichem, modernem Interieur ist ein sehr beliebter Wohnstil geworden. Wer modern mit alten Möbeln leben will, der muß zunächst einige Stücke aus vergangener Zeit besitzen. Manchmal sind sie vererbt und mit Tradition behaftet. So gesellt sich gleich ein gewisses Stilgefühl hinzu und läßt uns sicher werden im Kombinieren. Moderne, knappe Linienführungen im Äußeren des Hauses geben den alten Möbeln den wunderbaren Kontrast und lassen eine Spannung entstehen, die interessant und eindrucksvoll ist. Das Weglassen ist hier eine äußerst wichtige Sache. Im überfüllten Raum wirken diese Möbel nicht mehr. Wer einen schönen alten Tisch besitzt, sollte sich nicht ständig bemühen, auch ein passendes Sofa dazu zu bekommen. Häufig könnte das für unser heutiges Stilempfinden schon zuviel sein. Die Spannung, die zwischen einem alten in schönem warmen Holzton gehaltenen Tisch und einem modernen schlichten Sofa besteht, zieht uns heute besonders an. Moderne Lampen und moderne Fensterdekoration sind eine befreiende Ergänzung für wertvolle alte Möbel. Auch hier ist es so, daß eine Fensterdekoration im selben Stil wie die Möbel für uns heute fast erdrückend erscheint. Klare, helle Wände, große Glasscheiben stehen wiederum in spannungsreichem Kontrast zu diesem reichhaltigen Mobiliar.

Bei der Frage, was paßt zusammen, was verträgt sich, kann ich alles miteinander kombinieren, sollte die Zäsur stets sein: Gute Formen und gutes, echtes Material vertragen sich immer miteinander. Da spielt die Zeit, in der die Einzelstücke entworfen sind, keine Rolle. Qualität sollte hier das oberste Gesetz sein. Gerade für einen zweckmäßigen, sachlichen Innenausbau sind einige alte Möbel mit ihren warmen Holzfarben eine wunderbare Ergänzung. Darum werden sie heute auch so gerne erworben, ohne daß man vor den oft gewaltigen Kosten zurückschreckt. Grundsätzlich bestimmt auch hier das Mobiliar die Art der Stilrichtung. Wer sich mehr auf barocke Möbel spezialisiert hat, wird sie etwas rustikaler kombinieren. Holzdecken, geschlemmte Ziegelwände, Steinfußböden sind eine wohltuende Ergänzung. Englische Mahagoni-Möbel des 18. oder 19. Jahrhunderts sind besonders im Norden sehr beliebt geworden. Sie stehen wiederum gut zu lichten weißen oder hellfarbigen Wänden und verlangen etwas mehr Eleganz in der Ausstattung. Vor einer Holzwand würde ihre Wirkung sehr geschmälert sein. Helle, weißgetünchte Treppenhäuser, schwarzweiße Bodenfliesen, helle, durchschimmernde Gardinen sind eine gute Umgebung für diese Mahagoni-Möbel. Es ist keine Schwierigkeit, verschiedenfarbige Möbel zu kombinieren. Ein bäuerlich bemalter Bauernschrank ist ein fröhlicher Akzent in einer Diele mit weißgestrichenen Einbauschränken. Es ist nicht Voraussetzung, nun auch Eßtisch und Stühle im gleichen Stil zu bemalen. Immer wieder sollten die alten Möbelstücke als dekorative Ergänzung betrachtet werden. Bei der Auswahl der modernen hinzugefügten Stücke sollte man berücksichtigen, daß man den alten Möbeln den ersten Platz einräumen möchte. Das heißt, die neuen Stücke sollten in Lautstärke, Farbe hinter die wertvollen alten Stücke zurücktreten.

Stil-Nachahmungen

Da sich eine große Anzahl Käufer neuer Möbel für Modelle entscheidet, deren Formen vergangenen Stilepochen nachgemacht sind, wollen wir auch einige Worte über die sog. »nachgemachten Stilmöbel« sagen. Hierbei gilt im allgemeinen die gleiche Voraussetzung wie für echte Möbel aus früheren Jahrhunderten. Es müssen nicht unbedingt geschlossene Einrichtungen gekauft werden, sondern gerade moderne, zeitlose Ergänzungen sind notwendige Maßnahmen für diese Stilrichtung. Es ist auch nicht nötig, bei der Wahl der Gardinen mit wilden Raffungen die Schwingung der Möbel noch zu unterstreichen, denn eine sachliche, klare Linienführung läßt die lebendigen Formen der Stilmöbel viel stärker hervortreten. Niemals sollte die Freude an den Stilen früherer Zeiten das ganze Haus überwuchern. Frische, klare Farbgebungen, die auch aus hellen Farben bestehen können, sind eine bessere Unterstützung der Stilmöbel, als allzu weiche, verwässerte Beigetöne. Das Angebot auf dem Markt der Stilmöbel ist sehr groß. Eine wichtige Voraussetzung ist, die Maße der Wohnräume genau zu berücksichtigen. Im allgemeinen benötigt man viel Platz für diese Möbel, nicht nur räumlich gemessen, sondern vor allen Dingen auch optisch. Ganze Schrankwände im Stil alter Zeiten füllen einen Raum weit mehr als eine sachliche, weiße Schrankwand. Bitte bedenken Sie, daß Sie genügend Abstand brauchen, um sich frei zu fühlen. Die Behaglichkeit, die diese Einrichtungen ausströmen, ist dafür aber groß. Besonders schön wirken diese Möbel auf ruhigen, ausgelegten Teppichböden; mit Brücken sollte man etwas sparsamer umgehen.

Fremdländische Stile

Wer viel reist, bringt auch fremdländische Wohnvorstellungen mit nach Hause und möchte davon gerne etwas in seinem eigenen Heim festhalten. Da ist es vor allem der fernöstliche Stil, der uns so reizvoll erscheint. Klima und Landschaftsbild lassen uns diese Formgebungen nur selten im äußeren Bild unseres Hauses oder im Garten nachahmen. Aber für die innere Gestaltung läßt sich vieles von diesen exotischen Reizen verwenden. Man wird auch hier auf das Kombinieren mit zeitlosen, modernen Möbeln nicht verzichten können, die gerade mit den fernöstlichen Einflüssen in sehr gutem Einvernehmen stehen können. Ruhe und Klarheit und sehr großzügige Linienführung benötigen diese Räume. Sparsam, aber gut gesetzte Details unterstreichen die Wirkung. Zierliche, niedrige Möbel stehen beinahe absichtslos im Raum herum. Die passenden Stoffe und Dekorations-Gegenstände sind in

Deutschland gut zu bekommen. Wer in Spanien oder Süd-Frankreich gereist ist, der wird dort neben unerträglich überladenen Einrichtungen einen knappen, ausdrucksvollen Wohnstil kennengelernt haben, der im Rustikalen, Traditionellen verwurzelt ist. Manchmal ist es allerdings eine romantische Vorstellung und die Erinnerung an Sonne und Süden, die sich bei uns mit dem Wunsch verbindet, etwas aus diesen Wohnungen in unsere Breitengrade importieren zu wollen. Dabei sind diese Möbel in erster Linie für kühle, schattige, dunkle Wohnungen gemacht. Richtig aufgestellt, können sie von großer Ausdruckskraft sein. Für die Art der Dekoration gilt hier das gleiche wie für unsere Stilmöbel.

Improvisieren

Gerade für junge Leute ist es reizvoll, wenn das Haus einen Schuß Improvisation erhält und nicht alles bis zum Letzten geplant und gestaltet ist. Behaglich kann es dort wirken, lebendig und ungezwungen. Auch ist das Haus nicht bis zur letzten Ritze vollgestopft. Man läßt bewußt noch Platz, um später einige Ergänzungen hinzuzufügen. Leichte, veränderliche Sitzgruppen werden auf große, helle Teppichböden gestellt. Es ist ihnen anzumerken, daß sie nicht für die Ewigkeit bestellt worden sind. In diesen Wohnungen und Häusern ist Platz zum Experimentieren. Einmal wird die Wand rot gestrichen – die jungen Bewohner sind begeistert –, ein halbes Jahr später ist die Wand grün, und man ist genauso begeistert. Ein Tisch vor der Couch fehlt, dafür sind kleine Abstellmöglichkeiten wahllos im Raum verteilt. Es sind nicht nur junge Leute, die diesen Stil bevorzugen. Im Grunde sind es Menschen, die innerlich unabhängig sind, die allen Reizen gegenüber offen bleiben, die aber in der Lage sind, diese Wirkungen steuern zu können. Es sind Menschen, die freien Raum um sich herum benötigen, die nie in der Angst leben, es fehle ihnen etwas. Wer mit Phantasie improvisieren kann, dem fehlt eigentlich nie etwas. Es sei denn, er hat nicht genug Raum, um zu improvisieren. Und um diesen Raum zu haben, wird er sein Haus nicht so voll Möbel stellen, denn er weiß sich zu helfen, wenn plötzlich Gäste kommen. Diese Menschen bevorzugen leere, weiße Wände, sie verändern ihre Bilder, sie hängen sie um, sie kaufen neue, sie verkaufen alte, sie leben nicht ständig mit der gleichen Dekoration, sie ändern auch ihre Beziehung zu ihren Bildern, sie werden auch in der Lage sein, in ein Haus zu ziehen, das noch halb leer ist, weil man sich noch nicht schlüssig war, wie die Einrichtung endgültig aussehen sollte, wobei die Zeit ein gutes Hilfsmittel ist, das richtige zu wählen. So kann diese Art sich einzurichten sehr befreiend wirken. Aber sie verlangt eine konsequente Durchführung und letzten Endes einen guten Geschmack.

Guter Geschmack

Mit dem guten Geschmack ist es so eine Sache. Im allgemeinen ist man recht sicher, ihn zu besitzen und erhebt sich leicht über andere, die keinen guten Geschmack hätten. Andererseits hört man die Bemerkung: »Na, darüber läßt sich streiten, das ist eben Geschmacksache.« Aber so einfach ist das nicht. Es gibt einen guten Geschmack, der allgemein gültig ist, der eine klare Zäsur schafft, das Gute von dem zu trennen, was schlecht ist. Über diese Zäsur läßt sich nicht streiten, sie ist klar umrissen. Nicht jeder bekommt die Gabe, einen guten Geschmack zu haben, gleich mit in die Wiege gelegt. Aber es läßt sich etwas tun, um ein sicheres Stilempfinden auszubilden. Es wird keiner von uns auf die Idee kommen, von jemandem Kenntnis auf dem Gebiet der Kernphysik zu erwarten, der sich nie mit dieser Disziplin eingehend beschäftigt hat. Aber leicht neigen wir dazu zu glauben, einen sicheren Geschmack, als angeborenes Talent zu besitzen, allein durch die Tatsache, daß wir uns mit dem Wohnen irgendwie beschäftigen und die Notwendigkeit, eine Wohnung einzurichten, hinter uns bringen. Aber um Harmonie in einem Raum zu erzielen und mit sicherem Griff das Richtige an den richtigen Platz zu stellen, ist intensives Lernen notwendig, wie für viele andere Tätigkeiten auch. Da sich aber nun nicht jeder Bauherr gleich einer Ausbildung zum Innenarchitekten unterziehen kann, muß er sich Fachzeitschriften und Büchern zuwenden, um sein Stilempfinden zu schulen. Im günstigsten Falle wird er sich einen Innenarchitekten nehmen, der ihn berät. Auf alle Fälle ist es eine gute Lösung, lange Zeit bevor man sein Haus bauen möchte oder eventuell seine Wohnung grundlegend neu einrichten möchte, sich mit diesem Problem zu befassen. Einen guten Geschmack zu haben, ein sicheres Stilgefühl, ist ein wertvoller Besitz, wie eine jede andere geistige Disziplin, um die man sich bemüht hat und an der konsequent gearbeitet wurde. Vielleicht stellen sich Freunde ein, die eine künstlerische geschmacksbildende Ausbildung erworben haben, und durch Gespräche mit ihnen lassen sich die eigenen Vorstellungen und der eigene Geschmack fördern. Kritisch mit sich und kritisch mit seiner Wohnumgebung zu sein fördert den Weg zum eigenen Stil. Wer sich ernsthaft mit den Fragen des Einrichtens beschäftigt, wird feststellen, daß er nicht nur lernt, das Gute vom Schlechten zu unterscheiden, sondern auch zu erkennen, was zueinander und was zu ihm selbst paßt.

Der eigene Stil

Wie findet man seinen eigenen Stil, die Art und Weise, wie man sich einrichten möchte, wie erreicht man, die Umgebung – die zu einem ganz persönlich paßt – in Einklang zu bringen mit dem Lebensstil, den man anstrebt. Die erste Antwort auf diese Frage müßte wohl lauten, daß das Suchen nach dem eigenen Stil ein Reifeprozeß ist, so wie die grundsätzliche Lebenseinstellung einem ständigen Reifen unterworfen ist. Um diesen Prozeß zu beschleunigen und das Gefühl für den individuellen Stil zu festigen, gibt es ein Hilfsmittel: Beschäftigen Sie sich mit dem Wohnen! In modischer Hinsicht wissen wir meist sehr bald, was uns steht und was wir auf keinen Fall tragen möchten. Man ist sich seines Stilgefühls sicher, man wehrt sich gegen Klischees und pflegt seine persönliche Note.

So ähnlich sollte es auch mit dem Wohnen werden. Weg mit den Allgemeinplätzen, Klischeevorstellungen und leeren Konventionen. Das Leben diktiert unsere Bedürfnisse, der »gute Geschmack« weiß diese Bedürfnisse in ästhetisch angenehme Form zu kleiden.

Üben wir!

Architekt und Innenarchitekt

Am Ende dieser allgemeinen Einleitung wollen wir noch die Frage erläutern: Wie findet man den richtigen Architekten? Diese Frage ist von großer Bedeutung. Und deshalb sollte sie sehr ernst genommen werden. Freundschaftliche Beziehungen zu einem Architekten allein sind noch keine Garantie, ein gemeinsames Haus zu bauen, das dem Bauherrn für ein halbes oder ganzes Leben Freude am Wohnen vermittelt. Es gibt viele Architekten und viele Möglichkeiten, ein Haus zu bauen. Um zu überprüfen, ob der Stil des Architekten, seine Auffassung vom Bauen und Wohnen der eigenen nahekommt, ist es die erste Voraussetzung, einige Häuser zu sehen, die er gebaut hat. Diese Häuser sollte man recht kritisch betrachten. Es wird sich nicht vieles ändern, wenn dieser Architekt das eigene Haus baut. Er wird nicht seinen Stil völlig ändern, sondern er wird immer versuchen, seinen Stil dem Bauherrn nahezubringen.

Um eine gute Gemeinschaftsarbeit zu leisten, muß die Stilvorstellung übereinstimmen. Man sollte keine Wege scheuen und Familien aufsuchen, die in den Häusern wohnen, die der vorgeschlagene Architekt bereits gebaut hat. Ein kurzes informatives Gespräch, wie sich die angegebenen Baukosten mit den wirklichen, endgültigen Kosten verhielten, wird unser Gefühl und unsere Sicherheit, den richtigen Architekten gewählt zu haben, unterstützen.

Zunächst muß einmal der Berufsstand des Innenarchitekten etwas näher erklärt werden. Es handelt sich hier um den freien Innenarchitekten, der den Innenausbau und die Inneneinrichtung von Häusern und Wohnungen übernimmt. Außerdem gibt es Innenarchitekten, die Angestellte von Möbelhäusern sind und von dort aus Wohnberatungen übernehmen, und Innenarchitekten, die für die Industrie arbeiten und als Designer Möbelentwürfe machen. Der freiberufliche Innenarchitekt soll helfen, die Vorstellung des Bauherrn zu präzisieren, ihm bei der Planung helfen und ihm bessere neue Vorschläge als Ergänzung hinzufügen. Er soll sich in die Wünsche und Vorstellungen des Bauherrn hineinversetzen und sie durch eigene Vorschläge verbessern oder durch neue Ratschläge ersetzen.

Darüber hinaus soll er durch Phantasie und sein speziell ausgebildetes Wissen neue Vorschläge unterbreiten und Einrichtungsvorschläge entwickeln. Er soll das vielleicht nur vage vorhandene Stilgefühl des Ratsuchenden klären und in eine bestimmte Richtung lenken. Mit den vorhandenen geschmacklichen Erfahrungen und vor allen Dingen mit den gutausgebildeten Materialkenntnissen sollte der Innenarchitekt in der Lage sein, einem Bauherrn so zu helfen, daß viele Fehler und damit auch Kosten vermieden werden können. In den meisten Fällen wird zunächst ein Architekt beauftragt, den Bau eines Hauses zu steuern. Der geplante Innenarchitekt sollte unbedingt vom Beginn an hinzugezogen werden, damit eine gemeinsame Planung von innen nach außen stattfinden kann.

Braucht man einen Innenarchitekten? Wie verbreitet ist die Ansicht, jeder solle doch so wohnen, wie er sich wohl fühlt. Wenn die Familie glücklich in diesem neuen Haus ist, was macht es dann schon, daß nach innenarchitektonischen Gesichtspunkten nicht alles ganz stimmt. Wer merkt das überhaupt? Wie kann ein anderer Mensch wissen, wie wir uns in unserem allerpersönlichsten Bereich am wohlsten fühlen? Der Innenarchitekt wird uns sicherlich teure Möbel aufreden, die sein Honorar noch erheblich verbessern! Wir wollen selbst gestalten und wollen in unserem Haus keine unpersönliche kühle Pracht!

Diese Gedanken sind durchaus begreiflich. Die erste Voraussetzung für eine gute Zusammenarbeit zwischen Bauherrn und Innenarchitekten ist wie bei dem Architekten und Auftraggeber das Vertrauen. Nur dann vermag der Innenarchitekt sich in die Vorstellungswünsche der Familie zu versetzen. Für einen Innenarchitekten sollte es oberstes Gesetz sein, daß nicht er, sondern die beratende Familie in der neuen Wohnung, die er gestalten helfen soll, leben wird. Nicht er sollte seine Show abziehen, sondern er soll sich in das Wohnempfinden anderer Menschen hineinversetzen, um ihnen dann wirklich eine Hilfe zu sein.

Natürlich beansprucht ein Innenarchitekt ein *Honorar*. Es sollte möglichst gleich zu Anfang der Beratung verabredet werden. Die Gebühren für Innenarchitekten sind aus der Gebührenordnung für Architekten zu ersehen. Das Honorar des Innenarchitekten kann man leicht wieder einsparen, wenn man alle Fehldispositionen errechnet, die einem unterlaufen können, wenn man die Sache ohne fachliche Beratung selbst in die Hand nimmt. Einrichtungshäuser sind nur ein bedingter Ersatz für einen freien unabhängigen Innenarchitekten.
Das Angebot der Industrie ist heute so umfangreich, daß wirklich ein Spezialwissen notwendig ist, um sich zwischen den vielseitigen Materialien der Möbel, Teppiche und Stoffe zurechtzufinden. Die Berechnung der Gesamtwirkung verschiedenartiger Details ist eine gewisse Erfahrungssache. Da gibt es z. B. das Problem der Farbwirkung eines Raumes. Ohne eine Praxis auf diesem Gebiet zu haben, kann man sich sehr irren. Kaum jemand wird z. B. ein Haus ohne die Mitarbeit eines Architekten bauen. Selbst für die Gartengestaltung wird häufig ein Garten-Architekt hinzugezogen. Sollte man da auf eine Beratung bei der Inneneinrichtung, die doch so sehr für den Gesamteindruck eines Hauses entscheidend ist, ganz verzichten?
Welcher Innenarchitekt ist für mich der richtige? Die Wahl des richtigen Architekten ist genauso schwierig wie die richtige Wahl des Innenarchitekten, der mit diesem speziellen Bauherrn die erfolgreichste und glücklichste Arbeitsgemeinschaft bildet. In beiden Fällen sei geraten, sich frühere Arbeiten der in Frage kommenden Architekten anzusehen. Es sollte nicht nur bei dem Betrachten eines Hauses oder einer Wohnung bleiben. In jedem Fall ist es ratsam, mehrere Arbeitsergebnisse zu besichtigen. Sie legen einwandfrei Zeugnis seines Stils und seiner Art zu arbeiten ab. Es ist auch kein Fehler, den eigenen Standpunkt dem evtl. in Frage kommenden Innenarchitekten, bevor man sich fest verabredet hat, schon recht deutlich zu machen. Es wird sich dabei herausstellen, wie weit der Innenarchitekt bereit ist, die Vorstellungen des Bauherrn zu akzeptieren. Darunter ist nicht zu verstehen, daß der Bauherr bereits vor Beginn einer Zusammenarbeit glaubt, alles besser zu wissen. Ein guter Innenarchitekt wird bereitwillig folgen, wenn ein Bauherr eigene Wünsche zu präzisieren weiß.

Das Raumprogramm

Allgemeines

Am Anfang einer jeden Planung steht das Grundstück bzw. die Lage des Hauses, in dem eine Wohnung gemietet oder gekauft werden soll. Beinahe scheint es müßig über Grundstücke zu sprechen, denn sie sind überall auf der Welt knapp geworden und dennoch glaube ich, man sollte bei der Wahl eines Grundstücks nicht nur an die Kosten denken, sondern viele Dinge in die Planung mit einbeziehen, die nachher für eine lange lange Zeit von Jahren Ihr Leben sehr stark beeinflussen können. Da ist zunächst die Frage zu prüfen, liegt das Grundstück richtig in der Entfernung zum Arbeitsplatz, sind die Verkehrsmittel so geeignet, daß außer einem Auto oder einem Zweitauto auch weitere Familienmitglieder öffentliche Verkehrsmittel erreichen können. Man bedenke, daß Kinder schnell groß werden, die Nähe zur Stadt suchen und dafür auf Verkehrsmittel angewiesen sind. Eine wichtige Rolle spielt die »richtige« Himmelsrichtung. Eine Ostlage ist sehr erfreulich für Frühaufsteher; Menschen die nach getaner Arbeit erst nach Hause kommen, werden in einer nach Osten ausgerichteten Wohnung wenig Freude finden, da sie nur im Schatten sitzen müssen. Ist eine Wohnung ausschließlich nach Süden gerichtet, kann es an warmen Sommertagen unerträglich heiß werden, wenn man nicht die Möglichkeit hat, auch ein kühleres Zimmer aufzusuchen. Wie ist der Stadtteil angelegt, in dem sich unsere Behausung befinden soll? Sind genügend Möglichkeiten für Sport und Entspannung gegeben? Wie weit sind die Wege zu Sportplatz, Tennisplatz, Schwimmbad usw.? Wie weit kann sich die Lage der augenblicklichen Umgebung verändern? Man sollte nicht den Weg zu den Bezirksämtern scheuen, um eventuelle Baupläne einzusehen. Bitte prüfen Sie genau, wie laut die Straßen Ihrer Umgebung sind, wie es sich mit dem Flugverkehr verhält, prüfen Sie, wie weit andere Geräusche Sie stören könnten.

Wunschliste

Jeder Architekt wird seinen Bauherrn bitten, ein Raumprogramm aufzustellen. Es gibt verschiedene Wege, dieses Raumprogramm zu erstellen. Zunächst ist es ratsam, einmal die bisherige Wohnung auszumessen und eine kleine Skizze anzufertigen, in die man für jeden Raum die Quadratmeterzahl einsetzt. Anhand dieser Notizen lassen sich die Erweiterungswünsche festlegen. Es wird nicht schwer sein festzustellen, was bisher falsch, zu klein oder zu unwirtschaftlich war. Beispielsweise war die Entfernung zwischen Eßplatz und Küche zu groß, die Kinderzimmer lagen zu dicht am Schlafzimmer der Eltern, die Garderobe war viel zu klein. Diese Mängel sind zwar geduldig ertragen worden, werden nun aber in Verbesserungswünsche und in ein neues Programm umgewandelt. Hieraus ergibt sich eine Liste, die vielleicht so aussehen könnte: Garderobe bisher 6 qm, sollte 9 qm sein; die Schrankfläche für Mäntel war bisher 90 cm breit, sollte in Zukunft 1,50×60 sein. Für den Eßplatz benötigen wir 15 qm, die Entfernung zwischen Eßplatz und Küche sollte nicht mehr als 3 m sein. Für die Küche brauchen wir 9 qm, für das Wohnzimmer wünschen wir uns 30 oder 40 qm. Im Wohnzimmer soll ein Blumenfenster von 1,50 m Länge Platz finden usw. usw.

Grundriß-Skizze

Derjenige, der etwas zeichnen kann, wird vielleicht anders vorgehen. Mit einem großen Stück Papier bewaffnet, fängt er an, sich eine Grundrißvorstellung zu machen. Bei der Haustüre beginnend, zeichnet er ein Quadrat auf, welches den Eingang, die Garderobe und die Diele vorstellen soll. In dieses Quadrat wird er hineinschreiben, wie groß seiner Vorstellung nach die Quadratmeterfläche dieses Haushalts werden soll. Da man von der Diele aus in irgendeiner Form in den Wohnraum gelangt, zeichnet er ein weiteres Quadrat neben das erste und schreibt Wohnzimmer hinein und fügt etwa hinzu ca. 30 qm. Wahrscheinlich hat er diese Größenvorstellung bekommen, indem er sein bisheriges Wohnzimmer oder das Wohnzimmer von Freunden, welches ihm gut gefiel, nachgemessen hat. Für das Eßzimmer oder den Eßplatz folgt ein kleines Quadrat und dicht dabei die Küche, die ebenfalls nach vorhandenen Küchen abgemessen wurde. Auf der anderen Seite der Küche wird er ein großes Quadrat für das Eltern-Schlafzimmer und entsprechend kleine daneben zeichnen, die die Kinderzimmer darstellen sollen. Auf diesem Wege kann man ein Raumprogramm skizzieren, welches dem Architekten sehr brauchbare Unterlagen für die erste Planung geben kann. Zusätzlich betont man, welche Räume unbedingt nebeneinander,

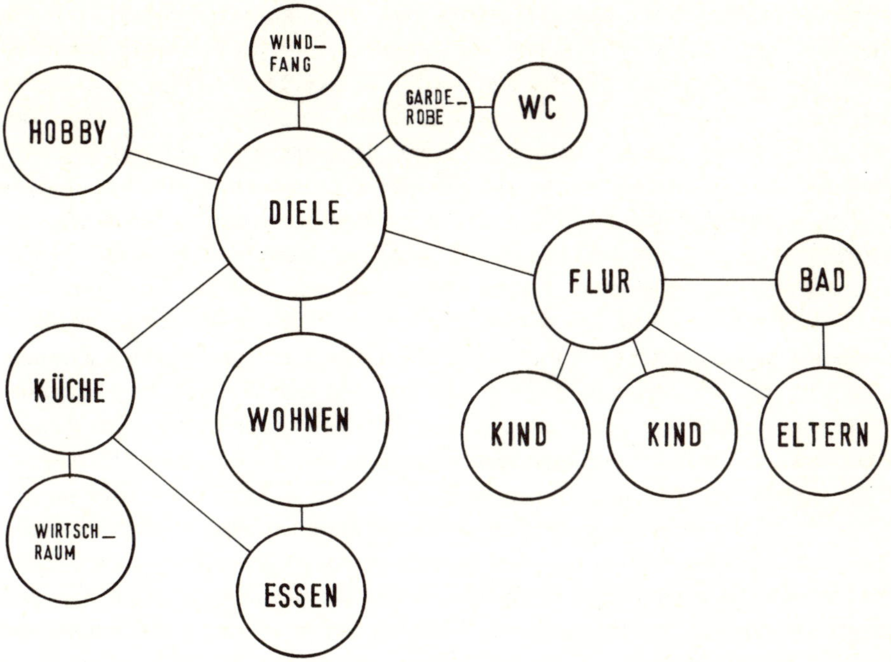

welche möglichst nicht nebeneinander liegen sollten. Um einem Architekten ein häufiges Ändern der Pläne zu ersparen, sollte diese erste Raumplanung so genau wie möglich sein. Sie kann gar nicht oft genug durchdacht werden.

Entwicklung der Familie

In diesem Stadium der Planung, nämlich bei der Erstellung des Raumprogramms, ist es wichtig, ein wenig Vorausschau zu betreiben. Kann sich die Situation der Familie ändern? Wie wird diese Familie in einigen Jahren wohnen mögen? Wie groß ist dann die Familie, die unter einem Dach wohnen soll? Es wäre ideal, wenn das Haus mit Kleinkindern zunächst anders aussehen könnte, als das Haus für die Familie mit fast erwachsenen Kindern. Während man einen Säugling gern in Hörweite des Elternschlafzimmers untergebracht weiß, so wünscht man sich den ständig mit seinem Tonband herumwirtschaftenden Jüngling lieber ein paar Ecken weiter entfernt. Diese wandelbaren Häuser sind aber noch nicht erfunden. Also muß bedacht werden, welche Periode den größeren Zeitraum einnimmt. Leicht wird übersehen, wie verhältnismäßig kurz die Zeit ist, in der die Kinder klein sind, wenn man dagegen die folgenden etwa 10 bis 12 Jahre berechnet, in denen man sich mit relativ großen Kindern umgibt. Aber im ganzen gesehen ist selbst zusammengefaßt die Periode, in der die Kinder im Hause der Eltern wohnen werden, relativ klein im Vergleich der folgenden ca. 30 Jahre, die man dann ohne Kinder verbringt. Also versuche man bei der Planung zunächst den Schritt der nächsten Phase mit einzubeziehen, nämlich die der größer werdenden Kinder. Hör- und Klingelgeräte schaffen für die ersten Jahre Verbindung mit dem Kleinkind, ja es gibt sogar Fernsehgeräte, die in weit abgelegenen Wirtschaftsräumen zeigen können, was das Kind gerade in seinem Zimmer anstellt. Für die zweite Periode, nämlich die der heranwachsenden Kinder, sollte man unbedingt für jedes Kind ein eigenes Zimmer vorsehen. Es wird auch nicht lange dauern und der Wunsch ungehemmter Partyfreuden macht sich bei den Jugendlichen bemerkbar. Zu diesem Zeitpunkt hat meist das Expansionsvermögen der Familie das Höchstmaß angenommen. In der darauffolgenden Zeit kann u. U. die Familie wieder ganz schnell zusammenschrumpfen, denn die ersten Kinder verlassen bereits das Haus. Zimmer stehen leer und müssen dennoch gereinigt werden. Kann man einen Mieter hineinnehmen oder liegen die Räume so ungünstig, daß man dadurch die Freude am eigenen Haus verlieren würde? Läßt sich bei der Planung berücksichtigen, daß die Kinderzimmer einen Trakt für sich bilden, der eventuell einen zusätzlichen Hauseingang oder ein zweites Badezimmer enthält. Dann kann später aus diesem Trakt eine abgeschlossene Einliegerwohnung entstehen. Ungern wird man nunmehr wieder, ein alleinstehendes Ehepaar geworden, ein neues, kleines Haus bauen wollen.

Hobby der Familienmitglieder

Es ist wichtig, die Hobbys der Hausbewohner mit einzuplanen. Kocht die Hausfrau mit Passion, näht sie viel, liebt sie große und leicht zu übersehende Wäscheschränke, treibt sie gern Vorratswirtschaft, kocht sie vielleicht noch selbst ein oder ist sie eine leidenschaftliche Gärtnerin, liest oder schreibt sie viel, ist sie berufstätig und erledigt die Hausarbeit mit einem Minimum an Zeitaufwand? Welche Hobbys hat der Herr des Hauses? Bastelt und werkelt er gern oder liest er viel? Hat er viele Bücher, sammelt er etwas, ordnet er Dias und zeigt Filme oder ist er ein Stereo-Fan. Braucht er eine Höhle, in der er gelegentlich für sich alleine sein möchte. Schläft er morgens länger als die übrige Familie, läßt er seine Sachen herumliegen, hebt er etwa alles auf? Ist Katze oder Hund ein Hausbewohner, wird in der Familie Musik gemacht, welche Interessen haben die Kinder? Es muß ihnen genügend Raum gegeben werden, ihre Hobbys zu entwickeln. Auch sollen die Kinder stets Freunde im

Hause empfangen können, ohne dabei die Eltern zu stören. Der Familienfrieden ist im allgemeinen gesichert, wenn jeder seiner Passion nachgehen kann und sich beschäftigt, ohne die anderen Mitbewohner zu stören. Es muß ja nicht immer ein ganzer Raum sein, der jedem Hobby zur Verfügung steht. Ein Tisch, eine Arbeitsbank oder ein Schrank mit der richtigen Fächeraufteilung kann auch schon genügen. Manchmal ist es nur eine Pinwand, die sehnlichst gebraucht wird.

Der Wohnteil

Zuordnung der Räume: Um das Raumprogramm so gut wie möglich aufzustellen, möchten wir als kleines Hilfsmittel unseren Lesern raten, in Gedanken mit uns einmal durch alle Räume des Hauses zu gehen und dabei folgende Überlegung anzustellen:

Die richtige Zuordnung der einzelnen Wohnbereiche wie der verschiedenen Räume zueinander machen den eigentlichen Wohnwert eines Hauses aus. Wir unterscheiden hier den Eingangsbereich, den Bereich der Kommunikation mit dem Wohnen und dem Eßraum, den Wirtschaftsbereich, den Individualbereich mit Hobby, Spielstudio und Arbeitsplätzen, den Bereich der Entspannung und der Gesundheit, den Bereich der Eltern, den Bereich der Kinder und eine eventuelle Möglichkeit der Einliegerwohnung. Ebenso wichtig wie die richtige Zuordnung der Räume sind die richtigen Verbindungen zwischen den einzelnen Bereichen. Als Beispiel sei genannt: 1. eine eventuelle Verbindung zwischen dem Eingangsbereich der Einliegerwohnung oder dem Bereich des Hobbys, eventuell eine Verbindung zwischen Eingang und Garage. 2. Verbindung zwischen Wirtschaftsteil und Garage, Vorräten und dem Essen. 3. Verbindung zwischen Eßbereich, Wohnbereich, Bereich der Eltern. 4. Verbindung zwischen dem Bereich der Eltern, dem Schlafteil, dem Bereich der Kinder (Kleinkinder), dem Bereich der Körperpflege, Entspannung und Gesundheit.

Wir beginnen unseren Rundgang im *Wohnzimmer.* Für welchen Zweck soll es benutzt werden, ist es »die gute Stube«, in der repräsentiert wird, oder ist es der Rahmen für das Familienleben? Ist es Vaters Ruheraum oder dürfen sich die Kinder hier aufhalten. In manchen Familien wird das herkömmliche Wohnzimmer fast von einem Raum mit der Bezeichnung »Studio« verdrängt, der ganz und gar auf Stereo, Fernsehen und Filme abgestimmt ist. Es wäre sehr wünschenswert, wenn das Wohnzimmer der Mittelpunkt des Familienlebens bleiben könnte und wenn eine Möglichkeit gegeben wäre, die Hobbys in den Hobbyraum zu verdrängen. Das Wohnzimmer oder der Wohnbereich sollte eine direkte Verbindung zum Eingangsbereich haben oder zum Mittelpunkt, d. h. zu der Verteilerzone der Wohnung, nämlich einer sog. Diele. Ebenso ist es wichtig, vom Wohnbereich aus einen Zugang zum Eßbereich zu haben, eventuell vom Wohnraum aus einen Zugang in den Schlafbereich der Eltern, der gelegentlich auch in Form eines zweiten Wohn-Arbeitsraumes eingerichtet wird. Im allgemeinen werden die Mahlzeiten außerhalb des Wohnraumes eingenommen, trotzdem erweist es sich als günstig, den Wohnraum nicht zu weit ab von der Küche zu placieren, da man häufig im Wohnzimmer Tee trinkt oder einen kurzen Imbiß zu sich nimmt. Es ist sehr schön, vom Wohnraum aus einen Zugang zum Garten, zur Terrasse oder zum Balkon zu haben. Die Wohnraumgröße hängt ein wenig vom Zuschnitt des Raumes ab. Ein Wohnraum für vier Personen sollte als unterste Grenze 18 qm haben, natürlich sind nach oben hin alle Möglichkeiten offen. Eine wichtige Voraussetzung für das gute Funktionieren des Wohnraumes ist, ihn nicht wie ein Durchgangszimmer zu behandeln, d. h. von vornherein gewisse Ruhezonen in ihm zu schaffen und den Durchgangsverkehr bzw. den Durchgang von Tür zu Tür, auch von Terrassentür zu Eingangstür und zu den weiteren Türen so an den Ruhezonen vorbeizuschleusen, daß wirklich die Möglichkeit besteht, behaglich um eine Sitzgruppe zu sitzen, ohne das Gefühl zu haben, im Durchgang zu schweben. Die richtige Verteilung der Türen unterstützt die Größe des Wohnraumes. Sind wir gezwungen, mit Quadratmetern zu sparen, so ergibt sich die Möglichkeit, um den Wohnraum herum Räume zu gruppieren, die eventuell durch Öffnen von Schiebetüren eine Erweiterung des Wohnzimmers ermöglichen. Eßnischen z. B. können durch Schiebetüren mit dem Wohnraum verbunden werden. Arbeitszimmer lassen sich durch Trennwände in den Wohnbereich mit eingliedern und schaffen so eine optische Vergrößerung dieses Wohnraumes.

Der Schwerpunkt im Wohnzimmer wird durch die Sitzgruppe gebildet, und sie beherrscht auch diesen Raum. Wir fragen uns, wie viele Personen sitzen im allgemeinen um diesen Wohnzimmerplatz herum, wie viele Gäste möchten wir bequem placieren, ohne dabei Stühle aus den verschiedensten Himmelsrichtungen herbeischleppen zu müssen. Bevorzugen wir eine größere Sitzgruppe oder teilen wir uns das Zimmer in zwei Sitzecken auf? Lieben wir schwere, behäbige Polstermöbel oder leichtes Mobiliar, das schnell einmal hin- und hergerückt ist? Die Mindestfläche für die Sitzgruppe sollte 8 qm sein, natürlich kann sie beliebig vergrößert werden.

An dieser Stelle fügen wir einige kleine Skizzen ein, die helfen sollen die Vorstellung zu unterstützen, wie diese Sitzgruppe arrangiert werden kann. Bevor wir uns endgültig auf die Größe des Wohnzimmers festlegen, sollten

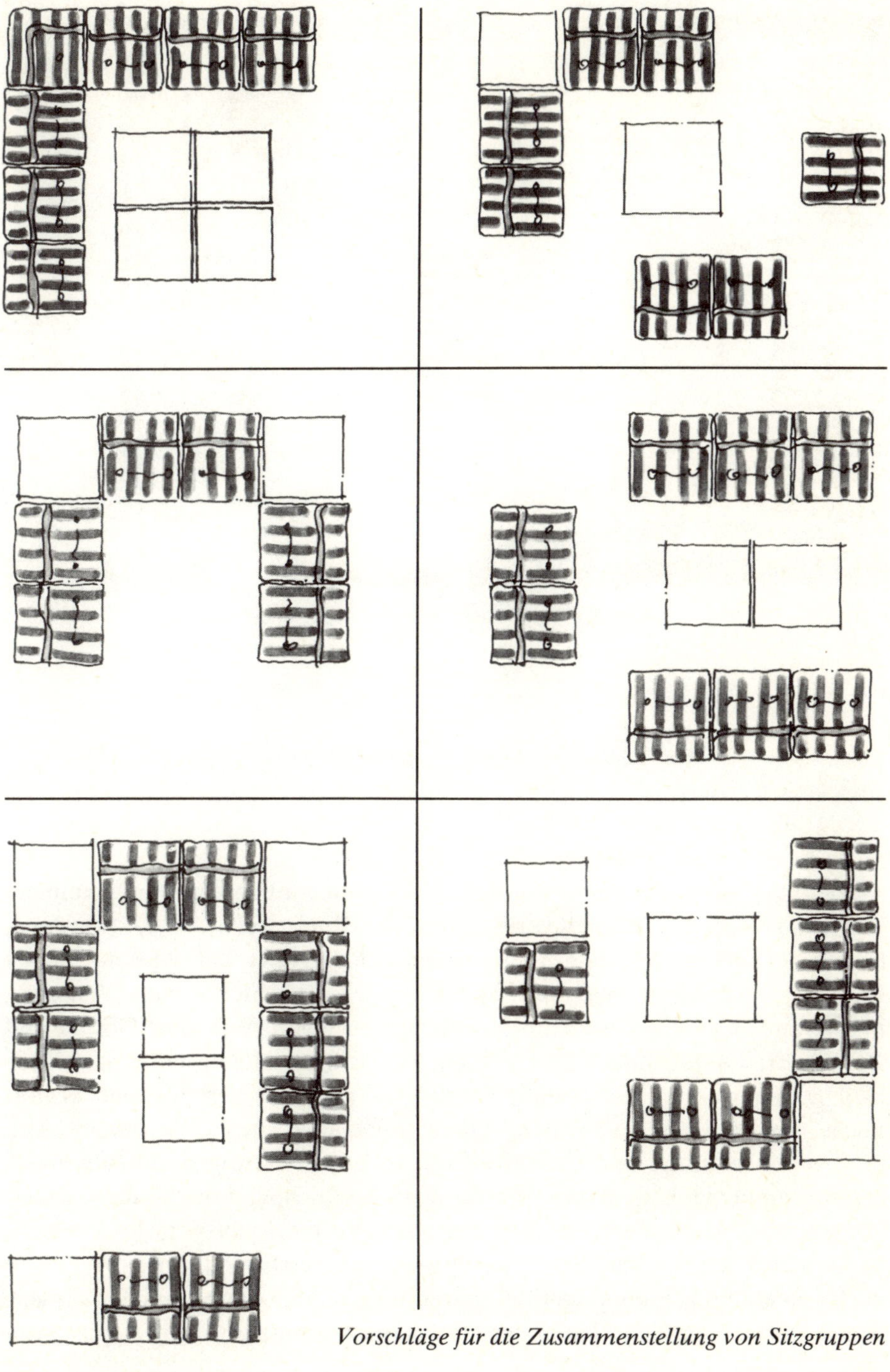

Vorschläge für die Zusammenstellung von Sitzgruppen

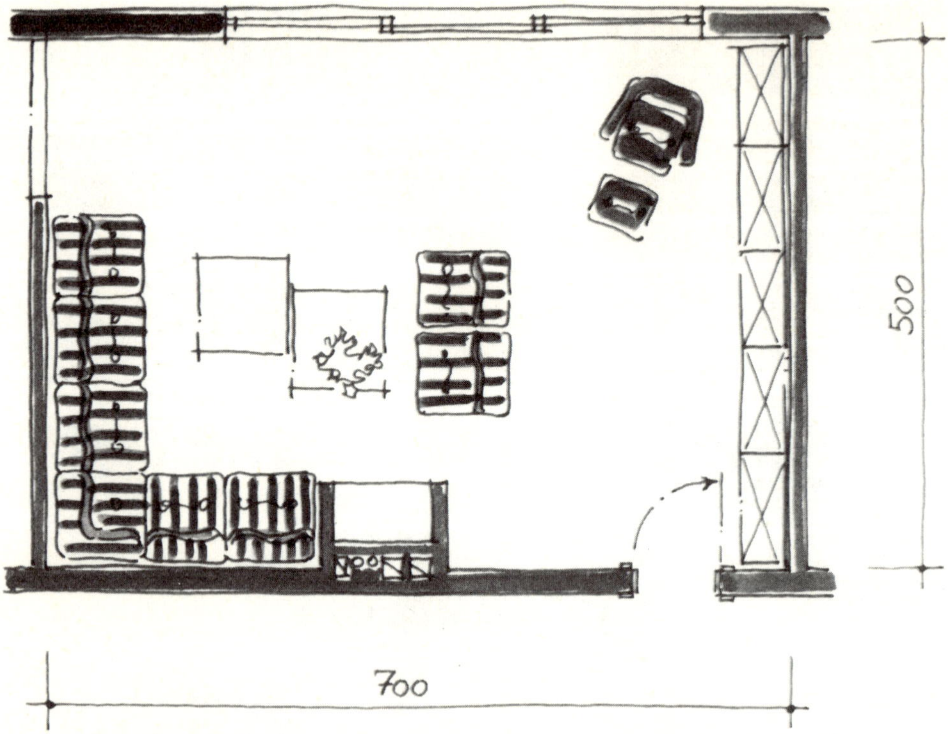

Einrichtung eines Wohnraumes mit übereckgestellter Sitzgruppe, Einbauwand und Leseplatz am Fenster

wir bereits wissen, wie der bevorzugte Einrichtungsstil unseres Wohnzimmers sein wird. Schwere Möbel verlangen mehr Raum, eingebaute Schränke, leichte Sitzmöbel vergrößern die Raumwirkung. Bei der Klärung dieses Problems wird uns die nächste Frage helfen, was möchten wir im Wohnzimmer um uns haben und was müssen wir unterbringen. Wie viele Bücher und Zeitschriften sollen aufbewahrt werden, wie groß ist die Stereoanlage, soll ein Wohnzimmerschrank aufgestellt werden oder können wir für eine Wandfläche ein Wandregal vorsehen? Dann sollte aber auch diese Wandfläche groß genug sein, um alle Utensilien aufzunehmen. Häufig sind heute große Wohnzimmer geplant, deren Wände aus Glasflächen, Schiebetüren, Heizkörper- oder Mauerdurchbrüchen bestehen. Kaum ergibt sich die Möglichkeit, an diese etwas zu stellen. Der verbleibende restliche Teil wird vielleicht noch von einem Kamin ausgefüllt, und wenn man sich dann einmal in diesem Raum umsieht, so bleibt kaum der Platz, eine Kommode würdig zu placieren

I: Küche mit Eßplatz. Durch den warmen Ton der Mahagonifronten erhält sie einen wohnlichen Charakter (Fabrikat Poggenpohl)

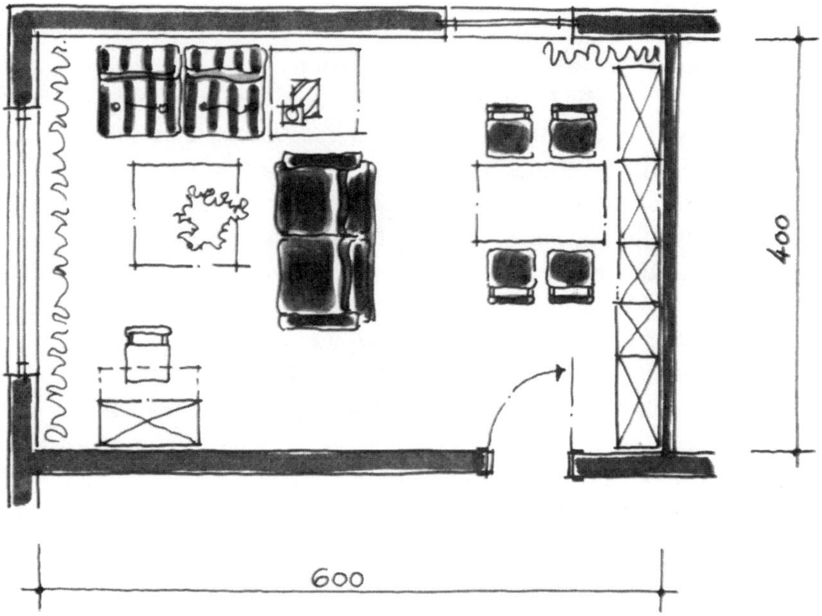

Wohnraum mit integriertem Eßplatz

oder gar noch ein Bild aufzuhängen. Wird das Wohnzimmer eines Einfamilienhauses über 60 qm groß, so hört gelegentlich die Behaglichkeit in diesem Raum auf. Man hat leicht das Gefühl, in einer Halle zu sitzen, und es entstehen Schwierigkeiten im Kommunizieren. Ich bin sicher, daß der Architekt bei der Wahl des Wohnzimmers bereits den besten Platz des Hauses oder des Geländes ausgewählt hat, um vom Wohnzimmerfenster aus eine bessere Aussicht zu haben als eventuell vom Küchenplatz. Nun sollten wir aber auch innerhalb des Wohnzimmers die Sitzgruppe so arrangieren, daß unser Blick wirklich auf die schönste Stelle im Garten fallen kann und der Sonneneinfall richtig genützt wird. Dabei soll der Austritt zur Terrasse groß sein und frei bleiben, damit immer mehrere Personen zugleich in den Garten treten können. Es wird von Nutzen sein, die vorhandenen Wohnzimmermöbel auszumessen und in den eventuell geplanten neuen Wohnraum einzuzeichnen. Man sieht, ob man sich in der Größe verkalkuliert hat, und man wird schnell feststellen, welche neuen Möbel man für diesen Raum braucht.

Eßbereich

Allgemeines: Wo und wie wir am liebsten essen, ist eine sehr persönliche Frage. So gibt es die verschiedenen Eßplatzsituationen. Von früheren Zeiten kennen wir das separate Eßzimmer. Diese Lösung bietet ihre Vor- und ihre Nachteile. Eine weitere Möglichkeit ist, eine Eßecke dem Wohnbereich einzugliedern oder einen Eßplatz in der Diele einzuräumen. Manche bevorzugen, die Küche mit einem Eßplatz zu versehen oder, wie heute oft üblich, die Küche mit einer offenen Eßbar zum Wohnbereich abzutrennen. Gegen einen kleinen Eßplatz in der Küche oder an der Küchenwand ist nichts einzuwenden, aber er sollte immer nur eine zusätzliche Lösung für eine eilige Mahlzeit sein. Dem richtigen Eßplatz sollte man viel Liebe und Sorgfalt widmen. In vielen Fällen wird an diesem Platz dreimal am Tag die Familie zusammengeführt. Je gemütlicher und behaglicher dieser Bereich ausgestattet ist, desto länger wird diese Pause für jedes Familienmitglied werden. Ein hastig verschlungenes Essen bekommt weder dem Magen noch dem Familienleben. Man sollte nach der Mahlzeit gern noch ein wenig am Tisch verweilen und die Tageserlebnisse der einzelnen Familienmitglieder durchdiskutieren. Also wähle man den Eßtisch nicht zu klein, dann wird es auch nicht zu einem Problem, wenn ein Kind überraschend einen Freund nach Hause gebracht hat. Ein hübscher Obstkorb, eine Blumendekoration, ein Tablett mit verschiedenen Flaschen und Gewürzen soll neben dem notwendigen Gebrauchsgeschirr immer noch Platz auf dem Tisch finden. Ein runder Tisch ist besonders gemütlich und ermöglicht es, schnell noch ein weiteres Gedeck mit einzuschieben. Außerdem gibt es nie das gelegentlich peinliche obere oder untere Tischende. Dafür benötigt ein runder Tisch etwas mehr Platz als ein quadratischer oder rechteckiger Tisch. Ein Ausziehtisch hat viele Vorteile, die auch längst bekannt sind. Vor Eckbänken ist zu warnen, sie gehören in eine Bauernstube, aber eigentlich nicht zu einem etwas großzügig angelegten Eßplatz.

Zuordnung und Lage: Die wichtigste Voraussetzung für die günstige Lage des Eßbereichs ist die direkte Verbindung zur Küche. Der Eßplatz gehört zu dem Bereich der Kommunikation, er dient der ganzen Familie als Aufenthaltsort und soll deshalb auch eine zentrale Lage im Hause haben. Die günstige Trennung zwischen abgeschlossenem Eßbereich und Küche ist auf jeden Fall eine Schrankwand (Raumteiler), d. h. ein Schrank, der eine Durchreichemöglichkeit von Küchenseite zur Eßseite zuläßt und umgekehrt. Er kann durch eine Verbindungstür ebenfalls mit den beiden Raumsituationen verbunden sein. Der Platzbedarf des Eßbereichs wird durch die Größe des Eßtisches bestimmt. Hier ist es unbedingt notwendig, sich sehr genaue

Vorstellungen von der Größenordnung dieses Tisches zu machen. Bitte bedenken Sie, daß man genügend Platz hat, um den Tisch herumzugehen, auch um den ausgezogenen oder anderweitig vergrößerten Eßtisch sollte man stets herumgehen können. Es ist sehr unschön, Eßtische halbseitig gegen Wände zu schieben. Die erforderliche Größe des Eßbereichs ist auch von der günstigen Raumeinteilung abhängig. Es ist zu bedenken, daß nicht die eine Seite der Eßgruppe bzw. der Stühle in einer Durchgangszone liegen darf. Günstige Tür- und Fensterverteilung oder Einbauschranksituation beeinflußt die Größe des Eßbereichs. Man bedenke, daß man Schranktüren öffnen muß, während Menschen am Eßtisch sitzen, d. h. also der Stuhl etwas entfernt vom Eßtisch steht. Ebenso muß es möglich sein, mit nach hinten geschobenem Stuhl aufzustehen und gleichzeitig die Schranktüre der Einbauwand zu öffnen. Es empfiehlt sich, all diese Dinge an vorhandenem Mobiliar auszuprobieren, bevor man die endgültige Größe des Eßbereichs festlegt.

Eßzimmer

Erlauben es die Raumverhältnisse, ein Eßzimmer zu planen, so zeichnen wir es zunächst direkt neben der Küche auf. Wer es sehr bequem haben will, bedient sich der Schrankwand zwischen Küche und Eßzimmer, die also gleichzeitig von beiden Räumen aus benutzbar ist, d. h. also, daß man vom Eßzimmer aus das Geschirr aus dem Schrank nehmen kann, um den Tisch zu decken. Nach beendeter Mahlzeit räumt man das benutzte Geschirr vom Eßzimmer aus durch die Durchreiche. Man erreicht es bequem wieder von der Küche aus und placiert möglichst Spülmaschine oder Abwäsche dicht neben der Durchreiche. Das gespülte Geschirr wird dann aus der Maschine wieder direkt in den daneben gelegenen Schrank verwahrt und der Kreislauf beginnt aufs neue. Der sog. Eßzimmerschrank ist damit also überflüssig geworden und fällt mit der geplanten Schrank-Durchreichewand zusammen. Man bedenke aber, daß man somit auch keine Abstellfläche im Eßzimmer mehr hat. Es empfiehlt sich, eine freie Wand mit einem Sideboard oder wenigstens mit einem Teewagen vorzusehen, um Tabletts, Getränke etc. neben dem Eßtisch abstellen zu können. Das separate Eßzimmer hat u. a. noch den Vorteil, daß die Geruchsentwicklung auf einen Raum begrenzt ist, der nach den Mahlzeiten gut gelüftet werden kann. Zufällige Besucher, die während einer Mahlzeit eintreffen, können, ohne zu stören, in Diele oder Wohnraum Platz nehmen, bis die Mahlzeit beendet ist. Die Gästebewirtung im separaten Eßzimmer ist besonders gut zu arrangieren, der gedeckte Tisch läßt sich vorbereiten, bevor die Gäste kommen. Man führt die eintretenden Gäste

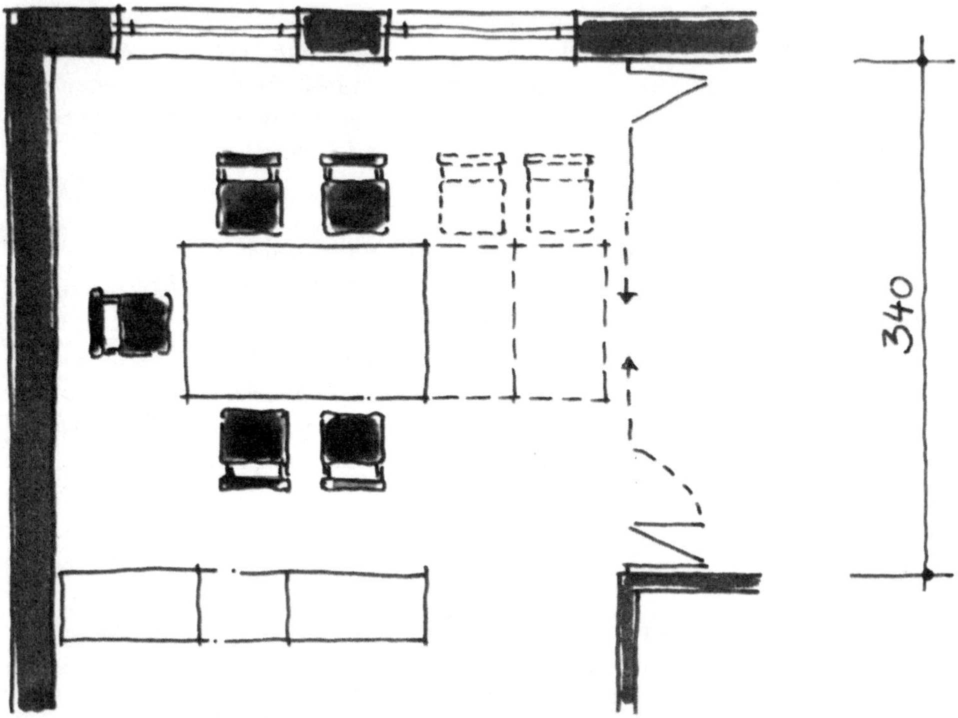

Durch eine mobile Trennwand (Vorhang, Paravent, Schiebewand) optisch abgeschlossener Eßplatz in einer Diele

über die Diele in den Wohnbereich und muß nicht an dem bereits arrangierten Eßtisch vorbeigehen. Ein gewisser Nachteil besteht jedoch darin, daß diese Eßzone tagsüber viele Stunden wenig genutzt werden kann und leicht in Gefahr kommt, großen Erweiterungsmöglichkeiten nicht standzuhalten.

Eßplatz in der Diele

Eßzimmer und Diele in einem großen Raum zusammenzufügen verleiht der Grundkonzeption eines Hauses stets Großzügigkeit. Die Diele als Hauptverteilerzone gedacht, ist sonst nur ein Durchgangsraum. So bekommt sie eine weitere wichtige Funktion und wird intensiver genutzt. Eine Störung beim Essen durch unerwarteten Besuch läßt sich durch kleine optische Abtrennun-

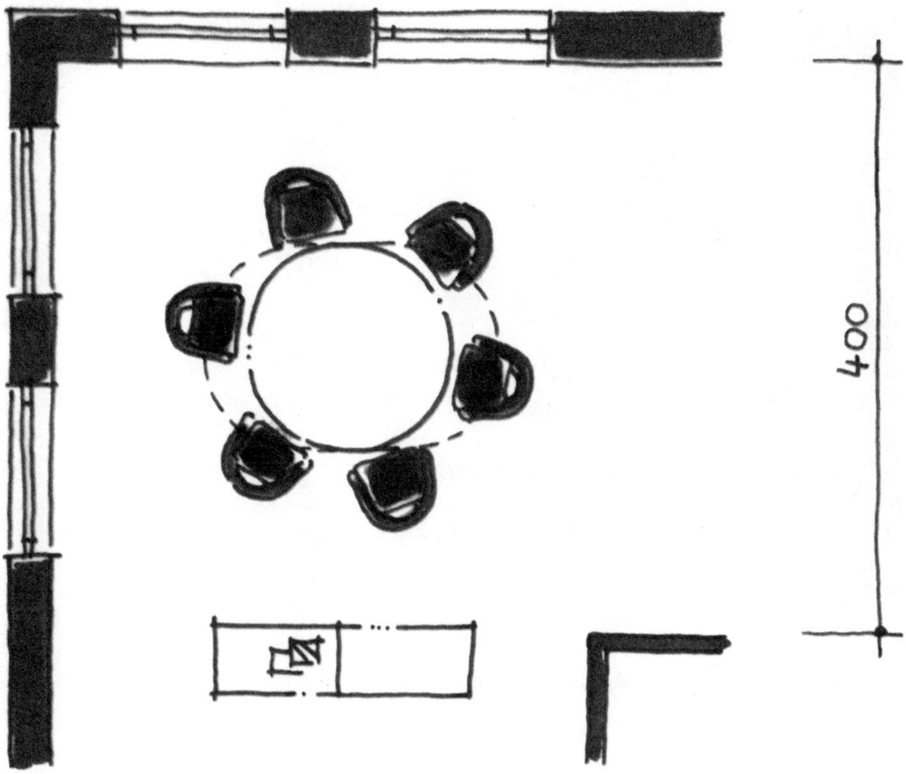

Eßplatz in einer Diele

gen (Vorhang, Nischenbildung, Paravent, Glasscheibe, Schiebewand) erreichen. Der ständige Kontakt zwischen Hausfrau, Familie, spielenden Kindern ist zwischen Küche, Eßplatz, Diele sehr leicht herzustellen. Bei dieser Lösung sind viele Möglichkeiten der Tischvergrößerung gegeben. Während die Diele sonst für die tägliche kleinere Mahlzeit ein großzügiger freier Raum ist, wo u. U. an einem Ende ein relativ kleiner Eßtisch aufgestellt wird, kann zu gelegentlichen Festen quer durch die Diele der Eßtisch erheblich vergrößert werden. Die heute allgemein sehr bevorzugten rustikalen Eßtischlösungen finden besonders in einer Diele eine gute Unterbringung. Im allgemeinen wird der Eßtisch in der Diele besonders gerne auch für Kinder nachmittags für die Schularbeit oder zum Spielen benutzt. Leicht fühlen sich Kinder in einem abgeschlossenen Eßraum zu isoliert. So haben sie die Möglichkeit, ihr Spielen in Verbindung mit dem Tun der Mutter in das allgemeine Familienleben zu integrieren.

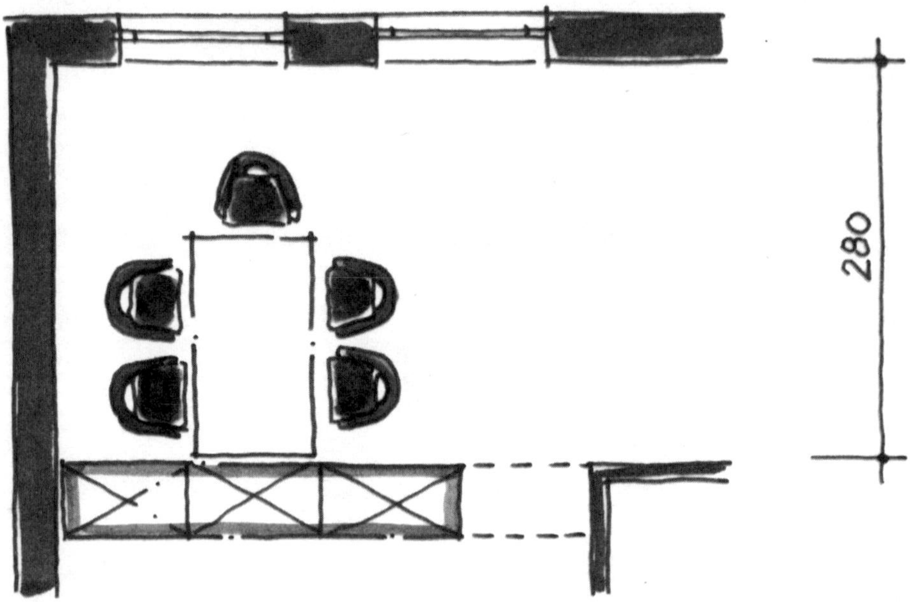

Eßecke im Wohnraum, praktisch durch den Raumteiler mit Durchreiche zur Küche

Eßecke im Wohnraum

Da das Eßzimmer selten mehr als dreimal am Tag benutzt wird und in der Zwischenzeit unbenutzbar leersteht, geht man heute immer mehr zu der Eßecke über, die dem Wohnzimmer angeschlossen ist und es somit optisch auch vergrößern hilft. Auch diese Eßecke wird man mit Einbauschränken und Durchreiche in der Trennwand zur Küche einrichten. Fast jeder Küchenhersteller hat in seinem Programm eine derartige Trennwand serienmäßig anzubieten. Wenn hier der Platz für den gelegentlich ausgezogenen Eßtisch nicht mehr ausreicht, so zieht man für diese selten vorkommende Gelegenheit den Tisch in das Wohnzimmer mit hinein. So ist diese Eßeckenlösung am Wohnraum angegliedert besonders platzsparend und läßt sich schon bei 9 bis 10 qm Größe recht hübsch einrichten. Während man für ein abgeschlossenes, separates Eßzimmer mindestens 16 qm rechnen muß. Die platzsparendste Lösung für die Eßecke ist die, den Eßtisch mit der Schmalseite gegen eine Wand oder gegen ein Fenster zu stellen.

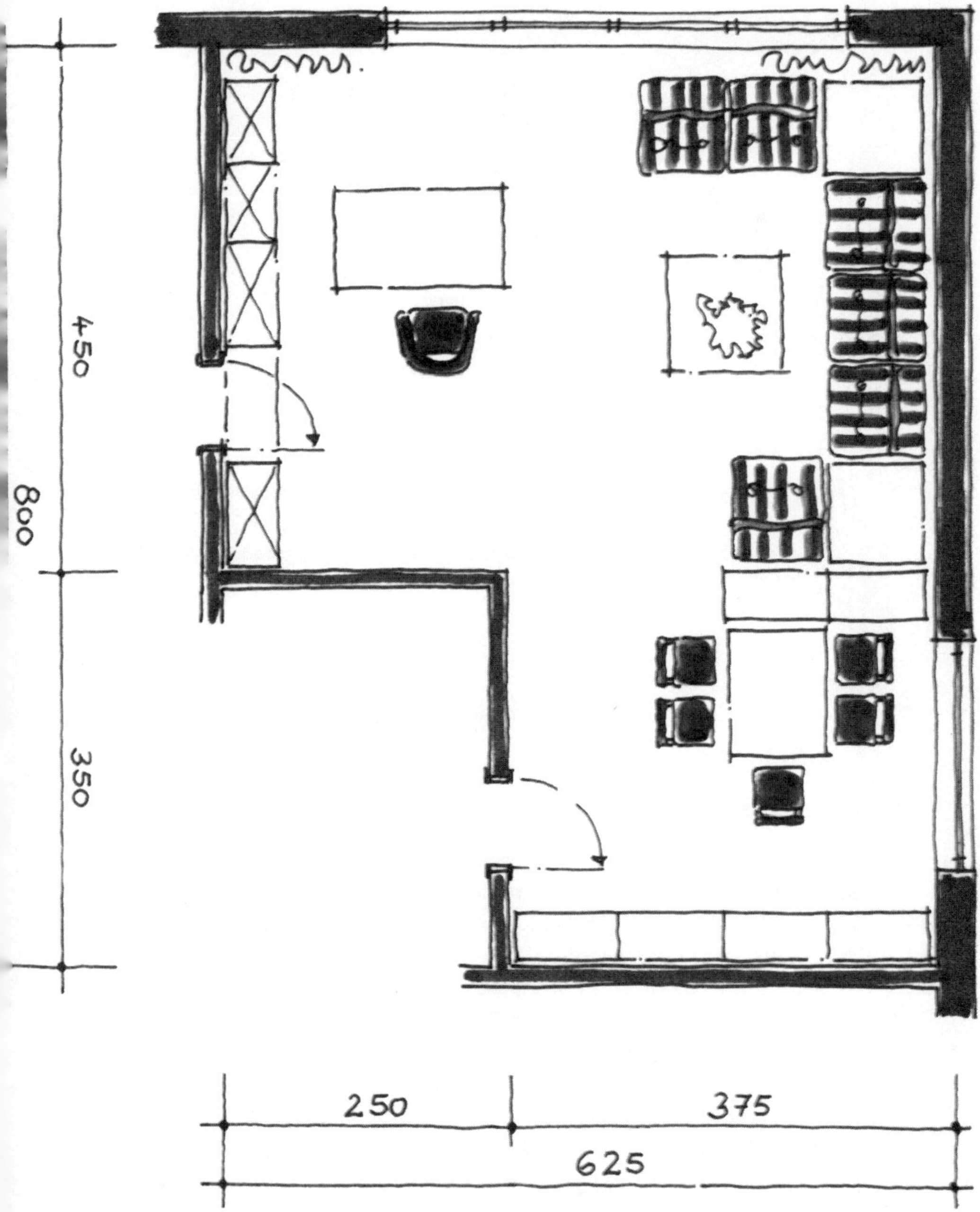

Gesamtansicht eines Wohnraumes mit separiertem Eßplatz

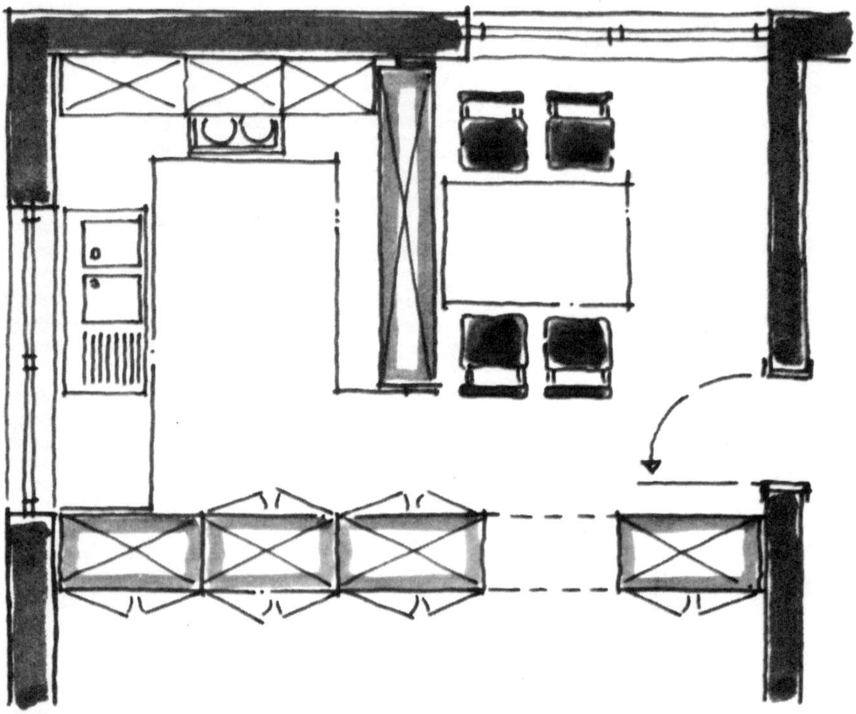

Durch eine Schrankwand getrennter Eßplatz in einer großräumigen Küche

Eßplatz an der Küche

Das Essen im Küchenbereich ist wieder in verschiedene Situationen zu unterteilen: Da gibt es den Eßtisch in der Küche, den serienmäßig geplanten Ausziehtisch innerhalb der Küchenschränke, es gibt die Frühstücksbar an der Trennwand zwischen Küche und Diele oder es gibt die offene Küche mit einer Eßbar zum Wohnraum oder Eßdielenraum zugewandt. Alle diese Lösungen sind besonders zeit- und kraftsparend. Die Geruchsverbreitung von der Küche in den übrigen Wohnbereich ist nur mit einem Wrasenabzug zu dämmen. Die Geräuschentwicklung hingegen ist nicht zu beeinflussen. Die Hausfrau hat von ihrer Küchentätigkeit her die Möglichkeit, durch die offene Küchenlösung das Familienleben mit zu überblicken. Die Gästebewirtung in dieser offenen Küchenlösung gibt im allgemeinen eine sehr unkomplizierte, legere Atmosphäre, die auch die Küchenarbeit freundlicher macht. Eine festliche Stimmung wird allerdings bei dieser Lösung nicht so leicht zu erzielen sein, dafür ist die Atmosphäre besonders kommunikativ, und jeder eingeladene Gast wird sich schnell wohl fühlen. Gelegentlich kommt man auch in Versuchung, beim Kochen und Zubereiten der Speisen mitzuhelfen. Bei dieser Lösung ist es sehr wichtig, schon bei der Planung zu bedenken, daß der Küchenteil nicht zu klein sein darf. Für das Essen in einer offenen Küchengestaltung ist es notwendig, daß die Küche leicht in Ordnung zu bringen ist und nach jedem Arbeitsvorgang ein gewisses Aufräumen stattfindet. Auch sollte die Ausstattung solcher Küchen eher etwas wohnlich als allzu funktionell sein. Mit Holz gestaltete Küchen oder heitere Farbgebung wirken hier besonders freundlich. Für die Bewirtschaftung ist es sehr angenehm, wenn das Fußbodenmaterial durchgehend bis in den Dielenraum gewählt wird.

Der Schlafteil

Allgemeines: Gerade bei der Planung des Schlafteils sollte man berücksichtigen, daß sich hier die Lebensgewohnheiten der Familie im Laufe der Jahre sehr verändern können. Es empfiehlt sich, diesen Teil des Hauses nicht zu klein zu planen. Schließlich bringen die Familienmitglieder dort einen großen Teil des 24-Stundenablaufes zu. Es ist heute weitgehend üblich, das Schlafzimmer nicht mehr ausschließlich zum Schlafen zu benutzen, sondern noch einen Arbeitsplatz für die Frau oder eine kleine Leseecke für den Mann mit einzurichten. Das bedeutet, daß dem Schlafzimmer nicht mehr das Aussehen eines ganz zweckgebundenen Raumes mit Bett und Schrank und guter Lüftung gegeben wird, sondern daß wir auch hier versuchen, eine Atmosphäre der Behaglichkeit zu schaffen und die Einrichtung recht wohnlich zu gestalten.

Lage, Zuordnung: Die wichtigste Voraussetzung für einen Schlafbereich ist Ruhe. Ruhe vor der Betriebsamkeit des Familienlebens und vor allem vor dem Außenlärm. Man wird den Schlafbereich immer von der Zone der Kommunikation etwas entfernter suchen; selbst wenn das Schlafzimmer als Mehrzweckraum benutzt wird, sollte man es nicht als Durchgangsraum planen und auch nicht unbedingt auf einen direkten Zugang vom Wohnzimmer Wert legen. Es ist wichtig, daß der Schlafbereich eine private Zone außerhalb des hauptsächlichen Familienlebens ist. Wieweit der Schlafbereich der Eltern direkten Zugang zum Schlaf- und Kinderbereich benötigt, entscheidet das Alter der Kinder. Wer in seiner Raumplanung Bereiche der Körperpflege, Gymnastik und Massage mit einbeziehen kann, der sollte diese Räume dicht neben dem Schlafbereich einplanen. Die Mindestgröße eines

Elternschlafzimmers sollte 15 qm sein. Es ist natürlich wesentlich schöner, diesen Raum größer zu planen, nach oben hin gibt es keine Grenzen. Es wird sehr nützlich sein, anhand des vorhandenen Schlafzimmers sich genau vorzustellen, wieviel Platz man zwischen Bett und Schrankwand braucht, vor allen Dingen, wenn die Schrankwand geöffnet ist, welche Durchgangszonen man braucht, um aneinander vorbeizugehen, ohne sich zu stören. Man sollte bedenken, daß man gelegentlich zwei getrennte Betten aufstellen möchte, im Krankheitsfall auch ein Bett an eine andere Wandseite schiebt. Es ist sehr notwendig, hier Vorausplanung zu treiben. Die Größe des Schlafraumes wird wesentlich durch die Art der Betten bestimmt.
In dem Moment, wo man beginnt, ein Raumprogramm aufzustellen, ist es wichtig, sich gerade im Schlafbereich darüber klar zu sein, wieviel Schrankfläche man braucht. Immer ist es sehr nützlich, einen Schrankraum zu planen, der wohl offen zum Schlafbereich sein kann, aber doch eine kleine Zone für sich bildet, d. h. also optisch vom Schlafbereich getrennt ist. Ob wir nun begehbare Schrankräume planen oder ein Schrankzimmer rundherum mit Einbauschränken ausgestattet, immer bleibt zu berücksichtigen, daß man an geöffneten Schranktüren vorbeigehen möchte, daß man sich gegenseitig beim Aus- und Anziehen nicht stören möchte, also genug begehbare Fläche zwischen zwei Schrankreihen bleiben muß. Es ist auch möglich, den Schrankraum als Raumteiler zwischen Schlafzimmer und Schrankzimmer zu wählen. Am Schluß bleibt noch zu bedenken, daß ein Toilettenplatz für die Hausfrau vorzusehen ist, der entweder elektrisch beleuchtet, möglichst aber auch mit gutem Tageslicht versehen sein soll. Wer gern am Tag auf dem Bett liegend ruht und dabei liest, muß berücksichtigen, daß er auch an diesem Platz gutes Tageslicht benötigt.

Kinderzimmer

Allgemeines: Welch eine verwirrende Fülle neuer Eindrücke muß ein kleines Kind stündlich verarbeiten! Wenn wir bedenken, wie vieles es in seinen ersten Lebensjahren lernen muß und daß es diese unglaubliche Leistung ohne Hetzerei und Aufwand vollbringt, dann sollte uns selbstverständlich sein, daß dieses kleine Wesen sein eigenes Reich, sein Zimmer, braucht. In dieser kleinen Welt, die ihm ganz allein gehört, sollte alles an seinem festen Platz stehen, denn Kinder lieben dauernde Veränderung nicht. Die wichtigste Voraussetzung für die Planung des Kinderzimmers ist, daß es kindgerecht geplant wird. Wir sollten vermeiden, ein verniedlichtes Zimmer für kleine Erwachsene zu machen. Was wünschen sich Kinder für ihre Zimmer? Eine einfache Ausstattung, Wände, Türen, Fußböden, die für Kinder benutzbar sind, d. h. die Kinder selbst mitgestalten können. Außer einem Wandschrank, der in jedem Zimmer eingebaut sein sollte, bleibt das lose Mobiliar im Kinderzimmer veränderbar, je nach Alter des Kindes. Was aber von Anfang an einzuplanen ist, ist die richtige Gestaltung der Wände. Zu warnen ist vor sog. Kindertapeten. Kinder möchten ihre Wände selbst gestalten.

Zuordnung und Lage: Wir haben schon erwähnt, daß die günstigste Lage für das Zimmer von Kleinkindern die direkte Nähe zum Schlafbereich der Eltern ist. Andererseits haben wir darauf hingewiesen, daß größere Kinder sich wohler fühlen, weiter entfernt vom Bereich der Eltern untergebracht zu sein. Da es vorläufig keine Einfamilienhäuser gibt, ebenso keine Etagenwohnungen, wo sich Raumteile beliebig variieren lassen, gilt es also, von Anfang an entsprechende Entscheidungen zu treffen. Leider entfällt dem Bewohner einer Etagenwohnung in diesem Fall meistens die eigene Entscheidungsfreiheit. Er muß sich der Norm fügen. Um so wichtiger ist es für die, die ein eigenes Haus planen können, richtig zu planen. Es will sehr günstig erscheinen, wenn die Eltern im Elternschlafbereich ein kleines, zusätzliches Zimmer mit einplanen können, was zunächst das Schlafzimmer eines Kleinkindes sein könnte, später einem kranken Kind als vorübergehende Unterbringung dient, evtl. auch als Zweitelternschlafzimmer oder Gastzimmer zu benutzen ist. Sowie das Kind aus dem Kleinstkinderalter heraus ist und es inzwischen vielleicht Geschwister bekommen hat, empfiehlt es sich sehr, den Kinderbereich vom Elternschlafteil wenigstens durch Flur oder Ankleideraum zu trennen, um jedem Familienmitglied seinen Individualbereich einzuräumen. Auch für die Lage des Kinderbereichs gilt die Bedingung, daß er möglichst ruhig liegen soll. Wichtig ist eine möglichst nahe Verbindung zu Bad und WC. Falls ein Haus zwei Eingänge hat, empfiehlt es sich, den Kinderbereich dicht am Nebenhauseingang zu gruppieren. Die Größe des Kinderzimmers richtet sich danach, ob eventuell ein allgemeines *Kinderspielzimmer* oder ein Hobbyraum mit eingeplant werden können. In diesem Fall werden die Kinderzimmer mehr zum Schlafen und für Schularbeiten benutzt und das eigentliche Spielen vollzieht sich in einem größeren, dafür extra eingerichteten Raum. Das Mindestmaß für ein Kinderzimmer sind 8 qm, sehr viel schöner aber ist es, wenn das Kinderzimmer 12 qm erhalten kann. Wenn kein Spiel- oder Hobbyraum vorhanden ist, empfiehlt es sich, für zwei Kinder ein gemeinsames großes Zimmer zu planen, das für gewisse Tageszeiten oder zum Beispiel zum Schlafen durch eine herausziehbare Wand getrennt werden kann. Dafür stellt man im allgemeinen die Schrankflächen als Raumteiler mitten in den Raum, zieht eventuell noch eine Schiebetür ergänzend mit aus. Für wen die Planung eines Hobby- oder Spielraumes zu aufwendig erscheint, für den gilt die Überlegung, einen *Spielflur* vor den Kinderzimmern einzurichten. Dieser Spielflur kann auch mit Wandschränken ausgestattet sein und somit mehreren Zwecken dienen. Wichtig ist, daß er gutes Licht hat und gut belüftbar ist. Ein Spielflur ist gerade für das Kleinkind oft sehr nützlich, weil es sich nicht so isoliert fühlt, wie in einem separaten Spielzimmer. Es ist nicht erforderlich, den Kinderbereich direkt vom Wohnbereich aus zu bedienen. Akustisch gesehen ist es besonders vorteilhaft, wenn der Kinderbereich etwas weiter entfernt liegt. Einschlafende Kinder können sonst leicht von Radio- und Fernsehgeräuschen oder Gastlichkeiten abends gestört werden.

Gästezimmer

Das Für und Wider eines Gastzimmers ist nicht zuletzt eine sehr persönliche Einstellung. Es gibt freundliche Mitmenschen, die meinen, habe man erst mal ein nettes Gastzimmer, dann werde man die Schwiegermutter überhaupt nicht mehr los. Andere Familien freuen sich über lieben Besuch und machen es ihm gern so bequem wie möglich. Natürlich sollte man in der Gesamtplanung nicht ständig den Gast berücksichtigen und deshalb an anderen Stellen das Raumprogramm evtl. einengen. Den wesentlichen Teil des Jahres verbringt man im allgemeinen ohne Gäste und braucht den in einem Gastzimmer brachliegenden Platz vielleicht an anderer Stelle sehr viel nötiger.
Wem der Raum für ein kleines Gastzimmer fehlt, der wird überlegen, wo sich eine zusätzliche Schlafmöglichkeit unterbringen läßt. Das Klappsofa im Wohnzimmer ist eine recht unliebsame Behelfslösung. Vielleicht rücken die Kinder in ihren Zimmern etwas enger zusammen, indem eine Ersatzliege aufgestellt wird, und für den Gast wird ein Kinderzimmer frei gemacht. Oder im Arbeitszimmer der Eltern wird eine Liege oder ein Klappsofa vorgesehen. Ist ein Nähzimmer vorhanden, kann hier sehr leicht ein Gastbett aufgestellt werden. Selbst ein mit Hilfe eines Vorhangs abgetrenntes Flurende ist für jüngere Leute als Nachtquartier geeignet. Ein separates kleines Gastzimmer ist natürlich eine herrliche Lösung, weil sich in diesen Raum auch einmal ein Familienmitglied zurückziehen kann, falls es krank ist oder zum Arbeiten Ruhe benötigt. Allerlei Anregung für die raumsparende Einrichtung eines Gastzimmers geben die heutigen Hotelzimmer, die mit erdenklichem Komfort auf kleinstem Raum das bestmögliche herausholen. Da es sich schließlich meistens um einen kurzen Aufenthalt in diesem Raum handelt, denn der Gast wird am Tage auch die übrigen Räume der Gastgeber

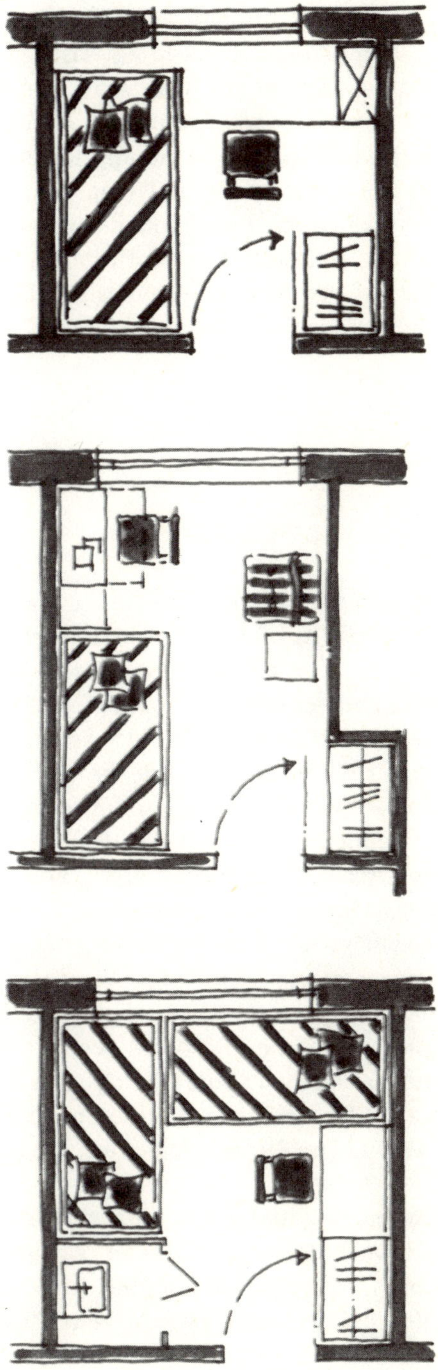

Vorschläge für die bestmögliche Nutzung und praktische Möblierung von Gästezimmern

aufsuchen, empfiehlt es sich, das Gastzimmer wirklich nicht allzu groß zu planen. Trotzdem sollte ein Tischchen in diesem Raum stehen, an dem der Gast einmal einen Brief schreiben kann, eine Liege bzw. ein Bett, das so verwandelt werden kann, daß es für die Mittagsruhe der geeignete Platz ist. Bei geschickter Ausnutzung lassen sich mit 5 qm schon die notwendigen Möbel aufstellen. Ideal ist ein Gastzimmer mit einer eigenen Waschmöglichkeit, so ist das Familienbadezimmer zu den Stoßzeiten morgens und abends etwas entlastet. Ein Kofferbock, ein Spiegel, ein bequemer Stuhl, eine zusätzliche Wolldecke, gutes Licht, freundliche Farben, alles dies trägt dazu bei, daß sich der Gast wohl fühlt.

Wirtschaftsbereich

Küche und Wirtschaftsraum

Allgemeines: »Sage mir, wie Du kochst, und ich kann mir vorstellen, wie Deine Küche aussieht!« Das könnte in vielen Fällen stimmen. Die Industrie hat sich der Küche in ganz besonderer Weise angenommen, und es gibt viel Lektüre und bereitwillige Verkäufer, die immer wieder erklären, wie eine Küche wirklich arbeitsparend einzurichten ist. Aber von der Einrichtung soll erst später die Rede sein. Für die Aufstellung des Raumprogramms interessiert uns, wieviel Platz für diesen Küchenbereich vorgesehen werden soll. In erster Linie hängt die Größe der Küche von der Personenzahl der Familie und von der Art der Haushaltsführung ab. Für eine Hausfrau, die gerne kocht und jedes Gericht selbst zubereitet, Vorräte hat und noch selbst einkocht, muß die Küche größer sein als für die gleiche Personenzahl, wenn die Hausfrau mehr Fertiggerichte und Tiefkühlkost verwendet. Falls ein Eßplatz in der Küche mit eingeplant wird, ist es eine Voraussetzung, daß die Küche größer ist. Falls ein Bartresen in der Nähe der Durchreiche-Schrankwand zum Wohnteil hin geplant werden kann, erübrigt sich der Zweiteßplatz in der Küche. In diesem Fall sollte man nur eine herausziehbare Platte vorsehen, an der bestimmte Arbeiten im Sitzen erledigt werden können.

Zuordnung und Lage: Zunächst ist die wichtigste Voraussetzung, daß vom Küchenbereich ein direkter Zugang zum Eßbereich besteht. Dieser Weg sollte so kurz wie möglich sein. Ebenso empfiehlt es sich, eine kurze Verbindung von der Küche zum Eingangsbereich zu haben. Es ist immer sehr günstig, wenn eingekaufte Lebensmittel auf schnellstem Wege in die Küche

Einzeilige Küche

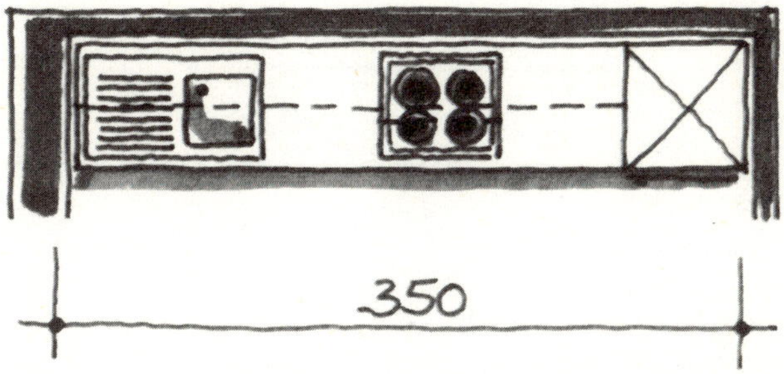

Zweizeilige Küche

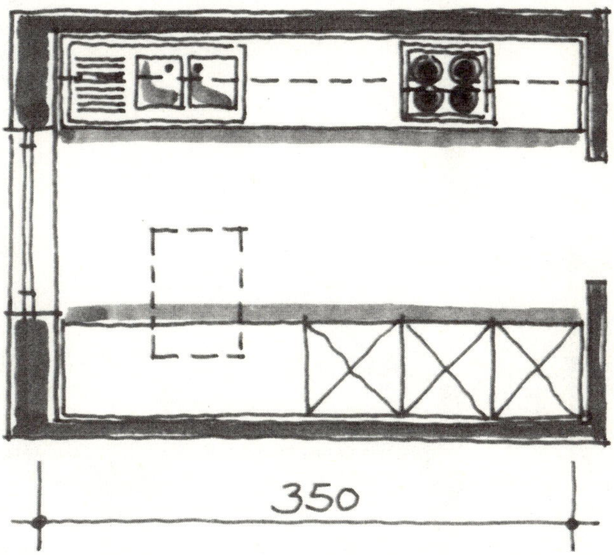

gebracht werden können. Von der Küche sollte möglichst leicht erreichbar eine Speisekammer oder ein Vorratsraum sein, der die Unterbringung der Lebensmittel in der Küche wesentlich erleichtert. Ein Zweitausgang dicht am Küchenbereich nach draußen hat sich als sehr praktisch erwiesen. Falls ein Wirtschaftsraum mit eingeplant wird, was dringend zu empfehlen ist, so gibt es die Möglichkeit, diesen direkt neben die Küche zu legen. Eine andere Lösung ist, übergangslos von der Küche mit Raumteilertrennung in den Wirtschaftsraum zu kommen. Die bevorzugte Küchengröße ist individuell sehr verschieden. Für eine normale Familie sollte die Küche nicht unter 8 qm geplant werden. Plant man, sehr viel elektrische Geräte in der Küche

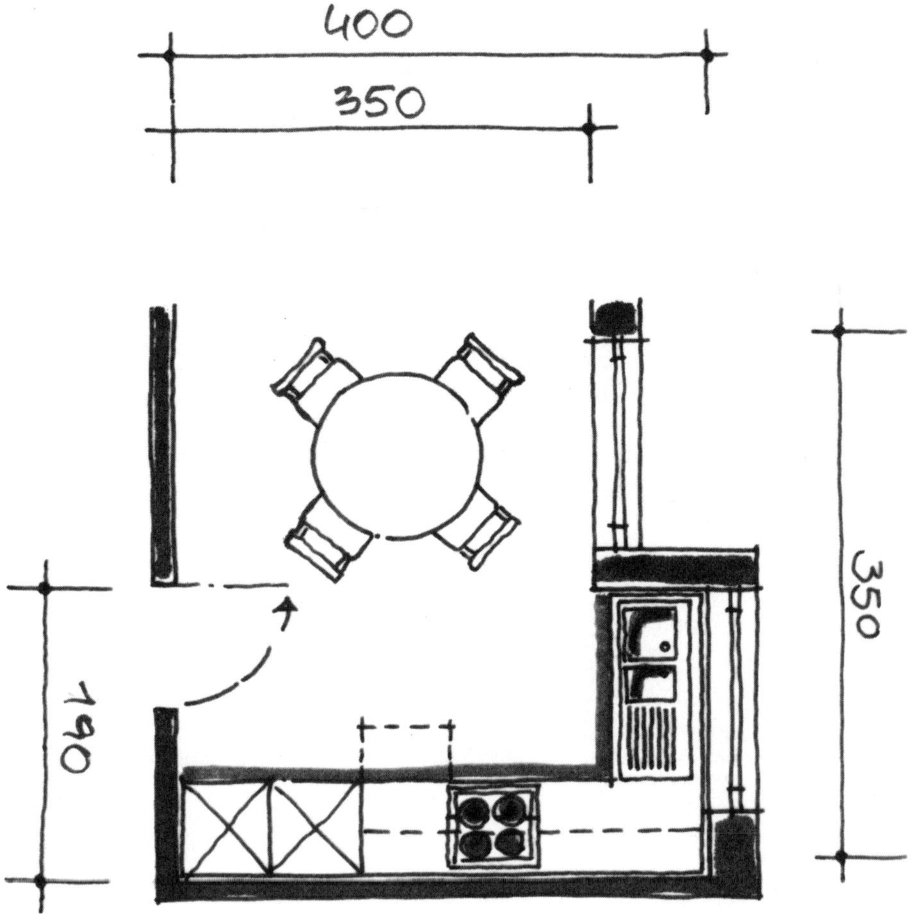

aufzustellen, so empfiehlt sich eine Größe von 10 qm; mit eingeplantem Eßplatz sind 14 qm notwendig. Ebenso entscheidend wie die Größe der Küche ist auch hier wieder der Zuschnitt des Raumes, d. h. wie sich Türen und Fenster und benutzbare Wände zueinander verhalten.

Typen der Einrichtung

Für die Planung der Küche ist es bereits bei der Erstellung des Raumprogramms notwendig, die Einrichtung und die Möblierung der Küche sehr genau vor sich zu sehen. In diesem Fall geht die Raumplanung nicht, ohne das

Mobiliar bereits aufzuskizzieren. Wir unterscheiden im allgemeinen vier verschiedene Möglichkeiten der Kücheneinrichtung. Die einzeilige Küche kann für einen kleinen Haushalt ausreichen: Im allgemeinen entspricht sie mehr einer Kochnische und reicht nur für eine knappe Haushaltsführung aus. In anderen Fällen beginnt ein junger Haushalt damit, erst die eine Wand der Küche einzurichten (einzeilig), und ergänzt durch später hinzukommende Teile. Die zweizeilige Küche wird häufig durch den Zuschnitt des Raumes gegeben, d. h. Fenster und Tür liegen sich gegenseitig genau gegenüber. Sie garantiert einen guten Arbeitsablauf. Hier ist eine wichtige Voraussetzung, daß der Zwischenraum zwischen den beiden Zeilen in einem kleinen Haushalt 1,20, in einem großen Haushalt 1,80 m betragen muß. Die L-Form entspricht dem fließenden Arbeitsablauf, es gibt kein Hin- und Herlaufen von einer Seite zur gegenüberliegenden Seite. Dafür handelt man sich eine Ecklösung ein. Die U-Form bietet die größte Ausnutzungsfläche einer Küche und eignet

◀ *Küche mit L-förmiger Aufteilung und Eßplatz*

Küche mit U-förmiger Aufteilung

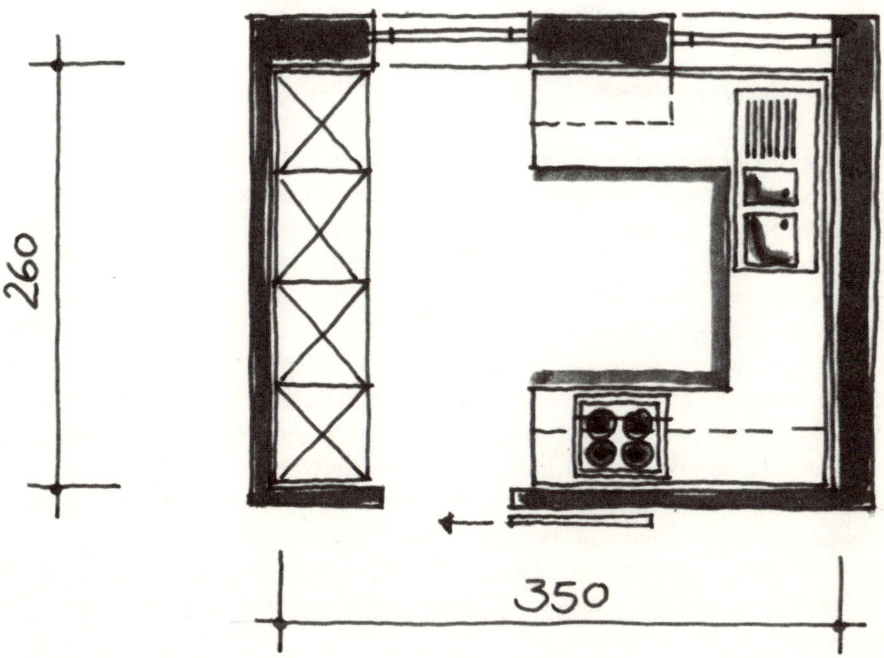

sich daher besonders für große Küchen. Man muß hier allerdings zwei Ecklösungen in Kauf nehmen. Sehr entscheidend für die Planung einer Küche ist, daß die Arbeitswege kurz sind und alle Stellflächen bestmöglich genutzt werden. Der kostbarste Platz in der Küche ist der Fensterplatz. Hier sollte man möglichst nur die Arbeitsgänge vorsehen, die wirklich Tageslicht brauchen. Es ist besonders vorteilhaft, wenn das möglichst breite Küchenfenster eine hohe Fensterbrüstung hat, so läßt sich unterhalb der Fensterleibung der Arbeitsablauf fortsetzen, ohne daß der Fenstereinschnitt eine Unterbrechung bietet. Von links nach rechts wird in einer Küche gearbeitet, diesen Ablauf sollte man sich immer wieder vor Augen halten.

Arbeitsablauf in der Küche

Stellt man sich im Geiste den gesamten Arbeitsablauf einer Küchenarbeit auf eine lange Wand projiziert vor, so beginnt man ganz links mit der Vorratshaltung bzw. Kühlschrank/Kühltruhe, dann kommt eine Arbeitsfläche, die möglichst schon eine kleine Wasserfläche enthalten sollte, um Gemüse zu putzen und Lebensmittel zuzurichten. Nach dieser Wasserquelle ist noch einmal eine kurze Arbeitsfläche angebracht und dann folgt der Herd. Neben dem Herd von beiden Seiten eine Abstellfläche von mindestens 60 cm, danach folgt die eigentliche Geschirrspüle und danach die Aufbewahrungsschränke für das saubere Geschirr.

Speise- oder Vorratsraum

Die Speisekammer ist eine höchst unmoderne Angelegenheit geworden, und sie wird begreiflicherweise auch von den Küchenmöbelfabrikanten weitgehend abgelehnt. In den meisten Fällen nimmt sich eine Tür zur Speisekammer unschön in dem nahtlos verlaufenden Programm der Küchenmöbel aus. Ein gewisser Ersatz dafür sind die belüftbaren Speise- und Vorratsschränke und natürlich ganz besonders die Tiefkühltruhe und der Kühlschrank. Wer aber gerne für seine Vorräte noch zusätzlich eine Speisekammer hat, der sollte diesen Wunsch seinem Architekten gleich bei Beginn des Raumprogramms mitteilen. Wird sie rechtzeitig berücksichtigt, dann findet sich sicher eine Möglichkeit, sie zwischen Küche und Wirtschaftsraum so zu placieren, daß das Einrichtungsprogramm in der Küche nicht gestört wird. Es geht nun einmal nicht ohne Vorräte, vor allem die sehr stark beanspruchte Hausfrau, die sich ihre Zeit sehr einteilen muß und möglichst nur wenige Male im Monat Großeinkäufe vollzieht, kann ohne diesen Vorratsraum kaum auskommen.

Der Wirtschaftsraum

Allgemeines: Die Bezeichnung Wirtschaftsraum klingt immer noch ein wenig ungewöhnlich, aber liegt es nicht eigentlich nur an dem Namen? Wenn wir einmal an die größeren Einfamilienhäuser zur Zeit unserer Großeltern denken, so gab es dort neben Vorratsraum genügend Abstellraum, nicht selten eine Waschküche und außerdem noch ein Bügelzimmer. In irgendeinem Raum konnte man bestimmt einmal eine angefangene Arbeit ruhigen Gewissens liegen lassen. Man konnte Dinge abstellen, für die man im Augenblick keine Verwendung hatte. Als man nach dem letzten Kriege mit der Neuplanung von Häusern und Neukonzeption des Wohnens begann, fand eine radikale Verkleinerung von Küche und Nebenräumen statt. Nach und nach kommt man wieder dahin, festzustellen, daß für einen bequemen Arbeitsablauf genügend Platz notwendig ist. So wird nicht nur die Küche wieder vergrößert, sondern man besinnt sich, daß man Räume zum Abstellen von Utensilien benötigt wie auch Platz zum Plätten, Waschen und Nähen. Im Ausland denkt man im allgemeinen sehr viel praktischer. Dort ist das Wirtschafts- oder Plättzimmer auch in Etagenwohnungen nichts ungewöhnliches. Heute findet dieser Raum bereits in vielen neuen Einfamilienhäusern einen selbstverständlichen Platz, und es wäre wünschenswert, wenn er auch in Etagenwohnungen wieder mit eingeplant wird.

Lage und Zuordnung: Zweifellos ist die günstigste Lage für diesen Raum die direkte Verbindung zur Küche. Sollte man dort keinen Platz finden und nutzt man einen gewissen übriggebliebenen Raum im Keller- oder Bodengeschoß für den Plätt- und Nähraum, so besteht die Gefahr, daß dieser Raum nicht soviel benutzt wird. Etwas glücklicher ist dann ein Plätt- und Nähzimmer im Schlafraumbereich anzusiedeln. Im allgemeinen wird man diesen Raum auch zum Arrangieren von Blumen, Schuhe putzen, Unterbringung vom Hundeplatz, evtl. als Vorratsraum für Seifenartikel ausnutzen. Somit liegt auch dieser Raum sehr viel vorteilhafter in der Nähe der Eingangszone, eventuell vom Dielenverteiler aus erreichbar. Denkbar ist auch, daß durch den Wirtschaftsraum ein zweiter Ausgang in den Garten geplant werden kann. Sollte in diesem Raum auch gelegentlich zu zweit gearbeitet werden, bzw. spielen Kinder darin, während die Mutter bügelt, so ist es ratsam, diesen Raum nicht unter 8 qm zu planen. Auch hier sind nach oben hin keine Grenzen gesetzt. Allemal ist eine kleine Näh- oder Plättecke in einem Flurteil zwischen Schränken vorteilhafter, als gar keinen Platz für diese Arbeitsvorgänge vorzusehen. Für die Einrichtung dieses Raumes ist wieder der Zuschnitt von Bedeutung, d. h. die Verteilung von Fenstern, Türen und stellbarer Wandfläche zueinander. Ein Wasseranschluß und Wasserabfluß ist

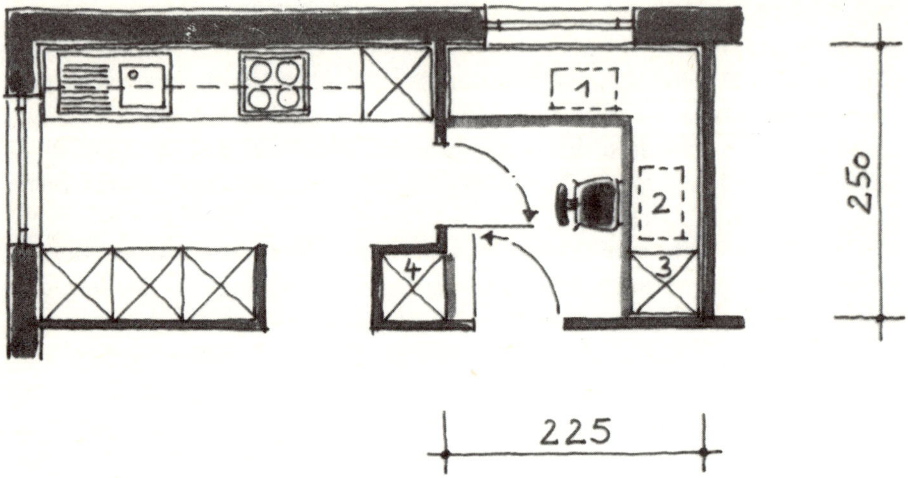

Praktische Raumfolge von Küche und Wirtschaftszimmer

Voraussetzung für das gute Funktionieren eines Wirtschaftszimmers, reichlich Arbeitsfläche in Tischhöhe ist notwendig, Schränke oder Regale, um notwendige Arbeitsutensilien griffbereit zur Hand zu haben, Wandschränke für Haushaltswäsche und Flickzeug, das Unterbringen der Nähmaschine oder Bügelmaschine, Vorratsschränke für Putzmittel und Seife finden hier ihren Platz. Eventuell wird die Gefriertruhe oder der Gefrierschrank hier untergebracht, vielleicht auch ein belüftbarer Speisevorratsschrank. Fest angeschlossene Waschmaschinen sind ebenfalls gut im Wirtschaftsraum aufzustellen. Bei einer lose aufgestellten Waschmaschine kann es gelegentlich unliebsame Überschwemmungen geben, darum steht sie besser im Keller. Der Behälter für schmutzige Wäsche, ein stummer Diener, Kleiderhaken für gebügelte Anzüge oder zu reinigende Kleidungsstücke dürften hier nicht fehlen.

Sanitärbereich

Allgemeines: Man hat heute erkannt, welche bedeutende Rolle ein komfortabler Baderaum mit einer angenehmen Raumatmosphäre für das Wohlbefinden und somit für die Gesundheit der Menschen hat. Lange Zeit ist dieser Bereich entschieden zu kurz gekommen. Viel zu kleine Badezimmer wurden eingeplant. Die Nutzung dieser Räume war unbequem und nicht ausreichend. Auch hier ist uns das Ausland in vieler Hinsicht weit voraus gewesen. Inzwischen beginnt man, sich auf die komfortablen Baderäume der alten Römer zu besinnen, und läßt wieder einen gewissen Luxus walten. Bei der Planung eines Bungalows lassen sich die Ansprüche der Bauherren an die sanitärhygienischen Ausstattungen besser erfüllen, als es in einer Etagenwohnung der Fall sein kann. Da in diesem letzteren Fall meist von festen Gegebenheiten ausgegangen werden muß und der eigenen Planung für den Wohnbesitzer wenig Raum übrig bleibt, werden wir uns in diesem Teil ausschließlich mit der Planung des Einfamilienhauses befassen. Die eingeschossige, mehrfach gegliederte Bauweise führt hier zu einer anderen Organisation des Grundrisses als die zweigeschossige Bauweise, in welcher man im allgemeinen Naßzellen übereinander zu planen weiß.

Zuordnung und Größe: Abgesehen vom Gäste-WC am Hauseingang gehört der Sanitärbereich unmittelbar zum Schlafbereich und sollte von hier aus auch einen direkten Zugang haben. Die Himmelsrichtung ist für den Schlafbereich unwesentlich, meist liegt der Sanitärbereich aus Platzgründen an einer wenig begünstigten Außenposition. Ist keine direkte Belüftung nach außen möglich, versucht man eine Ablüftung durch einen Luftschacht mit eingebauter künstlicher Ventilation. Diese Lösung ist aber in keiner Weise mit einer direkten Fensterlösung zu vergleichen. Die Raumgröße hängt hier wieder ganz vom Familienleben und von dem Anspruch der Bewohner des Hauses ab. Bei einer Raumgröße von 5 qm kann eigentlich nur das Wichtigste im Baderaum untergebracht werden. Für ein geräumiges Bad, in dem man auch ein paar Kniebeugen machen kann, sich eventuell die Haare trocknet, Dusche, Bad und Kosmetikschränke untergebracht sind, kann man gut und gerne 12 bis 16 qm ansetzen. Sollten noch Gesundheits-Fitneßräume im Hause eingeplant werden, ist es vorteilhaft, sie direkt vom Bade-Sanitärbereich aus zu begehen.

Im Badezimmer selbst sollte neben der Badewanne möglichst eine Duschnische separat eingebaut sein sowie zwei in genügendem Abstand voneinander angebrachte Waschbecken. Doppelwaschbecken oder zwei nebeneinander gestellte Waschbecken erfüllen wenig Zweck. Eigentlich versteht sich von selbst, daß von diesem Raum eine kleine Trennwand in das abgelegene WC mit Bidet führen sollte. Immer wieder ist es erstaunlich, wie wenig Menschen Wert darauf legen, das WC vom Baderaum zu trennen. Wenn ein Bidet geplant ist, ist es sinnvoll, dieses direkt neben das WC zu setzen und beides durch eine leichte Trennwand vom Baderaum zu teilen. Man hat heute auch erkannt, daß die wohnliche Atmosphäre des Baderaums von großer Bedeutung ist. Man wählt freundliche Dekore, u. U. warmes Holz zur Auskleidung dieses Raumes. Eine gewisse Größe, so daß man ungehindert hantieren kann,

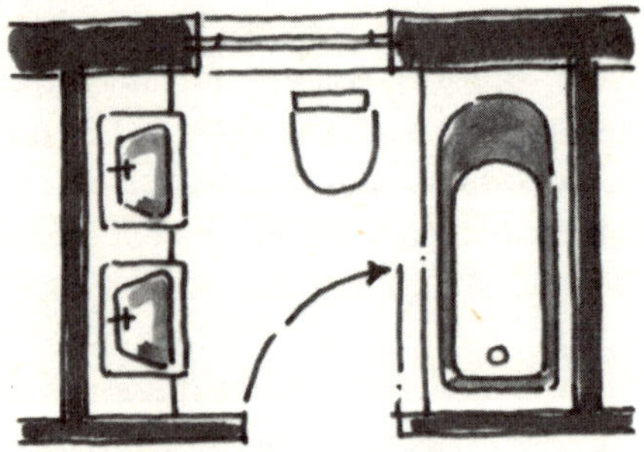

Bad mit Doppelwaschbecken, Toilette und Badewanne

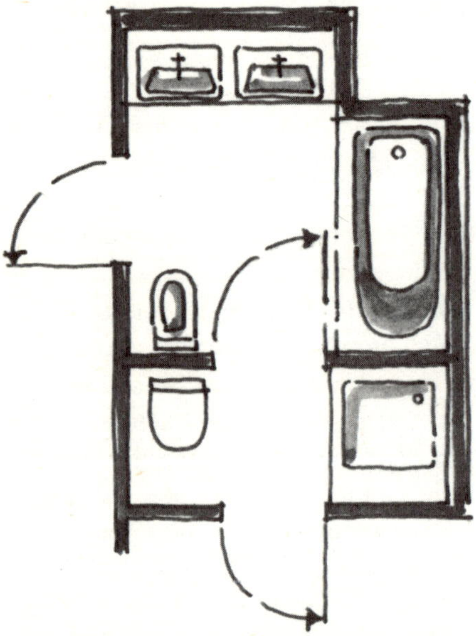

Großräumiges Bad mit separatem Raum für Doppelbecken, Badewanne und Bidet sowie für WC und Dusche

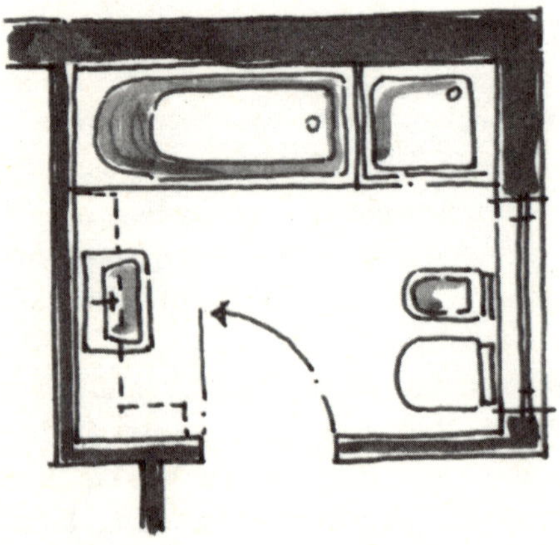

Bad mit Waschbecken, Wanne und Dusche sowie mit WC und Bidet in einem Raum

ohne sich gegenseitig zu stoßen, erhöht das Wohlbefinden in diesem Raum. Ein zusätzlicher Stuhl u. U. zum Haaretrocknen oder weiteren kosmetischen Möglichkeiten fördert die Benutzbarkeit dieses Raumes. Für eine Familie mit mehreren Kindern macht sich ein zweites Badezimmer schnell bezahlt. Hier genügt ein kleines Duschbad mit einem Waschtisch und einem getrennten WC. Es gibt heute Duschwannen, deren Beckenrand so hoch ist, daß man ein kleines Kind hineinstellen und gründlich baden kann. In diesem Baderaum ließe sich dann auch ohne weiteres die Waschmaschine und eventuell noch eine Trockenmaschine aufstellen. Es versteht sich von selbst, daß alle Sanitärräume möglichst eine direkte Lüftung nach außen haben, daß außer dem Elternbad mit getrenntem WC, dem Kinderbad mit WC auch noch ein Gäste-WC am Hauseingang geplant sein sollte.

Hauseingang – Flur – Diele

Allgemeines: Der Hauseingang ist die Visitenkarte des Hauses, und so sollte er auch betrachtet werden. Der Eingang eines Hauses ist zweigesichtig. Einmal sollte er mit liebenswürdiger Geste ausdrücken, daß der Hereinkommende in ein gastfreies Haus gebeten wird, zum anderen muß er für die Abgrenzung gegen die Außenwelt sorgen. Die Form des Hauseingangs ist meist ein wenig landschaftlich gebunden, ebenso spielt das Klima eine Rolle. Ein der Witterung stärker ausgesetzter Eingang muß abgeschirmt sein, und auf einen Windfang im Hausinneren wird man nicht verzichten können. Vor allem aber ist die Form des Einganges abhängig von dem Stil, der für die Gestaltung des ganzen Hauses gewählt wurde. Der Bauherr, der zu repräsentieren hat, wird hier bereits beginnen, auf eine großzügige Planung zu achten, während der Bauherr, der durch diese Pforte schreitet, um in seinem Heim nur im Familienkreis zu leben und Entspannung zu suchen, hier in der Entfaltung und Dekoration eher untertreiben als auf irgendwelche Repräsentationspflichten Rücksicht nehmen wird.

Lage und Zuordnung: Heute gilt der Hauseingang als gut, der seine Funktion am besten erfüllt. Wenn es die Lage des Grundstücks erlaubt, sollte er auf dem kürzesten Weg von der Straße aus erreichbar sein. Außerdem sollte der Hauseingang möglichst nicht an der Wetterseite des Hauses liegen. Bevor man den Plan des Architekten annimmt, ist zu überprüfen, wo die Wetterseite des geplanten Hauses liegt. Meist ist es die Westseite. Nicht immer gestattet es die Anordnung der Räume, daß die Westseite für den Eingang vermieden werden kann. In solchen Fällen können durch eine

Flügelwand, die die Haustür gegen Wind und Regen abschirmt, einige Unannehmlichkeiten vermieden werden. Auch läßt sich der Hauseingang in eine Nische gewissermaßen ins Hausinnere einziehen. Ein echter Windfang hinter der Eingangstür kann die Heizungskosten im Hause erheblich senken. Das gilt besonders für die nördlichen Gegenden Deutschlands, wo die meiste Zeit im Jahr windiges Wetter herrscht. Ein Windfang hat nicht nur Vorteile, sondern auch Nachteile. Beides sollte gegeneinander abgewogen werden. Der Vorteil liegt darin, daß er die Diele wirklich schützt und sie dadurch zu einem benutzbaren Wohnraum macht. Kinder lassen gerne Türen offen und ein Windfang schützt vor ständigem Zug. Ungebetener Besuch steht nicht gleich mitten im Haus, sondern kann im Windfang abgefertigt werden. Ein Nachteil ist allerdings, daß hier zusätzlicher Raum verlorengeht. Ist der Windfang zu klein, so stört er mehr, als daß er nützt. Auch die Lichtverhältnisse in der dahinterliegenden Diele werden durch den Windfang ungünstig beeinträchtigt. Wichtig ist, daß der Windfang in jedem Falle beheizbar ist, denn nur so kann er seiner Aufgabe gerecht werden und als Schleuse zwischen kalter und warmer Luft nützlich sein. Er sollte nicht kleiner als 1,50 × 1,50 m sein, denn schließlich müssen hier zwei bis drei Menschen zugleich Platz finden. Hauseingänge oder der Windfang brauchen in jedem Fall solide Haustüren, sie müssen im Winter große Temperaturunterschiede ausgleichen können. Der Vorraum hat heute hauptsächlich funktionellen Charakter, er dient als Verteiler für verschiedene Wohnbereiche. Es ist wichtig zu bedenken, daß diese Hauseingangszone gewissermaßen die Funktion eines Verteilers ausübt und die Direktverbindung zum Wohnbereich, Küchen- und Eßbereich, eventuell auch zum Bereich der Kinder darstellt.

Diele

Es ist ein wunderbares Gefühl, beim Betreten eines Hauses, von einer großzügigen Diele aufgenommen zu werden. Eine unerwartete überraschende Attraktion ist es, wenn am Ende dieser Diele sich ein Fenster zum Garten öffnet und man mit einem ersten Blick vom Hauseingang bereits die Tiefe des Hauses durchblicken, ja sogar die Grundstückstiefe übersehen kann. Leider ist eine solche Gestaltung nicht jedem Bauherrn möglich. Um so mehr erhöht eine großzügige Diele den ersten starken Eindruck beim Betreten eines Hauses. Hier ist dann auch der Raum, um ein paar schöne Möbelstücke dekorativ aufzustellen, die nicht nur reine Zweckerfüllung sind, sondern ganz wesentlich dazu beitragen, Freundlichkeit und angenehme, einladende Atmosphäre zu verbreiten. Dafür ist es wichtig, daß die Abmessung dieses Hausteils von vornherein nicht zu knapp angesetzt wird. Eine geräumige

Diele oder ein geräumiger Vorplatz wird ein Haus immer großzügiger wirken lassen. Es versteht sich von selbst, daß eine Diele für mehrere Benützungsmöglichkeiten Verwendung finden kann. Am Ende dieser Diele läßt sich der Eßplatz einrichten, gleichzeitig kann eine Diele als Spielplatz für Kinder gelten. Es ist also nicht nur die reine Platzverschwendung, diesen Raum großzügig zu planen.
Sehr wichtig ist, daß diese Diele eine gute Tagesbeleuchtung hat. So ist ihre Benutzbarkeit erheblich vielfältiger. Es versteht sich von selbst, hier einen praktischen Fußbodenbelag einzuplanen. Auch das erhöht den Wert dieses Dielenraumes.

Garderobe

Für die Garderobenablage, ob sie in einem Teil der Diele untergebracht ist oder ob sie geschlossen für sich selbst steht, muß bedacht werden, daß sich hier mehrere Menschen zur gleichen Zeit anziehen müssen, d. h. ziemlich ausfahrende Bewegungen gemacht werden. Wie freundlich dieser Raum wirkt, hängt, abgesehen von seiner Gestaltung, in besonderem Maße von den Lichtquellen ab. Reicht das Tageslicht hier nicht aus – sehr häufig liegt dieser Bereich im Inneren des Hauses –, kann eine geschickte elektrische Beleuchtung sehr nachhelfen. Übrigens sieht es nicht schön aus, die an den Garderobenhaken unregelmäßig verteilten Mantelteile schief herunterhängen zu sehen. Jede schrankartige Nische, mit Türen oder Vorhang zu schließen, ist ein besserer Anblick als eine freihängende Garderobe an der Wand. Der Schrankraum sollte hier sehr reichlich bemessen sein. Im allgemeinen findet sich im Laufe der Zeit wesentlich mehr Garderobe ein, als zu Anfang geplant wurde. Neben der reinen Unterbringung von aufgehängten Mänteln ist zu bedenken, daß hier Schrankfächer für Handschuhe, Schirme, Schals, Schlechtwetterstiefel, Hundeleinen, Einkaufskörbe und ähnliches mehr benötigt werden. Ein nahegelegener Stuhl zum Wechseln von Schuhen ist sehr angebracht, eventuell auch neben dem Spiegel ein Handwaschbecken, das außerhalb des WCs liegt, um Gästen bequeme Möglichkeiten der Reinigung zu bieten. Zu bedenken ist, daß der gelegentlich etwas eng wirkende Garderobenteil durch eine großzügige Spiegellösung aufs freundlichste erweitert werden kann.

Flure

Alle weiteren Flure sollten im Moment der Erstellung des Raumprogramms so knapp wie möglich gehalten werden. Es sind nicht nur die unnötigen Wege, die durch lange Flure führen, die man gerne im täglichen Ablauf der Haushaltsführung vermeiden möchte, es sind auch erhebliche Baukosten, die hier entstehen, ohne eigentlichen Nutzwert zu bieten. Andererseits sollte man bedenken, daß es günstiger ist, einen Flur etwas zu verlängern, als etwa ein gefangenes Zimmer, d. h. ein Durchgangszimmer entstehen zu lassen. Ein Raum, der vom Flur aus separat zu begehen ist, ist in seiner Benutzbarkeit sehr viel wertvoller als ein Zimmer, das man nur betreten kann, wenn man durch ein anderes Zimmer hindurchgeht. Ob nun nach einer großzügigen Diele ein Flur als weiterer »Verteiler« noch notwendig ist, richtet sich ganz wesentlich nach der Größe des Hauses, nach seinem Grundriß und nach den Ansprüchen seiner Bewohner. Einen Flur braucht man zum Beispiel, wenn ein Teil der Räume – Schlafzimmer, Gästezimmer, Kinderzimmer, Arbeitszimmer, Wirtschaftszimmer – zu einem besonderen Haustrakt zusammengefaßt sind. In solchen Fällen bietet sich ein von der Diele ausgehender Flur als Verbindung mit den anderen Hausbereichen an. In solchen Fluren sollte stets Länge und Breite in ausgewogenem Verhältnis zueinander stehen. Wer eine Wohnung in einem alten Mietshaus bewohnt hat, kennt die schmalen hohen, dafür aber extrem langen Flure und weiß, wie dunkel und häßlich sie sind. Die Mindestbreite für einen Flur beträgt 1 m. Aber auf jeden Fall ist 1,20 m bis 1,50 m Breite sehr viel angenehmer. Die Quadratmeter, die durch einen breiteren Flur verlorengehen, kann man eventuell durch zweckmäßige Einrichtung wieder einsparen. Es ist z. B. möglich, eine Flurwand als Schrankwand auszubilden. Für die Benutzbarkeit dieser Räume spielt die Beleuchtung eine wesentliche Rolle. Ein Flur braucht auch nicht nur Flur zu sein. Es gibt viele Möglichkeiten, ihm neben seinem Hauptzweck als »Verkehrsweg« noch zusätzliche Aufgaben zu geben.

So kann man ein breites Flurende vor dem Kinderschlafzimmer gut zu einem Kinderspielvorraum gestalten. Auch ein Hausarbeitsplatz an einem beleuchteten Flurende ist eine nützliche Einrichtung. Natürlich müssen solche Nebenaufgaben von Anbeginn mit eingeplant werden. Für diese zusätzliche Nutzbarkeit eines Flures sind große Fenster, die nach Möglichkeit auch direktes Sonnenlicht bekommen, Voraussetzung.

Nebeneingang

Was ist ein Nebeneingang? Ist dieses Wort veraltet? Läßt es den Begriff »Personaleingang« mitklingen? So muß es nicht sein. Ein Nebeneingang kann auch in einem Haus, das nur von der Hausfrau allein bewirtschaftet wird, von großem Nutzen sein. Er kann die Arbeitswege verkürzen und das Saubermachen im Hause erleichtern. Außer dem einen Nachteil, daß man, bevor man das Haus verläßt, bedenken muß, ob man den zweiten Eingang auch richtig verschlossen hat, bietet diese Tür ins Freie eigentlich nur Vorteile. Erste Voraussetzung ist allerdings, daß dieser Nebeneingang an der richtigen Stelle geplant wurde. Die zweite Voraussetzung ist, daß an dieser Stelle genügend Abstellfläche eingeplant wurde. Hier sollen in erster Linie die Kinder ein- und ausgehen, damit sie nicht ständig den Hauseingang wieder in Unordnung bringen. Dafür ist es notwendig, eine zusätzliche Kindergarderobe unterzubringen, ein Platz für Gummistiefel, eventuell für Roller, Puppenwagen, Dreirad und ähnliche Utensilien. Hat die geplagte Hausfrau eben den Vordereingang gesäubert, kommt eine Schar von Kindern angesprungen, die sich wie eine Lawine in das Haus wälzen will. Nicht alle sind so gut erzogen, daß sie die Gummistiefel bereits in der Hand halten, wenn sie die Haustür öffnen. Andere wieder lassen ihr Schuhwerk mitten auf der Fußmatte stehen, so daß der nächste Besucher hüpfend das Haus betreten muß. Jede Mutter von kleinen Kindern wird sich einen Nebenhauseingang wünschen. Hier kann auch das Haustier seinen Platz bekommen. Es ist immer ein Problem, einen nassen Hund zweckmäßig unterzubringen. Es ist selbstverständlich, daß der Lieferant hier seine Kisten mit Lebensmitteln abstellt, die von dort aus in die weiteren Vorratsräume verteilt werden. Einkaufstaschen, Gartenmäntel, Gummistiefel, lassen sich hier diskret unterbringen. Natürlich kann es die Planung so ergeben, daß dieser Nebeneingang durch das Wirtschaftszimmer in den eigentlichen Wohnteil bzw. in die Wohndiele führt. Diese Form des Nebeneingangs ist sehr vorteilhaft. Ist der Nebeneingang dem Kinderbereich zugeordnet, wird er besonders die heranwachsende Jugend sehr erfreuen, die auf diese Weise ungehindert das elterliche Haus betreten oder verlassen kann. Auch hier sollte man mit der Planung bereits etwas großzügiger Vorausschau betreiben.

Sonderbereiche im Raumprogramm

Arbeitsplätze

Allgemeines: Nun sind wir mit der Planung unseres Raumprogrammes fast am Ende angelangt, und es empfiehlt sich, noch einmal zurückzublicken. Wurden alle Arbeitsplätze berücksichtigt oder müssen noch etwaige Zwischendepots eingebaut werden? Wir wollen hier nicht von der ständigen Hausarbeit sprechen, auch lassen wir die Fälle unerwähnt, wo eine berufliche Tätigkeit im Hause ausgeübt wird, wo sich eine Arztpraxis oder ein Atelier im Wohnhaus befindet. Aber schließlich gibt es eine Reihe kleiner Arbeiten, die täglich oder am Wochenende im Haus erledigt werden sollen. Jedes Familienmitglied wird sich freuen, wenn es nach Hause kommt und ungestört seinen Platz für diese Arbeit findet, die es in Ruhe und Gelassenheit ausführen möchte. Hierfür müssen wir zunächst die Arbeitsgewohnheiten der einzelnen betrachten.

Arbeitszimmer

Es gibt Väter, die am besten arbeiten, wenn sie 7 ihrer 8 Kinder um sich herumspielen haben. Ein anderer braucht dafür ein Arbeitszimmer, das völlig ruhig gehalten werden kann. Zugleich lieben es Männer, diesen Raum als ihre Höhle zu betrachten. Dort wird nur ganz selten Staub gewischt, und kein Gegenstand darf um einen Zentimeter verrückt werden. Jagdtrophäen, Preise, liebgewordene Erinnerungen werden ohne Beachtung eines strengen Stilgefühls untergebracht. Ist ein solcher Ausweichraum im Hause möglich, so kann man sich auch mal aus dem Wege gehen. Wer in diesem Raum gelegentlich Besuch empfangen muß, braucht nicht zu verbergen, daß es hier nach Arbeit und einer geordneten Unordnung aussieht. Die Einrichtung kann zweckmäßig und sachlich sein. Ein bequemer Stuhl, ein persönliches Bild lassen gleich erkennen, daß wir uns hier nicht in einem Büro befinden. Bitte ausreichenden Fensterplatz für solch ein Arbeitszimmer vorsehen, falls hier auch einmal zu zweit geschrieben oder gelesen werden soll. Genügend Wandregale oder Schränke für Akten und Arbeitsmaterial sind ein wichtiger Bestandteil dieses Raumes. Außer einem bequemen Sessel ist eine kleine Liege für erholsamen Mittagsschlaf sehr nützlich. Gleichzeitig läßt sich durch eine zusätzliche Liege dieser Raum auch gelegentlich als Gästezimmer verwenden. Gerne wird dieses Zimmer vom Wohnzimmer aus erreicht, um es eventuell bei großer Geselligkeit mit verwenden zu können. In anderen Fällen wieder ist diese Verbindung nicht sehr glücklich, man sollte wirklich bei der Einrichtung eines Arbeitszimmers alle repräsentativen Konventionen außer acht lassen. Im allgemeinen ist es für geselliges Beisammensein nützlicher, das Wohnzimmer durch die angrenzende Diele zu vergrößern.

Arbeitsecke im Wohnzimmer

Eine weitere Möglichkeit, dem Hausherrn und der Frau des Hauses einen Arbeitsplatz zu verschaffen, ist eine abgetrennte Arbeitsecke im Wohnzimmer. Diese Trennung kann durch eine Faltwand, durch eine Portiere oder einen Raumteiler, d. h. einen frei in den Raum gestellten Schrank erreicht werden. Eine wichtige Voraussetzung ist natürlich, daß diese Arbeitsecke nicht das gesamte Familienleben in dem übrigen Teil des Wohnzimmers einschränkt. Falls das Ehepaar zwei getrennte Schlafzimmer bevorzugt, ist das eine gute Möglichkeit, dem Hausherrn hier einen ungestörten Arbeitsplatz einzurichten.

Arbeitsplatz auf einer Empore im Wohnzimmer

Sehr großer Beliebtheit erfreut sich heute die als Arbeitszimmer eingerichtete Empore über dem Wohnraum (natürlich setzt das eine entsprechende Raumhöhe des Wohnzimmers voraus). Über eine einfache Holzstiege gelangt man in dieses Refugium, das gegen neugierige Blicke abgeschirmt ist und gutes Licht bietet. Dieser Raum ist allerdings nur optisch abgeschlossen. Wer absolute akustische Ruhe erwartet, der wird sich hier gestört fühlen.

Arbeitsplätze für die Hausfrau

Für die Hausfrau ist es im allgemeinen mit einem einzigen Arbeitsplatz gar nicht getan. Übt sie einen regulären Beruf zu Hause aus, wird sie einen ganzen Arbeitsraum benötigen. Sonst genügt ihr im allgemeinen ein Schreibtisch im Wohnzimmer, von dem sie während des Briefeschreibens das Familiengeschehen mit überblicken kann. Der Näh- und Bügelplatz im Wirtschaftsraum ist ihr zweiter Arbeitsplatz. Sollte der Wirtschaftsraum in der Gesamtplanung des Hauses nicht aufgenommen werden können, so läßt sich ohne großen Geldaufwand mit einigen Quadratmetern Fläche im Schlafzimmer ein recht nützlicher Näh- und Arbeitsplatz schaffen. Auch ein Flurende, wie bereits erwähnt, läßt eine Arbeitsmöglichkeit zu. Es ist eine wichtige Voraussetzung, daß diese Plätze immer so groß sind, daß außer der direkt benötigten Arbeitsfläche auch das für die Arbeit notwendige Material und Handwerkszeug griffbereit mit untergebracht werden können.

Studio

Was ist eigentlich ein Studio? Ein Studio kann die Ergänzung zu einem Wohnzimmer sein, das sich allerdings nur derjenige leisten kann, der mit Wohnquadratmetern nicht zu sparen braucht. Die günstige Lage eines Studios ist entweder dicht am Wohnzimmer, um diesen Raum gelegentlich auch in den Wohnbereich mit einbeziehen zu können. Falls die Lage des Grundstücks zu diesen Ausmessungen nicht genügend Platz gibt, kann das Studio auch im Ober- oder Untergeschoß eingeplant werden. Ein Studio kann mehrere Funktionen haben. Zunächst kann es den Arbeitsbereich für einen der Hausbewohner bilden. Gleichzeitig dient das Studio zur Entlastung des Wohnzimmers; Television und Hifi-Anlagen finden in einem akustisch gut geplanten Raum ihre Unterbringung. Hier kann der Musikbegeisterte die Stereo-Anlage einbauen und ohne Störung Tonbandaufnahmen produzieren. Ein Studio bildet auch die Möglichkeit, Filme und Dias vorzuführen. Hier kann man Hausmusik machen, Klavier oder Flügel werden aufgestellt, eine kleine Bar läßt sich unterbringen, um für Festlichkeiten den richtigen Hintergrund zu bieten. Solch einen Raum wünscht sich heute wohl jeder. Plant man, ihn ins Raumprogramm mit einzubeziehen, sollte man sich recht bald an die dafür in Frage kommenden Fachleute wenden, um die Einrichtung dafür so zweckmäßig wie möglich zu machen und auch die Raumgröße auf die technischen Voraussetzungen abzustimmen.

Da das Studio nicht unbedingt Tageslicht benötigt, läßt es sich sehr gut im Keller einrichten.

Es ist wichtig, bei der Planung dieses Raumes zu bedenken, daß die Benutzung eines Studios mit Geräuschen verbunden ist; deshalb sollte es auf keinen Fall direkt an den Schlafbereich angrenzen.

Die Studioeinrichtung braucht in keiner Weise repräsentativ zu sein. Die Möbel sind zweckmäßig und sachlich. Ein Hauch von Improvisation verleiht diesem Raum den Charakter, den er braucht. Ein Studio ist für das Familienleben eine herrliche Einrichtung. Endlich wird das Wohnzimmer entlastet von den vielfältigen Funktionen, die es im Laufe der Zeit bekommen hat. Wie häufig stört hier die Wahl des Fernsehprogramms die Eintracht des Familienlebens, oder eine Tonbandaufnahme wird durch plötzliches Klingeln des Telefons unliebsam unterbrochen. Auch ist es für niemanden angenehm, im Halbdunkel die Zeitung zu lesen, weil der Vater gerade fernsehen möchte. Ein Studio ist also fast ein idealer Raum, nicht nur für Teens und Twens, sondern auch für jede modern eingestellte Familie.

Arbeitsplätze für Kinder

Gerade für die Kinder sollte in erster Linie an genügend Arbeitsfläche gedacht werden. Die kleineren Hobbys wie Lesen, Briefmarkensammeln, Handarbeiten, Basteln mit Papier und Pappe sowie das Malen werden die Kinder hauptsächlich in ihren eigenen Wohnbereich, d. h. in ihr Kinderzimmer verlegen. Hierbei spielt natürlich die zweckmäßige Ausrüstung des Kinderzimmers eine große Rolle. Wir gehen darauf im letzten Teil des Buches ein. Im allgemeinen reichen diese Plätze aber für den Arbeitsdrang der Kinder und für ihre Entfaltungsmöglichkeiten nicht aus. So ist bei der Planung eines eventuellen Hobbyraumes oder eines Studios oder beim Ausbau der Garage, des Gartengeräteraums etc. zu berücksichtigen, daß wir an irgendeiner Stelle noch weitere Betätigungsmöglichkeiten für Kinder schaffen sollten. Ein Boden oder ein Keller können geeignete Raummöglichkeiten bieten und für Kinder ein zusätzliches Spielzimmer, eine Bastelecke schaffen. Bei der Einrichtung des Gartens ist daran zu denken, daß Kinder – vor allem solange sie klein sind – eine Spielzone im Garten benötigen.
Für ein sogenanntes Spielzimmer bestehen die gleichen Voraussetzungen wie für ein Kinderzimmer. Fußboden und Wandgestaltung sollte sehr bedachtsam gewählt werden. Sie sind eine wichtige Möglichkeit, Kinder zur Kreativität anzuregen.

Hobbyraum

Brauchen wir einen Hobbyraum? Diese Frage sollte gründlich überlegt werden. Was läßt sich in einem Hobbyraum unterbringen und was kann man dort tun? Im Hobbyraum kann gebastelt und gewerkt werden. Hier kann die Eisenbahn aufgebaut werden oder eine Tischtennisplatte stehen. Feste lassen sich hier vorzüglich feiern, denn man kann Krach machen. Man kann auch spielen, schneiden und nähen und bügeln, kurz, der Hobbyraum kann eine Werkstatt sein im Gegensatz zum Studio. Er kann gern im Keller liegen und hat vorzugsweise einen Ausgang nach draußen. Gutes, veränderbares Licht ist eine Voraussetzung für den Hobbyraum. Weder Gemütlichkeit noch sachliche Kühle herrschen hier. Im Hobbyraum wird improvisiert und gestaltet. Holz, Dämmplatten, grob geschlemmtes Mauerwerk, mit Rupfen bespannte und verputzte Wände sollten die Ausstattung des Hobbyraums sein. So läßt sich schnell umdekorieren, die Einrichtung ist völlig belanglos, meist finden sich alte Möbel an, die für andere Räume nicht mehr brauchbar sind, Fenster spielen keine wesentliche Rolle, aber gut gelüftet muß ein Hobbyraum sein. Für die Größe des Hobbyraums gibt es keine speziellen Vorschriften, zu groß kann er nie sein.

Garage – Partyraum

Ist es nicht möglich, einen Hobbyraum einzuplanen oder ein Studio, so sollte man sich überlegen, wo sich die einzelnen Beschäftigungen sonst ausüben lassen, die man gerne in diese Räume verlegt hätte. Bei der Planung einer Garage zum Beispiel gilt es zu überlegen, ob man diesen Raum auch als Mehrzweckraum benutzen kann. Die Voraussetzung dafür ist, daß die Garage heizbar ist. Eine Doppelgarage ist in jedem Fall groß genug, um daraus einen Partyraum zu machen. Ein paar Holzbänke, die im gegebenen Fall mit bunten Kissen belegt werden, lassen sich nach dem Fest unter der Decke verstauen. Ebenso eine kleine, selbstfabrizierte Bar. Ein vergnügter Wandanstrich wird den Autos nicht schaden. Eine sachgemäße Belüftung des Raumes kann von vornherein berücksichtigt werden. Für diese Fälle wird man auch für einen überdachten Gang zwischen Garage und Haus sorgen, falls sie nicht direkt aneinander gebaut sind. Ist man gezwungen, an Baukosten oder Einrichtungskosten zu sparen, so ist es ein guter Rat, den Hobbyraum zunächst mit einzuplanen, aber seine Ausstattung auf ein späteres Datum zu verschieben und vor allen Dingen von allen Familienmitgliedern selbst mit bearbeiten zu lassen.

Schrankflächen

Für das gute Funktionieren eines Haushaltsablaufes sind Schränke von ganz großer Bedeutung. Zu viele Schränke kann man nie haben und meistens hat man nicht genug. Im Laufe der Zeit vermehren sich die Utensilien in einem Haushalt und so ist es bestimmt ratsam, zum Zeitpunkt der Planung einige Schrankflächen mit einzubeziehen, die nicht gleich voll ausgefüllt werden, um dem Expansionsdrang eines Haushaltes etwas Raum zu geben. Wandschränke sind Schränke, die fest in der Wand eingebaut sind; vom einfachen Regal bis zur Palisanderschrankwand lassen sie sich heute für Schlaf-, Wohn- und Nebenräume in den verschiedensten Preislagen und Abmessungen erstellen und bereits fertig kaufen. Eine ausreichende Zahl von laufenden Metern muß in der Planung bereits berücksichtigt werden. Dies bezieht sich nicht nur auf die Quadratmeterflächen, die bei der Erstellung des Raumprogramms notwendig sind, sondern es ist auch ein wichtiger Kostenfaktor in der Erstellung der Hauskosten. Selbstverständlich gehört in jedes Schlafzimmer oder Anziehzimmer ein Einbauschrank. Begehbare Schrankräume sind billiger in der Erstellung und bieten noch mehr Platz in Borden und Fächern. Neben dem Einbauschrank in der Küche und den Wirtschaftsräumen sollte auch am Eßplatz genügend Schrankfläche sein, möglichst von der Küche und

II: oben: Küche in U-Form mit abgetrenntem Eßplatz (Photo Michael Boys)

unten: Praktische Aufteilung und Nutzung eines Wirtschaftsraumes (Fabrikat Poggenpohl) dem Eßraum aus gleichzeitig zu benutzen. Die Wohnzimmerschrankwand richtet sich in der Länge natürlich nach den vorhandenen Büchern und den Wohnzimmerutensilien. Es ist trübsinnig, vor Regalen zu sitzen, die nur mühsam durch Nippes, Blumen und Bilder gefüllt werden, was eigentlich gar nicht ihre Bestimmung ist. Auch ist es ratsam, in einer Wohnzimmerschrankwand neben offenen Regalen genügend verschlossene Schrankflächen zu haben, denn dahinter läßt sich allerhand Kleinzeug verbergen, das sonst nur Unruhe im Gesamteindruck stiftet.

Leicht vergessen wir auch, für den Flur, Haupteingang und Nebeneingang genügend Schrankfläche vorzusehen. Da braucht man zunächst einen Wäscheschrank für die Haushaltswäsche, der neben breiten Borden auch genügend Schubfächer haben sollte für Flickwäsche, Wollknäuel, Nähzeug oder ähnlich dringend benötigtes Beiwerk. Platz für Bindfaden, Packpapier, Handwerkszeug, Blumenvasen, elektrische Birnen und dergleichen, gehört ebenfalls in einen Haushaltsschrank. Hier ist ein Schrankflur einzuplanen, um diese Dinge übersichtlich anzuordnen.

Wenn das Haus keine genügende Keller- oder Bodenraumabstellfläche haben wird, ist es ratsam, die Schränke in den Wirtschaftsräumen oder im Flur bis oben unter die Decke gehen zu lassen, um hier den dringend erforderlichen Abstellraum in Kleinausführung zu haben. Kartons, Koffer, Wintergarderobe, im Sommer Gartenkissen, im Winter überzähliges Bettzeug, Gästebetten und ähnliches lassen sich hier verstauen. Genügend Schrankfläche sollte überall im Haus verteilt sein. So ist es ratsam, auch in einem Bodengeschoß oder Kellergeschoß alte Schrankteile aufzustellen, um hier nicht dringend benötigtes Zeug unterzubringen. Aber sowohl im Studio wie im Hobbyraum, ja selbst im Gartengeräteraum sind Schrankflächen von großem Nutzen. Selbstverständlich kann ihre Ausstattung auf das einfachste reduziert sein.

Nebenräume

Raum für die Gartengeräte

Sollte unser Grundstück einen Garten besitzen, so müssen wir uns daran gewöhnen, daß wir einen Raum für Gartengeräte und zusätzliches Zubehör für das Bewirtschaften eines Gartens benötigen. In erster Linie sollte dieser Raum vom Garten aus zugänglich sein und natürlich möglichst dicht am Hause liegen. Es ist aber auch wichtig, daß er eine zentrale Beziehung zum Garten hat, d. h. nicht völlig in einem weit entfernten Ende des Gartens liegt. Damit in diesem Raum Ordnung gehalten werden kann, darf er nicht zu klein sein. Fenster braucht er nicht unbedingt zu haben, denn die offenstehende Tür sorgt für genügend Belüftung. Auch hier bewährt sich ein alter Tisch mit kräftiger Holzplatte, an dem einmal etwas genagelt werden kann oder auf dem ein Gartenstuhl im Frühjahr einen neuen Anstrich erhält. Darüber werden an der Wand einfach Regale befestigt, auf denen Farb- oder Blumentöpfe oder kleines Handwerksgerät verstaut werden kann. An einer größeren Wandfläche sollte eine kräftige Leiste befestigt sein, die zum Aufhängen der Gartengeräte mit Haken versehen sein sollte. Aber auch der Gartenschlauch, der Rasenmäher müssen untergebracht werden. Sehr wichtig ist es, die Höhe des Raumes so einzurichten, daß man eine Art kleinen Hängeboden unterbringen kann, auf dem die zahlreichen Gartenmöbel im Winter verstaut werden können. Bitte diesen Platz nicht zu klein zu berechnen. Es ist sehr unbequem, Gartengeräte bis auf den Boden zu schleppen, und häufig ist es im Keller nicht trocken genug, um Gartengeräte zu verstauen. Ein zusätzlicher Anschluß eines Wasserhahns in diesem Raum erspart mancherlei Schmutz im Hause. Gartenkinderspielzeug, das heute meist recht umfangreich ist, läßt sich bequem in diesem Raum verstauen; immer wieder ist deshalb zu berücksichtigen, diesen Abstellraum nicht zu klein zu wählen.

Dachkammer

In den meisten Fällen hat das Haus ein ausgebautes Dachgeschoß, in dem vielleicht unter den Dachschrägen ein Kämmerchen übrigbleibt, das die Baupolizei wegen mangelnder Höhe nicht mehr als Wohnraum zuläßt. In Eigentumswohnungen oder frei zu mietenden Wohnungen ist die Abstellfläche auf ein Minimum reduziert worden. Dachkammern fehlen zumeist völlig. Da in unserer schnellebigen Zeit kaum noch Sachen aufgehoben werden – es gibt dafür einmal im Monat den Abholtag der Stadtreinigung –, kann sich beim besten Willen nicht mehr allzuviel Gerümpel sammeln. Zu beklagen sind Familien mit vielen Kindern, bei welchen sich häufig kurzfristig benutzte Gegenstände von einem Kind zum anderen, ja von einer Generation zur anderen vererben könnten. Wo bleiben diese Sachen? Falls wir beim Raumprogramm den Einfluß geltend machen können, ist es für die Haushaltsführung bestimmt eine große Erleichterung, eine kleine Abstellfläche in Form eines Bodenraumes zu haben, zusätzlich selbstverständlich auch ein wenig Kellerabstellfläche. Daß wir in einem Kellergeschoß die wirtschaftlich nutzbaren Räume auf ein Minimum zurückdrängen, versteht sich von selbst. Wer will schon große Kellerflächen noch in Ordnung halten. Aber es ist ratsam, einen kleinen Abstellraum auch im Keller als zusätzlichen Hausbereich zu reservieren.

Platz für bereits vorhandene Möbel

Einen Punkt haben wir bisher bei den Vorarbeiten für das Raumprogramm außer acht gelassen. Nämlich, daß bereits eine ganze Reihe von Möbeln vorhanden sind, die in das neue Haus mit hinübergezogen werden sollen. Der Platz für sie muß also mit eingeplant werden. Es ist ratsam, eine Liste mit diesen Möbelstücken anzufertigen und die Maße der einzelnen Möbel festzulegen. Diese Liste sollte zusammen mit den Raumprogrammwünschen dem Architekten übergeben werden. Wer ein gutes Zeichentalent besitzt, ist vielleicht in der Lage, diese Möbel in den jeweiligen Zimmergrundriß, in dem sie eingeplant werden, mit einzuzeichnen. Dieser Arbeit sollten reifliche Überlegungen und Familiengespräche vorausgehen. Keinesfalls sollte das neue Haus um die alten Möbel herumgebaut werden, von denen man sich vielleicht doch eines Tages trennen wird. Deshalb muß ganz besonders bei den platzverschlingenden großen Möbelstücken geprüft werden, ob sie wirklich noch nützliche Dienste leisten. Handelt es sich hingegen um ein wertvolles, raumbeherrschendes Möbelstück, so ist es für den Architekten wichtig, die nötige große Wandfläche von vornherein einzuplanen, damit es zur Geltung kommen kann.

Platz für Tiere

Bei der Wahl einer Eigentumswohnung oder dem Mieten einer Etagenwohnung werden nicht sehr viele Möglichkeiten zur Verfügung stehen, um unser Haustier an einem eigenen Platz unterzubringen. Etwas anderes ist es bei der Planung eines Einfamilienhauses. Für alle Fälle gilt das gleiche: Ein Haustier braucht eine kleine Zone, wo es in Ruhe liegen und schlafen kann. Das darf kein Durchgang sein, es sollte keine zugige Stelle sein und wiederum sollte der Platz so sein, daß Geräusche das Familienleben nicht beeinträchtigen. Der Drang, Haustiere zu haben, ist heute sehr groß. Im allgemeinen geht es da um einen Hund oder eine Katze, einen Vogel. Wer mehr Haustiere zu halten wünscht, wird es meistens außerhalb des Hauses tun. Für einen Hund ist ein günstiger Platz am Nebeneingang, Voraussetzung ist allerdings, daß wir nicht nur einen schmalen Flur haben, auf dem jeder über den Hundekorb stolpern würde, sondern von vornherein eine Schranknische, eine Fensterbanknische oder einen Mauervorsprung ausnutzen, um hier einen Hundeplatz unterzubringen. Auch im Wirtschaftszimmer wird sich eine solche Ecke einrichten lassen oder eventuell im Eingangsbereich oder in der geräumigen Diele. Für das Haustier wird es immer von Nutzen sein, wenn eine nischenartige Zone entsteht, wo es ein wenig Abschirmung findet.

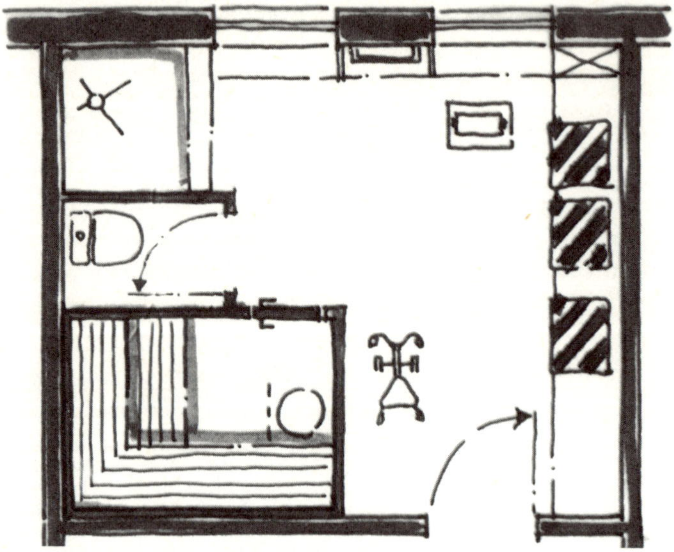

Vorschlag für die Einrichtung eines Fitness-Raumes

Raum für Gesundheitstraining

Viele geplagte Großstadtmenschen haben heute das Bedürfnis, etwas für ihre Gesundheit zu tun. Häufig läßt es die Zeiteinteilung des Tages nicht zu, dafür weite Wege in öffentliche Anstalten wie Schwimmbad, Tennisplätze, Gymnastikstunde in Kauf zu nehmen. So versucht man, dieses Gesundheitstraining in das eigene Haus zu verlegen. Die wichtigsten Voraussetzungen hierfür sind wahrscheinlich die finanziellen Grundlagen. Sind diese überarbeitet und geprüft, erhebt sich die Frage, welcher Trainingszustand ist für uns der wichtigste. Das sollte vorausgehend mit einem Arzt besprochen werden. Die unterschiedlichsten Möglichkeiten bieten sich an; so ist es z. B. der Saunaraum, der mit wenig Raumaufwand eingeplant werden kann. Eine Gymnastikfläche findet sich leicht; hierfür kann sich Hobbyraum, Studio oder ein großes Bad anbieten. Wer den Aufwand betreiben kann, ein eigenes Schwimmbad zu bauen, wird die wenigsten Raumschwierigkeiten haben, denn in diese Zone lassen sich sehr leicht Sauna und Gymnastikecke mit einverleiben. Eine Tischtennisplatte kann sich, wie schon erwähnt, im Hobbyraum, im Boden- oder Kellergeschoß sehr nützlich unterbringen lassen. Solch ein Sportbereich, mit Ausnahme des Schwimmbades, der auf Bewegung abgestimmt ist und deshalb von vornherein nicht zu klein geplant sein darf, kann gleichzeitig auch ein Spielraum für die Kinder sein, die hier genügend Platz zum Toben finden. Wird nur eine Sauna eingeplant, so ist natürlich die günstigste Lage hierfür dicht am Sanitärbereich, d. h. dicht am Bad. Sollte das nicht gehen, kann man eine Sauna natürlich auch im Keller einbauen.

Einliegerwohnung

Wir können das Raumprogramm für die Planung eines Hauses nicht abschließen, ohne daß wir uns gründlich überlegt haben, ob wir eine Einliegerwohnung planen. Im allgemeinen hängt das völlig von der Struktur der Familiensituation ab. Da sind zunächst einmal einige allgemeingültige Dinge, die bei der Planung einer Einliegerwohnung zu berücksichtigen sind. Es ist sehr vorteilhaft, wenn man sich gleich zu Beginn auf einen getrennten Stromkreis einrichtet. So gibt es später keine unliebsamen Auseinandersetzungen über die Stromabrechnungen. Ebenso kann man bereits beim Beginn des Hausbaus eine getrennte Wasseruhr vorsehen. Für die Planung einer Einliegerwohnung ist es wichtig zu überlegen, wo liegt der Hauptteil des Familienlebens, wo werden die hauptsächlichen Geräusche entwickelt, wie verhält sich dazu die akustische Situation der Einliegerwohnung. Man trenne von vornherein die Geräuschentwicklungszonen so weit wie möglich voneinander ab. Ein weiterer sehr wichtiger Punkt ist: die Einlieger sollten in der für sie errichteten kleinen Wohnung keinen Einblick in das Hauptgartenleben der Hausbewohner nehmen können. Ein Seitenflügel empfiehlt sich, um die Ausrichtung der Fenster in eine andere Richtung zu lenken, ferner könnte eventuell ein vorspringender Mauerteil die Sicht begrenzen. So sollte man auch die Wassergeräuschentwicklung der Anliegerwohnung nicht dicht an die Schlafzone der Hausbewohner legen. Die einfachste Form, eine Einliegerwohnung mit einzubeziehen, ist zunächst, bei der Aufstellung des Raumprogramms, einen kleinen Hausteil so zu planen, daß er später völlig getrennt benutzt werden kann. Es können z. B. zwei Kinderzimmer zusätzlich mit einem extra Bad und einem zunächst für die Kinder vorgesehenen Nebenhauseingang errichtet werden, so daß später dieser Hausteil abgetrennt und seine eigene Funktion erhalten kann. Ebenso läßt sich bereits bei der Planung eine Zone zu einer Einliegerwohnung vorsehen, die erst zu einem späteren Zeitpunkt ausgebaut wird, z. B. ein großer Raum mit Wasseranschluß und allen anderen notwendigen Voraussetzungen. Vielleicht wird der Raum zunächst als Party- oder Hobbyraum verwandt, später läßt er sich zu einer Einliegerwohnung ausbauen, vorausgesetzt, daß die Lage und der Zuschnitt dieses Raumteils den späteren Anforderungen genügen. Vielleicht läßt sich bei dem Anbau einer Garage bereits eine Einliegerwohnung vorsehen oder lassen sich die Voraussetzungen dafür schaffen, sie später dort zu bauen. Im allgemeinen ist das eine sehr günstige Lage für eine Einliegerwohnung, die sowohl akustisch wie optisch völlig von den Funktionen des Familienlebens im Haupthaus getrennt ist.

Garten

Während der Erarbeitung des Raumprogramms, also bei der ersten Planung des Hauses, die für den Architekten so besonders wichtig ist, sollten wir uns auch Gedanken über den Garten machen. Wir sollten uns überlegen, wie wir in einem Garten leben möchten. Die Gestaltung des Gartens wird vielleicht einem Gartenarchitekten übergeben. Aber auch für diese Zusammenarbeit ist es notwendig, eine eigene Vorstellung zu haben, was wir unter unserem Leben im Garten verstehen wollen, auf welche Bequemlichkeiten im Garten wir besonderen Wert legen, wie wir unseren Garten einteilen möchten. Auch bei der Einrichtung eines Gartens ist es kostensparend, wenn eine gute Vorplanung stattgefunden hat. Wir möchten hier nicht auf die pflanzliche Gestaltung eines Gartens eingehen. Dafür empfiehlt es sich, einen Gartensachverständigen hinzuzuziehen. Es geht hier nur um die Vorausplanung und das Programm, nach dem wir einen Garten später einteilen möchten. Wir sollten uns das zur Verfügung stehende Gartengrundstück in die Zonen einteilen, in die sich unser Gartenleben einmal einspielen wird. Diese verschiedenen Bereiche im Garten setzen wieder einen direkten Zusammenhang zum Haus und zur Einrichtung des Hauses voraus. Zunächst wollen wir einige Möglichkeiten aufzählen. Dem Wohnen am nächsten liegende ist der *sonnige Sitzplatz* direkt am Haus. An diesem Platz soll gegessen und gelebt werden, er müßte also eine direkte Beziehung zur Küche haben. Weite Wege zum Eßplatz draußen am Haus verhindern, daß wir so oft wie möglich bei schönem Wetter draußen essen möchten. Es empfiehlt sich also, zunächst einen sonnigen Sitzplatz dicht am Haus mit möglichst kurzem Weg zur Küche zu planen. Hierfür ist es wieder wichtig zu wissen, mit wie vielen Personen wir dort sitzen möchten. Wieviel freier Durchgang zwischen Tisch und Hauswand wird benötigt? Vergrößerungsmöglichkeiten, Unterbringung der Gartenkissen, Beistelltische, gut fahrbare Wege – möglichst ohne Schwellen – erleichtern den Weg zur Küche. Eine Steckdose an der Hauswand, um einen Toaströster oder einen Wasserkessel zu benutzen, Beleuchtung für den Abend u. ä. Alle diese Punkte gehören in die erste Planung. Das nächste wäre ein zweiter *Sitzplatz im Schatten* direkt am Haus, evtl. ein überdachter Sitzplatz. Auch diese Sitzmöglichkeit sollte noch nah am direkten Wohnbereich liegen. Wichtig ist, daß die Beschattung des Sitzplatzes oder die Bedachung nicht das direkte Licht eines Zimmers beeinflussen. Es will stets ungünstig scheinen, das Dach vor ein Wohnzimmerfenster herunterzuziehen, um somit einen überdachten Platz zu schaffen. Wenig schön sehen vor einem Wohnzimmerfenster herumstehende Gartenmöbel aus. Sie beeinflussen die

Raumatmosphäre eines Zimmers, bringen Unruhe in den Ausblick zum Garten. Es sieht sehr viel schöner aus, wenn dieser Sitzplatz vor einem Wandteil arrangiert werden kann, und somit auch kein einfallendes Licht dem Wohnzimmer genommen wird. Lassen Sie uns nicht nur an die sonnigen Sommertage denken, sondern eine Reihe von trüben Wintertagen beeinflußt unser Wohnzimmerlicht, und da nimmt sich ein heruntergezogenes Dach wenig erfreulich aus.

Nun folgt (3) der *Platz für einen Grill* oder einen Kamin am Hause. Natürlich läßt sich dieser Platz mit dem vorhergenannten in Verbindung bringen. Wichtig ist hier wieder die Nähe zum Küchenbereich, um unnötig weite Wege mit schweren Tabletts zu vermeiden. Am Grill oder Kaminplatz ist es wichtig, den überdachten Platz in direkter Nähe zu haben. Es kann sein, daß ein geplanter Grillabend von schlechtem Wetter beeinflußt ist; dann ist es um so günstiger, wenn man unter den überdachten Sitzplatz flüchten kann. Im allgemeinen werden der Gartengrill und der Kaminplatz in eine Hauswand mit einbezogen. Es sei darauf hingewiesen, daß der günstigste Aufstellungsplatz für den Gartenkamin nicht direkt an der Hauswand ist, sondern im allgemeinen freistehend ihr gegenüber, d. h. die Menschen sitzen auf ihren Gartenstühlen dicht an der Hauswand, die stets die wärmende Wand ist, und haben frei davorstehend den Gartenkamin, der somit seine Wärme gegen die sitzenden Menschen wirft. Die Hauswand hat dann die eingrenzende Funktion, die Wärme festzuhalten. Hierfür haben einige Kaminhersteller sehr günstige frei aufzustellende Gartenkamine konstruiert, die sich auch als Gartengrill verwenden lassen. Im allgemeinen sei gesagt, je wohlüberlegter dieser Gartengrill/Kaminplatz eingerichtet wird, um so müheloser und häufiger wird er auch benutzt und wird dann Freude während der Sommermonate spenden. Die Überlegung wäre, einen (4) *Sitzplatz* sonnig gelegen *im Garten* einzuplanen, etwas entfernter vom Hause, vielleicht an der Stelle, wo die Nachmittagssonne intensiv scheint und sich während des Wochenendes die Möglichkeit für ein gemütliches Kaffeetrinken im Garten bietet. Hierfür ist es wichtig, die Himmelsrichtung zu kennen und Beobachtungen anzustellen, wie sich während der verschiedenen Jahreszeiten das Wetter im Garten verhält. Ein weiterer (5) *Sitzplatz im Garten* sollte im *Schatten* liegen. An sehr heißen Sommertagen wird es angenehm sein, einen schattigen, schön eingewachsenen Sitzplatz entfernt vom Hause zu haben, wo man vielleicht ganz in Ruhe zum Lesen sich niederläßt, um kein Telefon zu hören und die Betriebsamkeit des Hauses hinter sich zu lassen. Es versteht sich von selbst, daß diese Plätze nicht gleich bei der Einrichtung des Gartens perfekt sein müssen. Wichtig ist nur, sie in die Planung mit einzubeziehen.

Der 6. Punkt unserer Planung wird das große *Blumen- oder Staudenbeet* sein. Es sollte immer so liegen, daß man von den Hauptwohnräumen einen schönen Blick auf diese Blumenrabatte hat. Je nach Freude des Hausherrn oder der Hausfrau wird die Größe dieses Blumenbeetes ausfallen. Ein weiterer Punkt unserer Überlegung ist, ob wir noch einen (7) *Grillplatz* fern vom Haus unten im Garten einplanen möchten, um hier ein etwas ausgedehnteres Grillvergnügen in echter Gartenatmosphäre improvisiert, entfernt vom Hause, zu zelebrieren.

Ein sehr wichtiger (8) Platz im Garten wird der *Kinderspielplatz* sein. Es ist wichtig, hierfür einen recht großen Teil vorzusehen, diesen aber von vornherein etwas abzupflanzen, so daß die Kinder ein ungestörtes Gartenvergnügen dort haben können und wiederum für die Eltern der Ausblick in den Garten durch herumliegende Kinderspielsachen nicht gestört wird. Für diesen Kinderplatz ist wohl der wichtigste Teil die Sandkiste, evtl. ein Kinderhaus, Schaukel und Klettergerüste. Sehr reizvoll ist es, wenn dieser Platz durch eine Pergola halbseitig oder dreiviertelseitig eingesäumt ist und somit eine echte Kindergartenidylle entstehen kann. Für die erste Planung ist es wichtig, sich zunächst alle Gegenstände, die später einmal eingefügt werden sollen, vorzustellen, um richtige Größenabmessungen planen zu können. Für den Kinderplatz ist die Himmelsrichtung zwar nicht ausschlaggebend, es ist aber wichtig, daß die Sonnenverteilung richtig ist, d. h. Kinder sollten am Kinderspielplatz etwas Sonne haben, aber auch die Möglichkeit, bei zu starker Mittagssonne Schatten zu finden. Ein schattenspendender Baum in der Nähe dieses Platzes wäre äußerst ratsam. Evtl. läßt er sich auch noch als ein Klettergerüst verwenden. Der Hausfrau sollte es möglich sein, vom Hause aus, gerade von den Räumen, die sie am Tage am häufigsten aufsucht, einen Ausblick auf den Kinderspielplatz zu haben. Äußerst günstig wird es sich auswirken, wenn dieser Kinderplatz am Nebeneingang des Hauses geplant werden kann.

Je nach Passion der Hausfrau wird sie versuchen, ein kleines (9) *Küchengärtchen* einzurichten. Die Lage dieses Gartenteils sollte ebenfalls dicht am Nebeneingang des Hauses sein, bzw. dicht am Seiteneingang, evtl. beim Wirtschafts- oder Küchenbereich gelegen. Je nach der eigenen Vorstellung von der Größe wird man ein Kräuterbeet einrichten, evtl. ein paar Beerensträucher, ein kleines Erdbeerfeld. Diese Quadratmeter lassen sich leicht in der Planung festlegen. Es gibt viele Gestaltungsmöglichkeiten, auch diesen Teil des Gartens reizvoll einzurichten. Hierfür bieten Gartenzeitschriften und Bücher gute Vorlagen.

Tierfreunden sei geraten, von vornherein bei der Gartengestaltung einen *Platz für Haustiere* vorzusehen. Es vereinfacht die Haustierhaltung, wenn dieser Platz recht dicht bei dem Nebeneingang des Hauses liegt. Evtl. eine Hundehütte, ein Zwinger auf gepflastertem Untergrund, evtl. mit einer Holzpergola eingezäunt, die den Einblick in diesen Teil etwas behindert. Man wähle auch diesen Platz nicht zu klein; evtl. ergibt sich bei heranwachsenden Kindern eine Passion für die Haltung von Kleintieren. Dieser Wunsch ist dann sehr vereinfacht durchzuführen, wenn ein gepflasterter Hof vorhanden ist, wo sich evtl. ein Kaninchenstall aufstellen läßt. Sie sehen also an allen Vorschlägen, daß es nicht umsonst ist, sich rechtzeitig über die generelle Planung des Gartens ein Bild zu machen.

Funktionieren des Apparates

Das Funktionieren eines Haushalts hängt nicht unwesentlich von den Abgrenzungen der verschiedenen Wohnbereiche ab. Es ist wichtig, die Direktverbindungen zwischen den Bereichen, die miteinander in enger Beziehung stehen, durch kurze Wege zu verbinden. Längere Verbindungswege sollten nur da entstehen, wo keinerlei Beziehung und abhängige Funktion zwischen einzelnen Bereichen erforderlich sind. Eine gute Haushaltung hängt von der richtigen Verteilung zwischen der Schönheit und den ästhetischen Gesichtspunkten einerseits und den praktischen Funktionen andererseits ab. Neben der Einhaltung des klaren, fest umrissenen Stils, den wir unserem Hause geben wollen, ist es ebenso wichtig, die Haushaltsführung so praktisch wie möglich zu regeln und das ganze Ausmaß des anstehenden Arbeitsaufwandes zu sehen. Einfach gesagt: Während man im Wohnbereich auch nach den Gesichtspunkten der Schönheit gestaltet, so sollte man den Wirtschaftsteil und die funktionellen Teile des Hauses so praktisch wie möglich und so wenig arbeitsaufwendig wie möglich einrichten. Es empfiehlt sich, eine gute Trennung im Wohnbereich zu finden zwischen den Zonen, in denen Lärm stattfindet, und den Ruhezonen. Je schärfer diese Trennung, desto friedlicher das Familienleben. Man teile sein Haus in einen offiziellen Bereich, in den Gäste und Besucher eintreten können, und in die Privatsphäre, die allein dem engeren Familienleben vorbehalten ist. Auch hier empfiehlt es sich, diese Trennung bei der Vorausplanung deutlich zu ziehen. Für die Ruhezone sei geraten, weiche Textilien auszuwählen, die die Möglichkeit der Ruhe unterstützen. Richtige Steuerung der Belüftbarkeit der einzelnen Raumzonen ist ebenso wichtig wie die Regulierung der Temperaturen. Dies alles unterstützt das gute Funktionieren einer Haushaltung.

Grundsätzliches über das Einrichten

Allgemeines

Dieser Abschnitt des Buches soll denen helfen, die vor der Aufgabe stehen, sich neu einzurichten, ihre Wohnung mit neuer Ordnung und neuen Aspekten zu versehen. Es soll dem Leser geholfen werden, sein Wohnen und damit einen wesentlichen Teil seines Lebens komfortabler zu gestalten. Komfort wird erreicht, wenn man die realen Dinge, die zu einem angenehmen Leben notwendig sind, erkennt und auf sie eingeht. Visueller Komfort ist das Ergebnis aus Erfahrung, Gefühl und Phantasie. In vielen Häusern findet man nur eines von beidem. Dieses Buch soll helfen, Anregungen zu geben, wie man physischen Komfort mit visuellem Komfort vereinen kann. Eine komfortable Inneneinrichtung muß nicht immer mit teuren Mitteln errichtet sein. Die gute Planung ist das Wichtigste dabei. Architekten und Innenarchitekten, Zeitschriften und Bücher können helfen, eine geschickte Lösung herbeizuführen. Am Ende ist es aber immer der Wohnungsinhaber selbst, der den Charakter einer Wohnung prägen muß. Um die Einrichtung zu vervollkommnen, ist eine wichtige Voraussetzung, sich mit dem Thema zu beschäftigen, es ernst zu nehmen, d. h. auch die Funktionen des Wohnens zu erfahren, zu prüfen. Wir haben bereits in dem vorangegangenen Teil darüber gesprochen, daß es eine wichtige Voraussetzung ist, den eigenen Stil zu erwählen, anzunehmen und zu praktizieren, geschmackliche Schulung zu betreiben, d. h. den guten Geschmack zu üben, indem man sich mit der angewandten Kunst beschäftigt, alte Vorbilder und Wohninterieurs studiert, um sie geschmacklich zu analysieren. Das Wohnen ist ein Prozeß im Leben des Menschen. Es muß sich entwickeln, es soll sich ändern. Diese Erkenntnis macht das Einrichten leichter.

Optische Raumgestaltung

Die visuelle Wirkung eines Raumes ist neben dem Funktionieren der Ausstattung sehr wichtig. Darum wollen wir in diesem Kapitel über das Grundsätzliche im Einrichten mit der optischen Formgestaltung beginnen.

Die Raumaufteilung

Zur ersten Orientierung in einem Raum sollten wir versuchen, ihn räumlich zu ordnen. Jeder Raum hat einen Vordergrund und einen Hintergrund, eine linke Seite und eine rechte Seite, eine Mitte zwischen Vordergrund und Hintergrund und eine Mitte zwischen linker Seite und rechter Seite. Neben diesen vier Bereichen gibt es eine fünfte Wertung, nämlich die Höhe. Das Gefühl der Freiheit beruht letztlich nicht unwesentlich auf räumlichen Kategorien. Zu den angenehmen Empfindungen in einem Raum gehört das Gefühl der Geborgenheit, in Kontrast gesetzt zu dem Gefühl der Bewegungsfreiheit. Eine unangenehme Empfindung in einem Raum ist Einengung und Verlorenheit. Beim Betreten eines Raumes fällt der Blick in den Hintergrund. Im Vordergrund fassen wir Fuß, der Vordergrund ist stets der wesentliche Teil. Im Vordergrund entscheiden wir aktiv über die Fortsetzung der Bewegung, während der Hintergrund sich passiv in das nicht Sichtbare verliert. Die Mitte zwischen Vordergrund und Hintergrund ist Durchgang. Die Orientierung in der Richtung unten/oben geht beim Menschen von der Entfernung des Kopfes zum Fußboden wie zur Zimmerdecke aus. Sehr wesentlich für die Entfernung von unten nach oben ist die Stellungsphase, in der sich der Mensch befindet; liegend, knieend, hockend, sitzend oder stehend verändert sich die Distanz zwischen Kopfhöhe und Fußboden einerseits und zwischen Kopf und Zimmerdecke andererseits. Die starke Wirkung eines Wohnraums besteht in dem befreienden Distanzwechsel zwischen Kopfhöhe und Zimmerdecke. Für die gelungene optische Raumgestaltung ist es wichtig, die Voraussetzung, die ein leerer, kahler Raum mit sich bringt, d. h. seine Proportion, die Verhältnisse von Höhe zu Breite zu Tiefe zu Länge, zu erfassen und durch die gewählte Einrichtung nicht zu zerstören. Evtl. sollten diese Verhältnisse korrigiert werden, wo es nötig ist, oder durch Schwerpunkte hervorgehoben werden. Farbe, Licht, Verteilung von Möbeln kann helfen, diese Proportionen zu unterstützen oder sie zu zerschneiden. Bevor man der optischen Raumgestaltung zu Leibe rückt, sollte man sich darüber klar sein, was man in einem Raum bezwecken möchte, ein Gefühl der Geborgenheit, eine Verkleinerung des Raums, eine Vergrößerung, ob man die Raumhöhe verstärken möchte oder niedriger erscheinen lassen will.

Hier gibt es genügend Gestaltungsmittel, die Ziele zu erreichen. Da sind zunächst helle Farben, die Räume groß machen, dunkle Farben, die Räume klein erscheinen lassen. Helle Fußböden, helle Decken geben Weite, dunkle Böden verkleinern Räume, starke Farben verkleinern Räume; Holzdecken können Räume niedrig machen, sich schräg nach oben verjüngende Decken vergrößern die Raumhöhe, große Glaswände vergrößern optisch Räume, wenig Möbel lassen Räume größer erscheinen, voll eingerichtete Zimmer wirken kleiner, lichte, weiße, zierliche Möbel lassen Räume größer erscheinen, dunkle schwere Möbel verkleinern Räume. Weiße klare Wände vergrößern Räume, gemusterte Stoff- oder Tapetenverkleidungen lassen die Räume wieder kleiner wirken.

Perspektivische Wirkung

Große Formen wirken nah und erscheinen kräftiger, kleine Formen lösen sich auf, erscheinen noch schwächer, als sie sind, entweichen rückwärts. Ein Gegenstand erscheint uns um so kleiner, je weiter er dem Betrachter entrückt ist. Mit dieser Erkenntnis kann man Räume optisch korrigieren. Hier gibt es die Erkenntnis, kleine Gegenstände in Gruppen zusammenzuordnen, um ihre Wirkung zu unterstreichen, und große Stücke einzeln wirken zu lassen.
Unter die optische Raumausgleichung fällt auch die richtige *Schwereverteilung* im Raum. Wenn man das Gefühl hat, daß ein sehr schweres Möbelstück oder eine durch kräftige Farben belastete Wand ein Gegengewicht auf der anderen Seite des Raumes braucht, so sollte man diesem Gefühl auf jeden Fall nachgeben. Dieser optische Ausgleich, diese auffangende Ergänzung kann durch Farbe oder oft schon durch ein richtig placiertes Bild geschaffen werden. Man kann in einem Raum nie den Eindruck wirklicher Harmonie haben, wenn die Verteilung der genannten Schwerpunkte nicht gleichmäßig ist. Anders verhält es sich mit dem optischen Gleichmaß zwischen einer ruhigen und einer sehr stark gestalteten Wand. Haben wir z. B. auf einer Seite ein gefülltes Regal mit Büchern und allerlei Nippes, so muß ihm auf der gegenüberliegenden Wand nicht eine gleichartige Gestaltung entsprechen. Im Gegenteil, hier kann gerade eine ruhige, großzügige, gleichförmige Wandbehandlung eine gute Ergänzung bilden.

Optische Übereinstimmung der Höhen

Auch die verschiedenen Höhenlinien in einem Zimmer verlangen nach einer optischen Übereinstimmung. Es wird hier bewußt »optisch« gesagt, denn eine wirkliche Übereinstimmung muß nicht immer notwendig sein. Dem Auge

Ausgewogene Bilderhängung als optisches Äquivalent zu großen Möbeln und leeren Wandflächen

durchgehend erscheinende Höhenlinien sind sehr wohltuend und bestimmen die Harmonie eines Raumes. So sollte z. B. die Fensterbankhöhe optisch aufgenommen werden durch gleichhohe Tische oder ein Regal in gleicher Höhe. Raumbetonende Höhen bilden Türen, Fenster, halbhohe Regale, größere Tische, die Rücklehnen von größeren Sitzmöbeln. Die Höhen von Einzelsitzmöbeln, Beisatztischen, Stehlampen und kleinen Bildern fallen dagegen weniger ins Auge. Diese sogenannten beweglichen Stücke sind von solchen optischen Eingliederungen nicht betroffen. Haben wir keine andere Möglichkeit als ein höheres Möbelstück – das vielleicht auch optisch von einer gewissen Schwere ist –, unvermittelt neben ein niedriges Möbelstück stellen zu müssen, dann kann z. B. ein gut placiertes Bild diesen Höhenunterschied optisch ausgleichen. Ungleiche Fensterhöhen lassen sich ebenfalls durch eine geschickt gewählte Dekoration des Fensters ausgleichen. Auch ein farbiger, betonter Wandanstrich kann Unregelmäßigkeiten ausgleichen oder verschwinden lassen.

Farbe

Die Farben sind eines der wichtigsten Gestaltungsmittel der Inneneinrichtung. Farben, richtig verwendet, können zum Wohlbefinden in einem Raum sehr wesentlich beitragen. Abgesehen davon, daß die ästhetische Wirkung eines Raumes durch die Farbe maßgeblich beeinflußt ist, können Farben, richtig angewandt, Eigenschaften besitzen, die unser Wohlbefinden, unser Gefühl, Denken und Tun beeinflussen. Sie können beruhigen, sie können aktiv sein lassen, sie können uns heiter stimmen, sie können uns deprimieren. Farben können einen Raum optisch verändern. Um die Farbe als Gestaltungsmittel richtig einzusetzen, ist es eine wichtige Voraussetzung, sich mit Farbgebung zu beschäftigen. Es sind schon viele wissenschaftliche und psychologische Untersuchungen über Farbgebung angestellt worden. Aber in diesem Buch ist es wichtig, einmal die Farbzusammenhänge zu untersuchen und sie allein auf das Thema Wohnen zu projizieren, um hier dem Lesenden eine Hilfe zu geben.

Farbe und Raum

Farben können einen Raum optisch verändern. Helle kühle Farben erweitern, regen zur Tätigkeit an, der Raum wird größer, und dunkle kühle Farben wirken beschwerend, sie verkleinern den Raum, sie geben das Gefühl der Einengung. Helle warme Farben wirken leicht und freundlich, sie können fehlendes Sonnenlicht ersetzen. Dunkle warme Farben umschließen wärmend, aber verkleinern einen Raum. Warme Farben steigern die Aktivität, sie kommen auf einen zu, sie verkleinern den Raum, aber sie machen den Raum angenehm, während kalte Farben passiv in sich zurückgezogen den Raum größer und kühl erscheinen lassen. Ein farbiger Fußboden gibt eine gewisse Schwere und hält die im Raum aufgestellten Möbel fest und sicher zusammen. Der Raum weitet sich automatisch zu den Seiten und ebenso auch nach oben. Je stärker diese farbige Betonung des Fußbodens ist, um so stärker wird der Fußboden hervorgehoben. Ist z. B. diese Fußbodenfarbe kräftiges Rot, so erscheint einem der Fußboden stets sehr nah, alle Sitzmöbel und Tische wirken relativ niedrig. Ist der Fußboden sehr hell, z. B. weiß oder gelb, so wirkt der Fußboden ein wenig unsicher. Der Raum scheint mehr zu schweben, die Möbel finden nicht so sicher ihren schweren, zusammenhaltenden Platz wie auf einem dunklen Fußboden. Ist z. B. die Decke eines Raumes stark farbig, so lastet sie schwerer auf dem Raum, sie macht ihn niedriger. Der Schutz, den dieser Raum dem Menschen optisch bietet, kommt von oben her. Die Wände wirken nach den Seiten hin ausdehnend, der Raum kann auf

die Weise vergrößernd wirken. Sind nun Decke und Fußboden stark farbig behandelt sowie die längsseitigen Wände und nur in der Front ist ein heller Bestandteil übriggeblieben, so entsteht eine Schlauchwirkung. Diese Art der Farbgebung kann besonders vorteilhaft für lange Wände sein. Bei der Farbgebung gibt es unterschiedliche *Kontrastwirkungen.*
1. Der Hell-Dunkel-Kontrast entsteht, wenn Farben mit unterschiedlichem Helligkeitsgrad in Kontrast gebracht werden. Der stärkste Hell-Dunkel-Kontrast ist dabei schwarz und weiß. 2. Der Kalt-Warm-Kontrast entsteht, wenn kalte und warme Farben in Kontrast zueinander gebracht werden. 3. Der Komplementär-Kontrast entsteht, indem sich die entsprechenden Komplementärfarben gegenüberstehen. Sie steigern sich gegenseitig zu höchster Leuchtkraft. Beispiel: rot-grün, orange-blau. 4. Die Wirkung des Simultan-Kontrastes beruht darauf, daß jede Farbe psychologisch eine Gegenfarbe bekommt. Ist diese Farbe nicht vorhanden, so verfolgt das Auge simultan die Komplementärfarbe. 5. Qualitäts-Kontrast: Er besteht aus dem Kontrast zwischen einer leuchtenden und einer stumpfen Farbe. 6. Der Quantitäts-Kontrast beruht auf der Gegenüberstellung verschieden großer Farbflächen. 7. Der Farb-an-sich-Kontrast besteht aus dem grundsätzlichen Gegenüberstellen verschiedener Farben. Wir wollen die einzelnen Farben durchgehen und gewisse Eigenschaften der entsprechenden Farbe aufzählen.

Farbcharaktere

Die Farbwirkung von *Rot* ist aggressiv. Es ist eine explosive Farbe voller Leben und Spannung. Zuviel Rot in einem Raum würde bei einem längeren Aufenthalt unruhig machen. Darüber hinaus fördert Rot körperliche Arbeit und Bewegung. In großen Flächen angewandt, verkleinert Rot optisch den Raum. Zum anderen fördert Rot die Intensivierung des optischen Raumeindruckes, z. B. bei Partyräumen oder Festräumen.
Orange erzeugt stets ein sehr warmes, heiteres Farbempfinden. Besonders Nordzimmer und ungünstig gelegene, unproportionierte Räume lassen sich mit Orange heiter und warm machen. So wird man diese Farbe gern bei Kinderzimmern oder Wirtschaftszimmern oder weniger reizvoll einzurichtenden Räumen anbringen.
Die Farbwirkung von *Gelb* ist ähnlich dem Orange. Es ist stets eine heitere, warme Atmosphäre, die von Gelb ausgeht.
Die Farbwirkung von *Braun* ist warm, beruhigend, ausgleichend. Somit ist die Nutzwirkung nahezu im ganzen Wohnbereich zu finden. Braune Farben in großen Flächen angewandt wirken einengend.

Die Farbwirkung von *Blau* ist kühl, klar, sauber. Dunkle Blautöne wirken leicht unterkühlt und einengend. Helle Blautöne weiten. So wird Blau hauptsächlich für Räume der Ruhe und Entspannung verwandt, für Schlaf- und Arbeitsräume sowie für Räume im Bereich der Sauberkeit und Frische, wie z. B. Badestube, Küche und Wirtschaftsräume.
Die Farbwirkung von *Grün* ist beruhigend, ausgleichend, lärmdämpfend. Der Anwendungsbereich liegt vor allem in Räumen der Konzentration und Ruhe, also Arbeits- und Schlafräume.
Die Farbwirkung von *Rosa* ist mädchenhaft, graziös, verspielt. Ihr Anwendungsbereich liegt deshalb mehr in Räumen, die von weiblichen Bewohnern bevorzugt werden, wie Tochterzimmer, Damenzimmer und Zimmer für modische Zubehöre.
Die Farbwirkung von *Weiß* vermittelt den Eindruck von Sauberkeit, Klarheit, Schwerelosigkeit, Leichtigkeit. Weiß allein ist neutral und spannungslos. Weiß wirkt vergrößernd, neutralisierend. Weiß ist eine gute Farbe, um andere Farben zur Geltung zu bringen. Somit ist Weiß eine geeignete Farbe für Ausstellungsflächen von Bildern, für Empfangsräume, für Räume, die optisch vergrößert werden sollen; unterschiedliche Raumdimensionen, die in ein einheitliches System gebracht werden sollen, finden mit weißer Ausstattung eine gute Einrichtung.

Farbveränderungen

Die Schwierigkeit im Umgang mit Farben liegt in der Tatsache, daß jede Farbe verschieden ausfällt, je nachdem wie man sie betrachtet, im Licht oder im Schatten, bei Tageslicht oder bei künstlicher Beleuchtung oder im Zusammenhang mit anderen Farben. Diese Veränderlichkeit kann man bei richtigem Einsatz der Wohnungseinrichtung zum Nutzen gereichen lassen. Starke Farben werden durch helles Licht noch stärker. Es ist z. B. ein Unterschied, ob man eine große Sitzgruppe dicht am Fenster stehen hat oder in einem dunkleren Teil des Wohnzimmers. Dicht am Fenster wird eine starke Farbe, z. B. Rot, durch das helle Tageslicht noch stärker zum Leuchten gebracht, und sie wird sich uns fast unerträglich aufdrängen. Dieselbe rote Sitzgruppe kann in einem dunkleren Teil des Zimmers in ihrer Intensität angenehm wirken. Wiederum läßt sich die rote Sitzgruppe durch einen stark farbigen Teppich im Rot noch unterstützen, hingegen wirkt dieselbe rote Sitzgruppe auf einem farbauflösenden Beigeton abschwächend in der Rotwirkung. Wird diese rote Sitzgruppe vor eine weiße Wand gestellt, wird die weiße Wand alles tun, um das Rot stark zum Leuchten zu bringen. Steht dieselbe rote Sitzgruppe vor einer braunen holzvertäfelten Wand, so wird ihre Strahlkraft erheblich herabgesetzt. Im weiteren ist die Farbe durch ihre Farbmenge beeinflußbar. Die Intensität einer kleinen roten Fläche, z. B. des Sitzpolsters eines Stuhles, ist begrenzt. Dasselbe Rot wirkt, auf eine große Fläche übertragen, um ein Vielfaches stärker. Diesen Einfluß zu kennen ist wichtig. Man hüte sich, allzu aggressive Farben in sehr großen Flächen anzuwenden. Wird ein Raum im wesentlichen mit einer Farbe eingerichtet, darunter ist zu verstehen, daß die Grundfarbe des Raums vielleicht Weiß ist und alle wesentlichen Akzente in einer Farbe, z. B. Rot, gesetzt werden, so wird dieses Rot in seiner Ausdrucksfähigkeit sehr stark werden. Werden wir diesen selben Raum mit drei bis vier Farben ergänzen, so ist die Ausdruckskraft jeder einzelnen der vier Farben sehr viel schwächer.

Farbkombinationen

Zunächst sei gesagt, es gibt gute, richtige Farben, und es gibt schlechte Farben. Gute Farben zu erkennen ist eine Erfahrungssache, es ist leider nicht Geschmackssache. Farben richtig zu kombinieren, ist eine Sache des Gefühls, aber auch eine Sache, die sich erlernen läßt. Eine Farbe für sich allein kann gut sein und richtig, in der Kombination mit einer zweiten Farbe ist alles falsch gewählt, weil die Kombination nicht stimmt. Ein schönes gutes Rot ist nicht mehr schön, wenn es nicht die passende Ergänzungsfarbe im Raum hat. Also wird eine Farbe erst durch die richtige Ergänzung zu einer guten Farbkombination. Eine wirkungsvolle Farbgebung ist nur durch Beschränkung zu erreichen. Ein Raum, in dem eine Vielzahl von Farbtönen vorhanden ist, wirkt verwirrend, und keine der Farben kann ihren Charakter entfalten. Es ist immer eindrucksvoll, wenn die Einrichtung eines Raumes konsequent bis ins Detail auf nicht mehr als zwei bis drei Grundfarben aufgebaut ist, die in weichen Abstufungen sich beliebig verästeln dürfen. Bei diesem Zusammenklang soll aber stets eine Farbe die Vorherrschaft haben. Eine Einrichtung, die Ton in Ton gehalten ist, wirkt sehr elegant. Ganz kleine Farbakzente sind dabei aber erlaubt. Aber auch diese Wahl ist nicht ganz einfach und erfordert viel Feingefühl. Eine sehr beliebte Kombination ist Braun, Beige, Weiß mit kleiner Akzentsetzung von Orange/Rot-Farben oder statt Orange mit Hellblau-Dunkelblau kombiniert oder hellem Lindgrün anstelle der Blaubeigabe. Eine weitere schöne Farbkombination ist Hell-Lindgrün mit Beige und etwas Hellblau. Gelb-Orange-Weiß ist eine sehr heitere Farbmischung für Räume, die jung, fröhlich und groß wirken sollen. Bei der Farbwahl für ein Haus oder eine Wohnung ist es wichtig, auch an

Farbübergänge von einem Raum zum anderen zu denken. Es ist unerträglich, von einem stark farbigen Raum abrupt in den nächsten, anders stark farbigen Raum zu gehen. Es bedarf hier einer Zone des milden Übergangs. Haben wir z. B. einen Raum mit starken Rotfarben ausgerichtet, so sollte man in einer schwächeren Form den nächsten Raum entweder dazu passend einrichten oder milde Übergänge durch Grau-Beige-Töne finden, aber auf keinen Fall in einen stark blaufarbigen Raum schreiten müssen. Im allgemeinen ist es ratsam, einem Haus oder einer Wohnung eine Grundfarbe zu geben, die dann in verschiedenen Variationen und verschiedenen Kombinationen in den einzelnen Räumen auftreten kann. Somit schafft man sich gleich die Übergänge von Raum zu Raum und bleibt harmonisch in einer Grundstimmung. Leicht lassen sich in solchen Häusern Möbelstücke, Stoffe und Teppiche austauschen, wenn man sich grundsätzlich für das Haus auf Braun, Grün, Blau geeinigt hat. Es versteht sich von selbst, daß die Farben die verschiedensten Kombinationen zulassen, so daß das Haus nicht langweilig und gleichfarbig auszusehen braucht.

Die Farbe in den einzelnen Räumen

Soll die Farbstimmung für ein *Wohnzimmer* von großzügiger Wirkung sein, so wähle man zunächst eine warme Grundfarbe, etwa Braun. Nun werden die Farben von Dunkelbraun bis zum Beige aufgebaut, in jedem Fall muß Weiß hinzugefügt werden – eine Farbe, die überall reichlich vorkommen sollte und die sich mit allen anderen Farbtönen immer gut verträgt. Man besinnt sich dann auf seine Lieblingsfarbe und setzt einen Akzent z. B. in blauem Ton. Somit ist die Farbkombination Braun-Beige-Weiß-Blau festgelegt. Das könnte, auf die Details einer Einrichtung bezogen, etwa folgenden Farbplan ergeben. Wände: weiß, Decke: evtl. braunes Holz, Fußboden: Beige, Polstermöbel: zwischen Dunkelbraun und Beige, ein Sessel braun/blau-gemustert, Gardinen: zwischen Weiß und Hellblau bis Braun mit gemustertem oder gestreiftem Dekor, kleine Gegenstände, Sofakissen: Alle mit Blautönen, bis zum blassen Lila.

Ein zweiter Vorschlag für die gleiche Farbkombination: Wände: Hellblau, Zimmerdecke: Weiß, Fußboden: Graublau, Polstermöbel zwischen Dunkelbraun und Beige, ein Sessel Dunkelblau mit etwas Braun, Gardinen im Wandton gewählt oder etwas heller.

Bei dem gleichen Grundton Braun bis Beige kann der Raum eine ganz andere Wirkung haben, wenn die Akzente beispielsweise in Lindgrün oder Orange gesetzt werden. Auch dies ist noch eine ruhig wirkende Farbkombination.

Interessant ist eine Farbgebung von Schwarz-Braun-Beige – und Weiß mit leuchtendem Orange. Hierzu folgender Vorschlag: Wände: Weiß, Decke: Weiß oder aus Holz, Fußboden: Beige/Grau meliert oder Hellbeige bis eierschalenfarbig. Polstermöbel schwarz Leder, ein Sessel Schwarz/Orange gemustert, Gardinen Weiß mit Orange, Dekorationsgegenstände Orange und Braun, Weiß.

Wer ein separates *Eßzimmer* besitzt, der sollte es ruhig lebhaft und fröhlich gestalten; denn man hält sich hier immer nur für eine begrenzte Zeit auf. Außerdem ist die Einrichtung in diesem Raum nicht sehr vielfältig. Bilder sind nicht so zahlreich wie im Wohnzimmer, deshalb sind gemusterte Tapeten oder stoffbespannte Wände hier am Platze. Folgende Farbzusammenstellungen sind für einen Eßraum empfehlenswert. Weiß, Rot mit Grau und Schwarz ist auch hier eine angenehme Kombination. Man hat es in der Hand, durch mehr oder weniger Rot den Eindruck lebendiger oder zurückhaltender wirken zu lassen. Rosa, Grün, Grau ist etwas stilvoll, aber sehr apart. Lindgrün, Hellblau und Dunkelbraun wirkt etwas jugendlicher. Grün, Rot ist eine kräftige Farbkombination, Hellblau/Dunkelblau und Gelb bis Weiß wirkt frisch und appetitlich. Gelb/Weiß/Orange ist heiter, leicht und graziös.

Die Farbgebung des *Schlafzimmers* ist eine sehr persönliche Angelegenheit. Es gibt auch heute noch Menschen, für die ein Schlafzimmer in erster Linie hygienisch und sauber wirken muß. Dann herrscht Weiß vor, kombiniert mit ein wenig Blau, Rot oder Rosa, häufig auch Grün, denn das wirkt ja bekannterweise ruhig und erholsam. In weiten Kreisen aber wird die wohnliche Note im Schlafzimmer immer populärer. Diese Wohnlichkeit wird nicht allein durch die Art der Möbel erreicht, sondern sie wird ganz wesentlich von der Farbgebung beeinflußt. Alle Brauntöne bis zu Oliv, Gelb und Orange, wirken warm und behaglich. Eine liebenswürdig weibliche Atmosphäre schafft Rot und Rosarot, evtl. auch gemischt mit Grün. Farbige Muster haben den gleichen Effekt. Es ist geschickt, auch die Wände in die Farbgebung mit einzubeziehen. Um dem Schlafzimmer trotz Wohnlichkeit und unter Umständen verspielten Akzenten dennoch einen ruhigen Eindruck zu geben, sollte man allzu kräftige Farbkombinationen vermeiden. Die Ton-in-Ton-Farbgebung ist hier sehr zu bevorzugen.

Beim *Hauseingang* und in der *Diele* wird man etwas zurückhaltender in der Farbgebung sein, es sei denn, man liebt die starken Farben ganz besonders und möchte den Eintretenden gleich ein wenig in Erstaunen versetzen. Im allgemeinen aber ist es günstiger, mit schwächerer Farbkombination im Hauseingang zu beginnen, um dann im Weitergehen eine gewisse Steigerung der Effekte bieten zu können. Zu beachten ist, daß stark farbige Wände raumverkleinernd sind; evtl. Ausgleich durch geschickte Beleuchtung.

Praktische Ratschläge für den Umgang mit Farben

Ein wichtiger Ratschlag ist, Farben nie nach kleinen Mustern auszuwählen, da sie in großen Flächen stets anders wirken. Man legt sich am besten ein Album mit Farben an, die man besonders gern mag. Bevor man sich endgültig zu Farbvorschlägen für das eigene Haus entschließt, sollte man sich sehr genau auch an anderen Wohnungen orientieren. Räume, die einem spontan, auf den ersten Eindruck hin, farblich gut gefallen, die sollte man sich merken. Kleine Notizen helfen hier, die Farbeindrücke festzuhalten. Gerade bei der Beurteilung von Farbe ist das Gefühl sehr wichtig. Gefühlsmäßige Empfindungen zeigen einem an, ob man sich wohl fühlt in dieser Farbabstimmung. Sollte man auf diesem Wege nicht weiterkommen, so ist ein gutes Hilfsmittel Kunstwerke, z. B. Bilder großer Maler zu betrachten. Gewisse Farbzusammenstellungen sich zu merken, die einem besonders gut gefallen. Natürlich kommt es in diesen Fällen nicht nur auf die Farbkombination an, sondern auch auf die Mengenverteilung der einzelnen Farben zueinander. Hier gilt es, wie bei vielen anderen Fällen beim Einrichten, vorsichtig zu sein und sich Zeit zu lassen. Hat man sich z. B. entschlossen die Hauptfarbverteilung in einem Raum zwischen Braun und Orange zu wählen, neben allen Zwischentönen zwischen Beige, Hellbraun, Dunkelbraun und Weiß, so ist es ratsam, mit den großen Flächen zu beginnen, vielleicht mit den weißen Wänden oder der hellbraunen Decke oder dem dunkelbraunen Fußboden, der wieder anders braun getönten Couch, und dann erst einmal den Raum in Besitz zu nehmen, ihn zu bewohnen und langsam die kleinen Akzente im kräftigen Orange, Gelb oder etwa Hellblau zu setzen, dabei Vorsicht walten zu lassen und hier nicht gleich starke und große Farbflächen zu planen. Als weiteres Hilfsmittel sei geraten, wenn man sich zu bestimmten Farbkombinationen entschlossen hat, vorsichtshalber von einem Maler, der die Räume zu streichen hat, größere Farbflächen, möglichst z. B. den grünen Wandton, den man sich vorgestellt hat, und den Einsatz von Variationen, schon einmal in Quadraten an der Wand vorstreichen zu lassen, ein etwas helleres Grün, ein etwas dunkleres Grün. Bitte, auch diese Musterflächen nicht zu klein wählen, so daß sie einen richtigen Eindruck vermitteln können. Diese Probeanstriche betrachtet man dann wieder bei verschiedenen Lichtverhältnissen, bei Lampenlicht, bei Tageslicht, bei Sonne und bei trübem Wetter, und erst dann entscheidet man sich endgültig.

Licht

Ein Raum, eine Einrichtung ist nichts ohne das Licht. Die Stimmung und die Atmosphäre eines Raumes hängen neben der Farbe in erster Linie vom Licht ab, vom Tageslicht wie vom künstlichen Licht. Licht kann einen Raum angenehm oder gleichgültig machen. Beleuchtung kann funktional oder dekorativ effektvoll sein. In den meisten Fällen ist eine Kombination von allen drei Situationen notwendig. Ein schlecht ausgeleuchtetes Restaurant würde von Gästen wenig aufgesucht werden. Was wäre ein Barraum ohne die richtige Beleuchtung oder ein Festsaal ohne festliches Licht? Auch für unsere Wohnung ist das Licht ein Zaubermittel. Mit Hilfe des Lichtes können wir die Wohnung vergrößern, enger werden lassen, festlich oder intim, heiter oder ernst gestalten. Wir haben es bis zu einem gewissen Grade bei der Planung unseres Hauses selbst in der Hand, wie hell wir unsere Räume haben möchten. Bevor wir an die Wahl des Materials und die Farbgebung denken, ist zunächst die Frage zu klären, wieviel Licht von außen in unsere Räume kommen soll.

Tageslicht

Das Tageslicht ist sehr viel stärker und vielseitiger im Vergleich zum künstlichen Licht. So wollen wir es einmal unabhängig von der elektrischen Beleuchtung betrachten. Mit dem Tageslicht lassen sich vielseitige Effekte erzielen.

Auch Tageslicht ist zu steuern. Ein Deckenfenster wirft z. B. ein helles gezieltes Punktlicht in eine sonst dunkle Eingangshalle. Das Tageslicht ist in unseren nördlichen Breiten sehr viel kühler als im Süden. Da wir im Norden besonders licht- und sonnenhungrig sind, versuchen wir durch große Fensteröffnungen jeden Sonnenstrahl einzufangen. Im Süden hingegen, wo das Licht fast das ganze Jahr über plastisch greifbar und intensiv ist, schirmen wir uns ab und lassen vor allem die glühende Sonne nicht herein. Wer ein neues Haus zu planen beabsichtigt, sollte von vornherein mit seinem Architekten absprechen, wie hell er sein Haus haben möchte. Er wird dabei überlegen, ob er helle lichtdurchflutete Räume wünscht oder lieber bei gedämpftem, geborgenem Licht lebt. Die Größe der Fensteröffnung spielt dabei eine entscheidende Rolle. Je tiefer die Fensterbank, desto stärker der Lichteinfall. Hochgelegene Fensterbänke geben immer ein kühleres Licht und sind deshalb mehr für zweckgebundene Räume zu wählen. Wer im Wohnzimmer nicht nur an der Südseite ein Fenster hat, sondern die Westseite auch noch öffnen kann, der wird in der Nachmittagsstunde ein ganz anderes

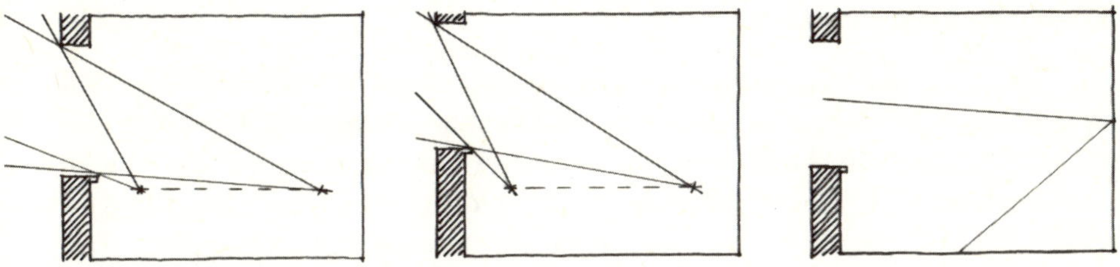

Die Skizze demonstriert, wie das Licht über die Fensterbank in den Raum fällt. Dabei wird deutlich, daß eine niedrige Fensterbank dem Raum weit mehr Licht gibt als eine hohe

Licht einfangen können. Fällt aber in einem Raum von mehr als zwei Seiten Licht ein, dann kann dieser Raum leicht zu unruhig wirken. Die Gestaltung der Terrasse, die vor dem Wohnzimmerfenster liegt, ist entscheidend für das Licht im Wohnraum. Weiße Farbe an Wänden und Fensterrahmen hellt das eindringende Licht in dem Raum unglaublich auf. Auch alles, was sich im Umkreis des Fensters befindet, spielt hierbei mit – Bäume, Wasserflächen, Backsteinmauern oder dunkle Fassaden. Es ist wiederum möglich, das einfallende Tageslicht zu steuern, sei es durch Gardinen, Fensterdekorationen oder Pflanzen, die in der Nähe des Fensters aufgestellt sind.
Rolläden als *Lichtschutz* sind heute nicht mehr sehr verbreitet. An ihre Stelle treten die verstellbaren Jalousetten aus Plastiklamellen oder die Vertikal-Jalousetten aus Kunststoff, die in sehr schöner Weise das Licht filtern und dem starken Licht der Mittagssonne einen hübschen Effekt geben. Transparente Gardinen haben eine ähnliche Wirkung und filtern das Licht in fast noch unmerklicherer Weise. Japanmatten lassen den Ausblick in den Garten frei, und in etwas verschleierter Form geben sie ein sehr hübsches Licht im Raum. Eine Markise läßt den Raum trotz großer Sonnenglut schattig wirken, verdunkelt ihn aber gleichzeitig. Die Farbe der Markise ist sehr wichtig für die Stimmung im Raum.
Die Fensterwand ist stets die dunkelste Stelle im Raum. Deshalb vorsichtig mit dunklen Gardinen – sie wirken am Fenster noch dunkler als sie normalerweise sind. Ein Zimmer wirkt hell, wenn man die dem Fenster gegenüberliegende Wand sehr hell streicht. Durch Farbanstrich, Holzverkleidung oder Wandbespannung an dieser gegenüberliegenden Wand kann man die Lichtwirkung eines Raumes herabdämpfen. Dunkle Decken in einem Raum dämpfen ebenfalls das Licht und lassen die Gesamtraumwirkung dunkler erscheinen. Stumpfe Stoffbespannung an den Wänden vermeidet das Reflektieren des einfallenden Lichtes und gibt somit auch eine insgesamt dämpfende, herabgemilderte Lichterscheinung im Raum.

Künstliche Beleuchtung

Der Umgang mit künstlichem Licht ist gar nicht so einfach. Ein gut ausgeleuchteter Raum ist eine der wichtigsten Voraussetzungen für das Wohlbefinden darin. Meist stellt man das erst fest, wenn man schon einmal das Glück hatte, in einem gut ausgeleuchteten Raum zu leben. Danach wird man sich nie wieder in einem schlecht beleuchteten Raum wohl fühlen. Wie oft herrscht noch die falsche Vorstellung vor, daß ein gemütliches Dämmerlicht ein angenehmes Befinden in einem Raum ermöglicht. Immer wieder vergißt man, daß es einen sehr nervös macht, in Schränken nicht richtig sehen zu können oder wenn man nicht richtig lesen kann. Es ist lästig, am Abend nur dann lesen zu können, wenn man sich direkt an eine Lampe klemmt und sonst die Hälfte des Raumes stets im Dunkeln ist. Es ist nicht einfach, einen Raum gut und sachmäßig auszuleuchten. Falls man auf die Hilfe eines Innenarchitekten verzichtet, so sollte man wenigstens einen Beleuchtungsfachmann zu Rate ziehen. Allerdings muß man sich vorher erkundigen, ob dieser Mann nicht nur elektrische Lampen installieren kann, sondern von der Beleuchtungstechnik wirklich etwas versteht. Erfahrung kann hier helfen, Kosten zu sparen. Aber man muß sich von vornherein darüber klar sein, daß wirklich gut ausgeleuchtete Räume etwa das Doppelte von der herkömmlichen elektrischen Anlage erwarten. Zu Anfang soll man sich darüber klar werden, daß die Stimmung in einem Raum durch die Art der elektrischen Beleuchtung beeinflußt ist. Kühle Lichtfarben bewirken einen hohen Beleuchtungsertrag, bewirken Aktivität und Leistungsfähigkeit. Kühle Lichtfarben und niedrige Beleuchtungskörper erzeugen bedrückte Stimmung. Warmes brillantes Licht suggeriert Freudigkeit. Warmes abgeschirmtes Licht erzeugt Gemütlichkeit, Entspannung. Es sei hier noch einmal darauf hingewiesen, daß es sehr gute Kataloge von großen Beleuchtungsfirmen gibt, die so verfaßt sind, daß auch der Laie daraus wichtige Hilfsmittel zur Beleuchtung seiner Räume entnehmen kann.

Raumgliederung durch Beleuchtung

Helle, beleuchtete Wände lassen einen Raum bei dunkler Raummitte kleiner und intimer wirken. Man kann heute auch damit beginnen, einen Raum in verschiedene Lichtzonen einzuteilen. Die Verteilung der Lichtzonen entspricht der Verteilung der Wohnzonen in diesem Raum. Da ist einmal die Sitzgruppe im Wohnzimmer, die einen bestimmten Anspruch an die Beleuchtung stellt: da ist einmal die Grundbeleuchtung für den gesamten Raum und wiederum die Effektbeleuchtung für gewisse Raumzonen oder die

Arbeitsbeleuchtung für den Arbeitsplatz. Das Einteilen in verschiedene Lichtzonen läßt ein lebendiges Spiel von Licht und Schatten in einem Raum entstehen und gibt so eine interessante Effektbeleuchtung. Das Dunkel gewisser Raumteile erweckt die Vorstellung, als ob dieser Raum sich noch weiter ausdehnen könnte. Die verschiedene Akzentsetzung der Beleuchtung erzeugt die Vorstellung, daß sich der Raum z. B. am Abend vergrößert.

Im Gegensatz zum gutbürgerlichen Heim der Vergangenheit hat heute ein Raum weit mehr Funktionen durch die Art, wie er benutzt wird. Wir zählen einmal diese Funktionen auf, um festzustellen, welche Beleuchtungs-Forderungen wir für diese Teilgebiete benötigen.

Im Wohnzimmer wollen wir z. B. wohnen, fernsehen, Schallplatten hören, lesen, arbeiten, telephonieren, eine Hausbar benutzen und evtl. einen Gast unterbringen, im kleinen Kreis zusammensitzen, im großen Kreis mit Gästen diskutieren. Im Arbeitszimmer wollen wir: arbeiten, lesen, telephonieren, Bücher und Ordner unterbringen, evtl. einen Gast unterbringen, Besprechungen abhalten, uns konzentrieren und zurückziehen, entspannen und aktiv sein. Im Schlafzimmer: schlafen, lesen, umkleiden, schminken, ruhen, nähen und bügeln, entspannen. Im Gästezimmer: schlafen, lesen, nähen, bügeln, gutbeleuchtete Schränke benutzen, umkleiden und schminken. Im Kinderzimmer: lesen, am Schreibtisch Schularbeiten machen, spielen, basteln, schwache Beleuchtung für kranke Kinder einstellen u. a. Diese vielseitigen Aufgaben erfordern jeweils verschiedene Beleuchtungskörper, teils aus technischen Gründen, aber auch um den Raum optisch in seine Funktionenbereiche zu gliedern. Bevor wir auf die verschiedenen Arten von Beleuchtungskörpern eingehen, seien noch einige Empfehlungen gegeben: möglichst stufenweise zu schaltende Beleuchtung, ein zu vergrößernder Sichtbereich des Lichtkörpers bzw. mehrerer Lichtquellen. Plattenspieler: Beleuchtung am Gerät. Fernseher: Beleuchtung hinter dem Gerät. Bar: Unauffällige Beleuchtung an diesem Möbel. Telephonieren: Kleines Punktlicht direkt am Telephon. Schlafplatz: Verstellbare Punktbeleuchtung. Ankleiden: Sehr starke Deckenleuchten, bei tiefen Kleider- und Wäscheschränken evtl. Schrankbeleuchtung im Schrank. Nähen: Arbeitsplatzlampe mit verstellbarem Schirm, stark gezieltes Punktlicht. Arbeiten am Schreibtisch: blendungsfreies, gezieltes und verstellbares Punktlicht. Bibliothek: abgeblendete Leuchtröhren oben verdeckt am Regal oder schwenkbare Klemmlampe am Bücherbord, Deckenbeleuchtung oder indirekte Deckenbeleuchtung durch Deckenschiene mit verstellbaren Leuchtarmen. Eßplatz: möglichst blendungsfreie Zuglampe über der Tischmitte.

Man wähle die einzelnen Beleuchtungskörper mit großer Sorgfalt. Vielleicht hat man jahrelang mit schlechter Beleuchtung gelebt, ohne es zu merken.

Gute Beleuchtung schont die Augen und erhöht die Freude am Wohnen. Die Herstellung der Beleuchtungskörper läßt noch einige Wünsche offen, aber es gibt eine große Reihe von Firmen, die vorzügliche Lampen fabrizieren. Nicht immer sind diese Lampen die geeigneten Arbeitslampen. Bei der Wahl von Lampen sollte man in erster Linie an die notwendigen Voraussetzungen denken, die vorhanden sein müssen, damit diese Lampe ihren richtigen Zweck erfüllt. Man sollte keine Hemmungen haben, in einem aufwendig eingerichteten Raum Zweckleuchten zu setzen. Gutes Licht zu geben ist ein nützlicher Zweck. Die Beleuchtungsquelle uns dienstbar machen heißt, eine Zweckbeleuchtung zu haben. Eine gute Funktion an einem Gegenstand zu erkennen ist bereits der Keim einer guten Form. Keine Angst vor allzuviel technischem Aussehen! Die gute Technik zu verbergen, in einer entstellten Form, ist unsachlich und unschön. Wir wollen jetzt die verschiedenen Arten der Beleuchtungsmöglichkeiten aufzählen:

Häufig ist es noch gebräuchlich, jedes Zimmer mit einem Deckenauslaß für den Anschluß einer Deckenhängeleuchte zu versehen – obwohl schon lange nicht mehr der übliche Tisch in der Mitte eines Raumes steht, für den diese Hängelampe eigentlich gedacht war. Somit hat diese Deckenbeleuchtung ihre Bestimmung geändert. Beim Betreten des Raumes schaltet man gern ein Deckenlicht ein, um sich zunächst im Raum orientieren zu können. Dann werden für den jeweiligen Raumteil, in dem man sich aufhalten möchte, die für diesen Teil bestimmten Zweckleuchten angemacht. Im allgemeinen werden diese kleineren Lichtquellen heute sehr viel mehr benutzt. Für die zentrale Deckenleuchte gibt es heute die verschiedensten Möglichkeiten. Es gibt die sehr einfache Nur-Glas-Leuchte, die sehr unauffällig unter der Decke angebracht oder in die Decke eingelassen ist. Es gibt noch den Kronleuchter, der in einem bestimmten Abstand von der Decke herunterhängt – er setzt im allgemeinen eine konservative und stilvolle Einrichtung voraus und benötigt auch eine beachtliche Zimmerhöhe. Der Kronleuchter ist abgewandelt worden in mehrflammige, moderne Hängeleuchten, die heute sehr beliebt sind. Sie sind in Anordnungen von Reihen und Kreisen und Dreiecken zu finden und aus allen erdenklichen Materialien hergestellt, wobei jedesmal die Lichtwirkung eine andere ist. Im allgemeinen beziehen sich die von der Decke herunterhängenden Deckenleuchten auf ein bestimmtes Möbelarrangement. Das setzt wieder voraus, daß sie nicht unbedingt in der Mitte eines Raumes angebracht werden müssen. Dabei ist der Vorteil der in die Zimmerdecke eingelassenen Nur-Glas-Leuchten, daß sie in keiner Beziehung zu einem darunterstehenden Tisch stehen müssen.

Deckenstrahler kann man heute in verschiedenen Formen anbringen. Einmal die Leuchtschienen, das sind Schienen, die in beliebiger Länge an der Decke

montiert werden können. In diese Schienen hängt man Strahlerleuchten ein, die ein Richtungslicht geben, d. h. sie sind beliebig auszurichten. Sie können auch, gegen die Decke gestrahlt, ein indirektes Deckenlicht geben. Eine andere Möglichkeit ist, in gewissem Abstand an der Zimmerdecke Deckenstrahler einzubauen, die dann nur sehr unauffällig aus der Decke heraussehen. Sie sind mit kleinen Gelenken wieder verstellbar und geben im einzelnen ein Punktlicht, in der Reihe aber fügt sich dieses Punktlicht zu einer indirekt wirkenden Zimmerbeleuchtung zusammen. Manch einer mag sich zunächst gegen diese technisch wirkende Deckenbeleuchtung verwahren. Aber nach einer gewissen Zeit der Benutzung dieser vorzüglichen Form der Beleuchtung wird kaum jemand sagen können, daß es nicht eine sehr nützliche und angenehme Zweckbeleuchtung ist.
Abgeblendete Leuchtstoffröhren, über der Fensterdekoration angebracht, können eine sehr effektvolle Beleuchtung geben; sie haben aber stets eine gewisse theatralische Wirkung. Sie verändern im allgemeinen etwas den Farbton der Gardine. Auch ist diese Beleuchtung nur für größere Räume mit einem gewissen Abstand von der Fensterwand zur gegenüberliegenden Wand geeignet.

Standleuchten

Die Stehlampe kann verschiedene Aufgaben erfüllen, die aber selten miteinander zu verbinden sind. Zunächst soll sie einem Raum ein atmosphärisches Licht geben. Man sollte sich von vornherein darüber klar sein, daß eine Stehlampe nur gewisse Zonen beleuchten kann und niemals den gesamten Raum erhellt, während man in der Nähe einer Stehlampe zusammensitzen und sich in ein Gespräch vertiefen kann. Somit ist die Sitzgruppe das Revier der Stehlampe. Für ein größeres Sitzarrangement kann man ohne Bedenken mehrere Stehlampen verwenden. Sie sind in ihrem Standort leicht zu verändern – das haben sie Wand- oder Deckenlampen voraus. Im allgemeinen sind heute Stehlampen mit Deckenstrahlern ausgerüstet und somit unterstützen sie die allgemeine Raumausleuchtung, ganz besonders, wenn sie von der Zimmereingangstür aus schaltbar sind. Im allgemeinen sind Stehlampen heute über einen Varioluxschalter zu regeln, und ihre Lichtquelle ist auf ein Minimum herunterzusetzen. Somit können sie gleichzeitig eine sehr angenehme Stimmungsbeleuchtung vermitteln. Eine Stehlampe ist nicht mit einer Leselampe zu verwechseln.
Wer ein sehr direktes Leselicht auf ein Buch haben will, ist auf eine andere Beleuchtungsquelle angewiesen. Unter Punktbeleuchtung versteht man Beleuchtungskörper, die einen Gegenstand punktförmig aus dem Dunkel

heraus beleuchten. Eine wesentliche Funktion der Punktbeleuchtung ist, das gute Licht zum Lesen zu geben. Es handelt sich hier um eine Lampe, die, ebenso wie die Stehlampe, an einem Stativ angebracht ist, die aber mit Hilfe eines sehr eng gespannten Schirmes ein punktförmiges Licht gibt, das zu richten ist. Dieses Punktlicht läßt sich nun sehr günstig auf die Zeitung oder das Buch richten und ermöglicht hier ein blendungsfreies gutes Licht. Zweitens läßt sich diese Punktbeleuchtung als eine gewisse Effektbeleuchtung verwenden, indem man dieses Stativ mit dem Strahler auf eine schöne Vase oder ein schönes Fenster oder einen Kunstgegenstand richtet und somit eine effektvolle Punktbeleuchtung erzielt. In das Kapitel Punktbeleuchtung fällt auch das Thema Bilderstrahler, die in verschiedener Form angebracht werden können. Strahlerlampen mit längeren Armen von der Decke herunterhängend, die auf ein bestimmtes Bild auszurichten sind, Klemmlampen an Regalen, die wieder eine Strahlerfunktion auf einen bestimmten Kunstgegenstand haben können, oder es ist wieder die bereits erwähnte Stativlampe, die eine Strahlerfunktion haben kann. Ein Bild richtig anzustrahlen erfordert eine große Kenntnis, und es ist allgemein ratsam, einen Beleuchtungsfachmann hierfür zu verwenden. Der Abstand und die Stärke der Lichtquelle spielen hier eine große Rolle.

Die Tischlampe ist eine Standleuchte im Kleinformat und ist in wenig benutzten Zimmerecken, die abends ein wenig langweilig aussehen könnten, eine freundliche Auflockerung. Es ist sehr dekorativ, neben einem Sofa rechts und links auf kleinen Abstelltischen je eine Tischlampe aufzustellen. Die Wahl solcher Lampen wird keine Schwierigkeit machen, denn das Angebot ist hier sehr groß. Es reicht von hellen, schlichten Leuchtquellen bis zu den fürchterlichsten Zweckentfremdungen (Lampenfuß aus einer Trompete). Ist der Schirm aus einem lichtdurchlässigen Material, so wird der Lichtkegel kleiner und das Licht intimer, aber die Wirkung in erster Linie dekorativ. Lesen und Arbeiten ist bei dieser Art von Beleuchtung schlecht möglich.

Wandleuchten

Für eine Standleuchte ist stets zu berücksichtigen, daß wegen der Ausladung des Schirmes ein gewisser Platz benötigt wird. Wer diesen Platz nicht zur Verfügung hat, wird auf eine Wandleuchte zurückgreifen. Sie sind eigentlich fast immer unterzubringen. Es ist sehr beliebt, rechts und links von einem Sofa, meist neben dem darüberhängenden Bild, Wandleuchten anzubringen. Auch hier ist das Angebot auf dem Markt überwältigend. Stilnachahmungen unterziehe man einer kritischen Prüfung. Man sei sich darüber im klaren, daß mehrere Wandlampen in einem Raum immer eine etwas festliche Beleuchtung hervorrufen. Auch diese Wandbeleuchtung ist ratsamerweise über den Varioluxschalter zu schalten, so daß man den Raum durch einen helleren oder dunkleren Beleuchtungsgrad beeinflussen kann. Wichtig ist die Erkenntnis, daß man mit dieser Art der Wandbeleuchtung nicht lesen oder nähen kann und auch im Inneren eines Schrankes nicht viel finden wird. Somit kommt die Beleuchtung durch Wandlampen im allgemeinen mehr der indirekten Ausleuchtung eines Raumes nahe.

Schrankinnenbeleuchtung

Noch einige Worte zur Schrankinnenbeleuchtung. Sie ist immer noch wenig gebräuchlich, obgleich sie äußerst praktisch ist. Bei rechtzeitiger Planung und Installierung ist der Kostenaufwand für diese Beleuchtung minimal und von ganz großem Erfolg. Gerade bei tiefen Wäscheschränken, bei tiefer gelegenen Küchenschränken oder bei Schränken in nicht gut ausgeleuchteten Fluren ist die Möglichkeit, beim Öffnen der Türen automatisch eine Lichtquelle in Funktion zu setzen, äußerst hilfreich. Hier sind Leuchtstoffröhren von großem Wert.

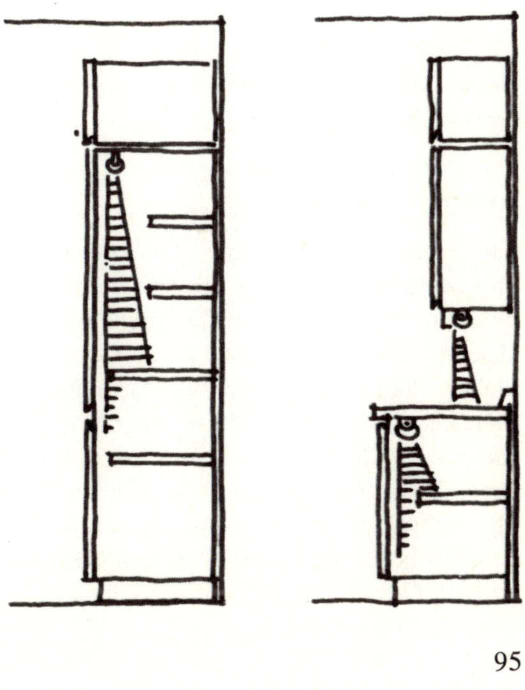

Beleuchtungsmöglichkeit für Schrankinnenräume

Tief herunterhängende Glasleuchte, eine weit bessere Lichtquelle als eine herkömmliche Wandlampe

Wohnzimmerbeleuchtung

Als Grundbeleuchtung für den Wohnraum wird man eine Deckenbeleuchtung wählen. Für kleine Räume empfiehlt es sich, in der Raummitte eine indirekte Nur-Glas-Leuchte möglichst in die Decke einzulassen, die ein gleichmäßiges Licht gibt. Ist der Raum aber größer, so ist durch eine Lichtquelle keine gleichmäßige Grundausleuchtung zu erzielen. Eine weitere Möglichkeit ist nun, mehrere eingelassene Deckenlampen in der Deckenfläche zu verteilen. Eine weitere Möglichkeit ist, die Decke von den Rändern aus zu beleuchten, d. h. rundherum um die Wände ein Leuchtband zu setzen mit indirekten eingelassenen Lichtquellen. Sollte aber eine Wand des Raumes besonders stark hervorgehoben werden, z.B. eine Kaminwand oder eine Bücherwand oder eine Bilderwand, so wird man die Reihung der

hei
DOROTH
EA

1 2 3 4 5 6

III: Kinderzimmer, je nach Alter des Kindes variierbar
oben: (Photo Michael Boys)
unten: (Photo Wulf Brackrock)

Herunterhängende Tischlampen geben blendungsfreies Licht

indirekten Deckeneinbauleuchten intensivieren, d. h. enger setzen. Abgesehen von den direkt in der Decke sitzenden Einbauleuchten gibt es allseitig schwenkbare Strahlerleuchten, die an verstellbaren Gelenken so zu richten sind, daß über die indirekte Ausleuchtungsform hinaus eine Wand einen stärkeren Lichtkegel erhält. Neben der Grundbeleuchtung wird man nun einzelne Beleuchtungskörper im Wohnzimmer placieren. Da ist es zunächst die Sitzgruppe, die lichtmäßig hervorgehoben werden sollte, mit einer Stehlampe, zwei oder drei Tischlampen. Es gibt die andere Möglichkeit, Pendelleuchten von der Decke herunterzulassen, die im Grunde denselben Zweck einer Punktleuchte oder einer Wandleuchte erfüllen. Sollte noch Effektbeleuchtung gesetzt werden, d. h. daß gewisse dekorative Gegenstände konzentriertes Licht erhalten sollen, so wählt man dafür Strahlerstehleuchten. Mit einem Handgriff sind sie verstellbar und können sowohl auf ein Blumenfenster als auch auf ein Bücherregal gerichtet sein. Falls sich noch

Blendungsfreies Licht durch eine Arbeitstisch-Leuchte

eine Arbeitsecke im Wohnzimmer befindet, erhält sie selbstverständlich eine gute zusätzliche Zweckbeleuchtung. Alle diese bisher aufgezählten Leuchtkörper sind mit Hilfe des Varioluxschalters zu Stimmungsleuchten zu verwandeln.

Beleuchtung des Eßplatzes

Die Beleuchtung des Eßplatzes sollte bei der Installation ganz besonders berücksichtigt werden. Als erstes ist hier zu beachten, daß das Licht ausschließlich auf die Tischfläche fällt. Wählt man Pendelleuchten, so müssen sie wenig über Augenhöhe hängen. Mehrere Pendelleuchten faßt man mit einer Metalleiste zu einer Einheit zusammen. Der Schirm darf das Licht nur nach unten und nicht seitlich oder nach oben austreten lassen, damit niemand am Tisch geblendet wird. Hier erweisen sich Metallschirme als besonders geeignet. Es ist vorteilhaft, wenn ein lichtstreuendes Material unterhalb des

Metallschirmes angebracht ist, um den Einblick in die Lichtquellen abzuschirmen und somit das Licht freundlicher zu filtern. Auch Deckenlampen mit eingebautem Spiegel oder verspiegelten Glühlampen kommen für die Beleuchtung des Eßtisches in Frage. Zuglampen haben den Vorzug, daß sie gelegentlich etwa bei einer Kerzenbeleuchtung zu festlichem Anlaß nach oben geschoben werden können. Verändert der Eßtisch einmal seinen Platz, wird er z. B. für ein kaltes Büfett an die Wand gerückt, so ist die Zuglampe schnell aus dem Weg geräumt.

Licht am Arbeitsplatz

Für den Arbeitsplatz gelten ähnliche Lichtbedingungen wie für den Eßplatz. Es ist möglich, einen Arbeitsplatz mit Deckenstrahlern in Punktlichtform zu beleuchten. Das hat den Vorteil, daß kein Platz auf der Tischplatte für herumstehende Lampen vertan wird und auch keine herumliegenden Kabel im Wege sind. Ebenso ist es möglich, eine Pendellampe mit abgeschirmtem, nur nach unten gerichtetem Punktlicht von der Decke herabhängend über dem Arbeitsplatz anzubringen. Immer noch erweist sich die Arbeitstischlampe als eine sehr gute Lichtquelle am Arbeitsplatz. Ist wenig Raum dafür vorhanden, so könnte man auch eine Klemmlampe verwenden. Wichtig für die Arbeitstischlampe ist, daß man ein blendungsfreies Licht hat und daß die Konzentration des Lichtes so stark ist, wie es ein Metallschirm zusichert, bei dem das Licht nicht nach oben geht, sondern nur auf die Tischplatte gerichtet wird.

Licht im Schlafraum

Der Schlafraum ist dunkel, wenn er seiner eigentlichen Bestimmung dient. Da wir uns aber neben dem Schlafen auch im wachen Zustand eine nicht unwesentliche Zeit am Tag im Schlafraum aufhalten, benötigen wir dort zu der üblichen Verrichtung ein gutes Licht. Da ist es einmal gegen Abend eine stimmungsvolle freundliche Beleuchtung, zum anderen benötigen wir zum Umkleiden und Heraussuchen aus Kleiderschränken und zum Betrachten vor dem Spiegel eine zweckmäßige gute Beleuchtung. Eine einzige Deckenlampe, meist in der Mitte des Zimmers über dem Bett gelegen, reicht dazu bei weitem nicht aus. Empfehlenswert ist eine Reihe von Einbauleuchten direkt über der Schrankwand. Diese Lampenfolge beleuchtet den Raum gleichmäßig und leuchtet auch in den geöffneten Schrank mit hinein. Es ist ratsam, in einem Schlafzimmer die Lichtstärke durch mehrere Beleuchtungskörper zu erzielen. Z. B. an Stelle von zwei Leuchten von je 120 Watt lieber 6 Leuchten zu je 40 Watt zu installieren. Die geringe Helligkeit der einzelnen Leuchten bedeutet im Gesamtergebnis einen geringeren Kontrast zur Decke und damit weniger Blendung von der Decke, die ja genau im Blickfeld einer im Bett liegenden Person liegen könnte. Es ist weiterhin günstig, wenn vor jeder Schranktür eine Leuchte ist, weil sonst durch das Öffnen der Schranktüren jeweils der Lichteinfall durch die Schranktür verhindert wird. Eine andere Möglichkeit ist, die Strahlerdeckenlampen ungefähr 60 cm entfernt vor der Schrankwand in einer Reihe zu placieren. Alles in allem gilt es im Schlafzimmer: erstens eine Grundbeleuchtung zu installieren, zweitens eine gute Beleuchtung für die Kleiderschränke vorzusehen und drittens eine Lesebeleuchtung am Bett zu haben. Mittels des Variolux kann man aus der Grundbeleuchtung gelegentlich auch eine Stimmungsbeleuchtung im Schlafzimmer machen. Sollte man keinen Gefallen daran finden, die Grundbeleuchtung mittels einer Deckeneinbauleuchte in der Mitte des Schlafraumes einzurichten, kann es recht dekorativ sein, an einem bestimmten Punkt, z. B. an einer Seitenwand des Raumes zwei Hängelampen zu installieren, die aber kein sehr starkes allgemeines Raumlicht geben. Zu dieser Möglichkeit ist nur dann zu raten, wenn eine gute Einbaubeleuchtung gezielt die Schrankwände ausleuchtet. Als Beleuchtung am Bett benutzen wir Nachttischlampen. Früher setzte man dafür je einen kleinen Leuchtkörper auf den dafür vorgesehenen kleinen Tisch. Sehr viel praktischer ist es, eine Punktleuchte an der Wand zu befestigen. Dafür ist es notwendig, genau die Stelle festzulegen, bevor die Wand verputzt wird. Die an der Wand befestigte Leuchte hat den Vorteil, daß keine Kabel herumhängen und stets ein gleichmäßig gutes Licht zum Lesen punktförmig auf das Buch gerichtet werden kann. Hier empfiehlt es sich, rein dem Zweck zu leben und nicht schönen Formen den Vorrang zu geben. Eine hübsche Glasnachttischlampe nützt nichts, wenn das Licht allgemein den Raum erhellt, d.h. auch den Nachbarn im Bett stört, und auf das eigene Buch kaum das notwendige Leselicht wirft.

Kinderzimmerbeleuchtung

Kinderzimmer sind oft gleichzeitig Spiel- und Schlafraum. Handelt es sich um einen etwas größeren Raum, so muß man ihn unbedingt in zwei Lichtzonen aufteilen. Das Kind braucht zum Spielen ebenso gutes Licht wie der Vater zum Arbeiten. Da man im Kinderzimmer aus Gründen der Sicherheit auf Stehlampen oder Wandlampen verzichtet, sind Deckeneinbauleuchten am zweckmäßigsten. Über dem Spielgebiet in der Nähe des Schrankes oder des Regals müßten sie angeordnet sein. Es ist sehr zu empfehlen, an einer

Wandseite eine Lichtschiene anzubringen. Diese macht die Variation in der Einrichtung des Kinderzimmers möglich, und das ist sehr vorteilhaft, da sich die Bedürfnisse des Kindes nach dem Alter verändern. An der Lichtschiene sind mehrere Strahlerleuchten anzubringen, die verschiedene Bereiche verschieden stark beleuchten können. Da sich die Lichtschiene wiederum über Variolux abschwächen läßt, gibt sie gleichzeitig die Garantie für ein stimmungsvolles Licht, wenn Kinder wünschen, mit Freunden im Halbdämmern gemütlich beisammenzusitzen. Zusätzlich für den Arbeitsplatz des Kindes ist eine punktförmig leuchtende Arbeitslampe anzubringen, ebenso eine Leselampe am Bett. Für Kleinkinder gibt es heute die schwachen Lichtquellen, die man die ganze Nacht hindurch in Form eines Nachtlichts brennen lassen kann und die eine ganz schwache Beleuchtung sichern.

Das Ausleuchten kleinerer Räume

Kleine Räume und Dachstuben müssen ganz besonders liebevoll eingerichtet werden. Dann können sie ihren eigenen Charakter haben und ganz besonders wohnlich wirken. Häufig haben solche Räume etwa als Gastzimmer mehrere Wohnfunktionen. Deshalb ist auch hier mit einer einzigen Lichtquelle nicht genügend getan. Für Garderobenablage, für Einbauschränke sollte jeweils eine eigene kleine Beleuchtung vorgesehen werden. Den Tisch vor der Couch erhellt eine tiefhängende Pendelleuchte, die vielleicht an einem langen Kabel mit Hilfe eines Deckenhakens verschiedene Placierungen ermöglicht. Häufig wird in solchen Räumen die Einrichtung geändert. Über dem kleinen Schreibtisch in solchen Räumen oder über dem Arbeitsplatz hängt eine kleine Strahlerleuchte bzw. eine Tischlampe, die evtl. mit Hilfe eines Kippdrehgelenks schwenkbar ist. Wichtig ist, daß man auch diese kleinen Räume mit mehreren Steckdosen versieht.

Flurbeleuchtung

Ein Flur bzw. ein Hauseingang braucht nicht so hell zu sein wie ein Wohn- oder Arbeitsraum. Deshalb sollten wir aber trotzdem der Beleuchtung dieser Wohnzone nicht weniger Beachtung schenken. Schließlich vermittelt der Flur den ersten Eindruck von einem Haus. Die Beleuchtung sollte nicht ohne Effekte sein. In einem hohen Flur sollte sie aus Strahlerlampen, die nach unten strahlen und die Decke nach oben hin im Dunkeln verbleiben lassen, bestehen. In sehr kleinen, eng wirkenden Räumen ist es geschickt, flache Deckenleuchten zu verwenden. In abgehängten Flurdecken lassen sich hochwirksame Strahlerleuchten einbauen, die den Fußboden stark beleuch-

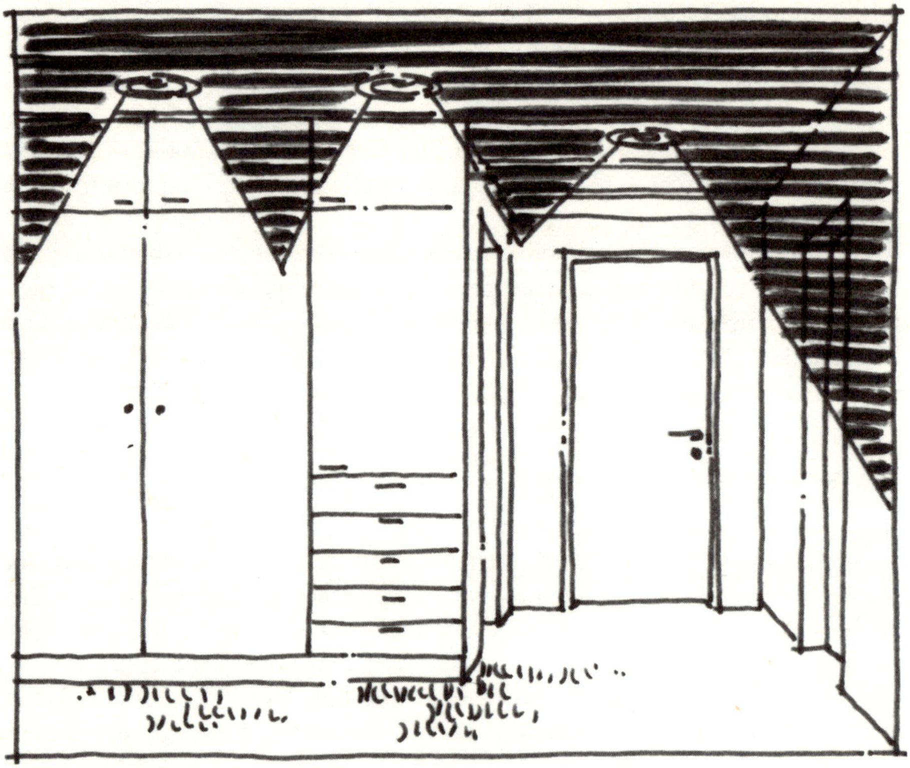

Indirekte Flurbeleuchtung durch versenkte Deckenlampen, die Fußboden und Wandschränke erleuchten

ten. Neben den Spiegeln sollten möglichst rechts und links in Augenhöhe flache Glasleuchten angebracht werden, damit der Betrachter gleichmäßiges und blendungsfreies Licht im Spiegel hat. Warmton-Leuchtstofflampen bewähren sich hier besonders. Weiße Flurwände kommen wirkungsvoll zur Geltung, wenn über der Türhöhe ein Lichtband um den ganzen Raum herumläuft. Die Leuchtstoffröhren werden durch Holz oder kunststoffbeschichtete Blenden verdeckt.

Küchenbeleuchtung

In der Küche muß die Beleuchtung ebenso wie im Wirtschaftszimmer ganz nach den Gesichtspunkten der Zweckmäßigkeit angelegt werden. Es ist erwiesen, daß als Grundbeleuchtung das Licht in der Mitte der Decke unzweckmäßig ist. Die Hausfrau steht sich, wenn sie arbeitet, meist selbst im

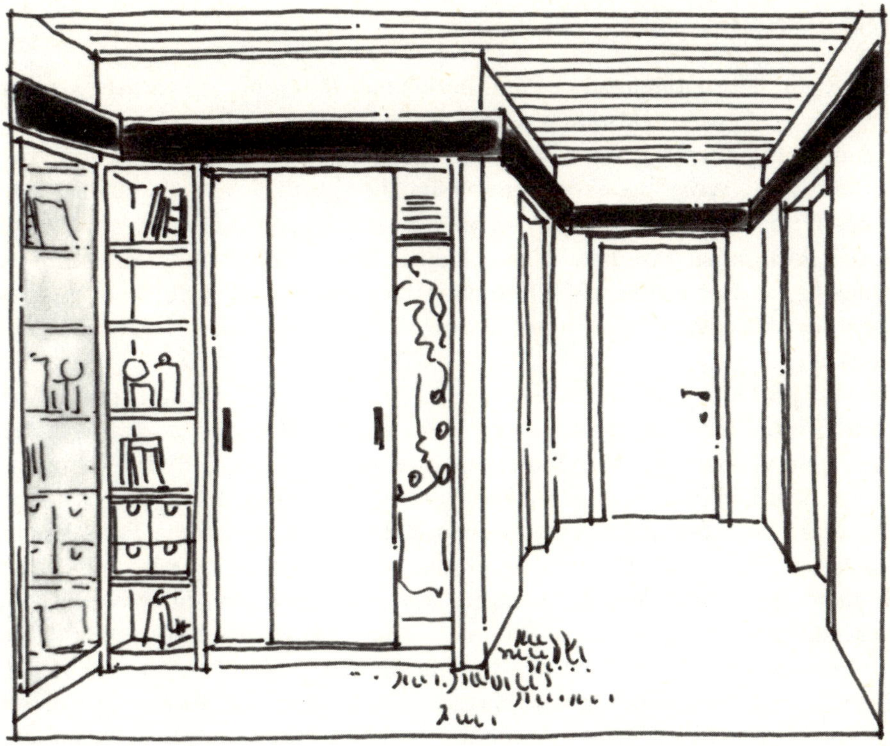

Lichtblenden über Wandschränken und Türhöhen, rundherum im Raum angebracht, geben ein gutes gleichmäßiges Licht

Licht. Es empfiehlt sich deshalb, die Deckenbeleuchtung etwa 40 cm vor der Fensterbank zu installieren, und im allgemeinen sind 3–4 Einbaudeckenauslässe für Lichtquellen sehr viel günstiger als eine alleinige Deckenbeleuchtung. Zusätzlich werden Wandleuchten gebraucht, die die Hauptarbeitsflächen beleuchten. Sie sollen spritzwassergeschützt und besonders leicht zu reinigen sein. Wenn die Beleuchtung in Augenhöhe montiert ist, darf sie nicht blenden. Deshalb sind Leuchtstofflampen durch Blendungsstreifen abgeschirmt, die mit weißem Kunststoff beschichtet sind. Auch in der Küche muß beachtet werden, daß die Leuchtstofflampen in einer sympathischen Lichtfarbe verwendet werden. Zu empfehlen sind Leuchtstofflampen des Typs Warmton-de-Luxe. Ein Eßplatz in der Küche sollte stets zusätzlich durch eine Hängelampe erleuchtet werden. Sollten sich in der Küche oder im Wirtschaftszimmer mehrere voneinander getrennte Arbeitsbereiche befinden, so benötigt jeder Arbeitsbereich eine ihm zugeordnete Lichtquelle.

Dekorieren

Mit dem Wort Innendekoration bezeichnet man die Einrichtung einer Wohnung, Fensterdekoration, die Gardinenaufhängung und textile Ausschmückung eines Fensters. In diesem kleinen Absatz des Buches soll aber unter dem Wort »Dekoration« nur die zusätzliche Ausschmückung einer Wohnung, die Freude am schönen Beiwerk verstanden werden. Es gibt keine Richtlinien für diese kleine Kunst. Die Beschäftigung mit schönen Dingen, das Betrachten eines Schaufensters, einer Zeitschrift, kann bereits den Anstoß geben, die Impulse auszulösen, selbst eine Dekoration zu versuchen.

Freude am Dekorieren, was bedeutet das? Gehört es zum Einrichten? Kann man es lernen? Was bedeutet Dekorieren im Ablauf eines Haushaltes in der täglichen Verrichtung der Hausarbeit oder beim Einrichten der Wohnung? Unter dem Dekorieren einer Wohnung verstehen wir die Freude am schönen Beiwerk, die Lust, dekoratives Zubehör, über das notwendig Funktionale hinaus, in die rechte Position zu rücken. Diese Betätigung wird meist den Frauen die größte Freude bringen. Es geht hier um die beweglichen, veränderbaren kleinen Dinge, die nicht lange zu planen sind, sondern zum Teil spontan entstehen. Wer aber Freude am Dekorieren hat, wird auch beim Planen und Einrichten eines Hauses einen gewissen Raum für dieses Dekorieren belassen. Eine notwendige Voraussetzung für den Umgang mit kleinen Dekorationen bildet das Zubehör. Dieses Zubehör, wir können es Requisiten nennen, benötigt etwas Platz. Man braucht zunächst einen Schrank, gewissermaßen einen Requisitenschrank. In dem können etwas mehr Vasen als in einem spärlichen Vasenschrank untergebracht werden und zusätzliche kleine Bilder, Töpfe, Schalen für das Dekorieren mit Obst, künstlichen oder getrockneten Blumen und Kränzen, Unterbringung für Souvenirs, kleine Sammlungen, Dinge, die häufig wechseln. Wer Freude am Dekorieren hat, wird etwas mehr Platz für Tischdekorationen, reichlich Platz für ein überzähliges Geschirr, Gläser oder Karaffen, genügend Platz für Sets und Zubehör, sozusagen überflüssiges Zubehör für den Eßtisch berücksichtigen, er wird mehr Kerzen und Leuchter benötigen als andere, vielleicht ein paar Porzellantiere für eine freundliche Tischdekoration. Durch das sparsame Dekorieren lassen sich wechselnde Akzente setzen, die das Wohnempfinden immer wieder neu beleben und gegenwärtig machen. Dekorieren sollte zur Lebenskunst gehören wie die Freude an allem Schönen, die unser Leben täglich reicher macht.

Material

Das Material, das uns in unserer engsten Umgebung, in unserer Wohnung, in unserem Haus umgibt, ist gleichzeitig ein Zeugnis für den Sinn für Qualität, den wir selbst besitzen. Das Material, das wir täglich spüren, ist förmlich ein zweites Kleidungsstück, fast eine zweite Haut. Es ist das, was wir ständig berühren, auf dem wir sitzen, auf dem wir gehen, an dem wir entlangstreichen, was wir tasten, was wir fühlen, was wir riechen, was wir sehen. Die Auswahl der Materialien sollte mit dem Stil, in dem wir zu wohnen wünschen, übereinstimmen. Die Auswahl des Materials sollte mit der Benützung der Räume übereinstimmen. Verschiedene Materialien sollten im selben Stil gewählt sein. Qualität sollte zu Qualität kommen. Lebendige Struktur sollte in Kontrast gebracht werden zu glatten Flächen. Immer wieder haben wir unsere Freude an der Schönheit echten Materials. Echtes Material unterstützt gute Formen. Beides zusammen bringt den Einklang von Harmonie und guter Qualität. Die Freude an gutem echten Material und die Zurschaustellung des Materials zeigt, daß wir ein Gefühl für Qualität haben.

Holz

Holz ist ein menschenfreundlicher Werkstoff. Nicht nur für das Auge ist Holz ein schöner Anblick, es ist angenehm, Holz zu fühlen, Holz zu spüren, auf Holz zu sitzen, den Arm auf einen Holztisch zu legen, auf Holz zu gehen, auf Holz zu blicken.

Holz ist das bei der Inneneinrichtung am meisten verwandte Material. Die Wahl der Holzart bedeutet, daß bereits die Entscheidung für einen bestimmten Einrichtungsstil getroffen ist. Oder umgekehrt, haben wir uns für einen bestimmten Stil entschlossen, so sind wir auch an verschiedene dazu passende Holzarten gebunden. Mit Eichenholz ist ein rustikaler Einrichtungsstil verbunden. Mahagoniholz, welches fast nur mit polierter Oberfläche verwandt wird, bestimmt von vornherein eine elegante Ausführung der Einrichtung. Teakholz gehört in die Gruppe der handwerklich kräftigen Möbelformen. Das Teakholz war so in Mode gekommen, daß es jetzt zu Unrecht in Vergessenheit gerät. Makassar und Palisander scheinen an seine Stelle zu rücken. Auch sie gehören mehr in eine städtische Wohngegend und passen zu einem modernen knappen Einrichtungsstil. Helle Eichenhölzer in geraden strengen Formen sind wieder sehr beliebt. Große Schrankwände werden heute in dunkel-schwarz gebeizter Eiche oder in dem silbergrauen Ton von Kalkeiche gearbeitet. Soweit es sich um Eichenholz handelt, wird man immer mit etwas kräftigeren Leinenstoffen und Teppichböden in

Handwebcharakter kombinieren. Nußbaumholz kann sowohl elegant als auch noch ein wenig rustikal wirken. Bei Nußbaumholz wirken größere Holzflächen besonders schön. In kleinen Stücken verarbeitet, kommt die interessante Maserung des Holzes wenig zur Geltung.
Bei der Kombination von Hölzern gehen wir natürlich von den vorhandenen Möbeln aus. Keinesfalls muß hier eine Einheitlichkeit angestrebt werden, indem Decke, Wandpaneel, Türen und Möbel aus ein und demselben Holz sind. Nur der Stil der einzelnen Möbel und die Qualität sollten zueinander passen. Eiche und Mahagoniholz ist nicht sehr vorteilhaft zusammenzustellen. Ebenso passen Nußbaummöbel nicht vor ein Wandpaneel aus Kiefernholz. Gewisse Hölzer haben die Eigenart, daß sie am schönsten aussehen, wenn sie nur mit ihresgleichen zusammenstehen. Allerdings könnte man diese Hölzer farblich beliebig variieren, z. B. sind dunkle Eichenmöbel sehr schön vor einem hellen Eichenpaneel. Ein fast schwarz gebeizter Eichentisch kann sehr schön vor einem ganz hellen Eichenschrank stehen. Mahagoni, Nußbaum oder Obsthölzer vertragen sich, richtig im Zimmer verteilt, ganz gut miteinander. Einzelne Stücke aus exotischen Hölzern geben hübsche Akzente und stören die Eintracht nicht. Ebenso wirkt die Kombination von Naturholz mit weißgestrichenen Möbelstücken oder weißen Türen und Fenstern sehr reizvoll. Hierbei stehen polierte Möbel an erster Stelle. Zu einem weißen Treppengeländer paßt ein Mahagonihandlauf. Zu einer weißen Schrankwand sehen sehr hübsch Mahagonitische oder Stühle aus. Ein mit Edelhölzern furniertes Türblatt verträgt eine weiße Türbekleidung. Wer schöne alte Möbel hat und trotzdem in seiner Wohnung auf Holz nicht verzichten möchte, der wähle lieber weiße Wände als Hintergrund für diese Möbel und nehme eventuell eine Zimmerdecke aus Holz. Die Oberflächenbehandlung von Hölzern ist heute so weit fortgeschritten, daß man nicht mehr vor Empfindlichkeiten Angst zu haben braucht. So wird das Möbel aus Holz sich immer weiter neben allen Kunststoffmöbeln behaupten und uns stets zur Freude gereichen.

Wandverkleidung aus Holz

Für Holzwände gibt es heute mehrere Möglichkeiten. Dünnes Massivholz wird durch Nut und Feder miteinander verbunden. Furnierte Platten lassen sich in großen Flächen sehr zeitsparend befestigen. Hierfür werden z. B. besonders behandelte Furnierplatten amerikanischer Hölzer verwandt (gebürstete und mit Sägeschnitt versehene Sperrholzplatten). Auch hierfür benötigt man eine Unterkonstruktion, um dann die Platten verdeckt zu schrauben oder zu nageln. Gelegentlich verwendet man auch furnierte

Holzplatten, die man sichtbar wie ein gewisses Rastersystem an die Wand bringt, indem man die Unterkonstruktion in einem regelmäßigen Abstand farblich anders behandelt und sichtbar werden läßt. Die Unterkonstruktion gleicht die Unebenheiten des Mauerwerks aus. Luftschlitze werden unauffällig angeordnet und sorgen dafür, daß eine Luftzirkulation zwischen Mauerwerk und Holz möglich ist. Die Rahmenholzteile, die unmittelbar mit dem Mauerwerk in Verbindung kommen, müssen gegen Feuchtigkeit imprägniert werden. Außer diesen Vorschlägen liefert heute die Industrie bereits sehr schöne Wandvertäfelungsmöglichkeiten in den verschiedensten Holzarten. Meist werden hier mit Hilfe eines Metallrastersystems fertige Platten in Metalleisten eingefaßt. In diesen Leisten lassen sich zusätzlich auf dieser Holzpaneelierung dann noch Borde oder Schrankteile einfügen.

Es ist sehr ratsam, diese von der Möbelindustrie angebotenen Holzpaneele zu verwenden, denn sie ermöglichen ein sehr vereinfachtes Einrichten. Allgemein wird man bei einer holzverkleideten Wand die Zimmerdecke weiß streichen. Es würde ein bißchen zuviel sein, auch die Decke noch in Holz auszustatten. Holzvertäfelte Wände machen einen Raum etwas kleiner, man sollte diese Möglichkeit daher nur für große Räume nehmen, in denen man gern eine etwas einengende, intime Atmosphäre erreichen möchte. Die Verkleidung von Wandteilen mit den einfachen gebürsteten amerikanischen Platten ist sehr geeignet für Treppenhäuser, Flure, rundum für Räume, in denen die Wand starke Beanspruchung auszuhalten hat. Abgesehen von der etwas verengenden Wirkung dient hier die Holzverkleidung als eine Wandbehandlung von langer Dauer. Wie andere Materialien, so wird auch Holz durch lange Benutzung und Beanspruchung nur noch schöner.

Wer sich in einem Raum für eine Holzdecke entscheidet, muß unbedingt berücksichtigen, daß das Zimmer erheblich höher sein muß als für eine verputzte Decke mit einem hellen Farbanstrich notwendig wäre. Holzdecken drücken die Raumhöhe herunter. Gleichzeitig verkleinern sie auch einen Raum. Es ist in erster Linie zu empfehlen, Holzdecken in großen Räumen zu planen. Sehr reizvoll kann es allerdings sein, wenn neben einem sehr großen hohen Raum ein kleines Zimmer anschließt und man im Wechsel zu dem großen weiten Zimmer eine sehr intime Atmosphäre in dem angrenzenden kleinen Raum schaffen möchte. Hier kann die erstrebte Wirkung dann durch eine Holzdecke unterstützt werden. Möchte man einen ca. 40 qm großen Wohnraum mit einer Holzdecke ausstatten, so sollte die Raumhöhe unbedingt 3 m betragen.

Selbstverständlich könnte der Raum noch höher sein – die Wirkung wäre noch besser. Für Holzdecken eignen sich die verschiedensten Hölzer, die sich allerdings im Preis wesentlich unterscheiden. Die einfachste Form ist die

Kiefernholzdecke. Hier werden schmale Massivbretter mit Nut und Feder zusammengesetzt und geben eine hübsche Verschalung, die mit der Zeit eine warme Patina bekommt, falls man von vornherein die Holzbretter im Naturton belassen hat. Wichtig ist zu beachten, daß man die Unterkonstruktion so wählt, daß die Kiefernverbretterung rundherum an den angrenzenden Wandstücken einen kleinen Abstand bekommen kann, gewissermaßen eine Schattenfuge entsteht. Nie wird die Putzkante so gleichmäßig abschließen, daß es gut aussieht, die Kiefernverbretterung direkt anstoßen zu lassen. Von der furnierten Sperrplattendecke bis zur massiven Kassettendecke gibt es viele Möglichkeiten in den verschiedensten Holzarten. Einer Holzdecke sollte man möglichst keine Oberflächenbehandlung geben, damit das Holz durch Licht und Luft seine eigene Farbe variieren kann. Gerade Holzkassettendecken bzw. stark in Raster aufgegliederte Holzdecken können einen Raum optisch sehr verändern. Sie können ihn längen und breiten. Von sehr interessanter Wirkung ist die schräg nach oben verlaufende Holzdecke, dadurch daß sich die Zimmerdecke der Dachneigung anpaßt. Im allgemeinen ist es nicht so günstig, die Decke nur in einer bestimmten Schrägung hochlaufen zu lassen. Diese sich nach oben verflüchtende Linie hebt im allgemeinen die Schwere der Holzdeckenwirkung wieder auf und gibt etwas sehr Befreiendes. Besonders reizvoll ist die Form der abgeknickten Decke, d. h. die schräg nach oben sich verjüngende Decke, die aber in einem unter Umständen asymmetrisch gesetzten Punkt giebelartig zur anderen Wandseite wieder abfällt. So könnte der höchste Raumpunkt ca. 4,50 bis 5 m betragen – man würde es nie als unangenehm empfinden.

Kleine Übersicht über die Holzarten

Dunkle Hölzer: Palisander, Ebenholz, Räuchereiche sowie dunkel gebeizte Eiche, dunkel gebeizte Buche sowie dunkler Nußbaum.

Rötliche Hölzer: Sipo- oder Sapeli-Mahagoni, Macoré, Taduk, Redwood, Azelia, Nianson, Western Red Cedar.

Gelbliche bis braune Hölzer: Kiefer, amerikanische Pinienarten, Lärchen, Buche, Rotkernige Buche, Eiche, Lima, Kirsche und Rüster, Cebrano, Teak, Nußbaum, Mansonia.

Weiße bis gelbliche Hölzer: Fichte, Tanne, Ahorn, Esche, Birke, Pappel.

Kunststoff

Die Chemiker sagen, wir leben im Zeitalter des Kunststoffs. Richtig ausgewählt, kann Kunststoff ein sehr wichtiger Bestandteil der Einrichtung sein. Theoretisch könnte man heute bereits ein ganzes Haus vollständig aus Kunststoff bauen, aber es wäre nicht ratsam. Allen Kunststoffen gemeinsam sind drei wertvolle Eigenschaften – sie sind verschleißfest, pflegeleicht und meistens im Gewicht sehr leicht. Diese Vorzüge machen sie fast unentbehrlich. Durch die Verknappung vieler Naturprodukte wird die Verbreitung des Kunststoffes immer stärker sein. Leider ist die elektrische Aufladung noch nicht auszumerzen. Deshalb haften Schmutzteile aus der Luft leicht auf Kunststoffoberflächen und die erkennbare Verschmutzung ist relativ groß. Tischbeläge aus Kunststoff sind fast kratz- und fleckenunempfindlich und werden deshalb in Küchen, Wirtschaftsräumen und auch im Wohnbereich gern verwandt. Fußbodenbeläge aus Kunststoff sind säurefest, hygienisch und besonders leicht zu pflegen. Treppenläufe aus diesem Material sind längst bekannt, Haushaltsgegenstände aus Kunststoff sind sehr beliebt, Abflußrohre, Becken, Ventilhähne werden seit langem schon aus Kunststoff geliefert.

Auf dem Textilsektor hat die Chemiefaser bereits die natürliche Faser überrundet und ist ihr in vielen Dingen überlegen. Sie ist von dem Naturgewebe fast nicht mehr zu unterscheiden, auch der Fall des künstlichen Gewebes ist ausgezeichnet. Möbelstoffe aus Kunstfaser sind äußerst dauerhaft, häufig ist die Elastizität des Stoffes am stärksten, wenn wir von einem Mischgewebe zwischen Kunststoff und Naturfaser ausgehen.

Kunststoffbeschichtete Eisen- und Metallkonstruktionen, Rohrleitungen, Türen, Einbauteile, Treppenstufen, Möbel sind uns heute eine Selbstverständlichkeit geworden. Hier bildet der Kunststoff einen Oberflächenschutz für höchste Beanspruchung, Verschleiß und Rostbeständigkeit. Weitere Verwendung findet kunststoffbeschichtetes Material als Schallschutz und Schutz vor Feuchtigkeit. Es gibt heute bereits Kunststoffenster. Teilweise ist die Ausführung so, daß eine starke Kunststoffbeschichtung einen tragenden Kern aus einem anderen Material mantelartig umschließt. Ebenso gibt es Holzfenster mit einer starken Kunststoffbeschichtung. *Kunststoffprofile* werden für Fensterrahmen, Rolläden, Treppenhandläufer, Plattenfußböden, Treppenstufenkanten, Wandsockelleisten, Wandabschlußprofile und Gardinenschienen mit großem Erfolg verwandt.

Kunststofftapeten sind besonders geeignet für Räume, die stärker beansprucht werden. Teilweise bilden sie einen Ersatz für Wandfliesen; sie werden also im Sanitärbereich viel verwandt. Es handelt sich meistens um eine mit

PVC-Folie beschichtete Masse, die auf eine Textilunterschicht aufgebracht wird. Sie ist abreibefest, wasserabweisend, lichtecht, stoß- und schlagfest. Dieses Material ist ein Ersatz für Ölfarbenanstrich und für Wandbespannung und wird auch gern für Hausflure verwandt.

Platten für den *Fußbodenbelag* gibt es in den verschiedensten Farben und Materialien in ein- und mehrschichtiger Ausführung. Der Vorteil einzelner Platten, gegenüber großen Kunststoffußbodenbelägen in Bahnen, besteht darin, daß Schäden oder stark beanspruchte Teile leicht ausgewechselt werden können. Man sollte immer gleich einige Reserveplatten mitliefern lassen. Die Platten sind einfarbig und marmoriert lieferbar; letzteres ist besonders praktisch, weil schmutzige Stellen nicht so leicht zu erkennen sind.

Kunststoff-Spachtelfußböden werden an Ort und Stelle hergestellt. Der Belag wird in mehreren Schichten aufgetragen. Jede Schicht benötigt einen Tag zum Trocknen. Da diese Fußbodenbeläge wasserundurchlässig sind, sind sie für Küchen, Bäder und andere Räume, in denen mit Wasser gearbeitet wird, sehr geeignet. Die Festigkeit des Fußbodenmaterials läßt sich je nach Bedarf steigern.

Stein

Unter *Naturstein* verstehen wir echtes, gewachsenes Steinmaterial wie Marmor, Jura, Granit und Schiefer neben verschiedenen anderen Sorten. Wenn wir dieses Material auswählen, wollen wir uns in erster Linie an Qualität und Maserung dieses schönen Materials erfreuen. Zum anderen sind Steinplatten sehr einfach zu reinigen und von endloser Dauer. Der Verwendungsbereich von Naturstein liegt sowohl in Fußbodenbelägen wie Wandverkleidungen. Da kaum eine Platte der anderen gleicht, entsteht im allgemeinen ein hübsches und lebendiges Muster in diesen Steinflächen. Der Anwendungsbereich für Naturstein liegt in großen Eingangsdielen, repräsentativen Wohnräumen, kleinen Nebenräumen, im Erdgeschoß. Besonders da, wo man von außen direkt in den Wohnbereich eintritt, ist Naturstein von äußerster Haltbarkeit.

Unter Kunststein versteht man in Zement gebundenen Marmorbruch, d. h. kleine, in Platten zusammengesetzte Marmorstücke. Gebrannte Ziegel wie Keramikplatten fallen ebenso unter den Begriff des Kunststeines. Auch dieses Material bildet einen sehr dauerhaften, leicht zu pflegenden Fußbodenbelag.

Glas

Das Material Glas ist für den Wohnungsbau des 20. Jahrhunderts ein charakteristisches Element geworden. Glas ist schon lange nicht mehr ausschließlich ein Mittel, um Fenster zu verglasen. Glas ist ein Baustoff geworden wie Stein und Holz, in zunehmendem Maße wird es auch im Raum als Wandteil gewählt.

Man unterscheidet folgende *Glasarten:* Tafelglas für Fenster, Türen und Möbel. Kristallglas/Kristallspiegelglas – beidseitig geschliffen und poliert für Möbel und Innenausbau. Spiegelrohglas – hier ist eine Seite geschliffen, die andere Seite hat eine Strukturoberfläche. Drahtspiegelglas – einbruchhemmendes Drahtglas, auf beiden Seiten geschliffen und poliert. Mehrscheibenisolierglas – hier sind zwei Scheiben in geringem Abstand miteinander verbunden und erzielen gute Wärmedämmung. Gußglas – es hat eine hohe Lichtdurchlässigkeit und verhindert die Durchsicht. Verbundsicherheitsglas – eine aus zwei oder mehreren Schichten bestehende Glaseinheit, die aus Kristallspiegel- oder Tafelglas bestehen kann. Die Einheit ist splitterbindend und einbruchhemmend. Einscheibensicherheitsglas – es bietet erhöhte Festigkeit und Sicherheit. Bleiverglasung – läßt sich anstelle von Scheibenglas in Fensterrahmen einsetzen. Man erhält eine verminderte Lichtdurchlässigkeit, aber auch geringere Durchsichtigkeit von außen. Bleiverglasung läßt sich aber auch als Bleigehänge in Fenster oder Türen einhängen.

Fliesen aus Glas oder Opalglas sind eine wertvolle Wandverkleidung für Bäder. Auch Glasmosaik und kleine Mosaiksteine in 2×2 cm, zu größeren Flächen auf Papierunterlage verklebt, bilden eine aparte, allerdings nicht ganz billige Wandverkleidung für Wände oder Fußböden in Bädern und Hauseingängen. Da frostbeständig, auch auf Balkonen zu verwenden.

Glasbausteine erfreuen sich großer Beliebtheit, aber nur selten werden sie richtig verwandt. Es ist üblich geworden, die Diele zu erhellen, indem, um die Haustür herum, Streifen von Glasbausteinen gesetzt werden, die durch unregelmäßig eingestreute farbige Steine interessant wirken sollen. Abgesehen von diesen normalen Glasbausteinen gibt es sehr hübsche abgewandelte Formen, die dekorativ und großzügig wirken können unter der Voraussetzung, daß sie großzügig, d. h. in größeren Flächen angebracht werden. Hier bietet sich das Bauprofilitglas an, welches durchaus in Einfamilienhäusern Anwendung finden sollte. Es hat den Vorteil einer großflächigen, sprossenlosen Verglasung, es ist lichtdurchlässig, aber doch undurchsichtig von außen und hat dabei eine elegante architektonische Wirkung. Dieses Glas mit rohglasähnlicher Struktur hat einen U-förmigen Querschnitt und kann ein- oder zweischalig, mit oder ohne Drahteinlage verwandt werden.

Farblos und eingefärbt gibt es das bruchfeste und witterungsbeständige *Plexiglas*. Es läßt sich sägen, bohren, drehen, fräsen und kleben. Wegen seines geringen Gewichtes und der großen Lichtdurchlässigkeit findet es häufig Anwendung im modernen Wohnungsbau. In Form von Wellenplatten wird es für Vordächer, Balkonbrüstungen und Terrassenverkleidungen benutzt. Als Treppengeländer unter dem Handlauf ist es eine transparente Abschirmung zum Treppenlauf hin. Wird Plexiglas als Brüstung einer Terrasse verwandt, so kann der Blick von den bodentiefen Fenstern des Wohnzimmers ungehindert bis in den Garten hineingehen. Für fußbodentiefe Fenster, die der Baupolizei nicht sicher genug sind, kann durch Plexiglas eine Sicherungshalterung geschaffen werden, die optisch nicht ins Gewicht fällt.

Keramik

In den alten Kulturen waren keramische Wandverkleidungen niemals reiner Zweckbelag. Natürlich schätzte man damals schon ihre von keinem anderen künstlichen Baustoff erreichte Dauerhaftigkeit; immer aber dienten sie in erster Linie dem Schmuckbedürfnis schönheitsfreudiger Gesinnung.
Keramische Fliesen sind von großer Lebensdauer. Sie sind unempfindlich gegen Wasser und Säuren, Laugen, Seifenlösungen und Fett. Sie sind leicht zu reinigen und besonders unempfindlich, wenn sie eine kleine ganz glatte und blanke Oberfläche haben. Ihr Verwendungsbereich ist sehr vielseitig. In erster Linie werden sie in Küche, Bad und WC verwandt, aber auch für Wirtschaftsräume, Flur, Garderobe, Treppenhaus, Garagen, Balkone und Terrassen kommen sie in Frage. Man darf nicht vergessen, sich Reservefliesen, einschließlich Rundungsplatten und Formstücken, in reichlichem Maße mitliefern zu lassen. Dunkle Fliesen sind weitaus empfindlicher als helle. Wassertropfen und Seifenreste sind auf ihnen sehr viel deutlicher zu sehen. Dunkle Räume sollten immer mit hellen Fliesen ausgestattet werden. Dunkle Fliesen verkleinern Räume, ähnlich wie alle anderen dunklen Wandbehandlungen. Helle Fliesenbeläge an Wänden reflektieren das Licht und erhöhen somit den Gesamthelligkeitsgrad des Raumes, man unterscheidet zwischen Wandfliesen, Bodenfliesen, Formstücken und Fliesenelementen. *Wandfliesen* gibt es in verschiedenen Formaten. Das gängigste Format ist 15×15 cm, dann kommen die Formate von 10×10 cm und 5×20 cm. Daneben das Kleinmosaik sowie das Mittelmosaik 5×5 cm. Hübsche Effekte lassen sich erzielen, wenn man Fugen zwischen den einzelnen Fliesen in die Gesamtgestaltung mit einbezieht und sie farblich dem Ton der Fliese anpaßt oder sie zu ihr in einen gewissen Kontrast setzt, sie sehr schmal hält oder breit werden läßt. Fliesen mit einem Charakter, der einem handgearbeiteten

Tongefäß ähnelt, sind sehr schön und belebend und meist von künstlerischem Wert. Danach gibt es Fliesen in alten, schönen Mustern sowie moderne abstrakte dekorative Muster. Bei allzu starker Musterung sei man in der Wahl vorsichtig. Fliesen werden im allgemeinen in einem Hause nie mehr verändert, sie sind nicht so leicht auszuwechseln wie eine Tapete. Zurückhaltung ist hier bei der Wahl am Platze. Bodenfliesen werden wesentlich stärker beansprucht als Wandfliesen. Bei 13 mm Dicke kann man eine totale Widerstandsfähigkeit annehmen. Trittsicherheit gewährleisten sie durch eine gekörnte, gerauhte, genoppte, schräg gerippte und mit Stegen versehene Oberfläche. Heute werden Fliesen nicht nur in Räumen verlegt, in denen der Fußboden durch Wasser hoher Beanspruchung ausgesetzt wird, sondern auch in Wohnräumen, wo sie dekorativen Charakter haben können. Besonders in Hauseingängen, Vorräumen und Dielen finden die Bodenfliesen eine nützliche und dekorative Anwendung. Mittel- und Kleinmosaik ist ebenfalls für Bodenbeläge geeignet. Vor dem Anbringen der Fliesen muß sehr genau geplant werden, wo später Haken, Konsolen, Handtuchhalter, Spiegel, Zahnputzglashalter, Griffe usw. sitzen sollen. Formstücke wie Seifenschalen und Toilettenpapierhalter lasse man sich rechtzeitig im Muster vorlegen.
Großformatige Fliesenelemente werden durch mechanische Vorfertigung im Verbund mit etwa 1 mm dicken Kunststoffträgern als Wand- und Bodenfliesen oder als Mosaiken hergestellt. Ihr Verwendungsbereich ist Innenverkleidung und auch Fassadenbehandlung. Sie werden geklebt oder mit Nägeln befestigt.

Textilien

Ein Raum ohne textilen Dekor würde unwohnlich und kalt wirken. Mit stofflichem Gewebe lassen sich weiche Ergänzungen zu harten Formen geben. Allgemein haben Stoffe und Gewebe einen ganz speziellen Charakter, und mit dieser Eigenart bestimmen sie auch den Stil des gesamten Raumes. Somit haben wir bereits bei der Auswahl der Stoffart, des textilen Materials, Rücksicht auf den Stil der gewählten Einrichtung zu nehmen. Sowohl in Farbe wie auch in Materialwahl gibt es Unterscheidungen, die sich auf den Stil beziehen. Zu einem rustikalen Stil gesellen sich rustikale Stoffe. Zu einem eleganten Einrichtungsstil versuchen wir Materialien wie Seide, feinere Wollstoffe, Veloure zu wählen. Selbstverständlich spielt bei der Auswahl der Textilien auch die notwendige Beanspruchung eine Rolle. Es gibt da Materialien, die einer harten Beanspruchung stärker gewachsen sind als andere. Somit erfordert die richtige Auswahl der Textilien eine gewisse Fachkenntnis. Der Anwendungsbereich für Textilien im Wohnen ist in erster

Linie der Fußbodenbelag, dann die Wandbespannung, Möbelbezugsstoffe und Fensterdekoration. Es sei hier noch etwas über die Musterung im Textilbereich gesagt. Kleinformatige Dessins bringen Leben in große Flächen. Große Muster können den Blickfang in einem Zimmer bilden, andererseits können große Muster leicht erdrückend und einengend wirken. Abgesehen davon wird man danach trachten, großmusterige Stoffe öfter auszuwechseln. Zarte Muster und helle Farben lassen hingegen einen Raum luftig erscheinen.
Die Skala der konventionellen Stoffe wie Baumwolle, Leinen, Wolle und Seide ist in den letzten Jahren durch eine ganze Reihe synthetischer Materialien erweitert und ergänzt worden, wobei gerade die Mischgewebe von besonderer Haltbarkeit sind. Es ist nicht nur die Fülle der Möglichkeiten erweitert worden, sondern es sind auch wesentliche Vorteile für den Anwendungsbereich und für die Pflege der Textilien hinzugekommen.

Fensterdekoration

Die Fenstergestaltung ist von entscheidender Bedeutung für die Atmosphäre eines Zimmers. Weitgehend bestimmt sie, ob ein Raum anmutig heiter stimmt oder still und beruhigend, ernst und streng, oder trostlos langweilig, repräsentativ und perfekt, oder improvisiert und nonchalant, rustikal oder handwerklich und schließlich einfach billig wirkt.
Eine Fensterdekoration besteht aus Über- und Untergardine. Die Gardine, dem Fenster am nächsten hängend, ist aus dünnem transparenten Material und dient während des Tages als Lichtschutz von draußen nach innen. Die Übergardine, der Vorhang, hat die gleiche Funktion am Abend. Am Tage bleibt er ja meistens geöffnet. Er bildet somit für den Tag, dem Charakter des Raumes entsprechend, einen Rahmen für das Fenster. Am Abend soll die zugezogene Übergardine helfen, das Zimmer anheimelnd und gemütlich zu gestalten. Es wirkt dann der zugezogene Vorhang in einer großen Fläche, je nach Material, wie ein Wandteil, der das Lampenlicht auffängt oder reflektiert. Locker gewebtes Material saugt das Licht mehr auf als Stoffe mit glänzender Oberfläche. Dünne, helle, bunte Stoffe sehen bei Lampenlicht viel farbkräftiger aus als bei Tageslicht, das durch Überblendung die Farben fast zum Schwinden bringt. Bei farbigen Wollvorhängen ist es umgekehrt. Während sie bei Tag farbenfroh erscheinen, erhalten sie im Lampenlicht leicht einen traurigen, matten Schimmer. Es besteht die Möglichkeit, diese zweifache Gardinendekoration durch eine einzige zu ersetzen, die beide Funktionen erfüllen kann. Dafür gibt es jetzt sehr grobgewebte, helle und doch lichtdurchlässige Stoffe, die als Gardine wie auch als Vorhang dienen.

Gardinen

Im Einfamilienhaus wird nicht jedes Fenster eine Übergardine und Untergardine notwendig machen. Man sollte sich die Möglichkeiten, ins Freie zu blicken, nicht ganz verhängen, im allgemeinen kommt man auf der Gartenseites des Hauses ohne diesen ständigen Sichtschutz aus, es sei denn, man möchte auf den matten Lichtfilter, den eine Untergardine bilden kann, nicht verzichten. Da die in Frage kommenden Stoffe immer zart und dünn sind, braucht man von ihnen immer mehr als die doppelte Menge der Fensterbreite. Das Zweieinhalb- bis Dreifache ist nicht zu viel. Voile ist ein sehr erlesenes Material für diesen Zweck. Er muß nicht gerafft oder gerüscht werden. Glatt herunterfallend bis zur Fensterbank oder noch schöner bis zum Fußboden, wirkt er unaufdringlich großzügig. Feinmaschige Marquisette sind von ähnlicher Wirkung. Großmaschige Netzgardinen sollte man nur für große Räume verwenden, wenn überhaupt. Man wähle die Gardine so weiß wie möglich, cremige Töne verwässern die anderen Farben im Raum. Dabei sei bemerkt: hier gilt das gleiche wie bei Farbanstrichen für Decke und Wände, gelblich wird Stoff und Farbe leider von ganz allein. Da die Untergardine häufig gewaschen oder gereinigt werden muß, muß sie einfach aufzuhängen sein. Gerade die pflegeleichten Kunststoffasern erfordern ein häufiges Waschen, weil sich dabei die Faser erholt.

Vorhänge

Für den Vorhang bzw. die Übergardine steht eine Vielfalt von Stoffen zur Wahl. Die Voraussetzung für die Harmonie eines Raumes ist, daß sich der Vorhangstoff in Struktur und Qualität und im Stil dem übrigen geplanten Einrichtungsstil anpaßt. Einen ländlichen, handwerksgerechten Stil unterstreichen Leinen, Wolle, Baumwolle oder Wollrippstoffe. Wer eine Kunstfaser vorzieht, erhält diese Webarten auch in diesem Material. Für eine elegante Wohnausstattung kommen Baumwollsamt, Seidenrips, Seidenleinen, Chintz, Satin, Kunstseide oder Seide in Frage.
Da die Übergardine fast wie ein Wandteil wirken kann, gilt für die *gemusterte Gardine* das gleiche wie für eine gemusterte Wand. Großmusterige Dessins sollten nicht in allzu großen Flächen auftreten. Wählt man auch für ein größeres Fenster einen gemusterten Stoff, sollte das Muster nicht zu auffällig sein. Vielleicht entscheidet man sich in diesem Fall für eine feine Abstufung in verschiedenen Streifen oder eine Musterung, die fast Ton in Ton verläuft. Es gibt auch Stoffe, deren Struktur so grob ist, daß sie fast wie ein feines Muster wirkt, so daß eine große Fläche durchaus belebt werden

kann. Eine breite Fensterwand, die abends zugezogen ist, sollte im Farbton nicht wesentlich von den übrigen Wänden abweichen, um die Einheit des Raumes nicht zu unterbrechen. Durch eine geschickte Strahlerbeleuchtung läßt sich in eine gleichmäßige hellfarbige Gardinenwand ein abwechslungsreicher Lichteffekt bringen.

Die *Farbe* des Stoffes richtet sich natürlich ganz nach dem Farbprogramm, das man aufgestellt hat. Grundsätzlich wähle man nie zu dunkle Farben für die Vorhänge. Es ist schwer einzusehen, daß der Platz rechts und links neben einem Fenster der dunkelste Platz im Zimmer ist. Am Abend, wenn die Gardinen geschlossen sind, wirkt eine große dunkle Stofffläche sehr schwer und verhindert, dem Raum eine harmonische Ausgewogenheit zu geben. Wer einmal erkannt hat, daß Weiß eine ideale Vorhangfarbe ist, wird für immer für sie gewonnen sein. Er wird in Kauf nehmen, daß die Übergardine statt einmal im Jahr noch ein zweites Mal gereinigt werden muß. Weiße Gardinenstoffe sind von starker raumvergrößernder Wirkung. Es ist sehr wohltuend, wenn die Farbe des Gardinenstoffes noch einmal im Raum wiederkehrt. Haben wir uns z. B. für einen gelben Gardinenstoff entschlossen, können Kissen, Tischdecken und kleine Textilbereiche im selben Gelb in dem Raum wieder auftreten. Die Farbwirkung ist dann nicht so einseitig ausstrahlend und wiederum jäh abgerissen, sondern es schließt sich gewissermaßen ein Farbkreis.

Wirkung der Fensterdekoration

Da heute im allgemeinen die Raumhöhe sehr niedrig ist, wirkt es besonders großzügig, wenn die Fensterdekoration oder wenigstens die Übergardine von der Zimmerdecke bis zum Fußboden reicht. Sie nimmt übrigens dem verdeckten Heizkörper lange nicht soviel Wärme weg, wie es evtl. eine Heizkörperverkleidung tun würde. Sitzen mehrere Fenster nebeneinander auf einer Wandfläche, sollte die Fensterdekoration möglichst in einer einheitlichen Dekoration zusammengefaßt werden. Die Fläche wird auf diese Weise großzügiger aufgeteilt und somit eine einheitliche textile Stoffwandwirkung erzielt. Schmale übrigbleibende Wandstücke zwischen den einzelnen Fenstern sehen nicht gut aus. Balkon- oder Terrassentüren sollten mit den danebenliegenden Fenstern immer als eine Einheit angesehen und entsprechend dekoriert werden.

Ein querlaufendes Stoffband als obere Begrenzung der herabhängenden Gardinenschals nennt man eine *Falle*. Früher gab es keine Fensterdekoration ohne eine die Schiene verdeckende Falle. Sie ist ein Mittel, hohe Fenster niedriger wirken zu lassen und eine strenge Umrahmung etwas weicher zu

Vorhang an einer Einputzschiene

gestalten. In unseren niedriger gewordenen Räumen läßt sich heute auf dieses Beiwerk meist verzichten. Diese Falle macht beim Waschen und Pflegen sehr viel Arbeit. Da Kippfenster häufig fast unter der Zimmerdecke sitzen, wäre sie ein ständiges Hindernis beim Öffnen und Schließen der Lüftungsklappen. Eine Fensterdekoration, die mit einer Stoffalle umrahmt ist, wirkt meist etwas prätentiös und dramatisch. Wenn der Stoff für diese Art der Fensterdekoration im Wandton gewählt ist, kann sie allerdings einen sehr eleganten Ausdruck geben.

Normalerweise hängt man heute die Gardinen so unauffällig wie möglich auf. Es gibt dafür vorzügliche Einputzschienen in Metall und Plastik. Sie werden rechtzeitig, bevor die Decke verputzt wird, auf einer Holzleiste befestigt. Nach dem Putz ist von ihnen fast nichts mehr zu sehen. So kann man auch zwei Schienen für Gardine und Vorhang nebeneinandersetzen. Auch in Holzdecken lassen sich solche Schienen versenken, so daß der Eindruck entsteht, die Gardine komme direkt aus der Zimmerdecke. Diese Aufhängung ist knapp und einfach, aber sie sieht immer sehr gut aus und für das Saubermachen entsteht keinerlei Hindernis.

Eine sehr dekorative Gardinenaufhängung entsteht mit Hilfe eines Faltenlegebandes. Sowohl für die Einputzschiene als auch für die frei sichtbar im Abstand unter der Decke laufende Gardinenschiene gibt es Vorrichtungen, durch die sich mittels eines Hakens und eines Faltenlegebandes eine schöne

Vorhang an einer Gardinenstange

dekorative Wirkung erzielen läßt. Für diese Aufhängung wird man stets einen Dekorateur benutzen. Er sollte auch vorher berechnen, wieviel Stoff notwendig ist, um die Faltenbanddekoration zu bilden. Im allgemeinen wird hierfür etwas mehr Stoff benötigt. Diese Aufhängung paßt sowohl zu eleganten und stilvollen Einrichtungen als auch in ein ländlich eingerichtetes Wohnzimmer. Eine weitere Gardinenaufhängung an einem frei vor der Wand angebrachten Gardinenbrett, das dann später mit einem Gardinenkasten abgedeckt wird, ist auch üblich. Allerdings bilden sich auf diesem Gardinenbrett leicht Schmutzstellen, die nur sehr schwer zu entfernen sind. Sehr reizvoll sind stets die frei vor der Wand hängenden Portierenstangen, die es heute wieder in verschiedensten Variationen gibt. Das sind Messingstangen, weiß gestrichene, rot gestrichene, holzfarbene, rundgedrehte Stangen, die rechts und links am Ende Knäufe haben und im gleichen Material dazu sind Gardinenringe erhältlich. Bei bodenlanger Gardinenaufhängung empfiehlt es sich, immer eine Wurfstange oder Zugvorrichtung anzubringen, damit nicht am Stoff hin- und hergezogen wird, wodurch leicht die Aufhängung beschädigt werden kann.

Da heute die Behaglichkeit im Vordergrund steht, und nur noch selten allzuviel Repräsentation erwartet wird, dekorieren wir im allgemeinen die Fenster mit leichter Hand. Das ist aber nicht gleichbedeutend damit, daß die Dekoration leicht anzufertigen ist. Gerade bei der einfachen Art der

Platzsparende, praktische Einputzschiene

Rollos statt Gardinen wirken modern und freundlich

Aufhängung müssen die Nähte sehr gut sitzen und die Länge auf den Millimeter stimmen. Auch setzt das Nähen eine gute Materialkenntnis voraus. So sollte man im allgemeinen einen Fachmann für das Anfertigen der Fensterdekoration benützen. Er weiß genau, wieviel Stoff er für die Säume hinzurechnen muß, er kann beurteilen, ob ein zusätzlicher Waschsaum nötig ist. Er weiß, ob für den besseren Fall der Gardine im Saum ein Bleiband eingezogen sein muß, und er wird Rat erteilen, ob sich das gewählte Material beim Reinigen verändert.

Neben der Gardine nimmt das Rollo gern den Platz am Fenster ein. Es läßt sich geschickt in die Fenstergestaltung mit einbeziehen. Die Hersteller bringen inzwischen eine Vielfalt von farbigen Rollos auf den Markt, die im allgemeinen zur Tapete oder zur Übergardine passen können. Es gibt auch Rollos aus Papier, Textilmaterial und Plastik. Je nach Wahl sind diese Rollos lichtdurchlässig oder verdunkeln. Sehr reizvolle Effekte lassen sich erzielen, wenn das Rollo im selben Muster wie die Tapete gewählt ist oder zu sonst vorkommenden Stoffen im Raum paßt. Somit kann das Rollo zur alleinigen Fensterdekoration werden.

Faltjalousie

Faltjalousien werden aus imprägniertem Papier, das in Zickzackfalten gelegt wurde, hergestellt. Sie sind ein preiswerter Sonnenschutz und einfach anzubringen. Die Zickzackfalten sind an beiden Enden gelocht. Durch die Löcher laufen Kordeln, mit denen die Jalousette hochgezogen wird, um ganz unter dem Gardinenbrett zu verschwinden. Es gibt sie bis zu Breiten von 2,60 und Höhen von 2,10 m. Obwohl sie aus Papier angefertigt sind, ist ihre Lebensdauer erstaunlich lang. Elegante Innendekorationen werden heute auch aus Stoffaltjalousien gearbeitet. Sie ersetzen die übliche herabfallende Fensterdekoration und können bei eleganter Ausführung sehr vornehm aussehen. Es ist allerdings nicht leicht, sie zu arbeiten. Man sollte sich an einen Fachmann wenden, der diese Art der Dekoration schon öfter gearbeitet hat.

Wem der Blick in den Fernen Osten nicht allzu fern erscheint, der versuche einmal, aus einer Japanmatte eine Jalousette selbst anzufertigen. Die Wirkung ist äußerst dekorativ und in der Herstellung sehr einfach. Es sei noch hingewiesen auf die vertikalen Lamellenjalousetten, die eine sehr reizvolle Wirkung haben. Vertikal gestellte Plastikbänder lassen sich nach Wunsch regulieren, so daß man einen Raum ganz abblenden kann oder auch durch Schrägstellung einen guten Ausblick nach draußen hat. Diese Dekoration kann auch für Wohnräume sehr reizvoll sein. Man kann sie gut in großen

Faltjalousien

Ausstellungsräumen von Textilgeschäften besichtigen. Teil-Lamellen-Jalousetten lassen sich heute in Doppel- und Verbundfenstern anbringen. Die Lamellen lassen sich so verstellen, daß man nach draußen sehen kann, ohne daß von draußen jemand nach innen guckt. Die Lamellen sind im Einbrennverfahren lackiert. Man kann sie farblich auf die Einrichtung abstimmen. In erster Linie dienen sie als Blendschutz, aber sie bieten auch die Möglichkeit, einen Raum abzudunkeln.

Möbelstoffe

Für die Wahl der Möbelstoffe gilt in der Regel dasselbe wie für die Fensterdekoration. Sie müssen nach dem Farbprogramm und nach dem Stil des Raumes ausgewählt werden. Für die rustikale Einrichtung eignen sich auch hier Stoffe von kräftiger Struktur. So kommen die verschiedensten Wollstoffe, Epinglé, Wollrips, glatte Baumwollstoffe oder Baumwollveloure, Bourrette, Kord, Samt oder Rips-Kord-Stoffe sowie Leinen in Frage. Auch stumpfe Gewebe können von leuchtender Farbkraft sein. Glatte, blanke Stoffe sind meist elegant und passen zu polierten Holzflächen. Es seien besonders Seidenveloure, Damast, Seidenleinen, Seidenrips und reine Seide genannt. Sitzmöbel werden heute meist fertig gekauft. Oft ist aber ein altes Möbelstück vorhanden, das aufgearbeitet werden muß. Da hier der Stoff im allgemeinen den geringeren Teil der Kosten ausmacht, sollte man ihn so haltbar wie möglich wählen. Sparen wäre verkehrt am Platz. Auch bei den Möbelstoffen findet sich ein reiches Angebot an Kunstfaserstoffen. Sie sind durchweg leichter zu reinigen und ein Sessel wird es vertragen, ab und zu einmal gründlich mit Wasser und Seife abgebürstet zu werden. Bei Wollstoffen braucht man sich vor Motten nicht mehr zu fürchten. Sie sind heute fast alle eulanisiert. Übrigens ist es fast selbstverständlich, daß ein Bezugsstoff wie auch ein Vorhangstoff farbecht ist.

Übersicht über die gebräuchlichen Vorhang- und Gardinenstoffe:

Brokat: Ein Gewebe aus Baumwolle oder Chemiefaser. Meist ist der Stoff reich gemustert, mit und ohne Metallfäden. In leichter Ausführung ist er für Vorhänge geeignet.

Chintz: Ein rechtsseitiges, gewachstes und bedrucktes Baumwollgewebe in Leinwandbindung, mit kräftigen Mustern und steifem Fall.

Cretonne: Ein kräftiges Baumwollgewebe in Leinwandbindung, im Ganzen gefärbt und auch bedruckt. Er wirkt wie ein gröberes Nesselgewebe und ist ein lang haltender Vorhangstoff.

Etamine: Ein gazeartiger Gardinenstoff, der etwas gröber als Mull ist, eine leinwandbindige Ware, meist aus Baumwolle.

Folie: Eine gezogene, ausgewachste Ware, die keine Fäden enthält, ein synthetisches Material, welches für abwaschbare Vorhänge geeignet ist.

Gittertüll: Ein glatter, verstärkter Tüll aus Baumwolle oder Chemiefaser. Eine gewebte Gardinenware.

Gobelin: Nach dem gewirkten Bildteppich benannt, ist eine baumwollene oder wollene Jacquard-Ware, die als Vorhangstoff verwandt wird.

Häkeltüll: Wie Rascheltüll eine Kettenwirkware mit senkrecht verlaufenden Maschen aus Häkelreihen. Gardinenstoff.

Jacquardtüll: Ein reichgemusterter Tüll aus Baumwolle oder Chemiefaser, eine gewebte Gardinenware mit reicher Musterung.

Kochelleinen: Ein geripptes, meist bedrucktes Halbleinen, ein leichter Stoff für Vorhänge und Tischdecken. Der Schuß ist aus Werg oder Jute, die Kette aus Baumwolle.

Leinen: Bei 80% erhält der Stoff die Bezeichnung »reines Leinen«. – In Kette und Schuß Hechelflachs.

Madras: Ein jacquardgemustertes Drehergewebe aus Baumwolle oder Chemiefaser, die flottliegenden Musterfäden sind auf der linken Seite weggeschnitten. Ein Gardinenmaterial.

Marquisette: Ein Drehergewebe aus Baumwolle oder Chemiefaser, die Kettfäden umschlingen sich bei diesem feinmaschigen Gardinenstoff.

Mull: Eine leinwandbindige, weitgestellte Baumwollware. Glatt oder gemustert ist er ein feiner Gardinenstoff, der zu eleganten Schlaf- und Damenzimmern paßt.

Rascheltüll: ein Gardinenstoff aus gewirkter Ware. Beim Öffnen einer Maschenreihe zeigt der Rascheltüll nur zwei Fäden, während der Häkeltüll drei Fäden hat.

Rips: Eine gerippte, leinwandbindige Ware, oft aus merzerisierter Baumwolle. Ein Vorhangstoff mit schöner Struktur.

Schwedenstreifen: längsgestreifte Vorhanggewebe in lebhaften Farben.

Velours: Die französische Bezeichnung für Samt. Ein leichter Velours ist ein guter Vorhangstoff, meist in sehr schönen, weichen Farbabstufungen erhältlich.

Voile: Ein leinwandbindiges Gewebe aus hartgedrehten Garnen und Zwirnen. Gardinenstoff.

Übersicht über die gebräuchlichsten Möbelstoffe:

Bouclé: Hat eine Oberfläche, die durch Effektzwirne kraus und brüchig wirkt.

Bourette: Ein leinwandbindiger Stoff aus Abfällen von Naturseide und Baumwolle. Das ungleichmäßige, noppige Garn ergibt eine rauhe Oberfläche mit körnigem Griff. Ein Möbelstoff mit interessanter Struktur.

Brokat: In schwerer Ausführung ein haltbarer Möbelstoff. Reiche Musterung in Jacquard-Gewebe.

Chintz: Ein rechtsseitiges und bedrucktes Gewebe aus Baumwolle, in Leinwandbindung. Als Möbelstoff sieht er recht dekorativ aus, ist aber nicht sehr haltbar.

Cretonne: Ist auch als Möbelstoff verwendbar, nur ist er nicht so dauerhaft wie als Vorhangstoff.

Damast: Ein gemustertes Gewebe mit Atlasgrund, auch für Möbelbezüge geeignet. Das Gewebe besteht aus Naturseide oder Chemiefaser. Bei echtem Damast ist das Muster mehrfädig abgestuft.

Epinglé: Ein sehr haltbarer Möbelstoff in Baumwolle und Wolle; eine nicht aufgeschnittene Florware mit Florkette.

Epington: Eine dem Epinglé ähnliche Ware; Baumwolle mit Rippenschuß.

Genuakord, Manchester: Ein schwerer, gerippter baumwollener Möbelstoff in schönen Farben.

Genuasamt: Gemusterter Kettsamt, mit Zug- und Schnitteffekt.

Gobelin: Eine Jacquardware aus Baumwolle oder Wolle; ein gemusterter Möbelstoff.

Kord: Ein längsgerippter Baumwollstoff.

Moquette: Ein einfarbiger oder gemusterter Plüsch als Kett- oder Doppelware. Druckmoquette ist mehrfarbig bedruckt, Jacquard-Moquette ist mehrfarbig gewebt.

Rips: Ein gerippter Möbelstoff aus Wolle oder Baumwolle, mit dicht eingestellter Kette und grobem Schuß.

Velours: Ist die französische Bezeichnung für Samt. Es gibt Woll- und Baumwoll-Velours, eine aufgeschnittene Ware, die in schwerer Qualität als Möbelbezug sehr haltbar sein kann.

Bilder und Nippes

Man kann viel oder wenig an seine Wände hängen, Großes und Kleines, Teures und Billiges, aber nie sollte man Schlechtes aufhängen. Bei der Entscheidung, welche Bilder man zusammen aufhängt, sollte man sich unbedingt auf einer Stil-Ebene bewegen. Wer gute Reproduktionen an der Wand placiert, wird ein schlechtes Ölbild weglassen können.
Wer viele Bilder besitzt, hängt vielleicht nur einen Teil auf und wechselt sie, mit den beiseitegestellten, öfter einmal aus. Oder er reserviert sich eine *Bilderwand* oder eine *Bilderecke*, die er dann wirklich gepflastert vollhängt, was sehr persönlich wirken kann. Qualität vorausgesetzt, kann hier kein Element das andere stören.
Im allgemeinen aber wird man Bilder einzeln placieren und ihre Wirkung durch die Aufhängung zu steigern suchen. Als erstes ist zu beachten, daß der Rahmen zu dem Bild und zum Stil der Einrichtung paßt. Weiter muß daran gedacht werden, daß das Bild rund um sich Ruhe und daß der Betrachter einen gewissen Abstand braucht. *Große Bilder*, die eine ganze Wand

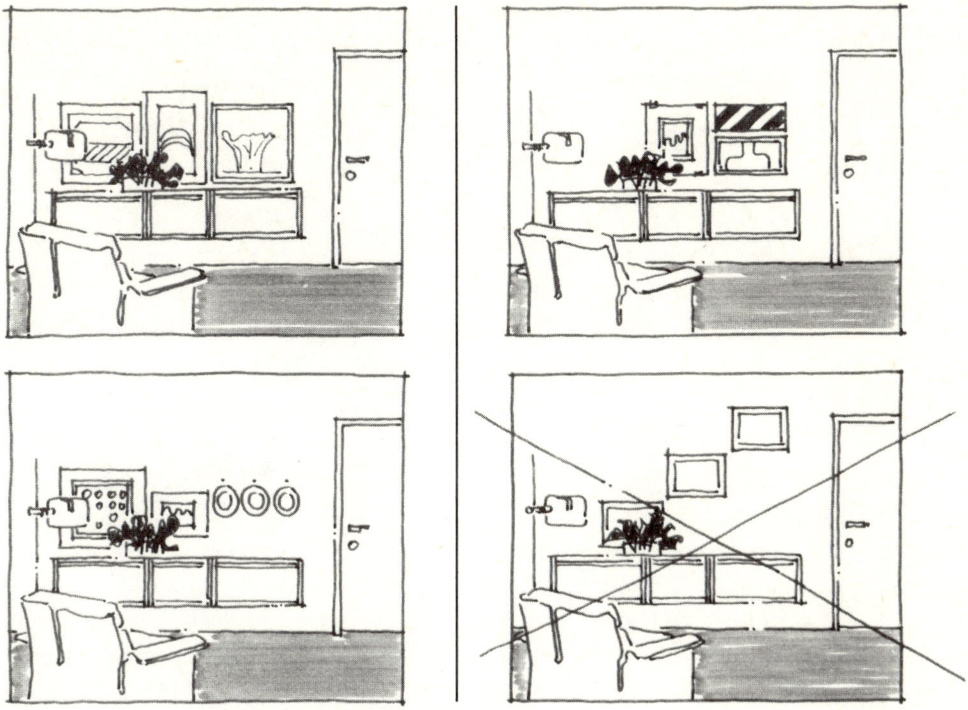

Beispiele einer ungeschickten Bildaufhängung

bestimmen, sollen mit ihrem Mittelpunkt nie über Augenhöhe hängen, lieber etwas tiefer. Der Platz für ein Bild sollte niemals willkürlich gewählt werden. Es muß entweder symmetrisch zum Möbelstück placiert oder in betontem Gegensatz zu den äußeren Abgrenzungen des Mobiliars gehängt werden. Bei mehreren Bildern in verschiedenen Größen ist es wichtig, daß die oberen Leisten in einer Linie verlaufen. Kleine Bilder sollten immer in Gruppen zusammengehängt werden. Gleich oder ähnlich gerahmte Stiche oder Drucke müssen in strenger Symmetrie aufgehängt werden. Für alle Bilder ist es besonders vorteilhaft, wenn das Licht seitlich auf sie fällt. Wo das nicht möglich ist, sollten sie etwas schräg hängen, was man erreicht, indem man oben ein Klötzchen zwischen Bild und Wand schiebt. Wertvolle Bilder kommen sehr viel besser zur Geltung, wenn sie gut ausgeleuchtet sind. Dafür lassen sich im Gelenk schwenkbare Deckenstrahler im richtigen Abstand zum Bild anbringen, die möglichst seitlich das Bild anleuchten.
Wer viele Bilder aufhängen und sie vielleicht öfter auswechseln möchte, dem

Vorschläge einer richtigen Hängung von Bildern

sei empfohlen, bei der Planung der Räume eine Bilderleiste mit vorzusehen, die am Abschluß der Wand sitzt. Sie hat eine Hohlkehle zur Decke hin, in der sich die Bilderhaken verschiebbar festsetzen lassen. Das Bild hängt, an einem Haken befestigt, an einem dünnen Perlonfaden oder einer Kette, die in der Höhe verstellbar ist. So vermeidet man Löcher in der Wand.

Nippes

Viele moderne Menschen kommen ohne dieses »Beiwerk« aus, aber manchmal wirken solche völlig sachlich eingerichteten Räume allzu nüchtern und kühl. Für die meisten Menschen gehört dieser »Kleinkram« einfach mit zum Wohnen. Nicht selten bewegt er sich nicht nur an der Grenze des Kitsches, sondern übertritt sie ganz kräftig. Aber ist das schlimm? Gerade Frauen verlieben sich in derlei Tand und sind von dem Bedürfnis besessen, dieses dekorative Kleinzeug nicht nur zu besitzen, sondern es auch aufzustellen. Nach einiger Zeit geniert man sich dann vielleicht ein bißchen und läßt die Porzellankatze in Gold wortlos wieder verschwinden. Wie arm wäre unser Leben ohne diesen Glimmer? Aber es sollte wirklich bei diesem Kleinzeug bleiben, unser Bedürfnis nach Verschnörkelungen sollte sich nie bis zur Lampe oder Blumenbank vorwagen. Auch sollten hierfür keine betonten, würdigen Plätze freigemacht werden. In unauffälligen Eckchen sollte dieser »Krimskrams« sich fast zufällig zusammenfinden. Solange wir eine Beziehung zu diesen kleinen Zufälligkeiten haben, sollen wir sie ruhig um uns herum dekorieren. Ist aber diese Beziehung erloschen, dann müssen sie das Feld wieder räumen.

Kleine Kulturgeschichte des Interieurs und des Möbels

Die Beschäftigung mit der Inneneinrichtung gibt einen willkommenen Anlaß, sich mit vergangenen Epochen zu beschäftigen. Schon zu allen Zeiten war der Innenraum ein untrügliches Zeichen für die Lebensart seines Bewohners. Auf keinem anderen Gebiet wird der einzelne Mensch zu einem so persönlichen Gestalter wie in seinen eigenen vier Wänden. Somit bildet das Betrachten alter Interieurs gleichzeitig das Eindringen in die Stilepochen vergangener Zeiten. In zunehmendem Maße interessiert sich der Mensch von heute für den Wohn- und Lebensstil früherer Jahrhunderte. Es läßt sich dabei die Feststellung treffen, daß die Ansprüche an die Gestaltung eines Wohnraumes fast die gleichen waren, die noch heute gelten. Darum ist es für uns so interessant, diese Ansprüche noch einmal durch die Jahrhunderte zu verfolgen.
Stilkunde des Innenraums ist also ein Stück Kulturgeschichte. Es ist interessant festzustellen, daß sich nicht nur die Möbelstücke und der Geschmack der Einrichtung durch die Jahrhunderte veränderten, auch das Proportionsgefühl für die Raumgrößen sowie das Verhältnis von Möbeln zum Raum sind einem ständigen Wandel unterworfen. Es gab Zeiten, da war das Möbel ein selbständiger Teil eines Hauses. Zu anderen Zeiten wurde es von der Architektur eines Raumes gleichsam aufgesogen. Es ist für uns heute gar nicht so schwer, etwas europäische Stilkunde im Hinblick auf den Innenraum zu betreiben. Da gibt es zum einen zahllose Abbildungen vergangener Wohnkulturen, zum anderen sind in vielen Museen Räume der damaligen Zeit zu sehen, die naturgetreu aufgebaut und zusammengestellt sind. Die Darstellung des Innenraums wurde von dem Moment an in der Kunstdarstellung gewürdigt, als der Mensch begann, Geborgenheit zu suchen, um sich vor fremden Zugriffen zu sichern und gleichzeitig seßhaft zu werden.

Romanik

Erhaltene romanische Interieurs aus der Zeit gibt es kaum noch. Aus einigen Bildbeispielen lassen sich aber genaue Vorstellungen über diese Zeit rekonstruieren. Einzelne Möbelstücke sind sogar noch erhalten geblieben. Dabei ist wohl die Truhe das bekannteste Möbel der damaligen Zeit. In erster Linie treffen wir die Stollentruhe an, ein gedrungenes kastiges Möbel mit romanischen Motiven verziert. Es sind vor allen Dingen die Rundbogenmotive der romanischen Architektur, die wir hier wiederfinden. Einige Sitzmöbel wie auch Schränke wird man in Museen noch besichtigen können. Das Aufkommen des Bürgertums in den Städten schafft im 14. und 15. Jahrhundert eine strenge Trennung von der bäuerlichen Umgebung. Es entsteht das Einfamilienhaus.

Gotik

Zur Zeit der Gotik wurde in der Regel in mittleren und kleineren Städten das Haus nur von einer Familie bewohnt. Aus der romanischen Kammer entwickelt sich die gotische Stube, die größer, höher und lichter geworden ist. Seit dem beginnenden 13. Jahrhundert wurden auch im Bürgerhaus die Fenster verglast, und man täfelte die Wände mit Holz oder behängte sie mit Teppichen. Steinplatten oder gebrannte Ziegel bedeckten die Fußböden, später kamen Holzfußböden für Wohn- und Schlafraum auf. Der offene Kamin entwickelt sich bis zum Kachelofen, er wird vom Flur aus geheizt. Die Hygiene nimmt in der spätmittelalterlichen Wohnung an Anspruch zu. Große Holzwannen dienen der Reinlichkeit. Das Bedürfnis, wohnliche, häusliche Stimmung zu verbreiten, spiegelt sich in allerlei liebevollen Gestalten kleinerer Möbelstücke wider. Das gotische Möbel entwickelt sich aus der Architektur. Dicke Eisenbeschläge erfüllen, wie schon in der Romanik, dekorative Funktion am Möbel. Es ist typisch für die Zeit der Gotik, daß die Beschläge nicht festgeschraubt, sondern festgenagelt werden. Man kannte noch keinen Leim zu dieser Zeit. So verpflockte oder vernagelte man einzelne Teile eines Möbelstückes miteinander. An diesen beiden Vorgängen kann man noch heute erkennen, ob das Möbel wirklich aus dieser Zeit stammt oder ob es sich um eine Nachahmung handelt. In zahlreichen Gemälden aus dieser Zeit, mit vornehmlich religiösen Inhalten, findet man diese Möbel dargestellt. Die Stollenkonstruktion dieser Möbel wird in der Zeit der Gotik durch Rahmen- und Füllung-Konstruktionen abgewandelt. Die Truhe ist auch in der Zeit der Gotik immer noch das vorherrschende Möbelstück. Daneben hat man das kastenartige Bett, kleine Schränke, Falt-

IV: Wohnraum, der durch die frei im Raum stehende, nischenartig gegeneinandergerückte Sitzgruppe bestmöglich genutzt ist
(Photo Wulf Brackrock)

und Scherenstühle um den Tisch. Die Gestaltung der Möbel ist immer noch architekturgebunden, die Verzierung sehr viel reicher als zur Zeit der Romanik. Eines der typischen Ornamente ist das Faltwerk, ebenso das Fischblasenornament. Es sind die gleichen Ornamentmotive, die wir aus der Architektur kennen.

Renaissance

Das charakteristische Merkmal von Möbeln aus der Zeit der Renaissance ist die Verwendung von Bauelementen, wie sie die griechische Antike entwikkelte, Säulen, Giebel etc.
In der 1. Hälfte des 16. Jahrhunderts beginnt die höfische Lebensweise die bürgerliche Häuslichkeit zu verdrängen. Kostbare Stoffe unterstreichen den beginnenden Glanz. Die Möbel sind auf Repräsentation ausgerichtet und verlieren etwas an Wohnlichkeit. Von der stillen Einfalt des gotischen Raumes gerät man nun in eine prunkvolle Größe und bedeutungsvolle Schwere. Das Schmuckbedürfnis ist im nördlichen Raum oft übertrieben und überladen. Hinzu kommt die starke Betonung der waagerechten Linie durch Prunkdecken, die das Raumgefühl schwer und drückend erscheinen lassen. In der Zeit der Renaissance wird das Mobiliar zum ersten Mal als Mittel zur Raumgestaltung verstanden. Dabei ändern sich die Möbelformen in unseren Zonen nur wenig. Der Stil der deutschen Renaissance wird sehr beeinflußt durch die italienische Renaissance, die um einige Jahrzehnte voraus ist. Ein leichtes Erkennungsmerkmal für die Gestaltung und die schmückenden Elemente der Renaissance ist, wie schon der Name sagt, das Wiederaufleben der antiken Schmuckmotive. Der ornamentale Stil wird geprägt durch antike Vasen mit Blattranken, mythologische Dekorationen, Trophäen und Wappenkartuschen. Rahmende Pilaster und Säulen werden stärker betont als bisher, ein wuchtiges Sockelgeschoß bringt den Ausgleich in der Waagrechten des Möbels. An die Stelle der Truhe tritt teilweise jetzt das Schrankmöbel, das dazu dient, die Gewänder aufzunehmen. Sehr schöne Schränke sind aus dieser Zeit vorhanden, ihre Fassadengliederung wirkt sehr architektonisch, häufig ist strenge rhythmische Kassettengliederung zu finden. Daneben bleibt nach wie vor die Truhe in ihrer Stollenkonstruktion bestehen. Reich ausgeprägte Holzintarsien sind ein typisches Merkmal für die Zeit der Renaissance. Auch hier ist häufig eine architektonische Gliederung das Hauptmerkmal der reichen Intarsienschmückung, perspektivische Tiefen sind erkennbar, Säulen und Pilaster ein beliebtes Motiv. Wie immer führt der Spätstil, also die Spätrenaissance, zu einer Überhäufung der dekorativen

Begleitformen, der Stil verausgabt sich, plastische Elemente beginnen sich zu vervielfältigen und scheinen die Form sprengen zu wollen, alles drängt zu neuen Bewegungen, die strenge Gliederung kann diesem Drängen nicht mehr standhalten und schwillt in eine neue Stilepoche hinein.

Barock

In der Mitte des 17. Jahrhunderts treten wir nun in das barocke Gemach ein. Die Raumstimmung ist wieder etwas lichter, der Raum höher, die Gesamtatmosphäre des Raumes festlicher, heller und leichter. Mit geradezu theatralischer Dramatik werden die Räume gestaltet, ein Zug, der dem Renaissancemenschen ganz fremd war. Breite Treppen mit kunstvollen Geländern zeugen davon, daß die Treppe nicht nur ein notwendiges Mittel zum Hinauf- und Heruntergehen war, sondern daß sie zu einem imposanten Kunstwerk gesteigert werden konnte. Die Wände der Räume sind wieder hell getüncht oder mit Textilien behängt. Die Möbel haben eine neue Aufstellung im Raum erhalten. Sie stehen in enger Beziehung zur Architektur. Einem Teil der Einrichtung ist der Platz an der Wand zugeordnet. Gleichzeitig kommt es zu gewissen Möbelballungen in der Mitte des Raumes, einer Sitzgruppe um das Kaminfeuer oder einem freistehenden Bett in der Mitte des Raumes. Das Bett hat häufig die beherrschende Funktion in einem Raum und ist von einigen Sitzmöbeln umgeben. Zum ersten Mal erscheinen gewisse Möbelgarnituren, zusammenhängende Sitzmöbel. Die Möbel werden leichter und beweglicher und reihen sich der augenblicklichen Situation ein. Die architektonische Struktur des Möbels ist nicht mehr vordergründig zu erkennen. Durch schwingende Linien ist sie leicht verwischt, man furniert nun die Möbel mit seltenen Hölzern und verzichtet auf die gewachsene Maserung einheimischer Hölzer. Das Kunsthandwerk nimmt einen großen Aufschwung. Man beginnt, sich nach französischen Vorbildern auszurichten. Neue bequemere Möbeltypen werden entwickelt. Auch wenn die Raumvorstellung der damaligen Zeit noch sehr anders war als unsere heutige, so ist doch eine Reihe von Möbelstücken aus dem Zeitalter des Barocks bis heute erhalten geblieben und schmückt noch sehr dekorativ unsere Häuser. Da diese Möbelstücke von sehr hohem kulturgeschichtlichen Wert sind, sind ihre Preise dementsprechend hoch. In erster Linie ist es das Schrankmöbel, das aus dieser Zeit erhalten blieb. Vorherrschend ist immer noch das architektonische Prinzip der Rahmen- und Füllung-Konstruktion zur Zeit des Barocks in schöner strenger Gliederung. Intarsien sind noch zu finden, aber sie werden seltener so schmuckstückhaft verwendet wie zur Zeit der Renaissance. Schnitzwerk begleitet oft die Rahmen- und Füllung-Konstruk-

tion. Die Schränke sind meist groß und wuchtig, da sie im allgemeinen für Dielen und Flure bestimmt waren. Auf den tragenden aufrechten Konstruktionsteilen der Schränke sind häufig gewundene Säulen geschnitzt. Sie flankieren die Türen mit ihren verkröpften Füllungen. Wenn auch die Möbeltypen von Nord- und Süddeutschland, West und Ost, sehr verschieden sind, so ist doch ein Hauptornament typisch für die barocke Zeit geworden. Aus dem Rollwerk der Spätrenaissance entwickelt sich das verwegene Knorpelwerk sowie das Ohrmuschelornament. Hinzu kommt das aus Italien und Frankreich kommende großzügige Akanthuselement. Feine Holzsorten wie Nuß, Ebenholz verdrängen das bisherige Eichenmöbel und finden auch ihre Verwendung als Furniere. Wurzelmaserungen oder Schildpatt verzieren dann die Intarsien.
An Stühlen und Tischen werden die tragenden Teile in starken Schwüngen gestaltet. Rücken und Stuhlsitze werden meist gepolstert. Der schwere wuchtige Stil der Barockzeit schwingt in immer leichteren graziöseren Kurven in die nächste Epoche hinein.

Rokoko

Die 2. Hälfte des 18. Jahrhunderts ist die Zeit des Rokoko. Eine große Zeit für die Gestaltung der Innenräume, die sich vom liebenswürdigen Kabinett zum lichtdurchfluteten großen Festsaal steigern kann. Man stellt ein ganz neues Verhältnis zwischen Wohnhaus und Natur fest. Das Bedürfnis, die Landschaft zu beachten und mit einzubeziehen, erkennen wir an den aufkommenden Gartenzimmern, Gartenlauben, Sommerresidenzen, Gewächshäusern. Balkone dürfen nicht fehlen, der Kamin spielt eine große Rolle im Raum sowie das natürliche Licht, das durch hohe, helle Fenster eingelassen wird und durch zahlreiche Wandspiegel vervielfältigt, gesteigert werden kann. Die eigentliche Raumschale, Fußböden und Wände sowie die Zimmerdecken werden liebevoll gestaltet. Parkettfußböden sind in feinen Mustern zusammengesetzt, Zimmerwände sind mit Holz oder Stuck verziert oder bemalt und vergoldet. Der Farbzusammenklang bleibt hell und liebenswürdig. Die Zeit der Galanterie ist gekommen. Zahlreiche Formen von Möbelvariationen zieht sie mit sich. Das charakteristische Ornament ist die Rocaille, das Muschelornament. Das Wort Rokoko kommt vom franz. Wort »Rocaille« und bedeutet Muschelwerk.
Vielleicht ist es für uns interessant zu hören, daß der Winterthurer Theoretiker Johann Georg Sulzer in seinen »Allgemeinen Theorien der schönen Künste« anführte: »Der Baumeister müsse vor allem folgende Dinge in reife Überlegung nehmen, wenn er daran denkt, ein Haus zu bauen. Zuerst

den Stand und die Lebensart dessen, der es bauen will, weil die Erfindung und Anordnung des Hauses lediglich davon abhängt. Bei dieser Überlegung setzt er fest, wieviel Platz jede Klasse der Bewohner des Hauses nötig hat: Der Herr des Hauses, seine Gemahlin, seine Kinder und die Bedienten des Hauses.«

Der strenge architektonische Aufbau eines Möbels verliert an Bedeutung zugunsten der immer größer werdenden »plastischen« Form des Möbels. Meist steht das Möbel jetzt frei im Raum, indem es von einer Wand abgerückt wird. Die Sitzmöbel, die gepolsterten Sessel und Sitzbänke mit ihren weich gerundeten Arm- und Rückenlehnen sind von allen Seiten frei zu betrachten wie eine Raumplastik. Helle, blumige Stoffe verzieren die Sitze der Möbel. Nur der Eckschrank bleibt gemäß seiner Funktion fest mit der Wand verbunden, Kommoden und Konsolentische entwickeln sich zu einem malerischen Wandschmuckstück. Neben sehr graziösen Toilettentischen ist die Chaiselongue, das Tragbett, ein neues Möbelstück dieser Epoche. Zierliche kleine Verwandlungsmöbel aller Art werden neu erfunden. Das Schreibmöbel erfährt unzählige Variationen, vom kleinen Schreibtischchen bis zum großen Schreibschrank. Die höfische Möbelkunst hatte ihre Hauptzentren in München, Würzburg, Wien und Dresden. Fachleute wissen die Möbel dieser Zeit den jeweiligen Orten genau zuzuordnen. Neben schön polierten Ebenhölzern aus Nußbaum, Mahagoni und Obsthölzern hat man jetzt auch das gestrichene, sogenannte gefaßte Möbel in Pastelltönen.Gestrichene Möbel mit starker Vergoldung sind häufig im Würzburger und Münchener Raum zu finden. Die schwingende Linie des Möbelstücks wird durch die zarte Farbgebung noch unterstützt, fast scheint sich hier alles in Ornament aufzulösen. Andererseits hilft der Farbanstrich, das Möbel wieder mit der Wandgestaltung zu verbinden. Diese sogenannten gefaßten Möbel geben auch heutzutage in unseren modernen Räumen ein sehr hübsches, dekoratives Bild. Leider gibt es nur noch wenig Möglichkeiten, gefaßte Möbel aufzuarbeiten und Fachleute zu finden, die diese alte Kunst beherrschen. Kurz zusammengefaßt ist das Möbel des Rokoko ein graziöses liebenswürdiges Möbelstück voller Heiterkeit. Recht geeignet, um die strengen Formen unserer heutigen Architektur in heiterer Weise zu beleben. Gerade die zierlichen, kleinen Möbelstücke dieser Zeit, soweit sie noch erhalten sind, sind heute von großem Wert und sehr begehrt geworden, und daher wenig zu finden.

Zopfstil

Die deutsche Stilepoche der Zeit von 1760–1780 wird im allgemeinen als Zopfstil bzw. in Frankreich als Louis-XVI-Stil bezeichnet. Es ist eine Richtung, die die beschwingten Formen des Rokokos durch strengere Gliederung ablöst. Der Zopfstil ist in seiner schlichten Bürgerlichkeit sehr liebenswert. Leider sind nur wenige Stücke aus dieser kurzen Epoche erhalten geblieben. In Deutschland findet man aus dieser Zeit weißgestrichene Möbel mit ein wenig Bandwerk oder Zopfmuster. Das Zopfmuster gibt den Möbelstücken einen liebenswürdigen Reiz und läßt sie nicht annähernd so streng erscheinen wie die des nachfolgenden französischen Empire.

Empire

Um all dem Schwingen und Klingen ein Ende zu bereiten, besinnt man sich wieder im Stil einer Renaissance auf klare, klassische Formen. Es beginnt die Epoche des Empires, des napoleonischen Kaisertums. Die Ausstattung der Räume des Bürgertums ist streng gegliedert. Auch die Möbel werden symmetrisch aufgestellt. Steife Pracht kostbarer Möbel läßt repräsentieren. Das Sitzmöbel und das Bett spielen eine große Rolle. Die halbsitzende, halbliegende Haltung (bereits in der Antike bekannt) wird zur Modepose. Man liebt kühle Farben, die Wände werden einfarbig gestrichen, besonders ein kühles Hellblau erfreut sich großer Beliebtheit, vor dem die dunklen, überblank polierten Mahagonimöbel sich gut abheben.
Der französische Empirestil ist wohl der kühlste Stil aller Epochen. Trotzdem kann er von großer Schönheit sein, denn vorherrschend ist hier ein starkes Proportionsgefühl. Die Möbel dieser Zeit, die uns bis heute erhalten geblieben sind, sind von großer Kostbarkeit. Sie sind meist vom höfischen Stil geprägt, soweit es sich um echte Empiremöbel handelt, deshalb etwas schwer mit anderen Möbeln zu kombinieren und wiederum schwer, unserem heutigen Wohnempfinden brauchbar einzugliedern. Die Möbel wurden nie zwanglos aufgestellt, wie es in früheren und späteren Epochen der Fall war, sondern strenge Symmetrie beherrschte den Raum. Das ausschlaggebende Holz dieser Zeit war das Mahagoni, was sehr dunkel gebeizt und so stark poliert wurde, daß die spiegelnde Glätte der Oberfläche die Struktur des Holzes fast tot erscheinen ließ. Zahlreiche Bronze- und Messing-Verzierungen schmückten die Oberfläche und die architektonischen Konstruktionsformen der Möbel. Neue Möbelgattungen sind in dieser Zeit nicht entstanden. Charakteristisch für Möbel des Empire sind das dunkle Mahagoniholz, die Bronze- und Messingbeschläge sowie die antiken Dekorationsmotive.

Biedermeier

Den Abschluß dieser klassizistischen Zeit bildet die Zeit des Biedermeiers. Der Begriff Biedermeier als Stilbezeichnung für die Wohnkultur in Deutschland, Österreich und der Schweiz umfaßt die Zeit von 1830 bis 1850, auch eine kurze Epoche. Es ist ein Stil des Bürgertums, bedingt durch die Anspruchslosigkeit, zu der jene Generation nach dem großen Krieg gezwungen wurde. In dieser Zeit besinnen sich die Menschen wieder auf das Einfache, Leichte, Sparsame, Stille und Zierliche nach dem Eleganten, Höfischen des Empires. Das Verständnis für die Zeit des Biedermeiers fällt uns nicht schwer. Die gradlinigen Formen sind nicht weit entfernt von den Formen unseres heutigen Möbels. Das schlichte Möbel hatte wenig Zierat. Allein die Maserung des Holzes kam zu großer Wirkung. Neben dem Mahagoniholz werden zur Zeit des Biedermeiers helle Obsthölzer verwandt. Biedermeier ist ein Stil des Interieurs. Zum ersten Mal bedarf man der häuslichen Gemütlichkeit. Man versammelt sich um große runde Tische, die Ordnung des gepflegten Hauses bereitete viel Behaglichkeit, und das Gemüt war dafür bereit. Die Zimmer sind noch symmetrisch aufgeteilt, wie zur Zeit des Empire. Schöne Parkettfußböden oder gescheuerte Dielen ohne Teppiche wirken sparsam, licht und sauber. Der seltene Teppich ist einfarbig, damit die Bilder in der Wirkung nicht gestört werden. Das Bild an der Wand spielt eine sehr große Rolle zur Zeit des Biedermeiers. Gruppenartig zusammengehängte Scherenschnitte, liebenswürdige Blumenstücke, Kreuzstichdecken, allerlei Verzierung in kleinen Rahmen zusammengehalten schmückten die Wände, die zu dieser Zeit hellfarbig getüncht waren. Lichtdurchlässige schimmernde Stoffe verhüllten die Fenster, im Mittelpunkt des häuslichen Gehabes stand die Frau, die allwöchentlich die Zeitschrift las, damals war es das Journal »Daheim«. Neben dem großen runden Tisch, der meist auf einem Säulenfuß, von dem drei Beine ausgingen, ruht, ist das Hauptmöbel des Wohnzimmers das große Sofa, einladend und breit nahm es den Platz an der Hauptwand ein. Rückenlehne, Sitz und die ausgeschwungenen Armlehnen waren gepolstert, häufig ist die Vorderseite der Armlehnen mit ausgeschnitzten schweren Füllhörnern verziert. Dieser Sofatyp ist bis in die heutige Zeit häufig erhalten, neu aufgearbeitet wirkt er reizvoll in unseren modernen Wohnungen. Schlichte Stühle mit leicht gebogenen Rückenbrettern gesellten sich um den großen Wohnzimmertisch. Sie sind meist nicht besonders bequem. Die Fußbeine verjüngten sich leicht nach unten, richtige Sessel fand man kaum in der Zeit des Biedermeiers.

Kleine Möbeltypen waren in dieser Zeit besonders beliebt. Zahlreiche Variationen schuf man um das Nähtischchen und Arbeitstischchen der Frau herum. Da gibt es kostbare Gestelle in Lyraform auf Säulenfüßen, Vitrinen und Glasschränke nahmen die vielseitigen Nippes der damaligen Zeit auf. Allerlei Erinnerungsstücke, Porzellantassen und bemalte Gläser stellte man in Glasschränken auf. Mit dem Ende des Biedermeiers schließt in der Mitte des 19. Jahrhunderts die klassizistische Epoche ab. Wie immer sind die Menschen nach einer längeren Zeit strenger klassizistischer Formen bereit, sich wieder schwingenden Kurven zuzuwenden. So folgt auf die Zeit der Renaissance die Zeit des Barocks, und so ist es am Ende der klassizistischen Epoche. Der Mensch hatte ein Bedürfnis, ein zweites Rokoko zu finden.

Louis Philippe und Historismus

Unter Louis Philippe entwickelte sich zwischen 1830 und 1850 in Frankreich ein Stil, der mit Recht als ein Ableger des Rokoko oder als das zweite Rokoko bezeichnet wird. Damit sind wir bereits bei den Möbeln unserer Großeltern angelangt, die bis zur Jahrhundertwende den Stil des ausklingenden 19. Jahrhunderts bildeten. Mietswohnungen, häufiges Umziehen, die Industrialisierung der Möbelherstellung hatten zur Folge, daß die Möbel billiger hergestellt werden konnten. Die Qualität und Form und Ausführung litten natürlich darunter. Die schnelle Herstellung brachte es auch mit sich, daß kein neuer Stil mehr gefunden werden konnte, sondern man besann sich auf alte Formen. So griff man wahllos zurück und ließ sogar eine zweite Gotik, eine neue Renaissance und ägyptische Einflüsse in die zweite Hälfte des 19. Jahrhunderts vordringen. Man liebt Plüsch und Troddeln, gewaltige Samtportieren, dunkle Hölzer und dunkle Stoffe, schwellende Formen und überladenen Zierat. Es würde uns heute nur wenig Vergnügen bereiten, in diesen Wohnungen zu leben. Dabei sind einzelne Stücke aus dieser Epoche heute noch interessant und lassen sich ohne Schwierigkeiten in unser modernes Raumgefühl eingliedern. Die Wohnungen der damaligen Zeit wurden kleiner, die Aufteilung der Wohnung war vorgeschrieben, man gliederte die Wohnung in eine Tag- und eine Nachtzone. Das Bett war kein repräsentatives Möbel mehr, es wird ein bescheidener Gebrauchsgegenstand. Man begegnet dem ersten Klubsessel, der aus Amerika und England zu uns herübergekommen ist. Das erste Klappbett wurde angefertigt.

Die tragenden Teile der Möbel sind leicht und zierlich. Die Stuhlbeine sind niedrig, dafür wirken Rücken und Lehnen schwer und groß. Die Sitzmöbel sind stark gepolstert und häufig durch Knöpfe abgehoben. Mit Ausnahme der kurzen Beine wird das gesamte Holzgestell eines Sitzmöbels überpolstert; Troddeln und Quasten, genannt Posamente, verzieren den Abschluß der

Polsterung. Neben dem Wohn- und Speisezimmer hat man einen Salon, der durch viele kleine Tische, Etageren drapiert wird. Zahlreiche Nippesgegenstände stehen herum, Vorhänge und Portieren schmücken die Durchbrüche von Zimmer zu Zimmer. Auch die Fensterdekorationen sind mit üppigen Stoffen drapiert, die häufig mit großen Blumenmustern verziert sind. Dieser Salonstil entwickelt sich zum Ende des Jahrhunderts zu einer pittoresken Üppigkeit. Ein gutes Beispiel dafür sind die Zimmer, die der Maler Makart in seinen Riesengemälden darstellte. Um die Dramatik eines Raumes noch mehr zu unterstreichen, bediente man sich einiger orientalischer Möbel, die die Schwülstigkeit des Arrangements noch vergrößern halfen. Palmen, Damastgardinen, Perserteppiche, Gobelins sind beliebte Requisiten dieser Zeit. Reminiszenzen an den Stil der Renaissance bildet das »Altdeutsche Zimmer« mit seinen reich geschnitzten Vertäfelungen. Die schwüle Überladenheit der Räume nimmt langsam so dramatische Formen an, daß es nun zu einer 100%igen Kehrtwendung kommen muß. Eine Steigerung ist nicht mehr möglich. Da sind es vor allem die Architekten und Künstler, die sich um eine neugeistige Haltung, um einen neuen Lebensstil und somit auch um eine neue Ausdrucksform dieser Zeit bemühen.

Jugendstil

Nachdem bis zur Jahrhundertwende noch gewaltige Möbelschöpfungen entstanden, versuchten nun einige junge Architekten (der Engländer William Morris, der Belgier Henry van der Velde) einen neuen jungen Stil zu schaffen. Sie erkannten, daß das vergangene Jahrhundert keinen eigenen Stil hervorgebracht hatte. Junge, progressive Künstler schlossen sich zu Gruppen zusammen und drängten, neue Formen zu finden. Man verlangte, den Gegenstand so zu bilden, daß seine Zweckmäßigkeit ersichtlich ist. Vier Merkmale bestimmten die Kunstrichtung, der es gelang, die Krise des Historismus schnell zu überwinden: konstruktive Form, pflanzliche Linie, symbolistischer Inhalt und exotischer Ausdruck. Wir sind beim Jugendstil angekommen, der über England und Belgien zu uns nach Deutschland kam. Dem Innenraum wird wieder Licht gegeben, die Möbel wachsen wie Pflanzen an den Wänden empor, in schweifenden und ziehenden Bewegungen. Lampen, Vasen und Stoffmuster, Notenpulte, kleine Tische muten uns an wie Zimmerpflanzen. Dieser Stil ist sowohl im Innenraum wie in der Außenarchitektur, der Musik und Malerei und der Literatur wiederzufinden. Durch zwei Weltkriege und das mangelnde Verständnis der nachfolgenden Generation für diese Zeit ist uns leider von dem Mobiliar des Jugendstils sehr wenig erhalten geblieben. Besonders bei Henry van de Velde spielt die Klarheit der

Konstruktion eine entscheidende Rolle. Neben seinen strengen architektonischen Formen gibt es zahlreiche Möbel, deren Konstruktion durch die Verschmelzung mit pflanzlichen Verschlingungen eigentlich nicht mehr erkennbar ist. Aber gerade dieser Stil ist heute wieder sehr anerkannt, und bei den Sammlern haben diese verschlungenen pflanzlichen Formen, im Möbel und Holz verwirklicht, hohen Sammlerwert erreicht. Neben diesen Möbelstücken sind es die kunstgewerblichen Gegenstände, die heute sehr begehrt sind: Lampen, Vasen, Keramik. Die uns erhalten gebliebenen Stücke des Jugendstils sind außerordentlich geeignet, einen hübschen Kontrast zu unserer heutigen modernen Sachlichkeit zu bilden.
Der kurzen Epoche des Jugendstils gelingt es nur bedingt, eine gewisse Sachlichkeit in der Formgebung beizubehalten. Schnell ist man wieder bereit, schwellenden Linien nachzuhängen und die Formgebung in dramatischer Schwingung zu steigern. So bedarf es wieder einer nächsten Stilepoche, mit klarer Strenge, Einhalt zu gebieten.

Das Bauhaus

Es sind die 20er Jahre des 20. Jahrhunderts, die mit dem Stil des Bauhauses beginnen. Eine sehr sparsame, strenge Richtung wird hier von einigen Architekten gegründet, die sich zu einer Gruppe am Bauhaus in Dessau zusammenfinden. Diese neue Sachlichkeit ist der Stil des 20. Jahrhunderts, der im Grunde bis heute nicht abgeklungen ist. Man besinnt sich wieder des Materials, mit dem man umzugehen gedenkt, zweckmäßiger Formen und einer neuen Sachlichkeit. Wie stark diese ersten Entwürfe waren, ist in den 70er Jahren wieder voll erkannt und beeinflußt ganz besonders das Design von heute. Wie modern gerade die guten Entwürfe aus dieser Zeit waren, ist zweifellos festzustellen. Es sind die Möbelstücke von Marcel Breuer, Mies van der Rohe, die noch heute hergestellt werden.
Somit haben wir unseren kleinen Rundgang durch die verschiedenen Stilepochen und damit auch durch die jeweiligen Einrichtungsstile beendet. Vieles davon ist dem heutigen Menschen weit entrückt, aber oft sehnt sich gerade der Mensch aus dem Zeitalter der Technik, der Zeitraffung und der Wirtschaftlichkeit danach, sein Haus mit Gegensätzen anzufüllen. Für den Umgang mit den Möbelstücken aus dieser Zeit ist es sehr ratsam, sich ein kleines Zeitbild und auch einen Begriff vom Einrichtungsstil der damaligen Epochen zu machen. Dieser Exkurs kann nur eine kleine Anregung geben. Es wäre wünschenswert, zu ausführlicherem Buchmaterial zurückzugreifen, das uns der Buchmarkt sehr zahlreich anbietet. Angeregt durch den Blick auf die vergangenen Stilepochen wird der eine oder andere von uns

versuchen, Möbelstücke dieser Zeit zu erwerben. Diese Art der Einrichtung, bei der mit Stilgefühl Altes und Neues kombiniert wird, kann zu außergewöhnlich glücklichen Wohnlösungen führen.

Alte und neue Möbel kombiniert

Ein gutes modernes Möbel wird immer in seiner formal gut proportionierten Linienführung zu einem alten Möbel, das den Geist seiner Zeit in gleicher Weise und Qualität dokumentiert, passen. Ebenso ist es umgekehrt. Ein modernes, gut konzipiertes Möbelstück wird sich ohne Schwierigkeiten in ein altes Gebäude einfügen lassen. Es gehört etwas Gefühl für vergangene Zeiten dazu, um dieses Kombinieren zu glücklichen Lösungen zu führen. Man sollte immer wieder beobachten, wie alte Möbel in ihrer Entstehungszeit aufgestellt wurden. Es gibt noch zahlreiche Museen mit komplett eingerichteten Räumen aus der jeweiligen Zeit. Ein gewisses Studium der Möbelkunde kann auch zur nützlichen Hilfsquelle werden. Reichlich Zeit und Geduld sollte man haben, denn es läßt sich nicht einfach beschließen, mit alten Möbeln zu leben. Man braucht Muße, um die gewünschten Stücke zu finden. Dafür muß man abwarten können. Komplette Zimmereinrichtungen im Stil der Zeit wirken für unseren Geschmack antiquiert. Sie wirken selten großzügig, und man muß wohl auch in den meisten Fällen zur Nachahmung greifen. Für unsere modernen Häuser sind antike Einzelstücke weitaus besser geeignet. Oft sind es Erbstücke, die seit mehreren Generationen im Besitz der Familie sind. Sie wollen liebevoll aufgestellt werden, und das neu hinzugekommene Mobiliar soll sich ihnen anpassen. Stoffe und Teppichmuster werden möglichst zurückhaltend ausgewählt, um der Ausstrahlung eines schönen alten Holzes Vorrang zu geben. Nicht selten werden Menschen über die Freude am vorhandenen Objekt zu Sammlern weiterer Möbelstücke, und das Verständnis für Qualität und Wert dieser Gegenstände ist bereits mitererbt. Diese Sammler haben es auch nicht immer leicht, keinen Täuschungen zum Opfer zu fallen. Denn oft sind die Nachahmungen so gut gemacht, daß sie nur schwerlich von Möbelstücken aus der Zeit zu unterscheiden sind. Alte Hölzer werden mit Fachkenntnis so behandelt und verarbeitet, daß sie einem echten Stück aus der Zeit täuschend ähnlich sind. Gegen diese Nacharbeitungen wäre weiter nichts einzuwenden, nur hat das Möbelstück dann nie den erhofften Sammlerwert. Bei der Suche nach altem Mobiliar muß es sich keineswegs immer um Museumsstücke alter Zeiten handeln. Die sind preislich oft unerschwinglich und, in ihrer Bestimmung, damals für ganz andere Raumdimensionen vorgesehen gewesen. Die sogenannten höfischen Möbel wurden für Schlösser und Adelspaläste geschaffen. Sie würden zwischen

unseren heutigen schlichten Möbeln und knappen Raumdimensionen etwas seltsam wirken. Jemand erliegt vielleicht aus einem gewissen Bedürfnis nach Extravaganz diesem übertriebenen Reiz des Kombinierens, selten aber ist dieser Einrichtungsstil sehr harmonisch. Was in diesem Fall für die übertrieben höfisch gearbeiteten Möbel gilt, trifft in gleicher Weise für bäuerliche Möbelstücke zu. Auch sind diese Möbelstücke in bäuerlicher Schwere und Einfachheit, einmal für eine Bauernstube gemacht, eher ein Kuriosum in einer modernen Stadtwohnung als eine organische Ergänzung für das moderne Mobiliar. Also man bleibe im Maßstab und halte sich an seine Vorstellung einer gemütlichen Umgebung und suche die alten Stücke, die für eine ähnliche Umgebung einmal geschaffen worden sind.
Ein wichtiger Grundsatz für das Kombinieren zwischen alt und neu sollte immer sein: Qualität gehört zu Qualität.

Fußbodenbelag

Die Wahl des Fußbodens ist für die Atmosphäre des Raumes von großer Bedeutung. Da hier ein Hauptkostenpunkt entsteht, kann jeder Fehler recht teuer zu stehen kommen. Wir unterscheiden im großen zunächst zwei Fußbodenarten. Harte Fußbodenbeläge und weiche Fußbodenbeläge. Man kann beide Arten in einem Haus zugleich verwenden und dadurch für das Auge und das Gefühl durchaus wirkungsvolle Kontraste setzen. Ein fülliger weicher Teppich kommt auf einem harten Fußboden erst recht zur Geltung. Früher bevorzugte man für gewisse Räume harte Fußbodenbeläge, nämlich Küche, Bad, Toilette. Heute wählt man teilweise auch für diese Räume mehr und mehr weiche Teppichböden, besonders in synthetischer Faser. Die Auswahl der Musterung und Farbe eines Fußbodens verdient genausoviel Sorgfalt wie die Wahl der Beschaffenheit des Materials. In kleinen Räumen vermittelt ein ruhiger Fußbodenbelag stets eine Vergrößerung des Raumes. Grobmusterige Fußbodenbeläge verkleinern einen Raum und lassen ihn leicht unruhig wirken. Ist ein Raum nur sehr spärlich möbliert, kann eine belebte Fußbodenstruktur den Gesamteindruck des Raumes steigern. Ebenso wird eine große Musterung auf dem Fußbodenbelag das Material des Raumes beeinträchtigen. Man muß darauf achten, daß die Musterung stets in der Längsrichtung des Raumes verläuft.
Kein anderer Teil des Hauses wird so strapaziert wie der Fußboden. Er kostet die meiste Pflege. Deshalb ist die sorgfältigste Überlegung für die Art des Bodenbelages angeraten. Ein Fehlkauf kann hier sehr üble Folgen haben und jahrelange Plackerei bedeuten.

Es wurde bereits im Kapitel »Planen« erwähnt, daß man das Haus in verschiedene Bereiche einteilen kann: die Schmutzzone (Hauseingang, Küche, Wirtschaftsräume), die Zone der Kommunikation und die Zone der Ruhe. In der Schmutzzone sind Fußböden angebracht, die mit Wasser gereinigt werden. Dann kommen die Räume, in denen gewisse Beschäftigungen ausgeübt werden (Kinderzimmer, Flur, Nähplatz, Arbeitszimmer). Auch hier sollten die Fußböden noch gut zu pflegen sein. In den Zonen, wo kaum noch Schmutz anfällt (Wohnzimmer, Schlafzimmer), dürfen neben praktischen Erwägungen auch dekorative Motive mitspielen. Es ist sehr arbeitserleichternd, wenn man möglichst große Flächen im selben Material vorsieht. Dieser Boden benötigt dann die gleiche Art von Reinigung und Pflege, und die Hausfrau muß nicht ständig das Putzmaterial wechseln.

Steinzeugfliesen

Im Hauseingang und in der Garderobe empfiehlt sich ein Steinfußboden, der leicht zu reinigen ist. Die deutsche Keramikindustrie ist mit ihrem Angebot sehr vielfältig und bietet interessante Dessins, so daß im Stil vom rustikalen bis zum eleganten Fußboden alles zu finden ist. Es gibt Steinzeugfliesen mit Schieferstruktur, die verschiedenartig verlegt werden können. Die Platten sind in den Maßen 10×10 cm und 15×15 cm zu haben. Daneben werden rustikale Fliesen mit glatter oder schieferartiger Oberfläche hergestellt wie auch glasiertes Steinzeug. Hier sind die Platten quadratisch 10×10 cm; Bodenfliesen im Format 15×15 cm gibt es in vielen Farben und mit der verschiedenartigsten Oberfläche. *Solnhofener Platten* sind eine sehr dankbare Fußbodengestaltung. Man verlegt sie unregelmäßig behauen, angeschliffen, halbgeschliffen, geschliffen, glanzpoliert oder hochglanzpoliert. Die Wirkung dieses Natursteins ist sehr dekorativ. Bei Marmorfußböden ist dieser Effekt natürlich noch gesteigert, aber sie sind auch wesentlich teurer. Lasierte wie auch unlasierte *Ziegel* wirken rustikal und warm. Für Eßplätze und Dielen haben sie etwas sehr Anheimelndes in ihrem rötlichen Ton; mit der Art der Verlegung läßt sich die Struktur des Bodens bestimmen.

Terrazzo ist ein Steinbelag, der an Ort und Stelle hergestellt wird. Natursteinkörner werden in zementgebundener Mischung ausgeschüttet und nach dem Verlegen geschliffen. Dieser Fußboden weist die gleichen Eigenschaften wie Kunststein auf. Die Sockelleisten werden in einem Arbeitsgang aus demselben Material hergestellt. Bei größeren Flächen sind Dehnungsfugen zu berücksichtigen, die mit Metall- oder Kunststoffleisten gefüllt werden. Dieser Fußbodenbelag wurde früher sehr viel verwendet. Er ist außerordentlich schmutzunempfindlich und pflegeleicht.

Holzdielenfußboden

Der Dielenfußboden nimmt gegenüber dem Parkett eine untergeordnete Stellung ein. Früher verwendete man Dielen aus dem sehr harten, schön gemaserten amerikanischen Pitchpineholz. Diese Dielen sind auch für das Versiegeln geeignet. Preislich liegen sie heute nicht unter den Parkettfußböden. Dielenfußböden aus einfachen Holzarten werden häufig gestrichen. Dabei sollte man bedenken, daß sich dafür nicht nur das herkömmliche Dunkelbraun eignet, sondern daß Hellgrau, Weiß und alle Pastelltöne weitaus besser zu der Einrichtung des Zimmers passen und sehr dekorativ sein können. Solche Fußböden sind nicht sehr strapazierfähig und benötigen öfters einen neuen Anstrich. Wie alle Holzfußböden sind Dielen besonders fußwarm, wenn sie auf trockenem Untergrund verlegt sind.

Parkett

Parkett ist wegen der optisch warm wirkenden Holzstruktur ein sehr beliebter Fußboden. Es gestaltet einen Raum behaglich und wohnlich, es ist angenehm zu begehen und, wenn es versiegelt ist, auch leicht zu pflegen. Seine Lebensdauer ist sehr lang, aber es ist nicht ganz unempfindlich. Es muß vor allem gegen Feuchtigkeit geschützt werden; deshalb ist es für alle Räume, wo Wasser benutzt wird, nicht zu empfehlen.

Bei Parkett besteht die erste Wahl aus regelmäßigen, feinjährigen Hölzern, die zweite Wahl hat einige Aststellen, die dritte Wahl, als die billigste, weist zahlreiche Unregelmäßigkeiten auf. Aber auch die dritte Wahl läßt sich noch gut verwenden.

Stabparkett ist ein Massivparkett, in dem einzelne Kurzstäbe zusammengesetzt diagonal oder quadratisch verlegt werden und somit Würfel ergeben. Parkettdielen sind Parkettstäbe in Dielenform aus gleichen oder verschiedenen Holzarten. Tafelparkett ist aus ausgesuchten Hölzern handwerklich zusammengeleimt. Es gibt massive und furnierte Parkett-Tafeln. Kurzriemen-Parkett wird wie eine normale Fußbodendiele auf Kantholz verlegt. Mosaik-Parkett setzt sich aus Tafeln zusammen, in denen mosaikartig verschiedenfarbige Holzstäbe in wechselnder Stabdichte zusammengefügt sind. Diese Parkettart ist besonders preisgünstig. Da es so viele Arten von Parkett-Fußböden gibt, ist es ratsam, sich bei einem Parkettverleger genau zu informieren.

Versiegeln heißt, den sauber geschliffenen Parkettfußboden mit einer Firnisschicht aus einem bestimmten Lack zu überziehen, um das Holz fleckenunempfindlich zu machen. Die allgemein gefürchtete Arbeit der

Parkettpflege, d. h. das Abziehen mit Stahlspänen von Zeit zu Zeit, fällt damit weg. Bei normaler Beanspruchung dürfte ein Versiegeln zwei bis drei Jahre überdauern. Der versiegelte Fußboden braucht nur feucht gewischt werden. Bohnern erübrigt sich. Da das Versiegeln sehr genau gemacht werden muß, sollte es nur von einem Fachmann ausgeführt werden. Für frische Hölzer muß der richtige Zeitpunkt abgewartet werden. Es gibt drei Stufen der Versiegelung. Die glänzende Versiegelung ist die haltbarste, aber nicht jeder wird den Glanz in seiner Wohnung schätzen. Für stärker beanspruchte Böden wird man die halbmatte Versiegelung wählen, für weniger benutzte Räume die matte Form.

Linoleum und PVC–Beläge

Für Räume aller Art und aller Dimensionen gleichermaßen günstig sind Linoleum- und PVC-Beläge. Die Ware kann in Platten von 50×50 cm und kleiner, aber auch in Bahnen von verschiedensten Breiten geliefert werden. Hauptbestandteil von Linoleum sind Kork und Leinöl, von PVC-Belag Polyvinylchlorid. Beide Materialien sind mit einer Schicht Filz oder Korkment unterlegt. Darauf geht es sich weich, und die Unterlage dient zusätzlich der Isolierung und Wärme. Diese Fußbodenbeläge werden fest verklebt. Das Farbangebot auf diesem Sektor ist sehr umfangreich. Es gibt einfarbig und marmoriert gemaserte Platten, auf denen der Schmutz kaum zu sehen ist. Neben einfarbiger ist auch schachbrettartige Verlegung möglich. Besonders schwarz-weiß schachbrettartig verlegte Fußböden sind von eleganter Wirkung. Die Pflege dieses Materials ist denkbar einfach.

Teppichboden

Der Teppichboden gehört in den Wohnbereich. In dieser Zone ist der ausgelegte Teppichboden, d. h. der Spannteppich von Wand zu Wand, auf den ersten Platz gerückt. Rechtzeitig geplant, läßt sich beim Neubau viel einsparen, denn der Teppich kann bereits auf den Estrich verklebt oder verspannt werden. Beim Verspannen wird der Teppich an den Rändern festgenagelt oder mit Nagelleisten festgeheftet. Beim nagellosen Spannen (Verkleben) wird der Teppich am Rand mit einem Spezialkleber versehen und dann gespannt. Das Verspannen hat den Vorteil, daß man den Teppichboden leichter wieder herausnehmen kann. In jedem Falle empfiehlt es sich, Filz- oder Schaumstoffmatten zu unterlegen. Das Auslegen sollte möglichst durch einen Fachmann geschehen, der dann für seine Arbeit auch die Garantie übernimmt. Man lasse sich vorher einen genauen Kostenvoranschlag machen. Es empfiehlt sich, immer ein Stück Reserveteppich mit zu bestellen, um an stark begangenen Stellen, zum Beispiel vor der Terrassentür, die Auslegeware durch eine zweite Bahn vor allzu starker Verschmutzung zu schützen.

Eine besonders großzügige Wirkung wird erzielt, wenn zwei oder mehr ineinander übergehende Räume durchgehend mit dem gleichen Material ausgelegt werden. In jedem Falle sehe man sich aber bei kräftigen Farben vor; denn hier bedeutet eine Wahl im allgemeinen eine Entscheidung für Jahre.

Das Angebot, vom vollsynthetischen Teppich über die Mischgewebe bis zum reinen Wollteppich, ist riesengroß. Die Preisunterschiede erklären sich nicht allein aus der Beschaffenheit des Flors, sondern aus der Art und Festigkeit des Teppichbodens. Bei der Wahl des Materials sollte man in erster Linie die Qualität berücksichtigen. Der billige Einkauf kann sich schon bald als außerordentlich kostspielig erweisen, wenn das gewählte Material der Beanspruchung nicht gewachsen ist. Es sollten hier die von Experten aufgestellten Normen beachtet werden.

Materialien für Teppichböden

Wolle: ein echter Wollteppich ist immer noch am teuersten. Wenn er aus reiner Wolle (mindestens 70%) gemacht ist, trägt er die Kennzeichnung »reine Schurwolle«. Normalerweise bewegt sich der Preis für gewebte oder getuftete Teppichböden aus reiner Wolle zwischen 60,– und 200,– DM pro qm.

Polyamidfaser: in der Reihe der synthetischen Fasern steht diese an erster Stelle. Ihr Name sagt uns vielleicht wenig; sie ist bekannt unter den Bezeichnungen Nylon, Perlon, Jevaflor, Encalon, Dupont-Nylon, Bri-Nylon und Perlon. Hier liegen die Preise bei getufteter Ware zwischen 35,– und 60,- DM, bei gewebter Ware zwischen 50,– und 80,– DM pro qm.

Acrylfaser: sie steht an zweiter Stelle bei den Chemiefasern. Bekannt ist sie unter dem Namen Dralon, Dolan, Acrilan, Leacril und Redon. Mit dieser Faser werden in erster Linie Velourswaren hergestellt. Die Preise liegen bei gewebter und getufteter Ware zwischen 50,– und 80,– DM pro qm.

Polypropylen-Faser: Dies ist die jüngste auf dem Gebiet der synthetischen Fasern. Die Markennamen sind Herculon und Meraclon. Diese Böden sind besonders strapazierfähig. Der qm-Preis liegt zwischen 35,– und 60,– DM.

Viskose-Faser: Diese Faser, die unter den Markennamen Fanuflor-Floxanphilan und Evlan auf dem Markt erscheint, ist die billigste, sie hat sich aber sehr bewährt. Die Preise für getuftete und gewebte Ware liegen zwischen 20,– und 40,– DM pro qm.

Haargarnteppiche sind aus Tierhaaren, in erster Linie Ziegenhaaren gewebt. Sie sind elastisch, unempfindlich gegen Schmutz und preiswert. Auch hier gibt es Mischungen zwischen Tierhaaren und Zellwolle. Mindestens 70% Haar muß im Teppich enthalten sein, damit er sich Haargarn nennen darf. Der qm liegt bei einem Preis ab 30,– DM.

Sisal- und Kokosfasern werden aus Pflanzen gemacht. Sie liefern einen besonders haltbaren und billigen Teppichboden. Der qm-Preis liegt für Sisal ab 20,– DM, für Kokos ab 28,– DM.

Verarbeitung

Gewebte Teppichböden bestehen aus einem Grundgewebe und der Florschicht, die aufgeschnitten oder mit geschlossener Schlinge geliefert werden kann. Geschlossene Schlinge ist Bouclé-Ware.

Getuftete Teppichböden: Hier werden mit vielen parallelen Nadeln die Polfäden in ein vorgefertigtes Grundgewebe eingenadelt. Auch auf diese Art kann eine Flor- und Bouclé-Ware entstehen.

Nadelfilz- und Vliesböden haben keine aufrechtstehende Faserschicht, sondern eine Nutzschicht, die mit einer Trägerschicht fest verbunden ist. Die einzelne Faser verläuft waagerecht an der Oberfläche.

Gepreßte Teppichböden: Hier sieht die Oberfläche aus, als seien gleichmäßig Rillen in sie hineingepreßt. Diese Böden sind schalldämmend und fußwärmend. Die Strapazierfähigkeit hängt von der Qualität des Fasermaterials ab. Am billigsten ist Zellwollgewebe. Es eignet sich mehr für das Auslegen von wenig benutzten Räumen, wie Schlaf- oder Gästezimmer. Bei stärkerer Beanspruchung, etwa in Fluren und im Treppenhaus, sind Haargarne besonders zu empfehlen.

Teppichfliesen und abgepaßte Teppiche: Die Teppichfliese gibt es sowohl als Nadelfilzboden als auch in gepreßter Form aus Tierhaaren. Die 50×50 cm großen Platten werden meist verklebt. Die Verlegungsart ist einfach, und bei starker Verschmutzung lassen sich einzelne Fliesen auswechseln. Durch schachbrettartige Verlegung kann man dem Fußboden ein gewisses Muster geben. Es soll hier noch besonders auf den sehr strapazierfähigen Tierhaarboden Heugafelt hingewiesen werden, der nur in Plattenform lieferbar ist.

Es gibt sehr haltbare und billige abgepaßte Teppiche, von Sisal, Hanf, Pflanzenfasern bis zu hochwertiger Wolle. Erstere wirken etwas rauh und nicht gerade repräsentativ, während ein Veloursteppich einen edlen Zimmerschmuck darstellen kann. Wollteppiche in einfarbiger Qualität können leicht kombiniert und dem Mobiliar gut angeglichen werden. Nur wenn die übrigen Einrichtungsgegenstände ganz zurückhaltend sind, empfiehlt es sich, einen Wollteppich von kräftiger Farbe zu wählen. Es ist darauf zu achten, daß der lose Teppich unter einer Sitzgruppe groß genug sein muß. Es sitzt sich unbequem, wenn immer ein Stuhlbein etwas tiefer steht.
Zu einfarbigen Wollteppichen kann man bunte Orientbrücken legen. Vorsicht bei mehreren Brücken! Farbe und Qualität sollten hier aufeinander abgestimmt sein. Gemusterte Teppiche sind natürlich viel unempfindlicher als einfarbige. Geschmacklich sind sie dann zu vertreten, wenn die Einrichtung schlicht ist und alle anderen Textilien einfarbig gewählt wurden.

Wandgestaltung

Die Wände eines Hauses sind nicht nur dazu da, abgetrennte beheizbare Räume aus dem Hause zu machen. Wände sind auch als ein Mittel anzusehen, einem Haus Gestaltung und Dekoration zu geben. Von vornherein muß man sich darüber klar sein, für welchen Zweck man die Wände benutzen möchte. Um Lärm abzuwehren, Geborgenheit zu vermitteln, um Raumatmosphäre zu schaffen oder um sie nur als Dekoration zu benutzen. Erst wenn man diese Bestimmung festgelegt hat, kann man auch die Gestaltung der Wände bestimmen. Ob nun draußen oder drinnen, stets verbinden Wände den Fußboden und die Decke miteinander. Durch geschickte Gestaltungsmittel läßt sich die Proportion der Wände verändern. Abgesehen von den optischen Gestaltungsmitteln spielt die Struktur und Farbe der Wand eine große Rolle. Stets wird das Auge von der Struktur und dem Material angezogen. Der Wechsel zwischen glattem farbigem Material und einer lebendigen Struktur gibt einem Haus den reizvollen Ausdruck.

Farbanstrich

Es gibt viele Arten, eine Wand zu gestalten. Beginnen wir mit der allereinfachsten, dem Farbanstrich.
Neben der gewöhnlichen Leimfarbe gibt es heute die Kunststoff-Dispersionsfarben. Diese Farben bestehen aus einem Gemisch von Wasser und Kunstharzen. Wenn das Wasser verdunstet, schließt sich das Kunstharz zu

einem Filter zusammen, der fest auf der Wand haftet und durch Wasser nicht wieder löslich ist. Das bedeutet, daß dieser Anstrich wisch- und waschfest ist; ein weiterer Vorteil ist, daß man ihn später einfach überstreichen kann, falls man eine neue Farbe wünscht. So sind die Kunststoff-Dispersionsfarben besonders geeignet, als feuchtigkeitsundurchlässiger Untergrund für ein späteres wiederholtes Überstreichen von Rauhfasertapeten. Die Feuchtigkeit kann durch den Kunstharzfilm nicht mehr hindurchdringen und die Tapete evtl. von der Wand ablösen. Polymatt ist ein spezieller Innenanstrich, Amphibolin kann innen und außen verwendet werden.

Der beliebteste Wandton ist Creme, der auch fälschlich Eierschalfarbton genannt wird. Wer sich sehr fein ausdrücken will, spricht von gebrochenem Weiß. Der Maler versteht sofort, was der Bauherr meint, denn das ist ja auch sein Lieblingsfarbton. »Creme« gießt er am liebsten über das ganze Haus, über Fenster, Türen, Wände. Dabei sollte Weiß die vorherrschende Farbe sein, und es ist nicht zu glauben, wie schwer es ist, einem Handwerker ein richtiges Weiß zu beschreiben. Gelblich und etwas grau wird jede weiße Farbe mit der Zeit von alleine, deshalb sollte man immer ein richtiges Weiß wählen. Es ist für alle Wände die angenehmste Farbe. Zu Weiß paßt alles, es macht den Raum licht und frisch, groß und hell.

Wer Mut und genügend Sicherheit hat, der wird in dem einen oder anderen Zimmer die Wände oder eine Nische farbig streichen. Diese einfarbige Wandgestaltung kann von großer Wirkung sein. Nur sind für die Handwerker sehr genaue Farbangaben nötig. Möglichst probiere man den gewünschten Farbton auf einer größeren Fläche aus, warte ab, bis der Farbprobeanstrich völlig getrocknet ist, und kontrolliere immer wieder, ob er der eigenen Vorstellung oder dem gegebenen Muster entspricht. Dabei versuche man, in das Vorstellungsvermögen mit einzubeziehen, daß große Farbflächen immer intensiver wirken. Ein Farbton, der für eine kleine Nische geeignet ist, braucht noch lange nicht für eine große Wand zu stimmen. An Eleganz haben diese einfarbigen ruhigen Wände einer gemusterten Wand viel voraus, vorausgesetzt, der Farbton wird von der Einrichtung des Raumes aufgenommen und richtig ergänzt. Auch die Bilder müssen natürlich auf den farbigen Untergrund abgestimmt werden. Wer wertvolle Ölgemälde wirkungsvoll hängen möchte, der muß sich schon mit einer weißen Wand begnügen. Die Modewelle, die vier Wände eines Raumes in zwei bis vier verschiedenen Farben zu streichen, ist glücklicherweise wieder abgeflaut.

Noch ein wichtiger Hinweis: Ein Farbanstrich auf der Wand ist so gut oder so schlecht wie der *Untergrund.* Die teuerste Farbe nützt nichts, wenn sie auf einen bröckeligen Putz gestrichen wird. Die Qualität des Anstrichs hängt immer vom Zustand der darunterliegenden, unsichtbaren Schicht ab.

Tapeten

Ebenso sollen Tapeten nie auf Wände geklebt werden, die völlig unvorbehandelt sind. Eine Zwischenschicht wirkt ausgleichend und isolierend. Bei hochwertigen, hellen und durchscheinenden Tapeten ist eine Makulaturklebung angebracht. Polystrol-Schaumstoff-Untertapete isoliert Kältebrüche sowie die daraus entstehenden Schädigungen und dient als Wärme- und Kältedämmung an Wand- und Deckenflächen. Die Wahl der jeweils geeigneten Tapeten ist ebenso wichtig wie die fachgerechte Verarbeitung. Jede neue Kollektion bietet eine reiche Auswahl an Materialien und Mustern. Die Tapeten sollten auf den Stil, die Art und Farbe der Möbel, Vorhänge und Teppiche abgestimmt werden. Außerdem ist zu beachten, daß ihre Farben bei Tageslicht anders wirken als bei künstlicher Beleuchtung. Bevor die endgültige Entscheidung getroffen wird, lasse man sich große Abschnitte oder Rollen im Fachgeschäft vorführen.

Regeln für die Wahl der Tapeten:
1. Der niedrige Raum erscheint höher bei einer Tapete mit senkrechten Streifen. Die Decke sollte hell tapeziert oder gestrichen werden.
2. Der hohe Raum wirkt niedriger bei Tapeten mit waagrechter, betonter Musterung. Die Decke sollte man dunkler tapezieren als die Wandflächen.
3. Der kleine Raum gewinnt an Größe, wenn die Tapete Farben enthält, die Weite vortäuschen, zum Beispiel Hellgrün, Türkis, Hellblau. Helle Tapeten und kleine Muster lassen den Raum ebenfalls größer erscheinen.
4. Der schmale Raum läßt sich optisch korrigieren, wenn die Schmalseiten dunkel und die Längsseiten heller tapeziert werden.
5. Der große Raum erscheint kleiner bei Tapeten mit größerer Musterung und kräftigen Farbtönen.
6. Tapeten beeinflussen auch die Temperaturempfindung im Raum. Nach Norden liegende Räume wirken oft kühl. Mit rötlich, gelb oder braun getönten Tapeten ausgestattet, erscheinen sie wärmer, Der Sonne zugewandte Räume wirken frisch und kühler mit Tapeten, die kalte Farben enthalten, wie Grün, Grün-Blau, Blau.

Tapeten prägen entscheidend das Bild der Räume. Sie bedecken die weitaus größte Raumfläche. Diese dominierende Wirkung geht von einem Material aus, das im Vergleich zu fast allen anderen im Raum vorhandenen Dingen nicht viel kostet. Die gute Tapete wird bestimmt durch: 1. die künstlerische Leistung des Entwurfs, 2. die Art des Papiers: seine Qualität und Stärke, 3. die Besonderheit der Farbe: ihre Leuchtkraft, Lichtbeständigkeit, Wischfestigkeit oder die reinigungsfähige Bindung der Struktur, 4. die Drucktechnik, die Anzahl der Farben, die abschließende Oberflächenbehandlung.

Preiswerte Tapeten sind nur zu 80 Prozent mit Farbe bedruckt, sie sind nicht lichtbeständig und nicht reinigungsfähig. Mit dem Preis steigt die Qualität. Für wertvolle Tapeten wird stärkeres Papier verwendet, und sie werden mit besser gebundenen, lichtechten Farben bedruckt. Die Oberfläche erhält vielfach einen wasserfesten oder abwaschbaren Überzug.

Tapetenmaße

Länge und Breite der deutschen Tapeten sind, mit Ausnahme von Spezial-Erzeugnissen, einheitlich genormt: Länge 10,05 m, Breite ca. 56 cm. Mit einer Rolle können etwa 5 Quadratmeter beklebt werden. Zur Ermittlung der Rollenzahl wird die Tapezierfläche berechnet und durch 5 geteilt. Bei Unifarbe, Klein- oder Streifenmuster ergibt sich nur wenig Verschnitt. Bei großrapportigen Mustern ist ein höherer Verschnitt einzukalkulieren; es werden ein bis zwei Rollen mehr gekauft. Die Reststücke genügen meistens für die Flächen über Türen und Fenstern. Schräge Wände erfordern ebenfalls mehr Tapete. Bitte beim Tapetenkauf nicht zu knapp kalkulieren! Es kann vorkommen, daß bei einer notwendigen Nachbestellung die betreffende Anfertigung nicht mehr vorrätig ist. Reste können dagegen immer zu Ausbesserungsarbeiten verwendet werden. Die Flächenwirkung einer tapezierten Wand wird durch störend sichtbare Nähte erheblich beeinträchtigt. Im allgemeinen sollte man darauf achten, daß die einwandfrei geschnittenen Kanten auf Stoß geklebt werden.

Tapetenarten

Neben den Normaltapeten gibt es noch verschiedene *Spezialtapeten.* Die Velours-Tapete ist eine teure, sehr elegante Tapete. Gaufrierte Tapeten haben eine leichte Struktur und sind deshalb besonders für rauhe Untergründe geeignet. Reliefdruck-Tapeten haben einen plastischen Farbaufdruck.
Golddruck-Tapeten sind besonders wertvolle Tapeten für elegante Räume. Handdruck-Tapeten sind meist in Seiden-Siebdruck in kleinen Mengen hergestellt. Sie haben einen Rapport, das heißt ein sich wiederholendes Muster, das beim Nebeneinanderkleben der Bahnen berücksichtigt werden muß, weshalb ein gewissser Verschnitt einkalkuliert werden muß.
Auf die *Strukturtapete* soll besonders hingewiesen werden. Sie verleiht der Wand einen feinen Ausdruck, ohne daß die Wirkung der Farbe durch ein lebhaftes Muster unterbrochen würde. Hier steht an erster Stelle die Rauhfasertapete, die wie grober Putz wirkt und die sich gut mehrere Male überstreichen läßt. In dieser Art gibt es zahlreiche, noch etwas stärker

geprägte Tapeten, farblos und in feinen Pastelltönen, die einem Wohnraum eine angenehme Geschlossenheit und intime Behaglichkeit verleihen.
Aber auch das reiche Angebot an *lebhaften Dessins* ist verlockend. Besonders hübsch wirken Kombinationen von einfarbigen mit gemusterten Tapeten oder von gemusterten Tapeten mit Stoff im gleichen Dekor. Für Räume, die nicht ständig benutzt werden, sind diese lebhaften Tapeten oft sehr reizvoll, vorausgesetzt, daß hier nicht schon durch viele Bücher, Bilder und gemusterte Stoffe Unruhe herrscht. Der Stil der Musterung sollte natürlich zu der Art der Möbel passen. Für eine rustikale Einrichtung wird man kräftige, bäuerliche Tapetenmuster wählen, und die elegant gemusterte Tapete der eleganten Einrichtung vorbehalten. Anders verhält es sich bei Stilmöbeln. Hier wird man besser auf eine Stiltapete verzichten und durch den Kontrast mit einer großflächigen, ruhigen Tapete eine größere Wirkung erzielen.
Während Strukturtapeten einen Raum optisch vergrößern, wirken glänzende Tapeten raumverkleinernd. Übrigens führen letztere selten zu einer glücklichen Lösung: sie haben leicht etwas von einer falschen Eleganz.
Die Wirkung einer *Bildtapete* kann in einem ruhig gehaltenen, sparsam möblierten Raum sehr reizvoll sein. So läßt sich beispielsweise in einem Eßraum, wo auf große Schränke verzichtet wurde, durch einen in Augenhöhe ringsumlaufenden Bildstreifen ein Akzent setzen. Bildtapeten sind auch geeignet, einzelne Wandteile hervortreten zu lassen und ihnen unter Umständen perspektivische Tiefe zu verleihen. Vorräume, Garderoben, Flure und kleine Zimmer lassen sich auf diese Weise interessant gestalten und erweitern. Hier kann man ein Experiment ruhig einmal wagen, denn ein solcher Bilddekor läßt sich ja leicht wieder auswechseln.
Bei den abwaschbaren Tapeten gibt es drei Ausführungen. Die 100% abwaschbaren Tapeten lassen sich richtig naß abschrubben. Einige Firmen garantieren eine hundertprozentige Abwaschbarkeit für fünf Jahre. Die abwaschbare Tapete kann mit einem Schwamm und etwas Seifenwasser vorsichtig gesäubert werden. Die wasserfeste Tapete kann feucht abgewischt werden. Diese Unterschiede sind zu beachten. Man lasse sich hier richtig beraten, damit spätere Enttäuschungen vermieden werden. Beim Kauf muß weiterhin beachtet werden, daß abwaschbare Tapeten andere Rollenmaße haben.
Die *Grastapete* ist eine aus dem Fernen Osten kommende Tapete mit einer sehr edlen Struktur in naturfarbenen getrockneten Grastönen zwischen grau, braun, grün, beige-changierend. Leider verändert sie ihre Farbe ein wenig unter Lichteinfluß. Sie hat stets einen sehr edlen Ausdruck und bildet einen schönen neutralen Hintergrund, der besonders für das Hängen von Bildern sehr geeignet ist. Zu verschiedenartigsten modernen Möbelstücken bietet

diese Tapete einen guten Hintergrund. Keineswegs setzt sie voraus, daß die gesamte Einrichtung des Hauses im fernöstlichen Stil gewählt sein muß. Für neutrale Übergänge lassen sich mit Hilfe dieser Tapete gute Lösungen finden. Sie sei zum Beispiel empfohlen, wenn ein Raum in Holz getäfelt wurde und man nun den nächsten Raum in einem etwas ähnlich farbigen neutralen Material wählen möchte. Hier bietet die Grastapete eine gute Variation.

Stoffbespannung

Anstrich und Tapete sind die einfachsten Mittel, eine Wand zu verschönern. Aber älter als die Tapete und wirkungsvoller als beide ist die Stoffbespannung. Natürlich muß es nicht gleich kostbare Seide sein, wie wir diesen Wanddekor aus alten Schlössern kennen, auch mit einfachen Geweben kann man einem Raum viel Behaglichkeit verleihen. Die Bespannung braucht nicht über alle vier Wände zu gehen, schon eine Wand oder eine Nische kann in der Wirkung ausreichend sein.
Auch hier sollte man der Einfarbigkeit den Vorzug geben. Gemusterte Stoffe sind noch stärker in ihrer Ausdruckskraft als gemusterte Tapeten. Da könnte der Tag, an dem man das Muster nicht mehr sehen mag, bald kommen – aber eine Bespannung läßt sich nicht so leicht und schnell auswechseln wie eine Tapete! Ausschlaggebend für die Wirkung sind Farbe und Struktur des Materials. Die Skala der für die Wandbespannung geeigneten Stoffe reicht vom Rupfen bis zum feinen Leinen. Zu derbem, rustikalem Mobiliar wird man den kräftigen Rupfen wählen, zu kostbaren Möbeln ein feineres Gewebe. Prinzipiell sollte man Stoffe mit glatter Oberfläche verwenden, damit der Staub an den Fasern nur lose haftet. Wer die stoffbespannten Wände gegen starke Verschmutzung schützen will, kann sie nachträglich mit einer in Sprühdosen erhältlichen Ausrüstung (Scotchguard) imprägnieren.

Anbringungsarten der Stoffbespannung

Es gibt verschiedene Möglichkeiten, den Stoff an die Wand zu bringen. Am schnellsten geht das Aufkleben. Dazu muß die Wand sauber und trocken sein, der Untergrund also eine ebene Fläche bilden. Auf die Wand wird Klebstoff gestrichen, dann die Stoffbahn aufgelegt und angedrückt. Die Bahnenränder müssen mit Holzleisten abgenagelt werden. Das Gewebe kann ohne weiteres für lange Zeit an der Wand bleiben und später auch einmal überstrichen werden. Ein Nachteil dieses Verfahrens zeigt sich, wenn man den Stoff wieder von der Wand herunternehmen will: Der Klebstoff läßt sich nämlich nicht wie Tapetenleim mit Wasser auflösen.

Eine zweite Möglichkeit der Befestigung bieten die Kettenverschlußbänder, die ähnlich wie ein Reißverschluß funktionieren. Den einen Teil des Bandes klebt man an die Wand, der andere Teil wird an die Ränder der Stoffbahn angesteppt. Nun drückt man die Bänder aufeinander, und der Stoff haftet fest an der Wand. Zum Reinigen braucht man die Bespannung nur wieder abzuziehen.
Das dritte Verfahren erfordert etwas mehr Zeit. Hier wird der Stoff nicht direkt an die Wand gebracht. Zunächst werden die einzelnen Bahnen zu einer Fläche in Wandgröße zusammengenäht. Dann wird der Stoff entweder auf ein Lattengerüst genagelt oder über wandgroße Hartfaser- oder Spanplatten gespannt, die Platten können direkt oder wieder mittels Latten an der Wand befestigt werden. Diese Art der Bespannung läßt sich verhältnismäßig leicht, und ohne daß die Wand beschädigt wird, wieder abnehmen. Wählt man die weniger teure Anbringung durch Latten, so hat man die Möglichkeit, die freien Flächen mit Isoliermaterial zu füllen und dadurch eine erhöhte Schalldämmung und Wärmeisolierung zu erzielen. Hier ist zu beachten, daß Bilder an einer Bilderleiste mittels dünner Nylonfäden aufgehängt werden müssen, es sei denn, es sind genügend Querlatten vorhanden, die eine direkte Aufhängung ermöglichen. Bei Platten ist die isolierende Wirkung noch größer, weshalb sie sich besonders für Außenwände eignen, etwa in Schlafzimmern, wo Betten an Außenwänden stehen. Ein weiterer Vorteil stoffbespannter Wände ist die Stoßsicherheit. Auch hier gibt es nicht das Problem der Risse oder der Putzabbröckelung. Solcherart dekorierte Räume wirken immer edel und großzügig.

Textiltapete

Die Textiltapete ist heute ein sehr beliebtes Mittel, stoffbespannte Wände in einfacher Form herzustellen. Es gibt da sehr schöne einfarbige Tapeten, häufig kommen sie aus Italien, aber auch der deutsche Markt bietet ein vielfältiges Angebot. Diese Tapeten tragen wesentlich dazu bei, eine intime Raumatmosphäre zu schaffen. Besonders in matten Pastellfarben bildet die Stofftapete einen idealen Hintergrund für edle Möbel und schöne Bilder. Sie ist jahrelang zu benutzen, wenig empfindlich, läßt sich andernfalls aber auch nach einigen Jahren überstreichen. Es ist leicht verständlich, daß dieses Material sehr kostenaufwendig ist, und man benötigt gute handwerkliche Kenntnis, um es zu verarbeiten. Im allgemeinen läßt man Stofftapeten mit kleinen Leisten an Decke und Fußboden verdeckt enden. Sonst wird das Material direkt wie jede Tapete auf die Wand geklebt.

Ziegel- und Steinwände

Ziegel- und Steinwände sind im Einfamilienhaus mit rustikaler Note sehr beliebt geworden. Durch eine Steinwand dicht am Fenster oder an der Terrassenwand läßt sich eine gute Verbindung vom Wohnraum zum Garten erreichen. Eine geschlämmte Ziegelwand ist hier von ähnlicher Wirkung. Sinnvoll ist es, einen Kamin in Stein zu setzen und unter Umständen die Steineinfassung bis nach oben durchzuziehen, so daß sie wie ein Block wirkt. Basalt und Granit sind sehr gewaltig in ihrer Wirkung und verlangen dementsprechend schwere Möbel. Ziegelsteinwände sind rustikal, aber warm, und stehen sehr gut im Kontrast zu hellen Eichenmöbeln. Marmor an der Wand wie auf dem Fußboden ist ein kühles und elegant wirkendes Material: die klassische Ergänzung sind Mahagonimöbel.

Holzwände

Über die Wirkung von Holzvertäfelung wurde schon gesprochen (Seite 106f.). Holz ist eines der schönsten, aber auch ein teures Dekorationselement für die Wandgestaltung. Unbegrenzt ist seine Haltbarkeit, und unter dem Einfluß von Licht und Luft wird es immer schöner. Eine Holzwand dämpft Geräusche von außen und reflektiert außerdem den Schall im Raume nicht so stark wie verputzte Wände. Ein mit Holz verkleideter Raum wirkt nicht nur behaglicher und wärmer, er ist es auch, besonders wenn das Holz an einer kalten Außenwand sitzt. Mängel an der Wandfläche und Unebenheiten lassen sich durch eine Vertäfelung verdecken. Für die Wahl des Holzes ist wieder der Stil der Einrichtung maßgebend. Durch edle Hölzer wird der Raum festlich, durch einfache, astreiche Hölzer unterstreicht er eine rustikale Einrichtung. Die Proportionen eines länglichen Raumes können korrigiert werden, wenn an den beiden Schmalseiten eine Holzverkleidung sitzt. Senkrechte Gliederung durch Bretterfugen lassen die Wände höher erscheinen, waagerechte verkürzen sie. Die verschiedenen Möglichkeiten der Holzwand haben wir schon im Kapitel »Holz« aufgezählt.
Früher hatte man Holzvertäfelungen nur in Tisch- oder Fensterbankhöhe, selten bis zur Tür gehend; sie waren in Rahmen und Füllungen aufgeteilt. Diese Unterteilung ist heute ganz aus der Mode gekommen, man zieht auch hier die großflächige Wirkung vor. Die einfachste Form der Holzvertäfelung ist die Verbretterung: 7–12 cm breite, 1–2 cm dicke Bretter, durch Nut und Feder miteinander verbunden, werden auf ein Lattengerüst genagelt. Statt der glatten Bretter kann man auch profilierte Hölzer wählen. Sehr viel Arbeit spart man mit einer Holzverkleidung aus zimmerhohen Span- oder Sperr-

holzplatten, die mit dünnen Furnieren in der gewünschten Holzart beklebt wurden. Diese Tafeln werden verdeckt dicht nebeneinander auf eine Lattenunterkonstruktion genagelt oder verklebt.
Wenn die Holzverkleidung nur an einer Wand eines Raumes gewünscht wird, so muß berücksichtigt werden, daß diese Wand besonders schwer wirkt und nach einem Gegengewicht im Raum verlangt. Hierfür eignet sich ein schweres Möbel, eine betonte Fensterdekoration oder eine dunkle Sitzgruppe.

Lochplattenwände

Zuletzt sei noch auf die *Lochplattenwände* hingewiesen. Es gibt sie in verschiedener Ausführung: mit weißer oder farbiger Oberfläche, mit oder ohne abwaschbaren und kratzfesten Kunststoffbelag. Diese Platten können natürlich nicht direkt auf den Wänden befestigt werden, weil man für die Haken, die in die Löcher gehängt werden, einen gewissen Abstand vorsehen muß. Man wird deshalb erst einen Rahmen aus dünnen Latten an der Wand verschrauben, um darauf die Platten anzunageln. Eine Lochplattenwand ist für viele Zwecke geeignet. Überall, wo etwas übersichtlich aufbewahrt werden soll, ist sie nützlich. In der Garderobe, für die Schuhablage, in der Küche, am Arbeitsplatz, zum Werken, im Kinderzimmer, am Nähplatz der

Dekorationsvorschlag für freie Regalnischen

Hausfrau und im Hobbyraum wird sie ihre hilfreichen Dienste anbieten. Eine Dämmplatte, weiß gestrichen an einem Wandteil, ermöglicht das Festheften von Bildern und Notizen. Wenn in einem Raum eine Wand, für die kein besonderes Möbelstück vorgesehen ist, einfach zu leer erscheint, so läßt sich eine glückliche Lösung vielleicht durch ein schnell gezimmertes loses Wandregal erreichen. Ein paar einfache Borde, im Wandton gestrichen, nehmen neben Büchern einige hübsche Gegenstände auf und bilden eine liebenswürdige Wanddekoration, die auch einmal ausgewechselt werden kann.

Raumteiler: Die einfachste Form, einen Raum in verschiedene Wohnbezirke zu teilen, ist der *Paravent.* Er wird in Deutschland sehr wenig benutzt, aber er kann ein sehr praktisches Möbel sein. Entscheidend ist dabei, daß die einzelnen schwenkbaren Teile nicht zu breit sind, so daß man den Paravent ziehharmonikaförmig aufstellen kann und ihm damit eine Standfestigkeit verleiht. Die Höhe des Paravents richtet sich danach, ob man einen Wohnteil abtrennen will, der hauptsächlich zum Sitzen oder zum Stehen benutzt wird. Die Raumaufteilung geschieht mittels einer *Schiebewand,* große Wandflächen werden in gesamter Raumhöhe voreinander gezogen. Sie laufen auf Gleitschienen, ähnlich wie eine Schiebetür, nur daß es sich hier um Gesamtwandflächen handelt. Diese Flächen können auch aus Dämmplatten auf Rahmenkonstruktion gearbeitet sein. Sie können auch eine mit Textilmaterial bespannte Rahmenkonstruktion sein. Je größer die einzelnen Schiebeflächen sind, desto größer bleibt der feststehende Block im Raum sichtbar. Möchte man auf diesen festen Block verzichten und eine Fläche möglichst weit aufschieben können, so bezieht man sich auf Faltwände, die verschiedene Firmen anbieten. Allgemein besteht hier das Faltmaterial aus einem Plastikstoff, der, ähnlich wie ein Vorhangstoff, zur Seite geschoben wird. Er läuft oben und unten, d. h. an der Decke und am Fußboden auf einer Metallschiene. Frei in den Raum gestellte Schrankwände sind eine beliebte Art, Räume ganz oder teilweise zu unterteilen. Die Möbelhersteller liefern dort ein umfangreiches Programm. Im allgemeinen sind es Schrankwände, die beidseitig ausgebildet sind, so daß man in keinem Fall das Gefühl hat, die Rückseite eines Schrankes zu betrachten. Da gibt es einmal die Durchreiche-Schrank-Wände, die von beiden Seiten mit Schranktüren versehen sind. Sie werden hauptsächlich für die Durchreichemöglichkeit von der Küche zum Eßplatz verwendet. Es gibt aber auch dieselbe Form zur Benutzbarkeit in einem Wohnraum ausgearbeitet. Diese Raumteiler können besonders reizvoll sein, wenn sie in Regalform gearbeitet sind. Sie erlauben dann unter Umständen das Durchblicken von einem Raumteil in den anderen und geben so nur eine schwache optische Trennung, die in vielen Fällen bereits ausreicht. Gerade diese transparenten Regale mit viel Glas haben eine sehr schöne Raumwirkung. Wenn sie sich der Wand im Farbton anpassen, so wirken diese Raumteiler als echte Wandgestaltung und verleiben sich optisch der Wand ein. Sieht man sie aus farbigen Hölzern, der übrigen Einrichtung entsprechend, so haben sie mehr die optische Wirkung eines Einzelmöbels.

Deckengestaltung

Die *verputzte Decke* wird von dem Architekten von der baulichen Seite her erstellt. Dem Bauherrn bleibt zu planen, ob er sie farblich betonen möchte oder unauffällig weiß streicht. Eine weiß gestrichene Zimmerdecke wirkt immer höher als eine farbige. Eine farbige Gestaltung drückt die Decke herunter und läßt den Raum kleiner erscheinen, unter Umständen ist die Raumwirkung aber intimer. Wenn die Wandfarbe in die Decke einbezogen wird, also der gleiche Pastellton der Wand auch die Decke umschließt, so wirkt das Zimmer höher. Optisch gesehen erhöhen sich die Wandflächen über die Decke hinaus. Zieht man andererseits die Farbgebung der Decke noch ein Stück herunter bis auf den oberen Teil der Wandfläche, so ist die Wirkung groß. Die Decke vergrößert sich optisch und kann damit dem Zimmer eine weitende Wirkung geben.

Abgehängte Decken sind geeignet, kleinere Räume wie Hauseingänge, Flure und Anziehzimmer niedriger erscheinen zu lassen und somit das Verhältnis von Breite zu Höhe des Raumes zu korrigieren. Man zieht einfach eine zweite Decke in der gewählten Höhe ein. Die Decke kann von Wand zu Wand gehen, es können aber auch Fugenstreifen rundherum frei bleiben, die farblich etwas behandelt werden. In solche abgehängte Decken läßt sich sehr gut eine indirekte Beleuchtung einbauen.

Auch eine Installationsleitung kann hier hinter der abgehängten Decke verschwinden. Für diese eingezogenen Decken kann man ein Material wählen, das dem Raum einen bestimmten Charakter gibt. Besonders eignen sich hier Holzverschalungen, die übrigens farbig gebeizt oder gestrichen, wie auch weiß geschlämmt werden können. Für diese abgehängte Decke benötigt man eine Unterkonstruktion, ein Lattengerüst, an der dann die gewünschte Deckenverkleidung befestigt wird. Auch Weichfaserplatten, Gipsplatten, sind ein geeignetes Material, eine Art Hängedecke zu verkleiden. Sie können gerastert, kariert, gestreift, gelocht oder glatt sein. Über die Möglichkeit der Holzdecken sprachen wir bereits in dem Thema Holzverkleidungen. Eine weitere Möglichkeit, eine Zimmerdecke zu gestalten, ist, die *Tapete* der Wandfläche auch auf die Decke zu kleben. Diese Situation wird man sowohl mit Rauhfaser als auch bei kleingemusterten Tapeten anwenden. Die Wirkung im allgemeinen ist raumverkleinernd. Der Raum bekommt dabei eine intime Atmosphäre. Eine tapezierte Decke kann mehrfach übergestrichen werden. Sie verhindert Rissebildungen und ist im allgemeinen sehr dauerhaft.

Heizkörper, Fensterbänke, Blumenfenster

Heizkörper sind ein notwendiges Übel, zur Zierde gereichen sie niemals. Man kann sie verkleiden, jedoch die Verkleidung schluckt viel Wärme, und unsichtbar ist der Heizkörper deshalb auch noch nicht geworden. Man plane deshalb bei der Einrichtung eines neuen Hauses gemeinsam mit der Heizungsfirma sehr genau den Standort der Radiatoren, so daß sie, so unauffällig wie möglich, in die Gesamtkonzeption der Räume mit eingebaut werden können. Es werden heute schon sehr flache, wandnahe Heizkörper hergestellt, die gelegentlich fast zu einem Teil der Wandfläche werden können.

Aber nicht immer ist dies möglich. Für große Wohnräume wird man schwerlich ohne Heizkörper an der Fensterwand auskommen, es sei denn, man entschließt sich zu einer kombinierten Fußbodenheizung. Stehen die Heizkörper vor der Fensterwand, sei es vor der Glasscheibe oder vor dem festen Wandteil, so empfiehlt es sich, sie so niedrig und von ausreichender Tiefe zu wählen, daß sie eine bequeme Sitzfläche ergeben. Eine kräftige Steinplatte, auf Trägern ruhend, damit die Luft gut zirkulieren kann, wird daraufgelegt und mit losen Kissen zu einer Sitzfläche arrangiert. Daneben können Zeitschriften liegen oder schöne Flaschen stehen und ein dekoratives Ablagebord hat sich ergeben.

Im Arbeitszimmer läßt sich der Heizkörper so anbringen, daß die Fensterbank verbreitet über ihn hinwegläuft und in eine Arbeitsplatte übergeht. Es war eine Zeitlang üblich, Heizkörper schwarz zu streichen, damit sie im Schatten der über ihnen liegenden Fensterbank weniger hervortreten. Im allgemeinen wirken sie aber weiß oder grau gestrichen weniger auffällig. Meist ist auch ein nicht verkleideter Heizkörper im Raum weniger auffällig als eine Verkleidung. Für die Heizkörperverkleidung eignen sich verschiedene Materialien. Zunächst braucht man einen Eisen- oder Holzrahmen. Der Holzrahmen darf nicht zu schmal sein und soll sich bei großer Wärmeeinwirkung nicht verziehen. Dieser Rahmen muß mit Beschlägen an der Wand so befestigt werden, daß er jederzeit wieder entfernt werden kann. In den Rahmen legt man nun ein Geflecht aus Rohr, Messingdraht, Holzstäben oder ausgestanzten Hartfaserplatten. Alle diese Materialien können farblich behandelt werden. Je dichter und feinmaschiger das Plattenwerk vor dem Heizkörper ist, um so weniger Wärme kann in den Raum entweichen. Als Abdeckplatte für die Heizkörperverkleidung ist jede Art von Marmor oder Kunststein geeignet. Selbst Eternitplatten, dic cs in verschiedenster Färbung gibt, können sehr hübsch aussehen.

Fensterbank

Die Fensterbank sollte man nicht nur als ein Mittel ansehen, ein Mauerwerk abzugrenzen oder die Fenstereinrahmung abzudichten. Sie ist absolut zur Einrichtung eines Zimmers gehörig und läßt sich in dekorativer Hinsicht auswerten. Es ist wichtig, daß sie breit und tief ist; nur so läßt sich aus ihr etwas gestalten. Wenn die Aussicht aus dem Fenster nicht schön ist, dann dekoriere man die breite Fensterbank mit Töpfen und Blumen. Glasgegenstände stehen hier besonders günstig, da sie durch Gegenlicht belebt werden. Faßt man mit dem Material der Fensterbank auch gleichzeitig die seitliche Fensterlaibung ein, so entsteht hier eine kastenförmige Einrahmung, die sehr hübsch aussehen kann.

Die herkömmliche und einfachste Form der Fensterbank ist das weißgestrichene Holzbrett. Da ein Farbanstrich aber gegen Nässe und Sonne empfindlich ist, so ist es empfehlenswert, die Holzfensterbank mit einer Kunststoffauflage zu beschichten, evtl. mit Resopal. Steinfensterbänke sind sehr viel unempfindlicher. Da steht an erster Stelle die edle Marmorfensterbank. Dieser Stein ist in verschiedenen Farbtönen erhältlich, so daß er passend zu jedem gewünschten Grundton im Raum ausgesucht werden kann. Auch Kunststeinplatten (evtl. Eternitplatten) bieten sich für die Fenstergestaltung an. Die keramische Fliese ist unempfindlich gegen jegliche Wasser- und Säureeinwirkung; in Form, Art und Farbe paßt auch sie sich jedem Wunsch an.

Arbeitsplatz Fensterbank

In Arbeitsräumen und Zimmern größerer Kinder läßt sich die Fensterbank gleich mit einer Arbeitsplatte vereinen. Unter dieser vergrößerten Platte können Schrank und Schiebkastenteile montiert werden. Ist ein Heizkörper darunter verborgen, so läßt man Schlitze in die Tischplatte einsetzen, die mit einem Messingdrahtgeflecht abgedeckt werden, damit die Wärme nach oben hin entweichen kann. Für diese Fensterbank-Arbeitsplatten wähle man, passend zu der übrigen Einrichtung, Hölzer kräftiger Art, zum Beispiel

eichen- oder teakholzfurnierte Tischlerplatten. Die Oberfläche wird dann so behandelt, daß sie unempfindlich ist.
Im Wirtschaftsraum und in der Küche wird es selbstverständlich sein, die Fensterbänke mit der Arbeitsplatte verwachsen zu lassen. Selbst bei einer hohen Fensterbrüstung, unter der eine Arbeitsplatte liegt, empfiehlt es sich, die Fensterlaibung bis zur Arbeitsplatte durchgehen zu lassen, damit die Nische noch als zusätzliche Abstellfläche ausgenutzt werden kann. Jede Herstellerfirma von Küchenmöbeln plant ihr Programm so, daß die Abdeckplatten auf den Unterschränken für Fensternischen erweitert werden können, so daß eine nahtlose Verschmelzung von Tischplatte und Fensterbank möglich ist. So entsteht eine durchgehende Arbeitsplatte, die bequem zu reinigen ist. Die gleichen Voraussetzungen gelten natürlich für jeden Arbeits-, Näh- oder Bügelplatz, der direkt unter einem Fenster vorgesehen ist, sei es im Schlafzimmer oder in einer Flurnische.

Blumenfenster

In unserem technischen Zeitalter sucht der Mensch für seine Entspannung immer mehr die Nähe der Natur. Da ist der Wunsch nach einem Blumenfenster nur zu verständlich. Unsere zentralgeheizten Häuser bieten nun aber mit ihrem »Steppen-« oder »Wüstenklima« die denkbar ungünstigste Voraussetzung für das Gedeihen der Fensterpflanzenwelt, die zum größten Teil aus tropischen bis subtropischen Gebieten kommt. Um so wichtiger ist es, rechtzeitig an die vorteilhaftesten Bedingungen für das Blühen und Gedeihen der Pflanzen zu denken. Denn es bereitet nicht viel Freude, wenn ständig neue Gewächse in Gärtnereien erstanden werden müssen, weil die eigenen Zöglinge mangels besserer Lebensbedingungen hinwelken. Es kommt zunächst auf die richtige Boden- und Luftfeuchtigkeit an, die Beschattung der Pflanzen bei allzu starkem Sonneneinfall, die richtige Belüftung, Beheizung und schließlich auf die fachgerechte und zweckentsprechende Bepflanzung. Im allgemeinen ist der finanzielle Aufwand durch die große Freude, die das Gedeihen der Pflanzen bereitet, gerechtfertigt.
Der wichtigste Teil des Blumenfensters ist die *Pflanzenwanne.* Ihre Abmessung wird sich nach den Maßen des Fensters richten müssen; die Mindestbreite sollte aber 20 cm und die Höhe wenigstens 20–25 cm sein. Sie ist möglichst so anzubringen, daß sie mit dem Rand des Fensterrahmens abschließt. Als Material kommen Asbestzement, Natur- oder Kunststein, Holz (mit Folie ausgelegt oder mit Kunststoff beschichtet) oder auch Zinkblech, das mit einem Bitumenanstrich versehen wird, in Frage. In diese Pflanzenwanne kommt zunächst eine dünne Schicht aus Bimskies, Basaltsplit, Verniculit oder

Links: In den Fußboden eingelassene Blumenwanne

Rechts: Blumenwanne, die in die Fensterbank eingelassen ist

Syromull. Darauf wird Torf gefüllt, der immer krümelig feucht zu halten ist, wodurch für eine gleichmäßige Boden- und Luftfeuchtigkeit gesorgt ist. In dieses Torfbett werden die Pflanzen mit den Töpfen eingesetzt.

Will man das Fenster nach innen öffnen können, muß die Wanne abnehmbar sein. Sie sitzt dann entweder auf einem Winkeleisen, das unterhalb der Fensterbank angebracht ist, oder auf einem Unterbau, der mit Hilfe von Rollen wegfahrbar ist. Bei Dreh- und Kippfensterflügeln sollte die Wanne immer etwas versenkt unter der Fensterbank angebracht sein, damit die Pflanzen nicht beschädigt werden.

Für die meisten Zimmerpflanzen bietet sich das zum Raum *offene Blumenfenster* an. Hierbei sollte die Brüstungshöhe nicht unter 90 cm, die Fensterhöhe nicht unter 1,25 m betragen. Die Fensterscheibe sollte möglichst aus einer Verbund- oder Thermopan-Verglasung bestehen und von außen gereinigt werden können. Für die Innenreinigung ist es günstig, wenn die Blumenwanne schwenkbar, fahrbar oder abnehmbar ist.

Bei fester bodentiefer Verglasung läßt sich das offene Blumenfenster auf dem Fußboden aufstellen oder so im Boden versenken, daß es bodengleich wird. Diese Art von Blumenfenster stellt eine enge Verbindung zwischen Wohnraum und Natur her. Durch eine geschickte Wahl der Pflanzen läßt sich der Übergang von drinnen nach draußen verwischen, so daß der Garten gewissermaßen bis in das Zimmer hineinwächst.

Beim *geschlossenen Blumenfenster*, das durch eine Glasscheibe vom Zimmer abgetrennt ist, entsteht ein Klimaraum, der es gestattet, auch etwas empfindliche Pflanzen zu halten. Höhe und Breite wird sich nach den baulichen Gegebenheiten richten müssen; der Abstand zwischen den Scheiben sollte mindestens 30 cm, besser aber 50–60 cm betragen. Während die äußere Verglasung möglichst feststehen sollte, ist für die innere ein Schiebefenster oder ein Drehflügel sehr geeignet. Die Industrie liefert auch hier bereits fertige Einbauelemente. Auch beim geschlossenen Blumenfenster empfiehlt es sich, die Pflanzen mit den Töpfen in die torfgefüllte Blumenwanne einzubetten. So läßt sich ihr Wachstum besser unter Kontrolle halten, und die einzelnen Gewächse können leichter einmal herausgenommen werden (etwa zum Putzen der Glasscheiben von innen).
Das *Klima* des Blumenfensters muß durch Meßgeräte für Temperatur und Luftfeuchtigkeit kontrolliert werden. Das geschlossene Blumenfenster wird durch einen Heizkörper oder ein elektrisches Heizkabel erwärmt. Bei strengem Winterklima ist auch für das offene Blumenfenster eine eigene Heizung notwendig; wichtig ist aber hierbei, daß die Warmluft an der Innenseite der Fensterscheibe aufsteigen kann. Steht die Pflanzenwanne über der Raumbeheizung, so muß sie genügend weit über den Heizkörper hinausragen, damit die Blätter der Pflanzen gegen die aufsteigende Heißluft geschützt sind. Es muß stets darauf geachtet werden, daß Luft- und Wurzeltemperatur gleich sind; ebenso wichtig ist es, im Winter Temperaturschwankungen zwischen Tag und Nacht zu vermeiden. Um die notwendige, recht hohe Luftfeuchtigkeit zu gewährleisten, ist ein elektronischer Luftbefeuchter, der mit einem Hydrostat gekoppelt wird, zu empfehlen.
Bei Süd-, Ost- und Westlagen muß eine *Beschattung* durch verstellbare Jalousetten oder Rollos vorgesehen werden. Eine eigene, zugfreie Belüftung des Blumenfensters ist erwünscht, aber nicht unbedingt notwendig. Beschattungsvorrichtungen jedoch verlangen eine Belüftung, weil sich sonst zu hohe Temperaturen bilden können. Neben Kipp- und Klappflügeln sind Lamellen-Lüfter sehr geeignet.
Bei sehr dunkel gelegenen Fenstern sollte eine zusätzliche Belichtung für bessere Lichtverhältnisse sorgen. Mit Warmton-Leuchtstoffröhren, die ohne den Betrachter zu blenden, oben im Fenster montiert sind, erzielt man nicht nur eine effektvolle Wirkung, sondern man verbessert vor allem das Wachstum der Pflanzen, besonders im Winter. Die tägliche Beleuchtungszeit kann 12 bis 14 Stunden betragen.

APOLLO

V: Großzügige Wohnraumlösung mit anschließendem Eßraum
(Entwurf und Ausführung: Vereinigte Werkstätten)

Der Kamin

Der offene Kamin bringt sehr viel Behaglichkeit in einen modernen Wohnraum und bildet optisch ein Gegengewicht zu den oft allzugroß wirkenden Fensterscheiben, die leicht das Gefühl aufkommen lassen, hier müßte es kalt sein. Aber der Kamin sollte nicht nur ein dekoratives Schmuckstück sein, sondern in erster Linie wirklich Wärme verbreiten, also gut beheizbar sein und keine lästigen Begleiterscheinungen zeigen.

Das Wichtigste an einem Kamin ist nicht die äußere Gestaltung, sondern der richtige *Zug*. Es gibt erfahrene Kaminbauer, die man immer mit dem Setzen eines Kamins beauftragen und auch für die entwürfliche Planung unbedingt mit heranziehen sollte. Im allgemeinen hat der Architekt oder der Innenarchitekt einen Kaminbauer an der Hand, andernfalls wird man sich über die Innung nach einer solchen Adresse erkundigen. Die früher sehr begründeten Bedenken, daß es in einem Raum mit Kamin ziehe, sind nur dann berechtigt, wenn schlecht schließende Fenster und Türen noch mithelfen, Zug zu verbreiten. Der Kamin braucht nun aber einmal Sauerstoff. Da heute Fenster und Türen so gut schließen, daß ihm dieser Weg, sich mit Luft zu versorgen, versperrt ist, muß man ihm Frischluft von außen zuführen, damit er gut brennt. Sitzt der Kamin an der Außenwand eines Hauses, so kann man die benötigte Luft direkt von draußen holen. Sonst muß die Frischluft vom Keller oder über das Dach zugeführt werden. Letzteres ist ein Ausweg, der nur dann möglich ist, wenn nur ein Stockwerk zwischen dem Kaminraum und dem Dach liegt. Die Frischluft wird dem Feuer durch eine regulierbare Klappe zugeführt; auf diese Weise läßt sich die Zirkulation der vorgewärmten Frischluft verstärken. Die Verbindung von der Feuerstelle zum Schornsteinabzug sollte schräg verlaufen, da dies die Abkühlung verlangsamt.

Das Material für die Brennstelle kann aus Gußplatten, Beton oder Schamotte sein, wobei Schamotte das günstigste Material ist, da sie mit Dehnungsfugen verlegt wird, während einteiliges Material bei der Hitze leicht brechen kann. Sehr wichtig ist, daß man gleich einen Schacht von der Feuerstelle zum Keller legen läßt. In diese Öffnung kann die zurückbleibende Asche gefegt werden, die im Keller sofort von einem Mülleimer aufgenommen werden kann. Gibt es einen Kaminrost, so sollte unter ihm eine kleine Schublade befestigt sein, in der sich die Asche sammeln kann. So bereitet die Säuberung der Feuerstelle kaum Schmutz.

Es gibt recht viele Möglichkeiten, einen Kamin aufzustellen. In erster Linie wird man ihn sich im Wohnraum wünschen. Dort kann er dann an der Längswand sitzen. Heute wird der Kamin gern an die Außenwand zur Terrasse gelegt, weil er dann gleichzeitig an Sommerabenden von draußen mit zu

benutzen ist. Auch wenn er in der Trennwand zwischen Wohn- und Eßraum oder Diele liegt, kann er von zwei Seiten benutzt werden.
Für die Lage des Kamins ist in erster Linie der Schornstein wichtig, aber der läßt sich ja bei der Planung eines Hauses festlegen. In zweiter Linie sollte man immer davon ausgehen, daß sich ein recht geräumiger und ausdehnbarer Sitzplatz um den Kamin gruppieren lassen muß. Der Kamin sollte nie an einer kurzen Wand oder direkt an einem Durchgang sitzen und auch nicht von Türen umgeben sein, denn da läßt sich schlecht eine Sitzgruppe arrangieren. Es ist heute sehr beliebt, den Kamin in eine größere Nische mit einer Eckbank-Lösung zu setzen, die gerne etwas tiefer gelegt wird als der Fußboden des Wohnraums. Diese Lösung bringt verschiedene Schwierigkeiten mit sich. Man sollte bedenken, daß man mit dem Heizen des Kamins am Abend immer etwas Beschäftigung hat; in dieser Nische ist der Zugang zur Feuerstelle erschwert. Vor allem aber läßt sich die Sitzgruppe nicht erweitern. Wenn das Feuer einmal etwas zu warm wird, kann man nicht einfach seinen Sessel nehmen und ein Stück zurückrücken. Der Kamin läßt sich auch in einer Zimmerecke anbringen, mit einer frontalen Öffnung zum Zimmer. In diesem Fall kann man sehr gut um ihn herumsitzen. Nur sehr selten wird er mitten im Raum frei aufgestellt. Im allgemeinen befindet er sich an der Hauptwand des Zimmers, der Fensterwand gegenüber (hierzu vergleiche man den Grundriß auf Seite 184). Hier läßt sich über der Feuerstelle ein Vorbau mit einem Sims schaffen, auf dem man auch einmal etwas abstellen kann, oder der Abzug geht in deutlich sich von der Wand abhebender Form als Kaminhaube nach oben. Grundsätzlich hat der Kamin, der 20–30 cm über dem Fußboden sitzt, eine günstigere Wärmeverteilung für die Sitzgruppe. Bei einer Feuerstelle auf Fußbodenhöhe sitzt man bereits ab Kniehöhe im Kalten.

Äußere Gestaltung

Für die *äußere Gestaltung* gibt es keinerlei feste Regeln. Je nach dem Stil der Einrichtung kann er elegant, rustikal oder modern sein. Zu Mahagonimöbeln und Parkettfußböden paßt immer eine Marmorverblendung. Wer schon eine Ziegelwand im Zimmer hat, wird die Kamineinfassung im gleichen Material wählen. Am unauffälligsten wirkt eine weiß verputzte Verblendung mit Kanten in Eisen oder Messing. Rechts oder links neben dem Feuerloch kann man eine Nische für die Holzscheite einlassen, wenn man es nicht vorzieht, sie in einem großen Korb aufzustellen. Will man den Kamin in eine Bücherwand einbauen, so sollte man die Kaminhaube gerade hochziehen, denn es sieht nicht gut aus, wenn die Bücherborde seitlich schräg ansetzen.

Technik im Haushalt

Die Technik macht heute das halbe Leben aus, und es ist schwer, dieses umfangreiche Gebiet einzukreisen. Wir wollen uns hier auf die Technik der Inneneinrichtung beschränken. Leider ist es kaum möglich, exakte, technische Daten zu liefern, da die Industrie ständig neue Artikel herausbringt, so daß jede Angabe recht schnell überholt sein kann. Die meisten technischen Anlagen sind heute bereits mit automatischer Steuerung versehen. Man entscheide sich aber nur dort für die Automatik, wo sie sinnvoll, d. h. arbeitsersparend ist. Hier sind Reparaturen immer recht kompliziert und deshalb teuer.

Da die Geräte zusammenhanglos im Hause verteilt sind und nicht gerade jeder jedes Gerät benötigt, wollen wir sie alphabetisch geordnet behandeln.

Antennen. Für den Bau kleinerer und größerer *Antennenanlagen* gibt es sehr viele verschiedene Möglichkeiten. Während es relativ leicht ist, eine Fernsehantenne mit einem einzigen Fernsehgerät zu verbinden, so ist es für einen Laien in der Regel zu kompliziert, mit mehreren Antennen zu Rande zu kommen. Maßgebend für einen guten Empfang ist nun aber die Wahl der richtigen Antennengröße, die Benutzung entsprechender Verbindungsfilter und der Einsatz richtiger Leistungsverzweiger für die günstigste Aufteilung. Darüber hinaus ist gerade bei mehreren Anschlüssen, die von einer Antennenanlage versorgt werden sollen, in den meisten Fällen ein Verstärker erforderlich, der in seiner Leistung und damit auch in seinem Preis unterschiedlich bemessen sein kann. Planung und Installation sollte stets in Händen von Fachleuten liegen. Alle bedeutenden Hersteller in der Antennenindustrie unterhalten gerade zu diesem Zweck Planungsbüros, die sowohl Privatleuten als auch Installateuren und Baugesellschaften beratend zur Seite stehen.

Ausziehtisch. Für den täglichen Bedarf reicht meistens ein Eßtisch für 4–6 Personen. Doch wer öfter Gäste zum Essen hat, kann unter drei weiteren Möglichkeiten wählen. Der Ausziehtisch, der koppelbare Tisch oder die Tische, die man aneinanderstellen kann, so daß mehrere von ihnen wieder einen vergrößerten Tisch ergeben.

Beim Ausziehtisch sollte sich das Blindgestell mit ausziehen lassen, so daß auch das vergrößerte Tischblatt wieder die notwendige Stütze hat. Die Einlegeplatte liegt im Zargengestell unter der Tischplatte und ist mit leichtem Fingerdruck hochzuschwenken. Die koppelbaren oder nur aneinanderzustellenden Tische haben den Vorteil, daß sich sowohl quadratische als auch längliche Tischkombinationen zusammenstellen lassen. Ein weiterer Vorteil ist, daß diese Tische auch einzeln, unabhängig voneinander verwandt werden können und gleichzeitig Abstelltische vor Wandflächen ergeben.

Boiler siehe *Warmwasserspeicher.*

Brausearmaturen. Die Entwicklung auf dem Gebiet der Brausearmaturen ist sehr weit fortgeschritten. Eine der Möglichkeiten ist, die Armatur mit drehbarem Brausekopf, die von einem weichen luftdurchsetzten Guß bis zum harten Massagestrahl einzustellen ist. Eine weitere Neuerung ist die Tastarmatur, die durch Druck auf ein Quadrat den Wasserstrom freigibt. Ein seitlicher Drehknopf ist Temperaturreglerknopf und dient der Feineinstellung der Wassermischtemperatur. Vorteilhaft ist dazu ein automatischer Regler, durch den ein konstanter Wasserverbrauch garantiert wird.

Brausethermostat. Auf einer Wählscheibe läßt sich hier die Temperatur des Dusch- und Badewassers einstellen. Der mit der Wasserarmatur gekoppelte Thermostat wird entweder mit einer Metallfeder oder einer Flüssigkeit gesteuert, die völlig unabhängig von äußeren Temperaturunterschieden ist. Es ist äußerst angenehm, wenn man seine Dusche auf eine bestimmte Temperatur einstellen kann und zuverlässig weiß, daß sie sich nicht verändert.

Dunstabzugshaube. Man unterscheidet zwischen Abluft- und Umlufthauben. Umlufthauben filtern die Dünste und geben die gereinigte Luft wieder zurück in die Küche. Ablufthauben saugen die Dünste ab und befördern sie ins Freie. Näheres über Dunstabzüge siehe Seite 259.

Durchlauferhitzer siehe *Warmwasserspeicher.*

Faltwände sind die idealen Trennwände zwischen Wohnräumen. Sie trennen Garderobennischen von Flurbereichen, sie können eine Arbeitsecke vom Wohnraum abteilen, eine Kochnische abschließen, oder eine Waschecke in einem Gastzimmer verkleiden. Faltwände können in vorhandene Türfutter eingepaßt werden, ihre Montage ist denkbar einfach. Eine Deckenschiene dient als Führung, die Mechanik ist völlig wartungsfrei. Da weder Bodennischen noch Türschwellen nötig sind, können Teppiche und Läufer unter dem Durchgang liegen bleiben. Es gibt weder Türangeln noch Knarren und Klinken, an denen man hängen bleibt. Die Falttüren sind mit abwaschbarem Kunststoff überzogen und lassen sich verschließen. Die verschiedensten Farben ermöglichen eine Anpassung an das Mobiliar oder an die Wandgestaltung. Es gibt Falttüren in Standardgrößen, die besonders schnell geliefert werden, aber die Herstellerfirmen sind auch für Extrawünsche in ihrer Anfertigung eingerichtet.

Gefriergeräte. Wie groß das Gefriergerät werden muß, hängt von der Größe der Familie und der Art der Haushaltsführung ab. Bei der Entscheidung zwischen Gefriertruhe und Gefrierschrank wird man auch die Raumverhältnisse berücksichtigen. Gefrierschränke sind im gleichen Literinhalt sparender, dafür ist der Kältefluß beim Öffnen ein wenig größer. Es sei hier empfohlen, ganz besonders beim Kauf eines Gefrierschrankes auf die Verschlußmöglichkeit der Tür zu achten. Schließt die Tür nicht ganz perfekt, ist der Sinn eines Gefrierschrankes dahin. Das schlechte Schließen der Tür kann bei der Gefriertruhe nicht vorkommen. Die Hersteller von Einbauküchen haben sich bei den Maßen für Einbaugeräte abgestimmt. Reicht der Platz in der Küche für die Gefriertruhe nicht aus, so wird man in den Wirtschaftsraum ausweichen müssen. Auch im Keller läßt sich das Gerät unterbringen, da man ja nicht so häufig etwas zu entnehmen hat. Selbst wenn vorerst noch kein Gerät benutzt wurde, sollte man bei der Planung einer neuen Wohnung oder eines Hauses den Platz von vornherein mit vorsehen.

Geruchsentzieher. Dieses Gerät schaltet sich automatisch ein, wenn der Sitz eines WC-Beckens belastet wird. Seine Ausschaltung läßt sich mit der Türklinke oder dem Lichtschalter kombinieren. Der Geruchentzieher empfiehlt sich im allgemeinen auf Toiletten ohne Außenbelüftung.

Geschirrspülautomat. Für einen etwas größeren Haushalt ist dieses Gerät wirklich kein Luxusgegenstand. Man sammelt das Geschirr in diesem Automaten, so sieht die Küche immer ordentlich aus, und einmal am Tag läßt man es spülen. Wichtig ist, daß bei der Planung die richtige Aufstellung in der Küche berücksichtigt wird. Zunächst ist der Standort der Geschirrspülmaschine unmittelbar neben dem Wasseranschluß. Darüber hinaus ist es wichtig, die Geschirrschränke dicht bei der Geschirrspülmaschine angeordnet zu haben, damit man das sauber gereinigte Geschirr gleich wieder in die Schränke stellen und dieses mit einem Handgriff ausführen kann und nicht erst wieder einen Zwischentisch braucht, um das gereinigte Geschirr aus der Hand zu stellen. Sehr praktisch sind die Geschirrspülzentren, wo das Spülbecken mit dem Boiler, dem Mülleimer und dem Spülautomaten zusammen unter einer Nirostaabdeckplatte zusammengefaßt ist.

Geschirrtuchtrockner. Elektrische Geschirrtuchtrockner sind eine wundervolle Einrichtung, besonders im Sommer, wenn der Heizkörper fehlt, über den schnell mal ein nasses Küchenhandtuch gelegt wird. Herumliegende und herumhängende Küchenhandtücher in der Küche sehen immer unschön aus. Die Trockenzeit kann je nach Feuchtigkeit der Handtücher eingestellt werden, das Gerät schaltet sich dann automatisch ab.

Heimbügler. Die Bügelmaschine sollte in einem Haushalt so selbstverständlich sein wie der Kühlschrank und der Staubsauger. Zunächst erscheint seine Bedienung etwas kompliziert, doch nach einer gewissen Zeit sitzt jeder Handgriff. Man weiß dieses Gerät erst zu schätzen, wenn man es ein paar Wochen benutzt hat. Hier ist die Entscheidung zwischen Stand- und Tischgerät zu treffen. Über die Unterschiede informieren am besten die Ausstellungsräume der Elektrizitätswerke. Ist für das Haus ein Wirtschaftsraum vorgesehen, dann kann wahrscheinlich ein Standgerät untergebracht werden. In dem Programm der Unterschränke muß eine Fläche von einem Meter freigehalten werden. Das Standgerät ist in der Bedienung etwas einfacher, dafür ist es aber auch teurer als das Tischgerät. Dieses braucht nicht so viel Platz, es wird in einem Schrank verstaut, zum Bügeln herausgeholt und auf einen kräftigen Tisch gesetzt. Wenn der Platz sehr knapp bemessen ist, lohnt es sich, über eine dritte Möglichkeit, das Klappmodell, nachzudenken. Die meisten Hersteller bieten den Heimbügler inzwischen auch als einfahrbares Schrankgerät an.

Heizkörper. Radiatoren bestehen aus miteinander verbundenen Rippen aus Gußeisen oder Stahlblech. Gußeisen ist dauerhafter. In den Rippen zirkulierendes Warmwasser beheizt die Räume. Für WC und Baderäume sind Plattenheizkörper besonders geeignet. Sie benötigen wenig Platz und heben sich mit der glatten Oberfläche von der Wand kaum ab. Sie sind sehr leicht zu reinigen und man kann auch einmal ein Wäschestück zum Trocknen über sie legen.

Herd. In der Höhe soll der Herd genau mit den Einbauschränken übereinstimmen. Fast alle Küchenmöbelhersteller haben ihre Maße auf bestimmte Einbauherde abgestimmt. Notfalls reguliert man durch einen hinzugefügten Sockel. Neben dem Herd muß genügend Abstellfläche für heiße Töpfe vorgesehen werden. Der Herd soll mindestens drei, nach Möglichkeit aber vier Kochplatten haben. Die Industrie bietet heute auch Breitherde mit fünf Kochplatten an. Vor Profil- und Chromecken hüte man sich, sie sind schlecht zu reinigen. Abdeckplatten erübrigen sich heute, sie nehmen nur unnütz Platz weg. In Küchen von mittlerer Größe ist es meist möglich, von der traditionellen Anordnung von Herdplatten und Backrohr übereinander abzusehen und den Back- und Wärmeteil getrennt in Augenhöhe in das Küchenprogramm einzubauen. Heute haben die Backgeräte zusätzliche Grillvorrichtungen und Infraroteinsätze. Wenn einmal Mikrowellenherde für den Hausgebrauch hergestellt werden, wird man nur noch wenige Minuten zwischen Kühltruhe und fertiger Mahlzeit benötigen, um ein Essen auf den Tisch zu bringen.

Infrarotstrahler. Dieser mit Lichtstrom betriebene Wärmer ermöglicht es, daß man auch an kühleren Sommerabenden auf der Terrasse im Warmen sitzen kann. Er muß so angebracht werden, daß er weder direkt auf die Sitzgruppe strahlt noch seine Wärme an die Hauswand abgibt. Neben den festmontierten Infrarotstrahlern gibt es auch leichte Standgeräte im Format von Stehlampen, die allerdings den Nachteil haben, daß ihre Leitungen zwischen den Stuhlbeinen herumliegen. Hierfür müssen genügend Steckdosen auf Terrassen vorgesehen werden.

Küchenmaschinen. Innerhalb der elektrischen Küchenmaschinen unterscheidet man zwischen Stabmixern, Handrührern, Handrührkombinationen oder Universalküchenmaschinen. Das Angebot ist vielfältig und verdient eine genaue Prüfung. Die Art des Gerätes soll exakt den Arbeitsgängen entsprechen, für die man es häufig einsetzen möchte. Universalküchenmaschinen sind wirklich ein Mädchen für alles, aber ihre Anschaffung lohnt sich nur, wenn sie häufig benutzt werden, dafür ist die richtige Aufstellung sehr wesentlich. Besonders praktisch sind die Küchenmaschinenschränke der Küchenmöbelhersteller. Mit einem Griff ist das angeschlossene und arbeitsbereite Gerät in die richtige Arbeitshöhe gebracht. Alle Zusatzteile dafür befinden sich in der Schublade unter der Platte, auf der das Gerät bereits steht.

Kühlschrank. Wichtig ist, daß er dort steht, wo die Arbeit abläuft. Siehe Kapitel Küche, Seite 245ff. Aus wärmetechnischen Gründen sollte er nicht gerade neben dem Herd stehen und muß so placiert sein, daß eine ausreichende Luftzufuhr möglich ist. Seine Größe hängt von der Personenzahl ab. Ist eine Speisekammer oder ein Speisenschrank vorgesehen, kann der Kühlschrank etwas kleiner sein. Ein in Augenhöhe angebrachter Kühlschrank läßt sich sehr viel raumsparender ausnutzen als ein in Bodenhöhe aufgestellter Kühlschrank. Durch auswechselbare Türen kann man die Front des Kühlschrankes den übrigen Küchenmöbeln anpassen. Es empfiehlt sich, die

Wahl des Kühlschrankes ein wenig größer zu halten, als der augenblickliche Familienstand notwendig erscheinen läßt. Häufig ist ein Gerät, das uns vor einiger Zeit noch als passend erschien, in Kürze zu klein geworden.

Leer-Rohr-Netz. Es ist in jedem Fall äußerst ratsam, im Rohbau, bevor verputzt ist, ein Rohrnetz vorzusehen. Durch diese Rohre lassen sich später immer wieder gewünschte Kabel verlegen, ohne daß der Putz aufzustemmen ist. Im allgemeinen ergibt es sich, trotz umsichtiger Planung, daß zusätzliche elektrische Geräte Leistungssysteme erfordern, die ursprünglich nicht vorgesehen waren. Auch Haustelefone und Sprechanlagen können auf diese Weise später angeschlossen werden, ohne daß Wände zu beschädigen sind. Man achte peinlich darauf, daß beim Putzen der Wände die Handwerker keinen Mörtel in Leerrohre fallen lassen. Sonst ist die Wirkung eines Leerrohres aufgehoben. Ebenso beachte man, daß auch der Elektriker beim Verlegen des Leerrohres keine zu scharfen Biegungen vorsieht. Es ist ratsam, hier ständig ein wachsames Auge zu haben.

Luftbefeuchter. In geheizten Räumen wird die Luft selten als angenehm empfunden, in den meisten Fällen ist sie zu trocken. Da können Wasserzerstäuber oder Wasserverdunster Abhilfe schaffen. Bei dem Zerstäuber wird Wasser von einer rotierenden Scheibe auf Gitter geschleudert, wodurch es mikroskopisch fein zerstäubt. Beim Verdunsten wird die Trockenluft von einem Ventilator angesaugt, durch einen feuchten Filter geleitet und dann in den Raum zurückgeführt. Man wählt ein Gerät, das möglichst geräuschlos läuft. Es gibt auch Luftbefeuchter zum Einbauen in Fensteröffnungen oder sie lassen sich oberhalb der Fensterlaibung unterbringen.

Markisen. Sie lassen sich sowohl vom Wohnraum aus, als auch von draußen mit einem Gurtzug oder einer Gelenkkurbel bedienen. Komfortable Ausstattungen gebrauchen einen elektrischen Antrieb. Dieser wird über Lichtzellen gesteuert, so daß sich die Markise automatisch öffnet, wenn eine bestimmte Helligkeit erreicht ist. Vorsicht bei der Farbwahl von Markisen. Zu starke Farben beeinträchtigen die Gestaltung des dahinterliegenden Zimmers, Hartfasermarkisen sind meist haltbarer als Baumwollmarkisenstoffe.

Mischbatterien. Diese Wasserarmaturen braucht man überall dort, wo man wünscht, daß Warm- und Kaltwasser aus einem Strahl aus dem Hahn fließt. Sofern eine Zirkulationsleitung im Warmwassersystem existiert, sollte man überall, wo warmes Wasser benötigt wird, Mischbatterien verwenden, die auf Dauer wirtschaftlicher sind als getrennte Warm- und Kaltwasserhähne.

Müllzerkleinerer. Am Ausgußbecken angeschlossen zerkleinert er unter Wasserzufluß Abfälle, die unter Beifügung von Kalk fortgespült werden. Sperrige Gegenstände können auf diese Weise nicht beseitigt werden. Dafür existiert inzwischen ein Müllkompressor im Kleinstformat, der innerhalb einer Küchenzeile unterzubringen ist. Der Abfall wird mittels Kompressor auf einen Bruchteil seines ursprünglichen Volumens reduziert.

Nachtstromspeicherofen. Das elektrische Heizungsspeichergerät setzt billigen Nachtstrom in Hitze um, speichert ihn und gibt ihn je nach Bedarf am Tage wieder ab. So lassen sich alle Räume durch stufenweise schaltbare Speicheröfen heizen. Rapide steigt das Interesse an diesen Heizgeräten der Zukunft. Wer eine Heizanlage plant, der sollte sich durch beratende Firmen über die Wirtschaftlichkeit der elektrischen Heizung informieren. In den letzten Jahren wurden die Speichergeräte in den Abmessungen ständig kleiner und ließen sich somit besser in die Möblierung der Zimmer einbeziehen. Die Entladung erfolgt über Raumtemperaturregler, die Aufsteuerungsanlage ist automatisch. Restwärme für innerhalb der Räume und Wetterfühler außerhalb senken die Heizungskosten ganz erheblich. Als Mittelwert für die Geräteausstattung kann man, pro kW Anschlußwert, etwa 170,– DM einsetzen. Dieser Durchschnittswert sinkt, wenn der Anschlußwert der Geräte steigt, und erhöht sich, wenn bei gut wärmegedämmter Bauweise auch bei verlängerter Aufladezeit die Anschlußwerte kleiner werden. Die Aufstellung der Speicherheizgeräte muß auch nicht unbedingt unter dem Fenster erfolgen, da durch die Zwangskonvektion, wie sie durch die Lüftereinschaltung eintritt, auch von anderer Stelle her eine gleichmäßige Erwärmung des gesamten Raumes gesichert ist.

Radiatoren siehe *Heizkörper.*

Spülbecken. Über den für den rationellen Ablauf der Küchenarbeit richtigen Platz der Spüle siehe Kapitel Küche, Seite 245 ff. Die Hersteller liefern Spülen in allen Größenordnungen. Die Spüle muß aus zwei Becken und einem Abtropfbrett bestehen. Ein Geschirrspülautomat kann das zweite Becken evtl. entbehrlich machen. Die dahinterliegende Wand sollte durch eine gute Abdeckung isoliert sein. Über der Spüle wird möglichst kein Hängeschrank vorgesehen. Fast ausschließlich werden die Spülen heute aus Nirosta, rostfreiem, verchromten Schwedenstahl hergestellt. Die Nirosta-Abdeckplatten erhält man nicht nur mit den herkömmlichen glatten Oberflächen, sondern auch geriffelt, so daß das Geschirr nicht so leicht abrutscht. Trockengestelle und Abtropfkörbe erleichtern das Abwaschen. Es sei darauf hingewiesen, daß es auch Spülbecken aus weißer Keramik gibt, denn manch einem mag dies weiße Becken günstiger in die Ausstattung einer Küche einzufügen sein. Die Haltbarkeit dieser in Feuerton gebrannten Becken ist absolut gesichert.

Telefon. Der Weg zum Telefonbesitz geht über Formulare. Man muß einen ausgefüllten Antrag für die Einrichtung einer Fernsprechanlage mit einer Grundstückseigentümer-Erklärung versehen im Postamt abgeben. Es empfiehlt sich, den Antrag so früh wie möglich zu stellen, da unter Umständen mit langen Wartezeiten gerechnet werden muß. Für Extrawünsche, z. B. Mithöranlagen, zweiter Anschluß, extra lange Schnur am Telefonapparat, Gebührenzähler, werden gesonderte Gebühren erhoben. Neben dem Telefonanschluß sollte gleich eine Steckdose für einen Beleuchtungskörper, der das Telefonbuch und das Telefongerät erhellt, vorgesehen werden. Bei der Planung eines Einfamilienhauses sei zu berücksichtigen, daß es sich auf die Dauer der Jahre als sehr zeitsparend erweist, mehrere Telefone in einem Hause zu installieren. Wenigstens sollte pro Etage ein Telefon vorgesehen werden.

Variolux. Es handelt sich hier um einen Lichtregler, der auch unter dem Namen Dimmer bekannt geworden ist. Bei der Erfindung dieses Gerätes wurde das Prinzip der Petroleumlampe für unsere heutige Zeit nutzbar gemacht. Durch das Drehen eines Rädchens läßt sich die Lichtstärke eines oder mehrerer Beleuchtungskörper stufenlos regulieren. Es gibt zwei Ausführungen. Der erste Typ wird an Stelle der herkömmlichen Lichtschalter unter Putz mit eingebaut. Mit ihm lassen sich sämtliche Lampen im Raum einschalten und in der Helligkeit bestimmen. Der zweite Typ wird zur Lichtregelung von Steh- oder Tischleuchten per Steckdose und Gerät geschaltet. Mit Variolux lassen sich in einem Raum alle Nuancen zwischen festlich strahlender Helligkeit und stimmungsvollem Dämmerlicht verwirklichen. Besonders praktisch ist das Gerät im Kinderzimmer. Für ängstliche oder kranke Kinder kann so die ganze Nacht ein schwaches Licht brennen. In Fluren oder Treppenhäusern ist es zweckmäßig, heruntergestelltes Licht zu haben. So bietet Variolux auch die Möglichkeit, Strom zu sparen.

Wäschetrockner. Eine Erweiterung der handelsüblichen Trockenschleudern bzw. Wäschetrockner ist ein Wäschetrockengerät. Es gibt dieses Gerät in mehreren Ausführungen. Ausgeklappt an die Wand gehängt gibt es einen 1,20 m langen PVC-Sack frei, in den der Benutzer seine Wäsche hängen kann. Ein per Zeitschalter programmiertes Gebläse pustet wahlweise kalte, lauwarme und warme Luft hinein und verwandelt so das Innere dieses Sackes in einen windigen Trockenbeutel. Daneben gibt es die Wäschetrockner, die die Ausmaße einer Waschmaschine haben. Mittels eines Temperaturreglers kann man verschiedene Temperatureinstellungen benutzen, um Wäsche in kürzester Zeit zu trocknen. Es sei hier zu beachten, daß eine gewisse Dunstentwicklung im Raum entsteht. Im Baderaum (Kellerraum), in dem dieses Gerät aufgestellt wird, muß für genügend Abluftmöglichkeiten gesorgt werden.

Warmwasserspeicher. Durchlauferhitzer werden hauptsächlich für Spülen und Waschbecken benutzt und sollten in der Nähe der Becken untergebracht werden. Sie ermöglichen sofortige Warmwasserbereitung zwischen 35 und 65 Grad. Wegen der hohen Anschlußwerte ist die Anwendung der Geräte beschränkt. Für Speicher sind die Anschlußwerte niedriger. Nachtstrom kann verwendet werden. Allgemein werden Speicher an der Badewanne angebracht. Man unterscheidet 1. Niederdruckspeicher (Überlaufspeicher und Entleerungsspeicher) und 2. Hochdruckspeicher. Überlaufspeicher arbeiten drucklos und selbsttätig. Sie versorgen ein bis zwei Zapfstellen, Kaltwasserzufuhr und Heizelemente liegen im unteren Teil des Speichers. Das erwärmte Wasser steigt nach oben und läuft über ein gegen die Außentemperatur nicht isoliertes Überlaufrohr ab. Das Warmwasser wird durch ein offenes, nicht verschließbares Schwenkrohr oder durch drucklos arbeitende Mischbatterien entnommen. Anschluß von Schlauch und Standbrausen ist möglich. Entleerungsspeicher werden bedarfsweise gefüllt und abgezapft. Sie arbeiten jedoch nicht voll selbständig. Der Warmwasserablauf liegt über dem Zulauf von kaltem Wasser. Deshalb muß der Speicher möglichst hoch angebracht werden. Hier ist keine Brauseeinrichtung möglich.
Hochdruckspeicher sind für die Sammelwasserversorgung mit mehreren Zapfstellen geeignet. Sie haben druckfeste Behälter mit einem Arbeitsdruck von etwa 5 atü und einem Preßdruck von 6 atü. Die Heizelemente mit Kaltwasserzuleitung liegen unten. Warmwasser tritt in dieser Zapfleitung oben aus. Der Betrieb ist voll selbständig. Der Wärmestand ist regelbar. Auch höher gelegene Zapfstellen können mit Warmwasser versorgt werden. Bei Hochdruckspeichern sind folgende Sicherheitsmaßnahmen notwendig: die Anordnung eines Sicherheitsventils, eines Rückschlagventils und bei mehr als 5 atü eines Drucksicherungsventils.

Waschmaschine. Man kann eine Waschmaschine im Wirtschaftsraum, im Badezimmer oder im Keller aufstellen. In der Küche sollte sie nur dann stehen, wenn in den vorgenannten Räumen keine Stellmöglichkeit ist. Ist die

Waschmaschine nicht fest angeschlossen, muß sie in einem Raum Platz finden, wo das Wasser auf dem Fußboden keinen Schaden anrichten kann. Bei der Wahl des Typs müssen die Personenzahl der Familie und vorhandene Trockenmöglichkeiten berücksichtigt werden. Besonders praktisch ist eine Waschmaschine mit gesonderter Trockenschleuder.

Wasserhahn. Die komfortabelste Ausführung ist eine berührungslose Waschbeckenarmatur. In einem Bereich von 10 bis 40 cm spricht die Ultraschall- und Steueranlage an und läßt das voll temperierte Wasser aus den Hähnen laufen. Wenn die Hände zurückgezogen werden, hört die Wasserzufuhr auf. Eine der praktischeren Ausführungen für das Küchenbecken ist eine ausziehbare Brauseermatur. Der Hahn sitzt am Beckenrand und ist gar nicht mit der Wand verbunden, was für die Reinigung des Beckens günstig ist. Bei der Spüle sind mit einem in der Mitte sitzenden Hahn beide Becken zu bedienen. Der Wasserstrahl sollte sich regulieren lassen, so daß man je nach Bedarf volle Stärke und einen brausenden Strahl einstellen kann. Dies geschieht durch einen Strahlverteiler. Der Kopf des Strahlverteilers ist abschraubbar, so daß man kleine Teile entfernen kann, die sich vor dem Sieb absetzen. Im allgemeinen verwendet man heute nur noch Armaturen mit Mischbatterien, d. h. daß kaltes und warmes Wasser aus einem Hahn entnommen werden kann.

Wasserspülung. Statt der Druckspülung, die von der Stärke des Wasserdrucks abhängig ist, verwendet man heute immer mehr den geräuscharmen Wandeinbauspülkasten. Zum nachträglichen Einbau eignet sich der Spülkasten auf Putz gesetzt.

Zähler. Da der Strom nicht mehr monatlich abgelesen wird, sollten die Zähler nicht mehr im Flur angebracht werden. Etwas abgelegen stören sie weniger, etwa im Treppenabgang oder auch unten direkt im Keller. Falls Sie aber doch lieber Ihren Zähler im Flur montieren, so sollte er in einer Nische oder in einem Schrank verdeckt angebracht sein.

Kosten für den Innenausbau

Es muß an dieser Stelle noch einmal gesagt werden: Erhebliche Kosten lassen sich vermeiden, wenn dem Architekten und dem Innenarchitekten gleichermaßen von der ersten Planung an die Wünsche zum Innenausbau möglichst detalliert mitgeteilt werden. Einige Beispiele seien genannt: Die Flächen für Wandschränke können bauseitig so vorbereitet werden, daß die an und für sich hohen Tischlerkosten erheblich gesenkt werden können. Elektrische Anlagen für Steckdosen und Lampen sind nicht so teuer, wenn sie vor dem Putz genau geplant werden. Das bedeutet, daß man bereits vor Vergabe der Aufträge schon möglichst genau wissen sollte, wo die Lichtquellen sitzen werden. Das hat wiederum zur Folge, daß man bereits zu diesem Zeitpunkt festlegt, wie die Möblierung, d. h. wo die einzelnen Möbelstücke später einmal stehen werden. Falls man aber seiner eigenen Planung nicht recht traut und man für eventuelle Änderungen gewappnet sein möchte, sei geraten, Anschlußmöglichkeiten im Fußboden, an der Wand oder an der Decke zu planen, von denen aus dann später noch Veränderungen der Lichtquellen möglich sind. Diese Vorkehrung läßt spätere Standortveränderungen noch offen. Besonders für die Menschen, die gerne einmal umräumen, ihr Mobiliar verändern, sei dieser Vorschlag geraten.

Wenn der Architekt rechtzeitig weiß, daß Holzdecken vorgesehen sind, wird er eine Dachkonstruktion wählen, durch die das Anbringen der Decken nicht viel teurer wird, als für geputzte Decken zu veranschlagen ist. Auch für die Ausstattung der Fußböden sollte man dem Architekten recht frühzeitig eine Aufstellung geben. Das setzt natürlich voraus, daß bereits in diesem Stadium des Planens die Informationen über Fußbodenbeläge recht umfangreich eingeholt worden sind. In vielen Fällen muß der Unterboden rechtzeitig vorbereitet werden, und das ist wiederum wichtig, von vornherein mit einzuplanen. Ein Schacht für die Asche vom Kamin zum Keller oder ein Kanal, in dem der Abfall aus der Küche nach draußen in den Mülleimer befördert wird, muß kein unerreichbarer, extravaganter Wunsch sein. Rechtzeitig mit eingeplant verteuert dieser Luxus ein Haus nicht wesentlich.

Der Innenausbau eines Einfamilienhauses wird häufig etwas zurückgestellt. Im allgemeinen kostet der Bau eines Hauses schon soviel Geld, daß der Bauherr denkt, der Innenausbau kommt erst einmal später an die Reihe. Im zweiten Bauabschnitt, wenn die finanziellen Verhältnisse schon etwas schlechter aussehen, werden überall Sparmaßnahmen getroffen. Leider fallen diese Sparmaßnahmen dann in erster Linie auf die Inneneinrichtung. Deshalb ist es viel richtiger, von Anfang an eine gewisse Summe für die Inneneinrichtung bereitzustellen und hierfür einen Kostenüberschlag zu erarbeiten.

Im allgemeinen berechnet der Architekt eine ganz überschlägige Summe, um die Gesamtkosten nicht noch höher ansetzen zu müssen.
Es ist ratsam, wenn der Bauherr überprüft, ob der Architekt beispielsweise die Kosten für die Fußböden eingeplant hat und an welche Qualität des Fußbodenbelags er dabei denkt. Ebenso ist zu fragen, welche Einbauschränke er eingeplant hat. Im Grunde ist es ratsam, diesen vorveranschlagten Betrag rundum zu verdoppeln. Dann wird man in etwa an die Realität herankommen. Im allgemeinen veranschlagt der Architekt nur einen einfachen Farbanstrich für die Wände. Ein Bauherr muß sich darüber klar sein, daß er stoffbespannte Wände, holzvertäfelte Wände oder gute Tapeten bevorzugt und daß dies eine hübsche Summe an Extras ausmacht, es sei denn, er stellt bereits von Baubeginn an auch für diesen Innenausbau eine gewisse Summe zur Verfügung. Normalerweise wird der Architekt bei der Planung eines Hauses keine Summe für die Dekoration der Fenster mit veranschlagen. Auch nicht für Rollos und Sonnenschutz.
Für Bäder und Toiletten wird er nur eine Grundausstattung zugrunde legen. Dabei ist gerade die Frage des Komforts in sanitären Räumen eine sehr persönliche Einstellung. Für Extrawünsche können hier recht hohe Extrakosten entstehen. Als ähnliches Beispiel wäre die Beleuchtung eines Hauses aufzuführen. Mit einem gewissen Schema läßt sich die Grundbeleuchtung für jedem Raum festlegen. Ebenso gibt es eine festzulegende Summe für Beleuchtungskörper, die dann mit der in Frage kommenden Stückzahl multipliziert, das Endergebnis der gesamten Beleuchtung ergeben kann. Wir möchten hier einige Preise nennen, die dem Bauherrn sowohl bei der Einrichtung eines Hauses wie bei der Einrichtung einer Wohnung helfen können, die etwa auf ihn zukommenden Kosten für den Innenausbau zu überschlagen.

1. Fußbodenbeläge in guter Qualität für Wohnräume sind in etwa mit DM 50,– bis DM 60,– per qm anzusetzen. Es gibt erheblich billigere Fußbodenbeläge, ebenso sind nach oben hin kaum Grenzen zu setzen.
2. Wandschränke in einfacher Ausführung, die für Neben- und Schlafräume gedacht sind, kosten 600,– DM pro laufenden Meter. Mit Farbanstrich versehene Wandschränke für Wohnräume kosten heute pro laufenden Meter ca. 800,– DM, Wandschränke in Edelholz gearbeitet, kosten heute ca. 1000,– DM pro laufenden Meter.
3. Kosten für Fensterdekoration: Für ein Fenster von zwei Meter Breite bei einer Raumhöhe von 2,50 m (gedacht sind bodenlange Gardinen, Über- und Untergardinen in einfacher Ausführung) vom Stoffmaterial her gerechnet, d. h. ohne Nähen und Aufhängen, ca. 400,– DM. Bei anspruchsvoller Stoffqualität läßt sich der Preis ohne weiteres verdoppeln und weiter erhöhen.

4. Um die Kosten für Beleuchtungskörper zu ermitteln, zählt man alle gedachten Lichtquellen durch, multipliziert sie je nach Anspruch mit einer Summe pro Lichtquelle von ca. 80,– bis 200,– DM.
5. Heizkörperverkleidungen, falls sie gewünscht werden, müssen mit ca. 150,– DM pro qm berücksichtigt werden.
6. Für eine Einbauküche läßt man sich Kostenvoranschläge von einer Küchenfirma machen; die elektrischen Anlagen dürfen hierbei nicht vergessen werden, ebenso der Preis, der für das Einbauen der Küche vorzusehen ist.
7. Für den Wirtschaftsraum wird die gleiche Firma einen Kostenvoranschlag machen, die Küchenmöbel produziert. Auch hier bitte an die elektrischen Anlagen denken.
8. Für neues Mobiliar muß man sich im Möbelgeschäft über Preise informieren.
9. Regale für Keller- und Vorratsräume sind zu berücksichtigen.
10. Gartenmöbel und Gartengeräte sind in den Kostenvoranschlag mit einzubeziehen. Sehr anspruchsvolle Bauherrn sollten für den Innenausbau eines Hauses noch einmal denselben Betrag bereit legen wie für die Erstellung des Hauses. Natürlich läßt sich auch mit sehr viel geringeren Mitteln auskommen. Das Wesentliche ist, daß man von Anfang an eine bestimmte Summe für den Innenausbau vorsieht, die dann in die Gesamtplanung mit einzusetzen ist.

Die Einrichtung der einzelnen Räume

Wohnraum

Allgemeines

Bisher wurde das Thema Inneneinrichtung von verschiedenen Seiten erklärt. Wir begannen mit den allgemeinen Einführungen, dann folgte die erste Planung, das Sortieren der Räume, das Konkretisieren der ersten Raumvorstellungen. Von da aus legten wir einiges Grundsätzliches zum Thema Einrichten fest, grundsätzliche Regeln, die unabhängig von dem konkreten Raum erkannt werden sollten. Von da aus versuchten wir, die verschiedenen Materialien zu beschreiben. Wir gaben eine Stilkunde zum Erkennen alter Möbelstile und beschäftigten uns dann mit den Kosten für den Innenausbau. Nun wollen wir an einigen ganz konkreten Grundrissen Einrichtungsvorschläge für die verschiedenen Wohnbereiche geben. Es ist versucht worden, verschiedenartige Grundrißlösungen für Zimmer zu finden, um möglichst breite Vorschläge für das Einrichten von Haus und Wohnung zu geben. Mit Hilfe der gezeichneten Möblierungsvorschläge sollte jeder Leser in der Lage sein, sich einen Raum in seiner späteren Wirkung vorstellen zu können. Farbvorschläge und Materialvorschläge helfen, eventuell gegebene Grundrißlösungen in die Praxis umzusetzen.
Grundsätzlich wird heute der große Wohnraum bevorzugt, der im allgemeinen auch mehrere Funktionen erfüllen soll. Häufig steht die Größe dieses Raumes in keinem Verhältnis zu dem übrigen Anteil, den die anderen Wohnbereiche an der Gesamt-Wohnungsgröße haben. Leider werden allzu kleine Kinder- und Schlafräume zugunsten der großen Wohnräume konzipiert.
Zunächst erhebt sich die Frage, welche Funktion dem Wohnzimmer zugeordnet werden soll. Die Einteilung in die verschiedenen Bereiche setzt gewisse

Richtlinien für die Einrichtung fest. Diese klare Gliederung in die einzelnen Funktionen hilft, Störungen und Konflikte innerhalb des Familienlebens zu vermeiden. So wird man z. B. die Lese- oder Arbeitsecke des Hausherrn etwas vom allgemeinen Wohnzimmertisch separieren bzw. einen Wohnraum für eine größere Familie vielleicht in zwei getrennte Sitzgruppen unterteilen. Die Tendenz des Einrichtens geht heute dahin, möglichst mobile Sitzgruppen zu schaffen. Sie geben uns die Möglichkeit, je nach Bedürfnis den Wohnraum zu verändern und der Situation anzupassen.
Da es zumeist schwieriger ist, kleinere oder mittlere Wohnzimmer einzurichten, werden bei den Grundrißvorschlägen in erster Linie solche Räume berücksichtigt. Anhand von verschiedenen Grundrißlösungen versuchen wir, dem Leser Vorschläge zu geben, aus denen er vielleicht auch seine eigene Wohnsituation herausfinden kann.

1. Beispiel Wohnzimmer mit Eßplatz

Das Beispiel zeigt ein Wohnzimmer mit Eßplatz von insgesamt 38,5 m^2. Es war der Wunsch des Bauherrn, beide Wohnbereiche deutlich voneinander zu trennen. Eine freistehende Schrankwand wird als Raumteiler und Trennmittel benutzt. Trotz dieser gewissen Abtrennung ist die stilistische Auffassung beider Raumteile gleich, der gleiche Fußboden verbindet die beiden Raumteile und schafft somit eine raumvergrößernde Wirkung. Ein rustikaler Einrichtungsstil ist gewählt, der wohnlich und gemütlich ist, ohne auf eine klare sachliche Linie zu verzichten. Eine solche Lösung paßt gut in eine ländliche Umgebung.

Eßteil

Beginnen wir mit dem Eßteil: Er ist 3,50 m breit und bietet genügend Raum, so daß jederzeit die Schranktüren geöffnet werden können, wenn die Familie schon zur Mahlzeit Platz genommen hat. Dieser Raumteil wirkt wie eine Nische. Er ist ganz in Holz ausgekleidet, die etwas tiefer abgehängte Holzdecke (die Raumhöhe ist hier 2,40 m) hält die Holzwände optisch zusammen, so daß sich fast die Geschlossenheit eines Kabinetts ergibt. Damit das Braun des Holzes nicht zu sehr dominiert, wurde die Kiefernholzdecke leuchtend grün gebeizt; die astige Maserung ist aber noch deutlich zu erkennen. Die Durchreichewand zur Küche, Teil der Einbauküche, wurde farblich zu dem Eichenholz der Wände passend behandelt. Alle Schranktüren sind von der Küche und vom Eßraum aus zu öffnen; die Klapptüre in der Mitte dient als Durchreiche.

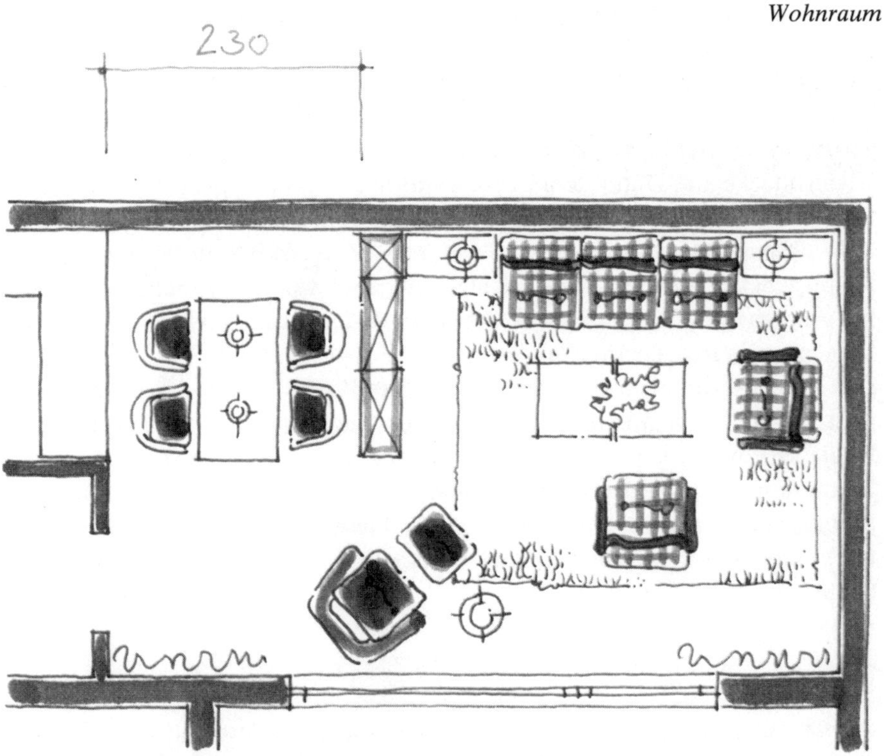

Grundriß eines Wohnraums mit Eßplatz
Ansicht der Hauptwand dieses Wohnraumes

Der kräftige Brett-Tisch aus Eichenholz hat eine helle Ahornplatte. In die Mitte ist eine Wärmeplatte eingelassen, die elektrisch beheizt wird. Die grün gestrichenen Stühle mit Binsengeflecht nehmen den Farbton der gebeizten Kieferndecke auf. Unter dem Eßtisch würde ein Strohteppich gut wirken.
So sieht das *Farbprogramm* für diesen Raumteil aus: mittelfarbiges Eichenholz (Räucherbeize, graugrüner Ton), roter Ziegel-Fußboden, grün gebeizte Kieferndecke, passend dazu grüngestrichene Stühle, Leinengardinen aus hellgrün-rot-braun gestreiftem Leinen. Jedes rustikale Eßgeschirr und Leinensets in Rot, Grün oder Gelb passen auf diesen Tisch.
Die *Beleuchtung* vor der Schrankwand zur Küche und vor der Regalwand zum Wohnzimmer sitzt in der abgehängten Decke in Form von eingelassenen Deckenstrahlern. Vor allem der Geschirrschrank muß gut ausgeleuchtet sein. Über dem Eßtisch ist eine Pendelleuchte angebracht, die durch einen Metallschirm so abgeblendet ist, daß ihr Licht nur auf die Tischplatte fällt. Die Zuglampe kann auch einmal hochgezogen werden, wenn der Eßtisch festlich mit Kerzen gedeckt ist.

Wohnteil

Der Wohnteil ist 25 qm groß und 2,80 m hoch. Bestimmend wirkt hier die Eichenregalwand, die als offenes Bücherregal gestaltet ist. Die optische Verbindung zu den anderen Wänden wird durch ein niedriges Regal hergestellt, das die Sitzgruppe zu einer Einheit zusammenschließt. Die Sitzgruppe steht vor einer weißgeschlämmten, unverputzten Ziegelwand. Die Decke ist weiß verputzt. Unter der Sitzgruppe liegt ein heller Schafwoll-Teppich. Das breite Sofa und ein Sessel sind mit kariertem Wollstoff bezogen, der zweite Sessel ist einfarbig. Am Fenster steht ein Sessel in hellem Naturleder.
Auch hier ist die Gardine aus kräftigem Leinen in Handweb-Charakter. Sie ist bodenlang und an einer Kirsch-Schiene direkt unter der Decke freilaufend angebracht. Auf eine Untergardine wurde verzichtet, da das Wohnzimmer-Fenster nicht einsehbar ist.
Folgendermaßen ist die *Farbzusammenstellung:* Mittelfarbiges Eichenholz (Räucherbeize, graugrüner Ton), roter Ziegel-Fußboden, weiße Wände und weiße Decke. Die Textilien oliv, eierschalfarben, orange, braun, rot; die Sofakissen sind alle einfarbig, abgestuft von Oliv über Orange bis zur Eierschalfarbe. Über dem Raumteiler sitzt verdeckt eine Leuchtstoffröhre, die direkt das Regal anstrahlt. Rechts und links vom Sofa hängen je zwei kleine Pendelleuchten tief herab, die als Leselampen dienen. Die Stehlampe hat gleichzeitig einen Deckenstrahler und ist insgesamt mit 400 Watt zu erleuchten.

2. Beispiel Kombination von alten und neuen Möbeln

Wer in seinem Wohnraum Altes mit Modernem kombinieren möchte, wird sich in der Aufteilung, in der Raumgestaltung und der Verwendung der Materialien und in der Wahl der Farben anders entscheiden als jemand, der vorhat, sich mit modernen Möbeln einzurichten. Der Grundrißvorschlag 2 entstammt einem Haus, das modern gebaut wurde und in der Einrichtung vorwiegend aus alten Möbeln besteht. Der Bauherr wünschte einen spannungsreichen Gegensatz zwischen alt und modern. Weißgestrichene Metallfenster gehören zu diesem Haus und geben den »Öffnungen« eine knappe Einrahmung. Zum Teil sind große Fensterglasscheiben ohne Rahmenkonstruktion direkt ins Mauerwerk eingelassen. Weiträumige, große Fußbodenflächen in durchgehenden Materialien zwischen Wohndiele und Eßraum unterstreichen die Großzügigkeit dieses Hauses. Der größte Teil der Zimmerdecken ist schräg verlaufend; es sind direkt unter der Dachlinie angebrachte Holzdecken. Die Raumhöhe geht von 2,50 m auf 3,90 m hoch. Durch diesen schrägen Verlauf der Zimmerdecke erscheint sie leicht und steigert diese Wirkung bis zum Eindruck des Schwebens, des sich Emporhebens. Somit ist die Wirkung des Holzes trotz der rötlichen Redwood-Farbe nicht zu schwer.

Die *Möblierung* dieses Raumes ist locker und leicht. Abgesehen von der fest eingebauten Bücherwand, die gleichzeitig die Tür zum Arbeitszimmer umschließt und in der Mitte den Kamin beinhaltet, sind die Möbel lose im Raum verteilt. Die Sitzgruppen sind rollbar und leicht zu verändern, es können auch neue Sitzlösungen für Vergrößerungen gefunden werden.

Optisch gesehen hat die Möblierung des Raumes von 40 m^2 den Halt an der Regalwand, die in gutem Gegensatz zu der weit aufgerissenen Fensterseite steht. Rechts im Grundriß ist der Durchgang zur Diele. Von den frei im Raum stehenden Sofamöbeln hat man den Blick in die schöne Gartenlandschaft. Alle Glasfenster sind bodentief. Der Raum ist mit Fußbodenheizung beheizt.

Die Grund*farbe* in diesem Raum ist weiß, beige, rot-braun, kräftig rot-braun, in verschiedenen Variationen. Die Akzente werden nun in einem hellen Orange gesetzt, das sowohl einfarbig als auch in stärkerer Musterung vorkommt. Somit ist die gesamte Farbwirkung in diesem Raum warm und harmonisch. Durch das Fehlen starker Farb-Akzente entsteht ein stetes, sich verbindendes Fließen und Gleiten von einem Möbelstück zum anderen. Die vorhandenen Wandflächen sind weiß gestrichen, die Bücherwand ist ebenfalls weiß gestrichen, die Gardinen sind aus eierschalfarbenem Leinenrips. Der Fußboden ist hell-beige, ein wenig meliert. Die großen Sitzmöbel sind mit

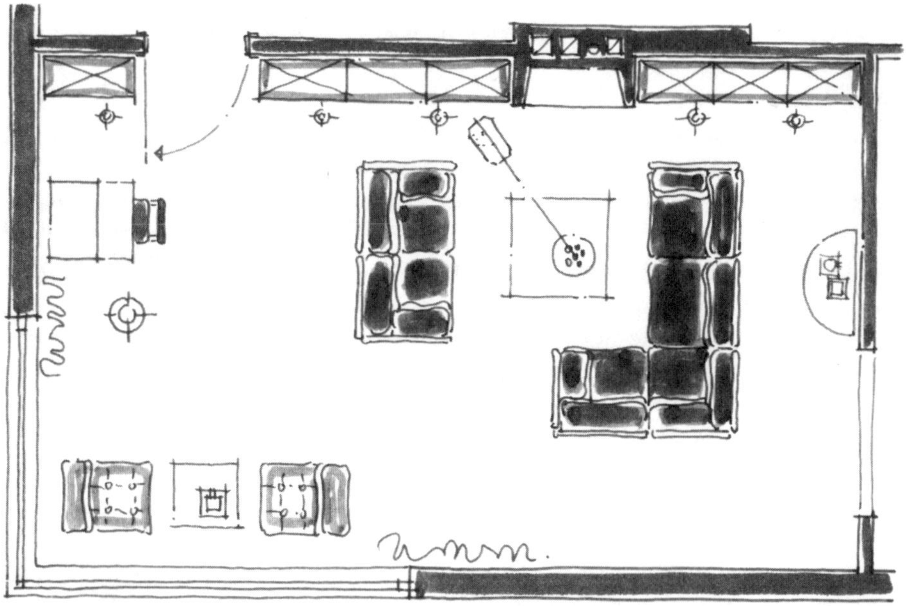

Grundaufteilung des Beispiels 2 für einen Wohnraum mit einer losen Sitzgruppe am Kamin

mittelbraunem Leder bezogen. Die beiden alten Möbelstücke, Schreibtisch und der Wandtisch, haben einen schönen goldbraunen Ton. Die beiden am Fenster stehenden Sessel sind leuchtend orange, mit orange-braun gemusterten Kissen, auf dem Ledersofa wechseln die Kissen zwischen weiß, einfarbig und gemustert orange. Die Zimmerdecke in rötlich braunem Redwood-Ton, im Gatterschnitt verarbeitet, hat einen feinen rot-grauen Schimmer, der nicht aufdringlich wirkt. Die Fenster sitzen fast rahmenlos im Mauerwerk, die Verbindung zur Wohndiele besteht aus einer zweiflügeligen Glastür.

Bei diesem Vorschlag wird auf eine zentrale Decken*beleuchtung* verzichtet. Bei einer schrägverlaufenden Zimmerdecke wäre es auch äußerst schwierig, eine Deckenlampe zu placieren. So ist der Raum in verschiedene Lichtzentren eingeteilt. Der Sitzplatz wird durch zwei Stehlampen mit eingebautem Deckenstrahler erhellt, die über Variolux stärker oder schwächer auszuleuchten sind. Vor der Regalwand sitzt eine streifenförmig in die Decke eingelassene Anzahl von fünf Deckenstrahlern, die ein wenig hervorstehend auf die Bücherwand gerichtet sind. Auch sie sind im Helligkeitsgrad über Variolux zu schalten. Am Telefonplatz in der Regalwand, wo gleichzeitig

Blick auf die Kaminwand im gleichen Raum – im Hintergrund ein alter Sekretär

Radio und Stereogerät zu finden sind, wird ein zusätzliches Licht durch Punktstrahler gegeben. Der kleine abgesonderte Sitzplatz an der Fensterwand wird durch eine herabreichende Glaskugelleuchte als ein kleines Zentrum abgegliedert. Gleichzeitig sieht diese Hängeleuchte vor der großen Glasscheibe sehr dekorativ aus. Es ist selbstverständlich, daß der Schreibtisch noch einmal durch eine Stehlampe ausgeleuchtet ist, die gleichzeitig auch eine Effektbeleuchtung sein kann. Die beiden verbleibenden Wandteile rechts und links neben der zweiflügeligen Eingangstür sind der Platz für große Bilder. Hier sind die Punktlichtstrahler, die von der Decke herunterreichen, so gerichtet, daß jedes Bild gutes Licht bekommt. Diese eingegrenzten Lichtzentren passen sehr gut zu der leichten und lockeren Art der gesamten Raumeinrichtung. Hier wird der Raum durch die getrennten Lichtinseln erweitert und zugleich intim gestaltet.

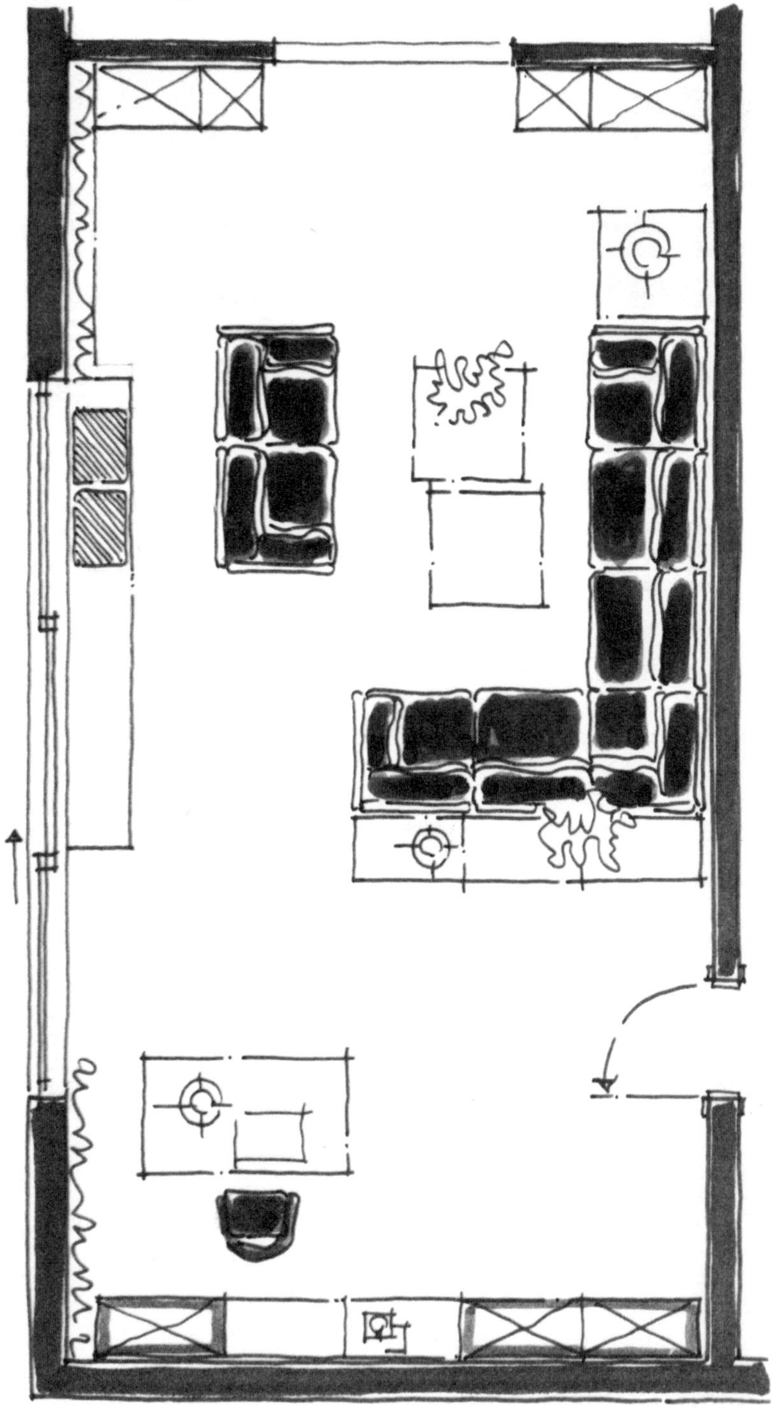

Blick auf den Schreibtisch und die dahinterliegende Bücherwand

◀ *Raumaufteilung für einen langgestreckten Wohnraum von 50 m²*

3. Beispiel »Wohn-Arbeitszimmer«

Der dritte Vorschlag für die Möblierung eines Wohnraumes ist ein Wohnzimmer, das gleichzeitig eine in sich abgeschlossene Arbeitsecke bietet. Dieser Wohnraum soll drei Funktionen dienen. Er soll gleichzeitig Mittelpunkt des Familienlebens sein und nebenbei den Rahmen für größere Geselligkeiten bieten. Der Hausherr hat keinen für sich abgeschlossenen Arbeitsraum und ist deshalb auf eine kleine Arbeitsecke im Wohnraum angewiesen. Um den Wohnraum nicht unnötig einzuengen, sollte diese Abgrenzung nur minimal gestaltet werden. Somit ist der 50 qm große langgestreckte Raum in zwei Wohnbereiche unterteilt. Er erscheint aber dennoch optisch als ein einheitlicher großzügiger Raum.

Die Einteilung des *Grundrisses* ist hier etwas strenger gegliedert als in den vorhergehenden Beispielen. Das Sofaelement hat einen festen Bezug zur Wand. Der frei in den Raum gehende Teil der Sitzgruppe bildet zugleich die Abtrennung zum Arbeitsbereich. Diese Sitzgruppe ist nicht zu verändern. Sie gibt ständig den Platz und die Orientierung für das Sitzen an. Zwei lose nebeneinander stehende Tische ermöglichen die Veränderung der Gruppenbildung innerhalb dieses Sitzbereiches. Weitere Sitzmöbel können hinzugezogen werden und sich dadurch gewissermaßen um zwei Tischmittelpunkte gruppieren. Optisch ist in diesem Raum das Gleichgewicht hergestellt; die beiden Schmalseiten sind mit Regalwänden ausgestattet, die die Länge des Raumes ein wenig verschönern. Eine lange Bilderreihe über der Sitzgruppe bildet wieder ein Gegengewicht zur Fensterwand. Der Raum ist also wirklich voller Harmonie und Gleichmaß. Da wir nicht durch Türen diesen schön gegliederten Raum zerschneiden, ist ein behagliches Sitzen garantiert. Die dem Wohnbereich zugeordneten Dinge wie Fernsehen und Stereoanlage befinden sich in der Schrankwand, die links im Raum um die Durchgangstür zum Eßbereich aufgestellt ist. Die Schrankwand, die dem Arbeitstisch des Hausherrn zugewandt ist, ist hauptsächlich mit Büchern ausgefüllt und enthält daneben kleine verschließbare Schrankteile für Arbeitsmaterial. Eine sehr tief heruntergezogene Fensterbank in voller Breite mit Sitzkissen belegt, bietet für eine größere Anzahl von Gästen noch weitere Sitzmöglichkeiten. Die Raumgröße beträgt 50 m^2.
Die *Farbstimmung* dieses Raumes ist grauweiß, schwarz, eierschalenfarben in der Hauptfarbgebung und die in kleinen Mengen vorkommende Beifarbe hellblau/dunkelblau, türkis in feiner Akzentsetzung. Dieser Raum ist in der Farbgebung etwas streng gehalten, da er häufig als Repräsentationsraum verwandt wird. Die großen Schrankflächen sind aus Nußbaumholz, die Sitzgruppe aus schwarzem Leder. Beides setzt eine gewisse konventionelle Strenge voraus. Die Nußbaumwände verbinden sich mit einer Japantapete im gleichen Helligkeitsgrad, die diesen Räumen einen feinen, warmen und eleganten Ton verleiht. Sie sorgt dafür, daß die Schrankwände zur Rechten und Linken in ihrer starken Holzfärbung den Raum nicht zerreißen. Sie verbindet optisch beide Schrankeinheiten sehr günstig miteinander. Die Fensterwand auf der gegenüberliegenden Seite ist mit einer eierschalenen in ganz feinen Blau- und Grüntönen gestreiften Gardine zu schließen. Eine Mischung dieser blau, hellblau, türkisfarbenen Streifung wiederholt sich noch einmal in zahlreichen Sofakissen und in Bildern, die zum Teil über der Sitzecke hängen. Der Fußboden ist in roh-beige/braun gehalten. Das Material der Gardinen ist feine Seide. Die Struktur dieses Materials paßt sehr gut zur Tapete.

Als *Raumbeleuchtung* dient hier eine indirekte Beleuchtung, die an der Fensterwand sitzt und von Schrank zu Schrank verläuft. Der Arbeitsplatz hat eine getrennt zu schaltende indirekte Beleuchtung über dem Bücherregal und eine Arbeitslampe auf dem Schreibtisch. Die Sitzgruppe ist durch die Tischlampen zu beleuchten, die auf den die Gruppe einrahmenden Regaltischen stehen. Je nach Bedarf ist eine freistehende Punktleselampe dem zweiteiligen im Raum stehenden Sofa zugeordnet. Die Stereo- und Fernsehgeräte in der Schrankwand, die sich in der linken Schrankseite befinden, werden zusätzlich durch eingebaute Regalleuchten angestrahlt.

4. Beispiel Wohnraum mit zwei Sofagruppen

Dieser Wohnraum ist ausschließlich dem Verweilen im Familienkreise vorbehalten. Hier wird gelesen und Musik gehört, keinerlei sonstige Arbeitsbereiche sind in diesem Raum zu berücksichtigen. Die Farbgebung und die Umgebung ist gleichermaßen weich und entspannend, jegliche harten Kontraste, harten Übergänge sind vermieden. Der Raum befindet sich zwischen Diele und Eßbereich.
In diesem fast quadratisch wirkenden Raum bildet eine bis zur Decke reichende Schrankwand die Orientierung. Diese Schrankwand beherbergt zugleich alle Wohnzimmerutensilien und macht somit das Aufstellen weiterer Kleinmöbel entbehrlich. Die Verteilung der Sitzmöbel ist in origineller Weise ausgerichtet. Fast ein Quadrat bildend sind zwei Hauptsitzgruppen zum Tisch gruppiert. Da der Raum an zwei Seiten durch zweiflügelige Türen begrenzt wird, ist die Sitzgruppe so ausgerichtet, daß sie die Durchlaufzone im Rücken hat, so daß trotzdem eine gewisse Ruhe um die Gruppe herum garantiert ist. Die Grundrißzeichnung, die die Gestaltung des Raumes deutlich werden läßt, zeigt diese Abtrennung.
Die *Farbstimmung* dieses Raumes ist weich und leicht gehalten. Sie ist lindgrün, grau, blau, weiß, eierschalefarben, beige. Den Hauptakzent bildet der lindgrüne Teppich, auf dem harmonisch die grau-blaue Sitzgruppe steht. Sie hebt sich nicht sehr stark vom Fußboden ab, bleibt im Helligkeitswert des Teppichs. Das Grau-Blau der Sitzmöbel ist auch mengenmäßig gleich verteilt wie das Lindgrün der Bodenflächen. Die Wand ist in eierschalfarbener Leinentapete gestaltet. Die Schrankwand selbst ist hellweiß gestrichen, ebenso die Tür- und Fenstereinrahmung. Die Gardine ist im Grundton eierschalfarben und in weiß, lindgrün, grau-blau gemustert. So erscheinen alle Farben des Raumes noch einmal in den gemusterten Gardinen und bilden dort einen hübschen Gesamtakkord.
Die Beleuchtung dieses Raumes erfolgt durch eine indirekte Einbauleucht-

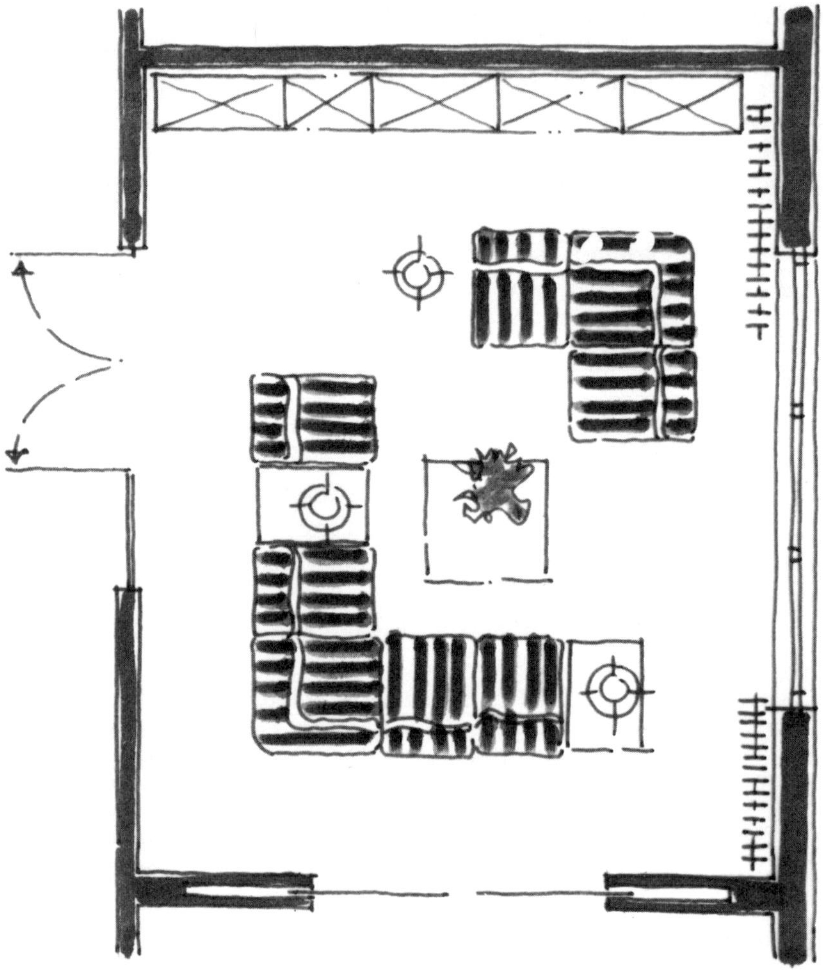

reihe über der Bücherwand, die dafür sorgt, daß die Bücherwand eine ausreichende Zweckbeleuchtung hat, zugleich ist sie aber auch eine hübsche Effektbeleuchtung, die diese Wand optisch hervorhebt, da das Gesamtbild sonst mehr in eine Stimmungsbeleuchtung gehüllt ist. Die Sitzgruppe ist durch drei Leuchten erhellbar, zwei Tischlampen stehen auf den Abstellfächern, die der Sitzgruppe eingegliedert sind, eine Stehlampe beleuchtet zusätzlich die andere dreiteilige Sitzgruppe. So hat auch dieser Raum zwei Lichtzonen, einmal die beleuchtete Bücherwand und zum anderen die drei der Sitzgruppe zugeordneten Lichtquellen.

Blick über die Sitzgruppe auf die dahinterliegende Bücherwand

◀ *Raumaufteilung des vierten Wohnzimmer-Beispiels mit frei im Raum stehender Sitzgruppe*

5. Beispiel Wohnraum mit Eßecke

Dieser nicht allzu große Wohnraum stellt verschiedene Anforderungen an die Möblierung. Er enthält zum einen eine in sich abgerundete Sitzgruppe, mit einem Einzel-Lesesessel, zum anderen einen Eßtisch für vier Personen, in dem restlichen Teil dieses Wohnraumes, der Eingangstür gegenüber, und in der Mitte der Schrankwand die Durchreiche zur Küche. Es ist verständlich, daß die Möbel nicht allzu schwer sein dürfen, um diesen Ansprüchen zu genügen. Auf hohe Schrankeinbauten wurde verzichtet. Die Durchreicheschrankwand zur Küche beherbergt Geschirr und Eßzubehör. Stereo- und

Fernsehapparat wurden in den halbhohen Regalen neben dem Lesesessel untergebracht. Um die Sitzgruppe nicht allzusehr einzuengen, endet diese Regaleinheit schon vor der Sitzgruppe.

Die *Möblierung* besteht hier aus der Sitzgruppe mit zwei Sofas, ein dreisitziges, das rechtwinklig zu einem zweisitzigen gehört. Die Sitzgruppe ist noch durch zusätzliche Sessel zu ergänzen, aber die Erweiterungsmöglichkeiten sind begrenzt. Auch sind die Sitzsofas nicht in andere Positionen zu bringen. Der Eckpunkt zwischen diesen beiden Sofas wird durch einen Ablagetisch gebildet, der gleichzeitig Abstellplatz für die Beleuchtung dieser Sitzgruppe ist. Der Eßtisch ist auf vier Personen abgestimmt, auch hier ist kein Platz, den Tisch zu vergrößern. Sollten gelegentlich sechs oder acht Personen an dem Tisch essen, so muß er herumgeschwenkt entlang der Wand gestellt werden. Auf einen deutlichen Abstand zwischen Eß- und Wohnbereich wurde verzichtet, weil das diesen nicht allzu großen Raum sehr eingeengt hätte.

Raumgestaltung eines Wohnraums mit Eßecke

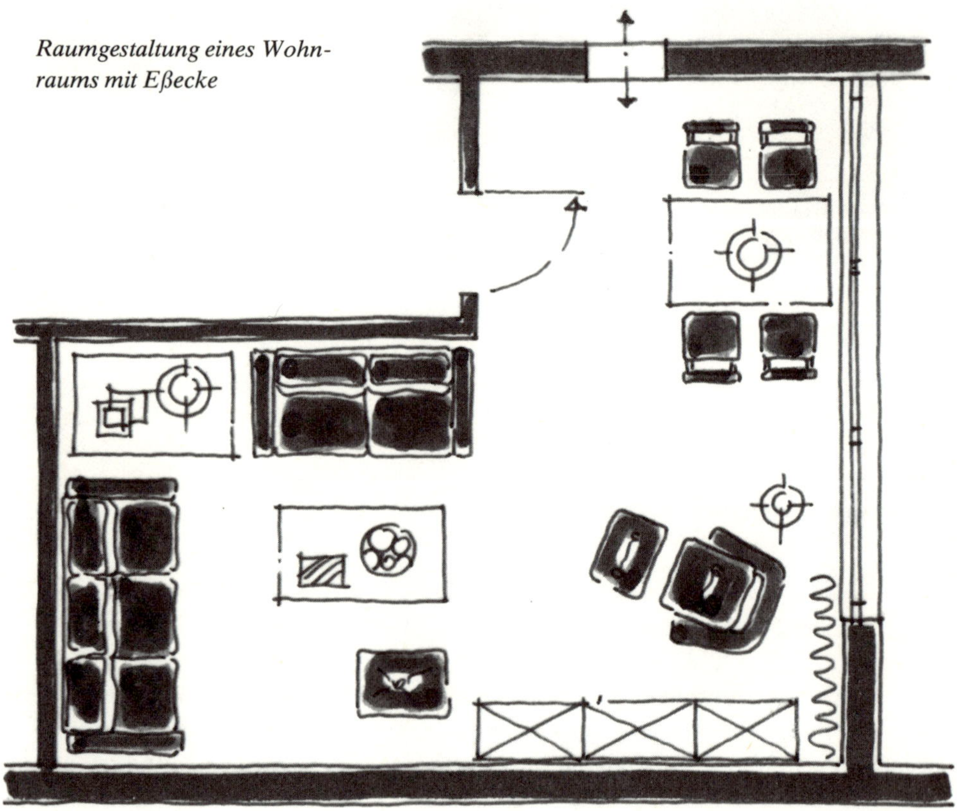

VI: Schlafzimmer mit Einbauwand (Stüker Möbel)

Blick auf die Sitzgruppe und den dahinterliegenden Eßtisch

Die *Grundfarbstimmung* dieses Raumes ist schwarz-weiß in gleichmäßiger Verteilung mit pink, altrosa und rot, dazu schwarzes und dunkles Holz mit viel Glas und Chrom. Die Wände dieses Raumes sind in einem schönen hellen, lichten Grau gestrichen. Dazu ein dunkelgrauer Fußboden. Die Sitzgruppe ist in einem Wollstoff, schwarz-weiß gemustert, beide Sofas gleich, dazu rosa-rote und schwarz-weiße Kissen. Die beiden Couchtische sind Glastische mit verchromten Füßen. Der Einzelsessel ist aus schwarzem Leder. Die halbhohe Regalwand mit dem Lesesessel ist aus dunklem Makassaholz gefertigt. Der Eßtisch ist ebenfalls ein Glastisch mit verchromten Füßen. Die schwarzen Stühle dazu sind mit hellem, weißem Leder bezogen. Die Gardinenstoffe sind fein schwarz-weiß gestreift mit einer roten Bordüre eingefaßt. Dieser Raum ist in einer leichten Möblierung zu halten: Die Glastische erweitern und vergrößern den Raum und machen die Möblierung so leicht wie nur möglich.

Der Raum ist in verschiedene *Beleuchtungszentren* eingeteilt. Dem Eßtisch zugeordnet ist eine Zuglampe aus weißem Metall, so arrangiert, daß das Licht indirekt auf die Tischplatte fällt und eine blendungsfreie Beleuchtung garantiert. Neben dem Lesesessel steht eine Lese-Effektbeleuchtung, die gewissermaßen diesen kleinen Bereich in eine extra Lichtinsel legt. Die Sitzgruppe ist durch eine Tischleuchte erhellt, die diesen Raumteil für sich alleine optisch abgrenzen kann. Über Variolux ist diese Leuchte stark zu erhellen, so daß sie eine gute Lesebeleuchtung garantiert. Sie wirkt beim abendlichen Sitzen sehr raumvergrößernd, wenn Tisch- und Leselampe, über Variolux ganz schwach gestellt, die zurückliegenden Raumteile in ein mattes Licht hüllen und somit von der Sitzgruppe aus den Durchblick auf diesen Raumteil erweiternd gestalten.
Diese fünf Beispiele mögen Anregung geben, einen Wohnraum einzurichten.

Wandgestaltung: Die Gestaltung der Wände im Wohnraum richtet sich ein wenig nach dem Einrichtungsstil des Gesamthauses. Holzvertäfelung ist zu empfehlen, wenn die Räume groß und hell sind und großflächige Lösungen zur Wandgestaltung übrigbleiben. Grobe geschlämmte, weiße Wände oder Klinkerwände setzen einen sehr rustikalen Einrichtungsstil voraus, sonst sind sie fehl am Platze. Tapezierte Wände sind im Wohnzimmer angebracht. Hier sei Vorsicht vor allzu großen Mustern geboten! Ein Wohnzimmer soll allen Familienmitgliedern gefallen. Kräftige Muster können gelegentlich die Einheit des Raumes empfindlich stören. Textile Wandbespannung ist auch für ein Wohnzimmer eine sehr schöne Wandbehandlung. Für eine Familie mit Kindern ist dann allerdings Voraussetzung, daß der Wohnraum nicht der ständige Tummelplatz der Kinder ist.

Fußböden: Der Fußbodenbelag im Wohnzimmer sollte wohnlich, warm und behaglich sein und dennoch praktisch in der Benutzbarkeit. Vor allen farbigen Velouren ist zumindest im Einfamilienhaus mit Garten zu warnen. Melierte, beige Wollteppiche oder Chemiefaser-Fußbodenbeläge sind äußerst unempfindlich und sehen sehr gut aus zu allem möglichen Mobiliar. Steinfußböden sind heute auch im Wohnzimmer üblich; kombiniert mit warmen Wollteppichen können sie sehr lebendig wirken und geben einen hübschen Kontrast zu den strengen modernen Möbelformen. Öffnet sich das Wohnzimmer durch breite Türen zu weiteren Wohnbereichen, ist dringend zu empfehlen, einen einheitlichen Fußbodenbelag für die angrenzenden Räume zu planen.

Türen und Fenster: Es ist immer ein hübscher Effekt, eine zweiflügelige Tür in einem Wohnraum zu haben. Auf jeden Fall verleiht die breitflügelige Tür Großzügigkeit und läßt sich für Gastlichkeiten gut nutzen. Es ist heute häufig üblich, nur Glastüren zu wählen. Die Wahl einer solchen Tür sollte mit der Familie vorher abgesprochen werden – man sitzt im allgemeinen dahinter recht offenherzig. Die Art der Fenster ist wahrscheinlich vom Architekten bereits festgelegt oder in der Etagenwohnung schon anderweitig geplant. Auf jeden Fall sollte die Dekoration der Fenster ebenso wie die Wanddekoration ruhig und großzügig sein. Gerade die heute üblichen großen Fenster verbreiten sehr viel Unruhe, wenn die Musterung des Gardinenstoffes zu stark ausfällt.

Mobiliar: Das entscheidende Mobiliar für das Wohnzimmer ist die Sitzgruppe. Hierfür bietet die Industrie sehr vielfältige Möglichkeiten an. Es hat sich als sehr praktisch erwiesen, nicht allzu schwere Sitzmöbel auszuwählen, die möglichst beweglich, d. h. variabel sind für kleinere oder größere Geselligkeiten. Das Fernsehen und das Musikhören hat die Wohnzimmer dahin beeinflußt, daß man von starren Sitzordnungen abgekommen ist und man einzelne Sitzgruppen variiert. Häufig werden statt eines großen Tisches gern mehrere kleinere benutzt. Auch im Wohnzimmer ist es angenehm, mehrere Wandschränke zu haben, um die nötigen kleinen Utensilien griffbereit zu haben. Ein an der Wand freistehender Tisch übernimmt die Funktion eines Bartisches, um den ins Haus eintretenden Gästen schnell einen Willkommenstrunk anzubieten. Da der der Sitzgruppe zugeordnete Tisch heute in jedem Fall ein sehr niedriger Tisch ist, ist es kaum möglich, irgendwelche Arbeiten an ihm auszuführen. Wer darauf angewiesen ist, im Wohnzimmer zu arbeiten, der sollte einen zusätzlichen Schreibtisch oder eine Schreibklappe in der Schrankwand vorsehen. In dieser Schrankwand befinden sich auch die Regale für Musikanlagen. Der Fernseher wird wegen des besseren Sehens heute wieder frei in den Raum gestellt.

Eßbereich

Der Eßbereich ist der wichtigste Kommunikationspunkt des Familienlebens. Diese Möglichkeit des Zusammenseins sollte durch eine gute Planung und funktionsgerechte Einrichtung in der Gestaltung ausgenutzt werden. Die Stimmung im Eßbereich sollte entspannend, heiter und fröhlich sein. Dabei ist es gleichgültig, ob die Einrichtungen im improvisierten, lässigen, im rustikalen oder im repräsentativen Stil gewählt werden. Kühne und aggressive Farben, schlechtes Licht, unbequeme Stühle werden keine angenehme Stimmung aufkommen lassen. Das Mobiliar am Eßplatz sollte weder zu zerbrechlich und grazil sein noch zu klobig und unbeweglich. Bequeme und dennoch mobile Möbel sind hier wichtig. Funktionsgerechte Einrichtung, aber dennoch Sinn für Atmosphäre und Behaglichkeit sollen diesen Raum auszeichnen.

1. Beispiel Das separate Eßzimmer

Die erste Lösung, die wir hier vorstellen, zeigt ein abgeschlossenes Speisezimmer, das sowohl für den Familienalltag, d. h. also für vier Personen am runden Tisch, als auch für kleine Einladungen mit ausgezogenem Tisch für ca. sechs bis sieben Personen ausreicht. Da seitlich vom Eßtisch keine Möbel stehen, genügt eine Raumtiefe von vier Metern. Dieser Raum ist freundlich und heiter eingerichtet. In der vorhandenen Schrankwand läßt sich alles Zubehör unterbringen, was rund um einen Eßplatz notwendig wird. Der Eßplatz liegt günstig neben Küche und Wohnbereich. Der direkte Zugang von der Küche erfolgt mittels einer Schwingtür; in diesem Fall ist keine Schrankdurchreichewand gewählt worden.
Die Gesamtstimmung der *Farbgebung* dieses Raumes ist grün und steigert sich von einem zarten, hellen Lindgrün über ein etwas kräftigeres mittleres Lindgrün bis zu einem tiefgrünen Bodenbelag. Das Ton-in-Ton-Einrichten ist eine elegante, raffinierte Sache und unabhängig von jeder Mode. Auf alle Fälle garantiert diese Farbgebung eine ausgewogene, ruhige Raumatmosphäre, die je nach dem gewählten Farbklang heiter und fröhlich bis zum ernsten Ausdruck gesteigert werden kann. Bei dem oben angeführten Beispiel handelt es sich um ein fröhliches, helles Grün, das auch an trüben Tagen lichte Atmosphäre in ein Zimmer zu bringen vermag. Auf moosgrünem Bodenbelag wurden hier Fliesenteppichplatten genommen, die nach Beschmutzung auch auswechselbar sind. Eine Mahagonitischgruppe steht vor einer hellgrünen leinenbespannten Wand. Die Decke selber ist nochmals heller im selben Lindgrün wie die Wände gestrichen, aber bitte, wesentlich heller als die Wände. Die Gardine hat eine feine Streifengebung zwischen Eierschalfarbe, Weiß, Lindgrün bis Moosgrün. Die Bezüge der Mahagonistühle sind schwarz-grünes Roßhaar. Der Mahagonießtisch hat eine Glasplatte. Normalerweise wird direkt auf dem Mahagonitisch gegessen, nur bei ausgezogenem Eßtisch wird der Tisch mit einem langen Tuch bedeckt. Die Schrankwand ist weiß. Somit bildet sie einen hellen, freundlichen Kontrast zu den grünen Wänden und wirft vom Fenster ein feines Licht freundlich in den Raum zurück. Das Innere der Schrankwände besteht aus Sapelimahagoni.

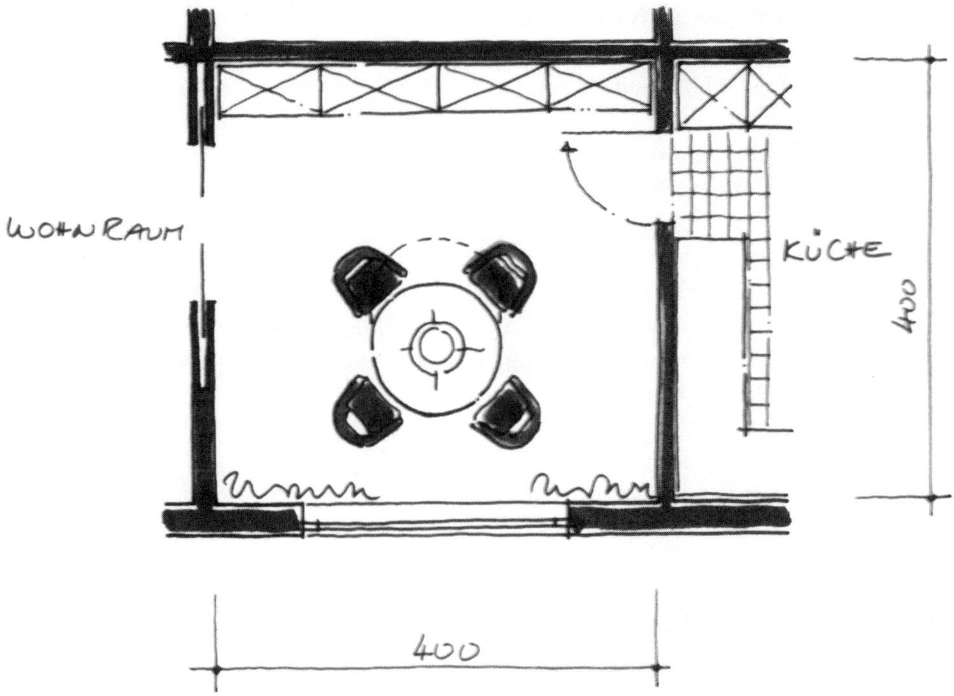

Kleiner quadratischer Eßraum, neben der Küche gelegen

Vor diesem feingemaserten Innenfurnier hebt sich das Geschirr sehr dekorativ und hübsch ab. Für andere Haussituationen empfiehlt es sich vielleicht, einen Steinfußboden für diesen Eßraum zu wählen. Es ist hierbei zu beachten, daß man Steinfliesen auch im gewünschten Farbton zur Tapete einfärben kann. Es sollte dann jedenfalls auch ein tiefer, moosgrüner Steinzeugbelag sein.

In diesem Fall wurde für das Eßzimmer eine *Deckenbeleuchtung* gewählt, eine Opalglasscheibe mit einer Messingumrahmung ist direkt als Deckenleuchte in die Decke eingelassen und ergibt so ein gutes, indirektes Oberlicht. Für die Eßtischbeleuchtung wird von den Bewohnern Kerzenlicht bevorzugt. Um ein gutes Sehen im Schrank zu garantieren, wird eine indirekte Schrankbeleuchtung angebracht, die beim Öffnen der Schranktür automatisch anspringt. Dadurch, daß sich keine direkte Hängelampe über dem Eßtisch befindet, ist das Verschieben und Vergrößern des Eßtisches kein Problem. Dann wird grundsätzlich bei Kerzenlicht am Eßtisch gegessen.

2. Beispiel Eßplatz im Wohnzimmer

Bei diesem Beispiel handelt es sich um einen Eßplatz im Wohnraum. Er wirkt wie ein abgeschlossener Teil für sich, kann aber in den Wohnraum hinein erweitert werden. Diese Lösung ist äußerst raumsparend, wobei auch das Eßzimmer bei dieser Verbindung profitiert. Dieser kleine Raumteil wird optisch erweitert durch den Blick in den Wohnraum. Bei der Dekoration und Einrichtung des Eßraumes galt es, ihn sowohl als abgeschlossene eigene Raumeinteilung hervortreten zu lassen als ihn jedoch auch in der Hauptwirkung mit dem Wohnraum zu verbinden. Die Hauptfarben des Wohnraumes sind Brauntöne. Braun wurde variiert zwischen hell- und dunkelbraun, beige und eierschalfarben. Kleine blaue Akzente werden gesetzt. Für den Eßraum

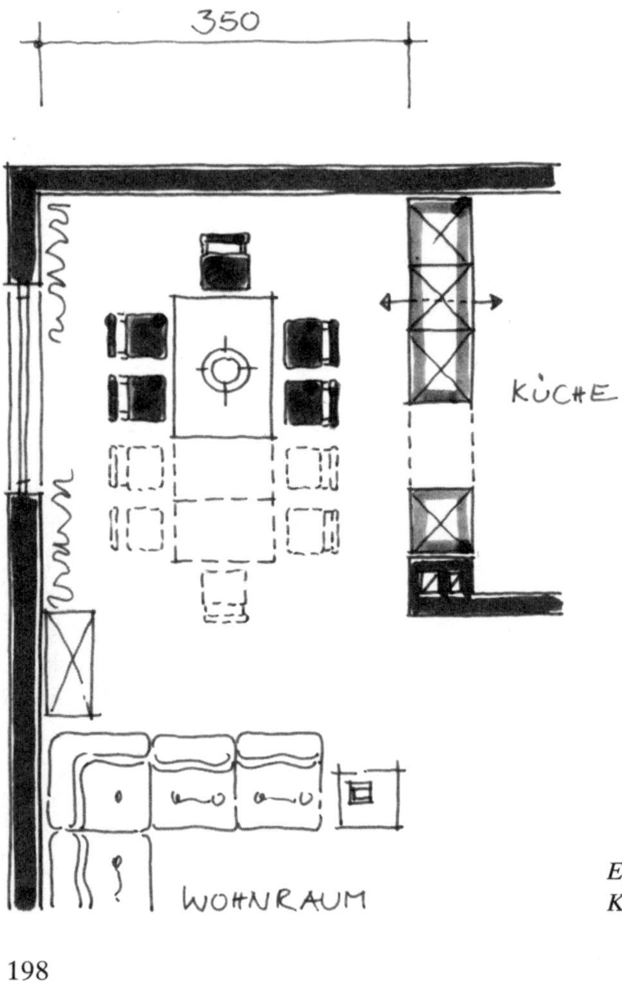

Eßnische mit Durchgang zur Küche

ist ebenfalls braun als Farbe gewählt worden, aber die Verteilung der Farben ist anders. Blau hat hier die vorherrschende Stellung und wird mit weiß und braun ergänzt. Zunächst ist der durchgehende Bodenbelag in einem kräftigen tiefen Braun gehalten. Um unschöne Trennstellen und Übergänge zu vermeiden, geht der Fußbodenbelag vom Wohnraum bis in die Eßnische durch. Die Schrankwand ist in einem Taubenblaugrau gestrichen. Die beiden dazugehörigen Wandteile sind im selben Ton grau-blau-weiß klein gemustert. Die Übergardine ist in der Farbgebung der Tapete gearbeitet. Die Untergardine ist glatt weiß. Eßtisch und Stühle sind aus mittelbraunem Eichenholz, die Sitzpolster der Stühle mit einem etwas klareren blauen Wollstoff bezogen. Es sei noch einmal auf die Farbzusammenstellung hingewiesen, die grau-blau, weiß und braun ist, wobei es sich um warme, grau-blaue Farbtöne handelt, nicht zu verwechseln mit blau-grünen Farben.
Beleuchtung: Der Raum wird in erster Linie durch die Tischleuchte beleuchtet, eine Hängelampe, die durch einen Metallschirm ein blendungsfreies Licht garantiert. Das Licht ist nur gezielt auf die Tischplatte gerichtet. Die Lampe ist eine nach oben zu schiebende Zuglampe. Bei Tischvergrößerung würde sie sonst nicht mehr am richtigen Platz hängen. Es wird dann auf eine elektrische Beleuchtung verzichtet und nur bei Kerzenlicht gegessen. Über der Schrankdurchreichewand befindet sich eine Einbau-Leuchtstoffröhre. Sie gibt nur ein indirektes Licht, aber sie garantiert ein gutes Sehen in der Durchreicheschrankwand.

3. Beispiel Eßplatz in der Diele

Ein geräumiger Eßplatz in der Diele ist nicht nur praktisch, er kann auch sehr hübsch sein. Hier zum Beispiel handelt es sich um eine großzügige Diele; in einer Breite von 4,20 m geht der Raum vom Eingang quer durchs Haus und öffnet sich weit mit einer bodentiefen Glasscheibe, um den Durchblick bis in die Tiefe des Gartens freizugeben. Die Diele ist hier also nicht nur die Verteilerzone zwischen Wohn- und Wirtschaftsbereich, sondern das Ende der Diele mündet in einem ruhigen Sitzplatz, der keine Durchgehzone mehr bildet. Linker Hand des Eßplatzes befindet sich nur die Durchreicheschrankwand zur Küche. Die Küche hat aber noch einen getrennten Zugang zum Wirtschaftsbereich, so daß man nicht nur auf den Durchgang beim Eßplatz angewiesen ist. Ein Vergrößern des Eßtisches ist hier kein Problem. Es können auch in der Länge des Raumes zwei Tische nebeneinander gestellt werden.
Der Einrichtungsstil dieses Einfamilienhauses ist rustikal. Die Diele ist mit Ziegelsteinfliesen belegt, die einen warmen rotbraunen Ton haben. Die

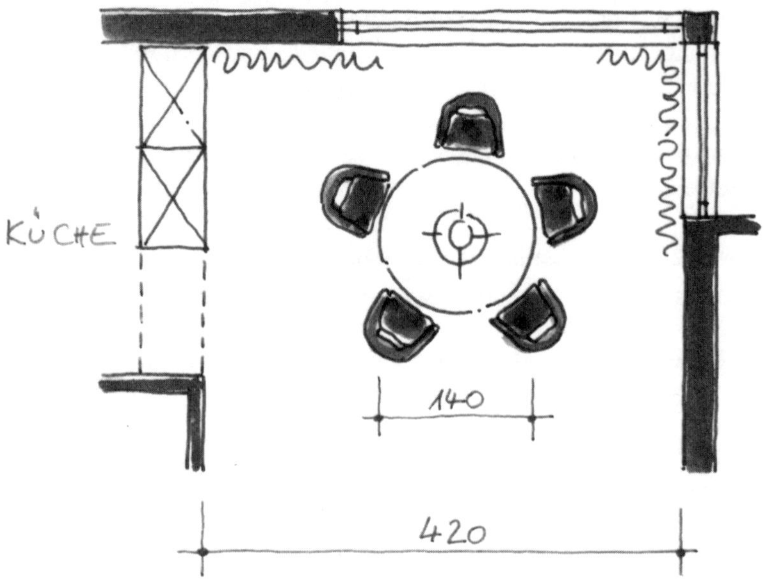

Grundriß für eine Eßecke in der Wohndiele

Decke ist aus weichem Eichenholz, ebenso die Durchreichewand zur Küche. Rot-weiß kariert in großem Muster sind die schönen Leinengardinen. Die Eßstühle bestehen aus rot-braunem Naturleder. Der Eichentisch ist hell, ebenso die Tischplatte, sie kann auch gelegentlich gescheuert werden. Die Eßtischbreite von 1,40 m garantiert ein bequemes Sitzen für 5–7 Personen. Der Tisch kann dann so gedeckt werden, daß in der Tischmitte auch noch eine Dekoration reichlich Platz findet.

Der Eßplatz selbst wird durch eine Zuglampe beleuchtet, die gelegentlich nach oben gezogen werden kann. Bei einer Vergrößerung des Eßtisches wird dann ausschließlich bei Kerzenlicht gegessen. Zusätzlich befinden sich in diesem Raume Wandbeleuchtungen, die mit Hilfe von Variolux sehr niedrig geschaltet werden können und zur schwachen Raumbeleuchtung werden. Somit ist einerseits bei einer Tischbeleuchtung mit Kerzen im gesamten Raum ein sehr warmer Dämmerton garantiert, andererseits ermöglichen die Wandleuchten, dem Raum nötigenfalls ein helles Licht zu geben, so daß man in der Schrankwand alles finden kann, was man sucht.

Blick auf den Eßplatz

4. Beispiel Eßplatz an der Küchenwand

Eine kleine Familie kann bei guter Planung mit $4^1/_2$ qm für einen Eßplatz auskommen. Hier beispielsweise wurde der Eßplatz in einer Diele untergebracht. Die Diele hat eine unmittelbare Verbindung zum Wohnraum, ist also im weiteren Sinne mehr eine Verteilerzone. Der Eßtisch wurde unmittelbar vor die Durchreiche zur Küche gestellt. Die Tischplatte schließt mit der gleichen Höhe wie die Durchreichebrüstung ab, die Öffnungsklappe in der Durchreiche läßt sich küchenseits in die Schrankwand schieben. Rechts zur Küchentür befindet sich eine eingebaute Schrankwand, die somit den Eßplatz nicht behindert und doch alles Geschirr aufnimmt, das rund um den Eßplatz untergebracht werden muß.
Der Charakter dieses Eßplatzes wird bestimmt durch die schlichte, warme Kiefernverbretterung, die rundum wie ein Paneel in Deckenhöhe die Wände verkleidet. Die nischenförmige Ausbildung der Durchreiche ist mit weißem Resopal verkleidet, ebenso ist die Schrankwand rückseitig des Eßtisches. Der Eßtisch ist mit einer weißen Resopalplatte belegt, die tragenden Beinstützen

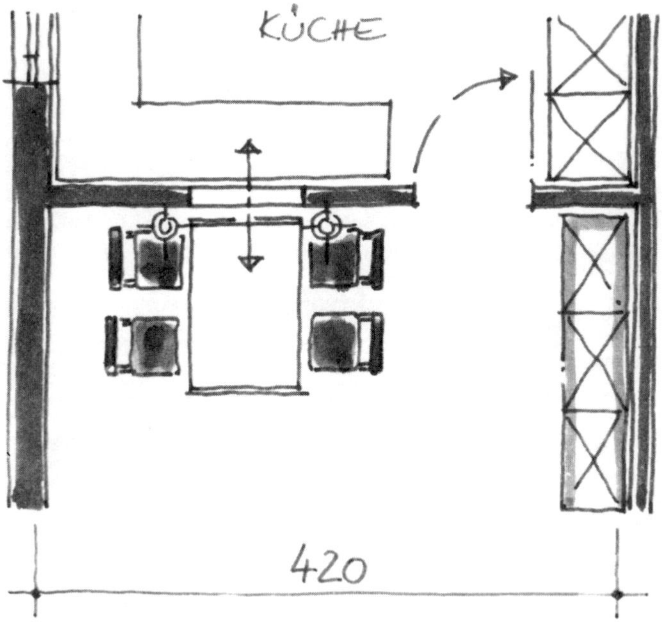

Konzeption eines Eßtisches an der Durchreichewand zur Küche

Blick auf die Eßgruppe vor der holzgetäfelten Wand

sind aus mittelbraun gebeiztem Buchenholz. Die vier Eßstühle sind in einem freundlichen, hellen Orange bezogen, die Metallfüße schwarz gespritzt. Leuchtend orange-farbener Steinfußboden bedeckt die Fußbodenfläche. Alles ist hier funktionell und praktisch ausgerichtet, dennoch entbehrt dieser kleine Eßplatz nicht eines warmen, freundlichen Ausdrucks. Zwei Wandlampen, die nach Belieben vor- und zurückgezogen werden können, beleuchten die Tischplatte.

5. Beispiel Eßplatz auf höher gelegenem Podest im Wohnbereich

Dieser Vorschlag ermöglichte die Gestaltung des Wohnbereiches mit einer abgeschlosssenen Eßnische, die auf einem Podest untergebracht werden konnte. Der Wohnbereich ist durch ein freistehendes Regal vom Eßteil abgetrennt. In diesem Regal läßt sich alles Zubehör zum Essen unterbringen. Es wurde hier nicht verlangt, daß der Eßtisch in irgendeiner Weise vergrößert werden sollte. Die Raumplanung würde dies auch kaum zulassen. Ein anderer Vorschlag wäre hier, für Geselligkeiten den Tisch büfettartig herzurichten, wobei das angrenzende Regal allerlei Möglichkeiten zum Abstellen von Platten und Tabletts liefert. Eine wichtige Voraussetzung für

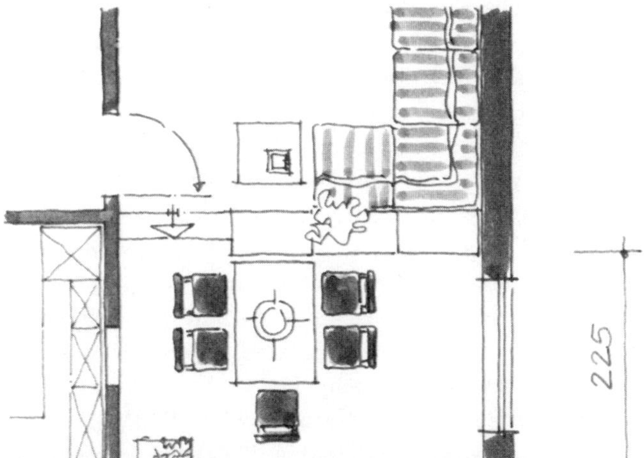

Sitzgruppe auf einem höher gelegenen Podest, offen zum Wohnraum

Wandansicht des Eßplatzes (zu Grundriß S. 203)

diesen Eßplatz ist, daß er unmittelbar an die Küchenwand angrenzt und eine Durchreiche das einfache Servieren ermöglicht.

Für diesen kleinen Eßplatz ist es wohltuend, ganz heitere, helle Farben zu wählen. Da auch die Grundstimmung des Wohnraums zwischen weiß und beige mit wenig Farbakzenten ausgestattet wurde, war es nicht schwer, hier den Übergang zu leichter Helligkeit zu finden. Die Wände wurden mit weißem, naturfarbenem hellen Rupfen bespannt, der dann in eierschalfarbener Ölfarbe stark übergestrichen wurde. Der Wand wurde dadurch eine kräftige Unterstruktur gegeben und durch den Ölanstrich ein gewisser Glanz verliehen, der hier raumerweiternd wirkt. Dazu sind Gardinen in einem großen Weiß-Muster gewählt worden. Das Ablagebord und der Eßtisch sind ebenfalls weiß. Die Stühle sind leuchtend gelb gestrichen, mit gelb-weiß gemusterten Plastikkissen. Der Fußboden besteht aus aneinandergesetzten marmorierten und weiß-grauen PVC-Platten, so daß ein lebhafter Kontrast zu den stark weißen Möbeln und Wänden gegeben ist. Die Gesamtwirkung ist heiter, sommerlich warm, fröhlich.

Die Beleuchtung dieser kleinen Eßnische erfolgt ausschließlich durch eine weiße Tischlampe, deren große, milchige Glasglocke unveränderlich über dem Tisch hängt.

6. Beispiel Eßplatz mit Sitzbank

Hier wird eine Eßtischlösung gezeigt, die sich vor einer langdurchlaufenden Sitzbank gruppieren läßt. Somit ist der Eßplatz an einen bestimmten Wandbereich orientiert, der zu einem Mehrzweckraum gehört. Auf der anderen Seite dieses Raumes befinden sich Arbeitstisch und Leseecke. In dem Haus befindet sich linker Hand dieser Eßecke die Küche; und zur rechten Seite geht man in den eigentlichen Wohnraum. Es ist ein sehr vorteilhafter Raum, der auch das Schularbeitenmachen der Kinder erleichtert. Die lange Sitzbank ermöglicht es, mehrere Sitzgruppen zu bilden. Die Tische können nebeneinander eine Einheit bilden, aber auch zwei voneinander getrennte Tischplätze bieten vielseitige Arbeitsmöglichkeiten. Der Eßplatz ist in jeder Richtung durch Hinzufügen mehrerer Tische zu arrangieren und zu vergrößern. Dieser Vorschlag scheint eine recht mobile Gestaltung zu ermöglichen, die dem heutigen Wohnen entspricht. So sehr vor Eckbanklösungen zum Essen zu warnen ist, weil das Aufstehen und Hinsetzen jeweils nur in einer bestimmten Reihenfolge vollzogen werden kann, so ist doch dieser Sitzzwang hier ein guter Hintergrund für einen Eßplatz.
Die Farbgebung dieses Eßbereiches ist sehr konsequent schwarz-weiß-rot gestaltet. Der Fußboden, ein tiefschwarzer Schieferfußboden, bildet einen

Großer Eßplatz vor einer langgestreckten Sitzbank

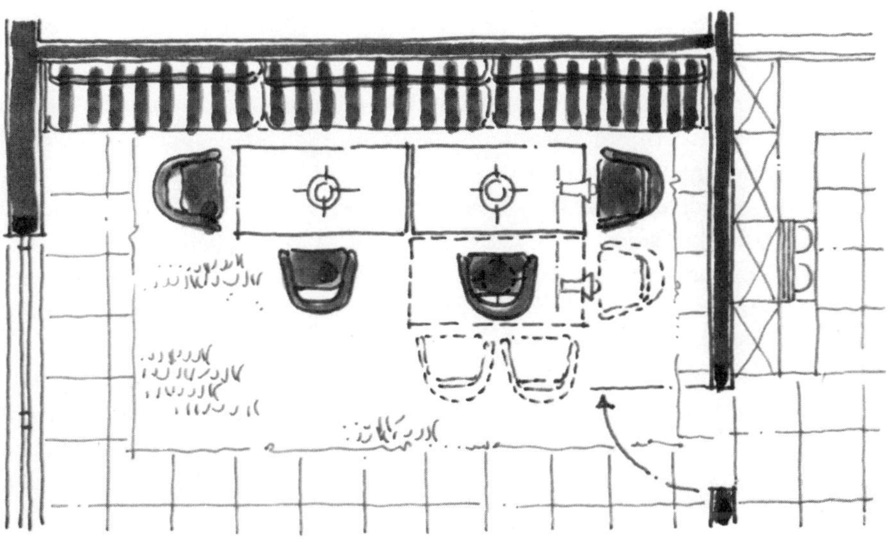

Ansicht der beiden zusammengestellten Eßtische vor der Sitzbank (zu Grundriß S. 205)

guten Untergrund für diese Möblierung. Um die Behaglichkeit des Sitzens zu unterstreichen, wird ein Strohteppich unter die Sitzgruppe gelegt. Die Holzverbretterung, die diesen Raum verkleidet, ist weiß gestrichen; eine sehr reizvolle Wandbehandlung. Das Sofa ist breit rot-weiß gestreift, die einfachen bäuerlichen Stühle sind rot lackiert, die Sitze in Binsengeflecht gearbeitet. Die verschiedenen kleineren Eßtische mit Kunststoffbelag sind alle weiß. Leicht, frisch, modern und trotzdem sehr praktisch wirkt diese fröhliche Eßgruppe.

Zwei Hängelampen, die oben auf einer Schiene laufen und dadurch verstellbar sind, bieten verschiedene Möglichkeiten der Beleuchtung. Gleichzeitig ist eine Strahlerleuchte an der linken Seite zur Küche angebracht, zu regulieren durch verstellbare Deckenstrahler, je nachdem wie hell man den Eßplatz beleuchten will.

7. Beispiel Eßplatz in der Küche

Als letzten Vorschlag möchten wir noch die Möglichkeit, einen Eßplatz in der Küche zu gestalten, erläutern. Zu einer schönen rustikalen Holzküche mit Jalousetten-Fronten wurde dieser kleine Eßplatz kombiniert, der sich in seiner rustikalen Stilrichtung der Atmosphäre der Küche anpaßt. Grundsätzlich sei darauf hingewiesen, daß der Eßplatz in der Küche eigentlich nur ein Zweiteßplatz sein sollte. In der Art eines Raumteilers ist ein Küchenelement hier frei in den Raum gestellt und bildet somit die rückwärtige Begrenzung für diesen kleinen Eßplatz; ein Bankmöbel ist gegen diesen freistehenden Küchenschrank gestellt worden. Dieser kleine Eßplatz in der Küche kann große Vorteile haben. Zu spät kommende Familienmitglieder können das aufgewärmte Essen hier direkt von dem Herd auf den Tisch serviert bekommen, Kinder nehmen morgens hier ihr Frühstück ein. Die Hausfrau spart Wege zum Tischdecken für diese Mahlzeit außer der Reihe. Auch das

Ein Eßplatz in der Küche

freundliche Miteinander-Plaudern während des Bereitens der Mahlzeit kann hier ungehindert stattfinden. Grundsätzlich ist die Frage, ob der Eßplatz in die Küche gehört oder durch eine Wand getrennt werden sollte, nur mit dem Arbeitsstil der Hausfrau zu beantworten. Es versteht sich nahezu von selbst, daß dann der Küchenplatz sehr einfach ausgestattet ist. Es wird recht fröhlich wirken, wenn wohnliche Möbel in der Küche untergebracht sind. Einfache Stühle, die farblich freundlich und lind gestrichen sind, sind das geeignete Material für die Eßecke. Ein hell glasierter Tisch, bzw. ein Kunststofftisch in einfacher Form, wäre die richtige Art, den Eßplatz in der Küche stilvoll einzurichten. Die Hersteller der Küchenfirmen liefern heute in vielen Fällen solche Eßplätze bereits passend zur Küchenausstattung mit. Hier gibt es sehr gelungene Lösungen.
So ließen sich noch viele weitere Möglichkeiten für die Einrichtung eines Eßplatzes vorschlagen. Für welche Ausstattung man sich auch immer entscheidet, es sollen noch einmal zum Abschluß einige Grundregeln für das Einrichten des Eßbereiches aufgeführt werden.

Grundsätzliches für die Einrichtung des Eßplatzes

Türen: Die Türen in der Nähe des Eßplatzes, vor allem die Tür zur Küche, sie alle sollten schmutzunempfindlich und sehr leicht zu reinigen sein. Es ist nicht zu vermeiden, daß man »mit Küchenhänden« diese Türen anfaßt. Von Schleiflack oder Tapetentüren ist grundsätzlich abzuraten. Paßt zum Stil der Einrichtung nur eine helle, weiße Tür, sollte sie mit Resopal bekleidet sein, denn häufig wird auch mit dem Fuß etwas gegen diese Tür gestoßen, um sie mit einem Tablett in den Händen öffnen zu können. Auch bei furnierten Holztüren ist es ratsam, eine unsichtbare Kunststoffschicht aufzusprühen. Schwenktüren sind im allgemeinen sehr praktisch für Küchentüren, aber auch hier muß die Oberfläche besonders stoßunempfindlich sein. Vor Glastüren zu Küchen sei zu warnen.
Für alle Schranktüren innerhalb des Küchenbereiches gilt im Grunde das gleiche. Hier hat man sich natürlich nach dem Angebot der Hersteller zu richten. Es sei darauf hingewiesen, daß es für Familien mit kleinen Kindern sehr ratsam ist, wenn Küchenschränke verschließbar sind. Im allgemeinen sind die Herstellerprogramme darauf nicht eingestellt.
Das Fenster am Eßplatz sollte möglichst eine Lüftungsklappe haben; Permanent-Lüftungsstreifen, die besonders wirkungsvoll sind mit einer Querlüftung, sorgen dafür, daß die Eßgerüche möglichst schnell aus dem Raum verschwinden können. Weit aufschlagende Fensterflügel sind uner-

wünscht, zumal auch gerade im Eßbereich häufig dafür der Platz fehlt. Es sei zu beachten, daß man gerade vom Eßplatz aus die Aussicht zum Garten oder in die weitere Umgebung genießen möchte, zumal man sich hier öfters am Tage niederlassen kann. So sei dem Eßplatz das Fenster mit der schönsten Aussicht eingeräumt. Man beachte, daß man in bequemer sitzender Haltung auch voll den Ausblick genießen kann. Gut schließende Fenster sind in der Umgebung des Eßplatzes eine wichtige Voraussetzung. Keiner möchte hier der Zugluft ausgesetzt sein.

Der Fußboden am Eßplatz muß, wie sich eigentlich von selbst verstehen sollte, in erster Linie praktisch sein. Dieses ist wirklich ein Punkt, wo man bei der Innengestaltung nur auf das Praktische achten sollte. Es sei einmal darauf hingewiesen, daß die unempfindlichsten Farben grau-beige-melierte Töne sind. Alle starken besonders dunklen Farben zeigen jede Beschmutzung sehr deutlich. Wer einen textilen Fußbodenbelag in der Küche plant, sollte sich ausschließlich einer Chemiefaser-Auslegware zuwenden, denn sie ist sehr viel leichter zu reinigen als Wollteppiche. Der Wandteppich von Wand zu Wand ist unter dem Eßplatz ein wenig heikel. Teppichfliesen sind ratsamer, denn hier können beschmutzte Stellen sehr leicht ausgewechselt werden. Langflorige Teppichware sollte im Eßbereich nicht verwandt werden. Man kann leicht mit dem Stuhlbein in Konflikt geraten. Es sei darauf hingewiesen, daß die langflorige Ware schlecht zu reinigen ist. PVC-Platten sind im Eßbereich sehr haltbar und praktisch. Unübertrefflich für den Eßbereich ist ein Steinbodenbelag in verschiedenen Ausführungen. Hier bietet die Industrie eine große Auswahl. Man sollte darauf achten, daß man keine Schwellen zwischen Eßbereich und weiteren Wohnzonen hat, damit man den Teewagen leicht hin- und herführen kann.

Das Mobiliar sollte auf den gewählten Stil der gesamten Einrichtung abgestimmt sein und nach dem Gesichtspunkt der Zweckmäßigkeit ausgesucht werden. Der Eßtisch beispielsweise muß die richtigen Abmessungen haben, die die Anzahl der Personen diktiert, die an ihm essen soll. Zu groß kann ein Eßtisch eigentlich nie sein, aber sehr schnell wird er zu klein, das ist immer sehr unangenehm. Wie gerne stellt die Hausfrau neben notwendigen Geräten auch noch hübsche Tischarrangements auf. In der Regel rechnet man in der Länge des Tisches 60 cm Platz pro Person, aber 75–78 cm ist sehr viel bequemer. Die Eßtischhöhe betrug früher 78 cm, heute nimmt man 72–74 cm Eßtischhöhe an, weil man lieber etwas legerer sitzt. Die Sitzmöbel sind auch dementsprechend etwas tiefer geworden. Bei der Auswahl des Eßtisches ist darauf zu achten, an eine bequeme Vergrößerung des Tisches zu denken. Man lasse sich von der Industrie geeignete Beispiele vorführen. Die Wahl der Eßtischplatte ist von großer Bedeutung. Ausschlaggebend ist der

Stil, in dem man den Tisch zu arrangieren wünscht. Ißt man gerne von einem Holztisch mit Sets, so achte man darauf, daß die Tischplatte so kunststoffbeschichtet ist, daß sie möglichst fleck- und kratzunempfindlich ist. Glas- und Marmortischplatten können sehr praktische Tischbeläge sein. Scheuerbare Holztische sind sehr rustikal und gemütlich, sind aber etwas arbeitsintensiver. Für die Möbelstoffe auf den Eßstühlen gilt das gleiche wie für den Fußbodenbelag. Das Stoffmaterial muß praktisch zu reinigen sein.

So sind lose Sitzkissen fester Polsterung vorzuziehen. Für einen Haushalt mit kleinen Kindern sind zunächst für die ersten Jahre plastikbezogene Stühle und Bänke sehr praktisch. Mit Stühlen, deren Sitz ein Binsen- oder Rohrgeflecht hat, wird das Reinigungsproblem weitgehend ausgeschaltet. Auch kunststoffgepreßte Sitzschalen mit kleinen Auflegekissen sind für diese Zeit der Kleinkinderbetreuung äußerst praktisch.

Die Holzart zur Eßzimmereinrichtung ergibt sich aus dem Gesamtplan. An sich kommt jedes Holz dafür in Frage. Wichtig ist nur die richtige Oberflächenbehandlung. Sie sollte besonders unempfindlich gegen Flecke und Kratzer sein. Hierbei trifft für die Fläche des Eßtisches dasselbe zu wie für die Tischplatten weiterer Beistelltische oder auch Wandpaneele und Türen, die in diesem Bereich liegen. Wer auf die echte Politur seines Eßtisches nicht verzichten möchte, dem sei empfohlen, eine Glasplatte auf den Tisch zu legen oder die Politur kunststoffzuversiegeln.

In dem Angebot der Hersteller finden sie viele Arten von Ausziehtischen über deren praktischen Sinn man kein Wort zu verlieren braucht. Wie hilft sich aber nun bei einer großen Familienfeierlichkeit derjenige, der sich trotz der Zweckmäßigkeit eines modernen Ausziehtisches nicht von seinem alten Bauern- und Marmortisch trennen will? Das kalte Buffet ist nicht immer ein Ausweg. Deshalb ist es ratsam, einen zweiten Tisch, etwa einen Gartentisch zur Verfügung zu haben, und wenn es die Tischordnung erlaubt, zwei Tische einheitlich zu dekorieren, so daß sich doch noch eine Tafelrunde ergeben kann. Eine andere Möglichkeit für solche Anlässe ist, eine einfache Hartfaser- oder Resopalplatte im Abstellraum bereitzuhalten. Diese Platte wird dann auf den zu klein gewordenen Eßtisch gelegt. Man kann sie von unten mit Tischklammern an der Tischplatte befestigen. Ein bodenlanges Tischtuch macht aus diesem Gebilde eine festliche Tafel.

Bei der Wahl der Stühle wird man zunächst eine grundsätzliche Entscheidung treffen müssen, nämlich ob man eine gemütliche Tischrunde haben will oder ob die Jugendlichen an gute Tischmanieren gewöhnt werden sollen. Akkurate Haltung wird im allgemeinen durch etwas unbequeme Stühle mit einer geraden Rückenlehne erzielt. Man ist heute mehr oder weniger aufgeschlossen einem legereren Eßstil gegenüber, d. h. also, daß auch die Sitzhaltung bei

Tisch etwas bequemer sein kann. Häufig haben Eßstühle Armlehnen. Es sei darauf hingewiesen, daß dafür etwas mehr Platz nach rechts und links berechnet werden muß; es ist unangenehm, wenn man sich beim Heranziehen des Eßstuhles rechts und links die Hände am nächsten Stuhl klemmt. Es sollte rechtzeitig daran gedacht werden, daß man für einen Ausziehtisch eine Reihe von zusätzlichen Sitzmöbeln benötigt. Es ist unschön, verschiedenartige Stühle um einen Eßtisch zu gruppieren, so daß es sich als praktisch erweist, die weiteren Eßstühle in den Schlafräumen oder im Kinderzimmer unterzubringen, es sei denn, man hat einen Abstellraum, der reichlich Platz bietet, um gestapelte Eßstühle aufzunehmen.

Schlafräume

Die Funktion des Schlafbereiches besteht in erster Linie darin, Entspannung, Erholung und Schlaf zu ermöglichen. Neben der richtigen Lage innerhalb einer Wohnung oder eines Hauses gehört gerade für diesen Bereich auch in der Art der Gestaltung eine ganz bestimmte Raumatmosphäre zum Wohlbefinden. In erster Linie erreicht man eine erholsame Raumatmosphäre durch die richtige Farbgebung. Farbe, Muster, Materialien sollten in weichen, ruhigen Farben aufeinander abgestimmt werden. Da sind zunächst die Grüntöne, die beruhigende Farben genannt werden. Aber auch in der Art, wie sie kombiniert werden, läßt sich eine wohltuende Raumatmosphäre erzielen. So ist es durchaus möglich, auch andere Farbabstimmungen im Schlafbereich zu wählen, vorausgesetzt, daß es zarte Pastellfarben sind mit weichen Übergängen, in wohltuenden Farbkombinationen. Zwischen den verschiedenen Materialien sollten keine zu krassen Unterschiede bestehen. Als Material wird man viel Textilien im Schlafbereich verwenden. Textile Wandbehänge, Textilböden, textile Fensterverkleidungen tragen dazu bei, eine Raumatmosphäre wohltuend, entspannend zu gestalten. Man sollte heute vorraussetzen, daß der Grundriß eines Hauses oder einer Wohnung so entworfen ist, daß man das Schlafzimmer für verschiedene Zwecke benutzen kann. In den seltensten Fällen wird es sich hierbei um einen Schlafraum handeln, in dem nur geschlafen wird. Gerade deshalb zwingt uns die Planung, die Raumverhältnisse im Schlafzimmer besonders zu nutzen und mit der Einrichtung verschiedenen Zwecken zu dienen. Natürlich haben wir bereits im Kapitel des Raumprogramms viele Möglichkeiten, die im Schlafzimmerbereich genutzt werden können, aufgezählt. Welche Absichten wir auch immer in diesem Raume verfolgen, er wird wohnlich eingerichtet, damit er einen behaglichen Hintergrund bietet, um sich auch zum Schreiben und

Nähen dort niederzulassen. Häufig bietet der Schlafbereich eine zweite Möglichkeit zum Fernsehen, falls man ein anderes Programm zu sehen wünscht als die anderen Familienmitglieder. Diese Wohnlichkeit wird einmal durch die Farbe erreicht, zum anderen durch die textile Ausstattung des Zimmers. Zum dritten trägt wesentlich zu diesem Eindruck bei, wenn die Schränke als Einbauschränke unauffällig zurücktreten. Die sehr niedrig gehaltenen Betten fördern weiterhin eine wohnliche Stimmung und laden auch am Tage ein, darauf zu sitzen oder zu liegen. Die Möbel, die der kosmetischen Betätigung dienen, werden heute meistens im Badezimmer untergebracht. Wer aber seinen Toilettentisch gerne im Schlafzimmer aufstellt, wird auch dafür ein Möbel wählen, das die Wohnlichkeit dieses Raumes nicht stört.

Einiges Grundsätzliche für die Einrichtung von Schlafräumen.
Fußboden: Im allgemeinen ist es üblich, im Schlafbereich einen textilen, wärmenden Fußbodenbelag auszulegen. Nur in südlichen Ländern hat man auch im Schlafbereich gerne Fliesen, die besonders leicht zu reinigen sind und eine kühle, frische Atmosphäre im Schlafzimmer ausstrahlen. In unserem nördlichen Klima wird wohl im Schlafbereich der Textilbelag am häufigsten verwandt. Sowohl Auslegeware, Spannteppiche von Wand zu Wand als auch Teppichfliesen sind im Schlafzimmer angebracht. Chemiefaser-Fußbodenbeläge haben gerade im Schlafbereich große Vorzüge, denn sie sind leicht zu reinigen. Lose ausgelegte Teppichstücke sind im Schlafzimmer unvorteilhaft. Für die Reinigung muß man das Zubehör wechseln, denn man hat den Fußboden feucht zu wischen und dann mit dem Staubsauger die Teppiche zu reinigen. Sehr viel arbeitsparender ist es, wenn sich das Fußbodenmaterial von Wand zu Wand erstreckt. Sogar hochflorige Teppichböden sind für den Schlafbereich geeignet, da hier wenig Verschmutzung anfällt.
Wände und Decken wählt man im Schlafzimmerbereich in weicher Farbgebung. Sehr reizvoll sind stoffähnliche Tapeten oder Wandbespannungen, die von vornherein eine gedämpfte, intime Raumatmosphäre vermitteln. Auch Holzverkleidung kann im Schlafbereich sehr geeignet sein. Da im allgemeinen ein großer Teil der Wandflächen mit Schränken bedeckt ist, bleibt hauptsächlich die Wand hinter dem Bett als zu verkleidende Wand übrig. Da ist in jedem Fall eine Wandverkleidung sehr zu empfehlen.
Mobiliar: Das Mobiliar im Schlafbereich besteht in erster Linie aus Wandschränken. Für diesen Teil bietet die Industrie heute ein großes Angebot vorzüglich durchdachter Schrankwände. Sie lassen sich im allgemeinen in sehr unterschiedlichen Höhen und Breiten erwerben. Vorsicht mit zu dunklen Schrankwänden, sie engen den Raum ein und schlucken auch viel

Licht. Die sehr schönen, repräsentativen Schrankwände aus sichtbaren Hölzern wie Palisander, Nußbaum, Mahagoni oder aus den hellen Hölzern Esche, Ahorn, Kirschbaum sind daher nur für größere Schlafräume zu empfehlen. Unauffällig und großzügig wirken daher die hellen, kunststoffbeschichteten Schrankwände. Für die Inneneinteilung dieser Schränke ist das Angebot sehr vielfältig. Man sollte sorgfältig genau den eigenen Wünschen entsprechend Schrankeinteilungen aussuchen. In jedem Fall ist der von Decke zu Boden und von Wand zu Wand reichende Wandschrank dem losen, an die Wand gestellten Einzelschrank vorzuziehen. Er teilt den Raum sehr viel schöner ein, und es läßt sich wesentlich mehr in diesen Schränken unterbringen. Es ist von vornherein davon auszugehen, daß die Tiefe dieser Schränke immer bei 60 cm liegt; während die Höhe variabel ist. Rechts und links vom Bett sollte genügend Ablagefläche zur Verfügung stehen. Selten kommt man hier mit einem kleinen Tischchen aus. Ein das Kopfende umfassendes Regal erweist sich als sehr praktisch. Es ist zu beachten, daß zwischen Einbauschrank und Bett, wenigstens 80 cm Platz vorhanden sein sollte. Im allgemeinen empfiehlt es sich, etwas mehr Platz vorzusehen, damit man auch bei geöffneter Schranktür noch aneinander vorbeigehen kann. Die Art des Bettes hängt natürlich weitgehend von den Wünschen der Bewohner ab. Wiederum bestimmt die Größe des Bettes den gesamten Raum. Ein Schlafzimmer sollte wenigstens 14–16 qm groß sein, darüber hinaus gibt es keine Grenze. Häufig wird ein Schlafraum zunächst für ein französisches Bett geplant – was sehr raumsparend ist –, doch sollte man nicht vergessen, weiter zu planen. Nicht selten sollen später im gleichen Schlafraum zwei getrennte Schlafplätze eingerichtet werden, die mehr qm-Fläche erfordern. Normale Bettmaße sind 1 m × 2 m, französische Betten gibt es ab 1,40 m Breite.
Der wichtigste Gesichtspunkt bei der Beleuchtung des Schlafbereiches ist die Berücksichtigung von zwei verschiedenen Zonen. Einmal die Beleuchtung am Bett, zum anderen eine sehr starke Lichtquelle dicht vor den Wandschränken, die beim Öffnen der Schränke gut das Innere ausleuchtet. Sollten weitere Arbeitsplätze im Schlafbereich untergebracht werden, wie Toilettentisch, Arbeitstisch oder Nähplatz, ist es selbstverständlich, daß diese Bereiche ein direktes Extralicht benötigen. Die Lampe in der Mitte des Schlafzimmers über dem Bett ist völlig überflüssig, sogar störend. Man sollte davon ausgehen, daß man eventuell eine Gesamtraumbeleuchtung an einem Wandteil unterbringt.
Wer sehr lichtempfindlich ist und morgens durch einfallendes Licht gestört wird, muß darauf achten, Gardinenstoffe zu verwenden, die möglichst lichtundurchlässig sind. Möchte man trotzdem eine einheitlich helle Raumwirkung nicht durchbrechen, empfiehlt es sich, helle Gardinen abzufüttern.

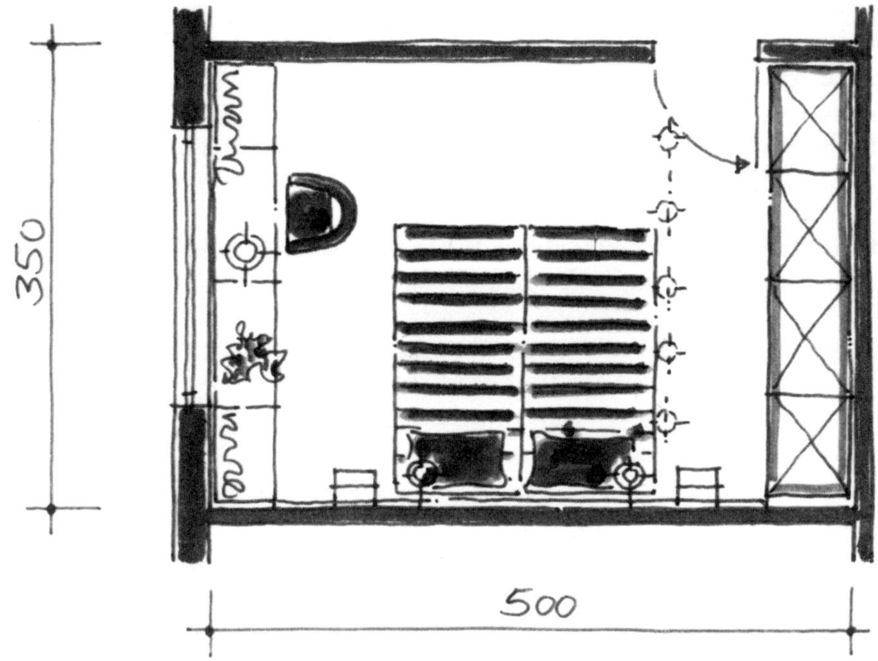

Konzeption eines Schlafzimmers mit eingebauter Schrankwand

Ansicht der Fensterwand ▶

Ebenso ist es wichtig, die Gardinenstange so anzubringen, daß die Gardine rechts und links eine Hand breit über den Mauervorsprung des Fensters hinwegläuft, damit kein Licht seitlich eindringen kann, und in der Fenstermitte sollten die Gardinen übereinandergehend schließen.
Auch eine Hänge-Pendelleuchte als Gesamtraumbeleuchtung an einem Wandteil untergebracht, kann ein freundliches Stimmungslicht verbreiten. Daneben sind die starken Beleuchtungen für die Wandschränke und die Lichtquellen am Bett getrennt zu schalten. Genügend Steckdosen sollten im Schlafzimmer untergebracht werden, ein bis zwei unmittelbar am Bett, damit Heizkissen, Radio und Fernsehen vom Bett aus benutzt werden können. Die Fernsehantenne ist auch im Schlafzimmer wichtig. Falls der Kosmetikbereich im Schlafzimmer liegt, ist hier eine getrennte, sehr gute Beleuchtung erforderlich. Häufig empfiehlt es sich, vom Schlafbereich aus eine Außenbeleuchtung für das gesamte Haus ein- und ausschalten zu können, wofür dann getrennte Schalter am Bett notwendig sind.

1. Beispiel Schlafzimmer mit knappen Abmessungen

Wir zeigen in unserem ersten Beispiel ein sehr normal ausgerichtetes Schlafzimmer. Beim Betreten des Schlafraumes (17,5 m^2) hat man rechts von der geöffneten Tür die eingebaute Schrankwand. Der erste Schrank, der direkt hinter der Tür liegt, läßt sich nur sehr umständlich öffnen. Er wird für den Teil der Garderobe vorgesehen, die möglichst wenig benutzt wird. In der Zimmermitte steht das Doppelbett, die Fensterbankseite ist für einen Arbeitstisch und einen Kommodenanbau vorgesehen. Links und rechts vom Bett kleine Abstelltischchen, die in die Rückwand eingehängt werden. Fenster und Türen sind in diesem Raum so günstig verteilt, daß man selbst bei den knappen Abmessungen durch eine geeignete Einrichtung das bestmögliche aus diesem Zimmer herausholen kann. Die richtig geplante Lage der Zimmertür ermöglicht, die durchgehende Schrankwand aufzustellen. So bietet sich reichlich Schrankraum an, um alles Notwendige unterzubringen.

Im Oberteil dieser Schrankwand lassen sich die überflüssige Wintergarderobe im Sommer bzw. umgekehrt unterbringen. Überflüssiges Bettzeug, kleine Handkoffer und allerlei Hausrat findet in diesem Schrankraum Platz. Aus der perspektivischen Raumaufteilung ist zu ersehen, daß in der verbreiterten Fensterbanknische allerlei unterzubringen ist und sich reichlich Abstellfläche sowie Arbeitsfläche ergeben kann.
Die Grundstimmung dieses Raumes ist grün gehalten. Die Wand ist mit einer zartolivgrünen Stofftapete beklebt. Der moosgrüne, etwas kräftigere Teppich gibt einen festen Farbuntergrund für die Gesamtstimmung. Grün-weiß kariert sind die Bezüge der Couch, die tagsüber sichtbar bleiben. Dunkelgrüne Kissen bilden einen schönen Farbfleck am Kopfteil der Couchen. Die Gardine am Fenster ist weiß-grün-rosa kariert und gibt dem Raum eine lebendige Frische, die die Gesamt-Grünstimmung noch etwas aufhellt. Wohltuend, entspannend, beruhigend ist diese Gesamtstimmung. Die Einbauschränke sind weiß, ebenso die Kleinmöbel am Bett wie auch die Arbeits- und Abstellfläche unter der Fensterbank mit den dazugehörigen Möbeln. Aus einem hellen Rüsterholz ist die Verkleidung am Kopfende der Betten gefertigt, in die dann die weißen Nachtschränkchen eingehängt werden.
Wie schon im vorangegangenen Absatz beschrieben, ist die Beleuchtung in dem Raum sehr zweckmäßig ausgerichtet. Wie im Grundriß zu ersehen, ist die punktmäßig angesetzte Strahlerleuchte ungefähr im Abstand von 80 cm vor der Schrankwand angebracht. Die Deckeneinbaustrahler stehen ein wenig hervor und können etwas gekippt gegen die Wandschränke gerichtet werden. Am Bett befindet sich hier eine Klemmlampe, über dem Toilettenarbeitsplatz ist eine getrennte, blendungsfreie Lampe an der Decke aufgehängt.

2. Beispiel Elternschlafzimmer mit Schrankraum

Für diesen zweiten Vorschlag war es dem Architekten möglich, den Schlafraum so zu gestalten, daß man mit Hilfe von frei in den Raum gestellten Schränken noch einen extra kleinen Schrank erübrigen konnte. Eine wichtige Voraussetzung für diese Lösung ist natürlich auch der richtige Schnitt der Fenster. So wird man in einer Etagenwohnung Schwierigkeiten haben, einen Schlafraum so auszustaffieren. Eine Möglichkeit ist allerdings, in einem großen Schlafzimmer durch frei in den Raum zu stellende Schränke einen kleinen Bereich abzutrennen. Sollte das Tageslicht dann nicht ausreichen, läßt sich durch eine gute indirekte Beleuchtung Abhilfe schaffen. Für diesen Schlafraum wurde nicht die Bedingung gestellt, daß hier zusätzlich Arbeitsfläche geschaffen werden muß. Das Zimmer dient ausschließlich dem Schlafen und der Unterbringung der Garderobe. Somit besteht die Einrich-

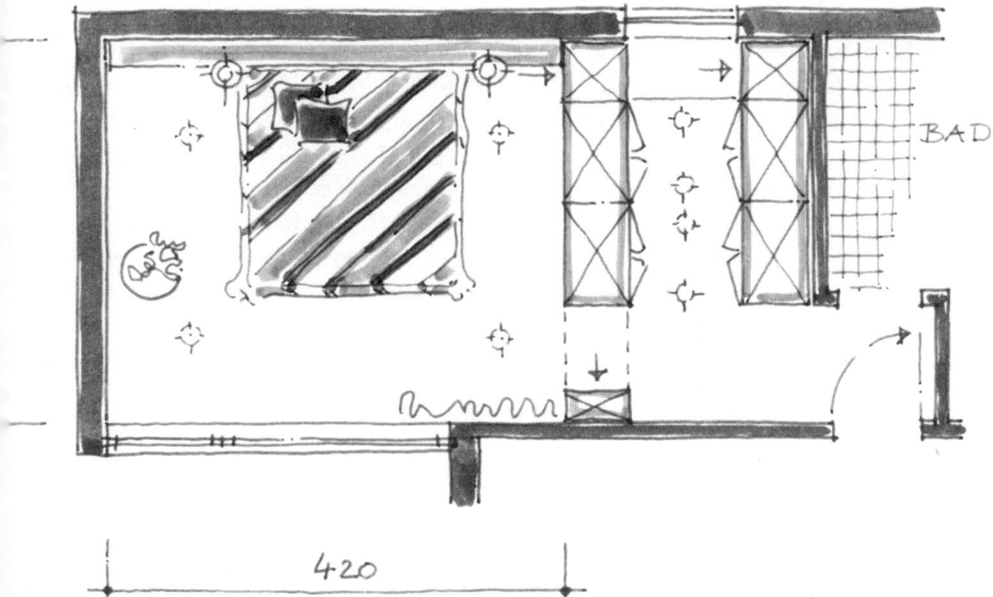

Konzeption eines Schlafzimmers mit davorgelegenem Schrankraum und offenem Durchgang zum Bad

Ansicht der einen Wandseite mit dem davorstehenden Bett

tung in erster Linie aus einem großen Bett. Über dem Bett befinden sich lose an der Wand verteilte Borde, um genügend Platz zum Ablegen von Büchern, Zeitschriften und anderen Kleinigkeiten zu haben. Dieser Raum ist so einfach konzipiert, daß er sehr schnell zu reinigen ist und nichts Überflüssiges herumsteht. Für den Schrank ist wichtig, genügend Platz zwischen den beiden Schrankteilen vorzusehen, so daß beim Öffnen beider Schrankreihen auch noch genügend Platz bleibt, um sich bequem dazwischen bewegen zu können. Das setzt im Grunde voraus, daß wenigstens 1,50 m Platz zwischen beiden Schränken vorhanden ist. Diese Lösung ermöglicht es, später einmal eine Änderung vorzunehmen. Es ist vorstellbar, die hier frei im Raum stehende Schrankwand zu verschieben, um eventuell zwei getrennten Schlafbereichen Platz zu bieten.

Farbgebung und Material
Die Gesamtfarbgebung dieses Raumes ist braun, weiß und etwas lila. Der Raum wirkt sehr intim durch eine weißgestrichene Wandverkleidung aus schmalen zusammengesetzten Brettern. Diese Verkleidung wird auch von der Zimmerdecke aufgenommen, die ebenfalls weiß gestrichen ist. Der Fußboden ist mit einem mittelbraunen, hochflorigen Wollteppich ausgelegt. Die Rückenwände der Schrankreihe, die gegenüberliegende Wand und die Seitenwand des Raumes sind mit einem ganz hellen fliederfarbigen Leinen bespannt. Die Untergardine ist weiß, die Übergardine ist fein weiß und lila gestreift. Die Bettdecke ist großgemustert weiß, braun, dunkellila und ganz leicht fliederfarben. Die Bücherborde, die über die weißgestrichene Verbretterung der Bettrückwand laufen, sind aus einem dunklen Makassaholz hergestellt. Diese Farbzusammenstellung wirkt recht lebhaft und ein bißchen exzentrisch, ist aber durch das viele Weiß und zarte Lila in ihrer Wirkung auch wieder ruhig und harmonisch.
Dieser Schlafraumteil hat vier indirekte Deckenauslässe. Diese Gesamtbeleuchtung, die über Variolux schwach zu stellen ist, kann ein sehr stimmungsvolles Licht erzeugen. Selbstverständlich ist am Bettkopfende links und rechts vom Bett je eine Klemmlampe angebracht, die ein weiches Strahlerlicht direkt auf jede Bettseite wirft und so ein blendungsfreies Lesen garantiert. Die Strahler lassen sich so stellen, daß auch der Nachbar im Bett schlafen kann und nicht gestört wird von dem richtungsförmigen Licht der anderen Lampe. Selbstverständlich ist eine sehr gute Deckenbeleuchtung mit hoher Wattzahl in dem kleinen Schrankwandbereich untergebracht, so daß dieser Raum so ausgeleuchtet ist, daß in allen Schränken gutes Licht garantiert ist.

3. Beispiel Schlafraum mit getrennten Betten

Für eine solche Schlafraumlösung bedarf es eines sehr individuellen Grundrisses. Sollten die beiden Betten nicht direkt nebeneinander stehen, wird grundsätzlich etwas mehr Platz für den Schlafbereich benötigt. Diesem Vorschlag mit dem in der Mitte gelegenen Bad entsprechen zwei kleine begehbare Flure, die wiederum die Schrankwände zur Seite haben. Vom Ablauf her ist diese Lösung sehr angenehm zu handhaben, es gibt kein Stören im Anziehbereich. Das Bad ist von beiden Seiten zu begehen und garantiert

Konzeption eines Schlafzimmers mit getrennten Betten und zwei offenen, begehbaren Schrankräumen, zwischen denen das Bad liegt

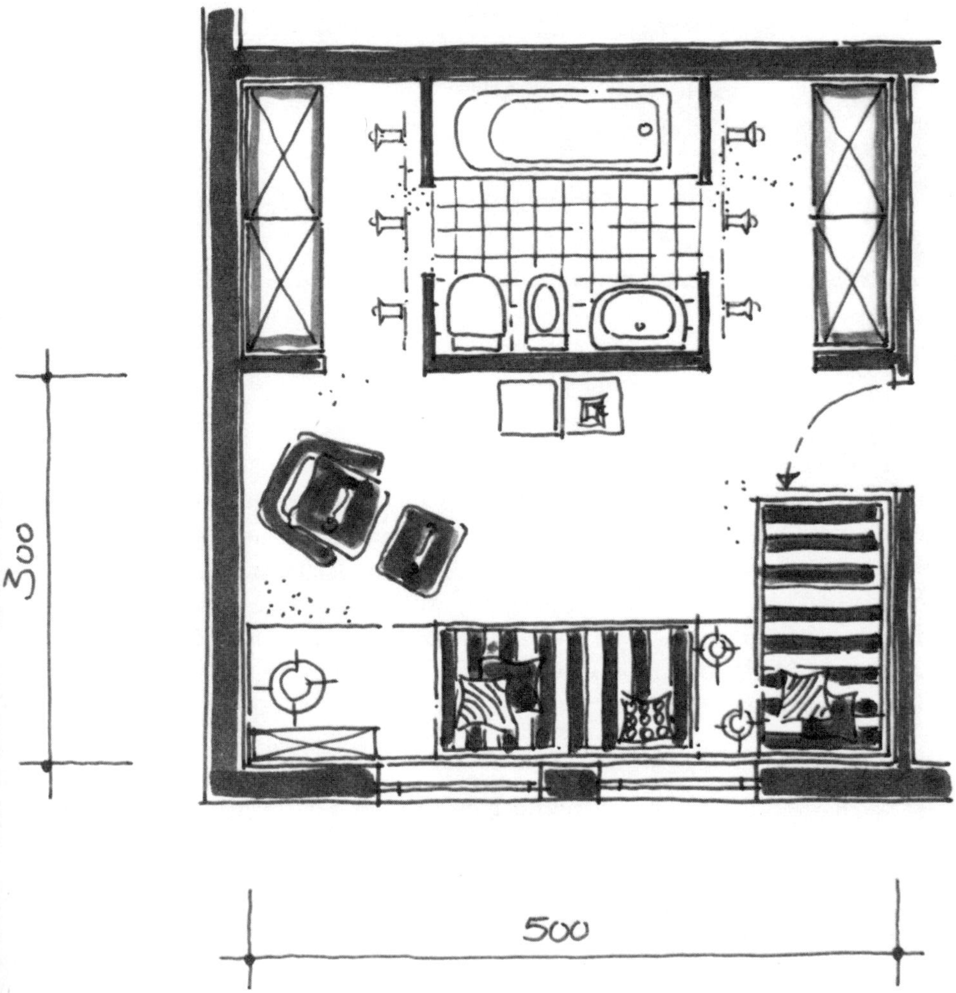

Blick auf die übereckgestellten Schlafcouchen (zu Grundriß S. 219)

einen reibungslosen Ablauf. Dieser sachliche Grundriß trennt klar die einzelnen Funktionen. Trotz des funktionell gegliederten Grundrisses ist gerade diese Lösung geeignet für ein wohnliches Schlafzimmer. Dadurch, daß Schrankwände aus dem Schlafzimmer verbannt sind, ist etwas mehr Wandfläche vorhanden, die dazu beiträgt, die wohnliche Note des Raumes zu unterstreichen. Die beiden Liegen sind tagsüber als Couch belassen und geben die Möglichkeit, sich auch am Tage zum Ausruhen oder zum Lesen hierhin zurückzuziehen.

Farbgebung und Material

Da es sich hier um einen im nördlichen Teil des Hauses gelegenen Raum handelt, ist großer Wert auf warme Farben gelegt worden. Die Farbstimmung ist weiß, orange, gelb. Die gelb-weiß gestreiften Couchbezüge werden einheitlich zusammengefaßt durch eine gelbe Wandgestaltung. Eine recht freundliche, gelbe Textiltapete läuft rund um diesen Raum herum, auch die kleinen Wandteile im Flur zwischen Wandschrank und Bad sind in diesen Gelbfarben gehalten. Schrankwandvorderseiten und Türen sind weiß, orangefarben ist der hochflorige Teppichboden, der sich ebenfalls in den begehbaren Flurstücken vor den Wandschränken hinzieht. Im gleichen Gelb sind die Fensterdekorationen gehalten, die Gardinen sind von innen weiß gefüttert und mit einer weißen Kante abgesetzt, so daß innerhalb der Gardine eine Verbindung zwischen gelb und weiß besteht. Die Zimmerdecke ist weiß. Das Bad wurde in die farbliche Gestaltung mit einbezogen. Weißer Fußboden und weiße Wandfliesen, weiße Sanitärgegenstände und leuchtend gelbe Frottierwäsche geben einen einheitlichen Farbklang zu der Gesamtstimmung dieses Schlafbereiches. Der kleine Schlafbereich wird nur durch die Nachttischbeleuchtung und die Leselampe auf den niedrigen Tischmöbeln erhellt. Vor beiden Wandschränken sind indirekte Deckenleuchten eingebaut. Das Bad ist selbstverständlich extra beleuchtet.

4. Beispiel Schlafbereich bestehend aus zwei getrennten Schlafzimmern

Dieses Beispiel zeigt den Vorschlag, zwei getrennte Schlafräume zu planen, gleichzeitig genügend Schrankfläche unterzubringen und den Baderaum in die Mitte zwischen beide Schlafräume zu setzen, so daß er von beiden Seiten gleichermaßen günstig zu erreichen ist. Hierbei verfügt jeder Schlafteil noch über 15,5 qm, so daß genügend Freiheit gegeben ist, sich in diesen Räumen wohnlich einzurichten und auch einen kleinen Arbeits- und Ruheplatz zu installieren. Das Wohn-Schlafzimmer der Dame rechts im Grundriß ist hier durch ein zweites kleines Sitzmöbel und Beistelltischchen zu einem Wohnvorraum geworden. Das Schlaf-Arbeitszimmer des Herrn hat einen geräumigen Arbeitsplatz mit Bücherbord erhalten. Die Abschirmung zu den weiteren Wohnbereichen durch die Schrankwände garantiert auch eine Abschirmung vor Geräuschen, die aus dem Hause hierher dringen können.

Die Grundfarbstimmung dieser beiden Räume ist im Zusammenhang komponiert. Sie bezieht sich auf die Wandschränke, die aus schönem feingemaserten Kirschbaumholz gearbeitet sind. Dieser feine, hellbraune, ins rötliche und grünliche changierende Farbton wird von den Wänden aufgenommen, die in einer dazu passend ausgesuchten mittelbraunen Japantapete mit leichtem Grün-Grau-Schimmer tapeziert sind. Auch in der Fensterwand reiht sich dieser Ton fort. Das Material der Gardinen wurde aus einem Natur-Seiden-Farbton in beigefarbigem Grundton gewählt. Diese Grundstimmung ist sehr fein in ihrer Wirkung, gleichzeitig ruhig fließend, die Raumatmosphäre bestimmend. Im Zimmer der Dame wurden leichte Akzente hinzugegeben durch ein wenig Rosa bis zum Pink gesteigert. Im

Zimmer des Herrn wurde die Kombination mit grün variiert. Gleichmäßig durch beide Räume zieht sich ein grau-grüner schöner Wollteppich, der dem fließenden Gleiten des silbergrün-braunen Wandtons eine Fortsetzung gibt. Das französische Bett von 1,60 m Breite ist mit karierter Seide bezogen; die Tagesdecke ist grün, rosa, eierschalfarben kariert und gibt somit eine Zusammenfassung der bisher im Zimmer vorkommenden Farben. Das kleine, zweisitzige Sofa ist mit einem pinkfarbigen Seidenleinen bezogen. Die darauf liegenden Kissen nehmen die verschiedenen Farben des Raumes wieder auf. Sie steigern sich von ganz hell eierschalfarben über hellrosa zu einem kräftigen Pink und geben einen lustigen Farbzusammenklang. Die kleinen, zierlichen Beistelltischchen sind aus Glas mit Plexi verarbeitet, so daß dadurch keine weiteren wirkungsstarken Elemente im Raum auftauchen. Die Türen sind beidseitig im selben Kirschbaumholz furniert, wie es die Schrankwände aufweisen.

Zimmer des Herrn

Die fließende, zusammenfassende Farbwirkung wird in diesem Zimmer noch weniger unterbrochen. Der Schreibtisch des Herrn ist schwarz gebeiztes Holz, auch die Schreibtischplatte ist dunkel, ebenso das kleine Bücherbord an der Bettseite. Die Bettcouch ist aus dunkelbraunem Leder gearbeitet und

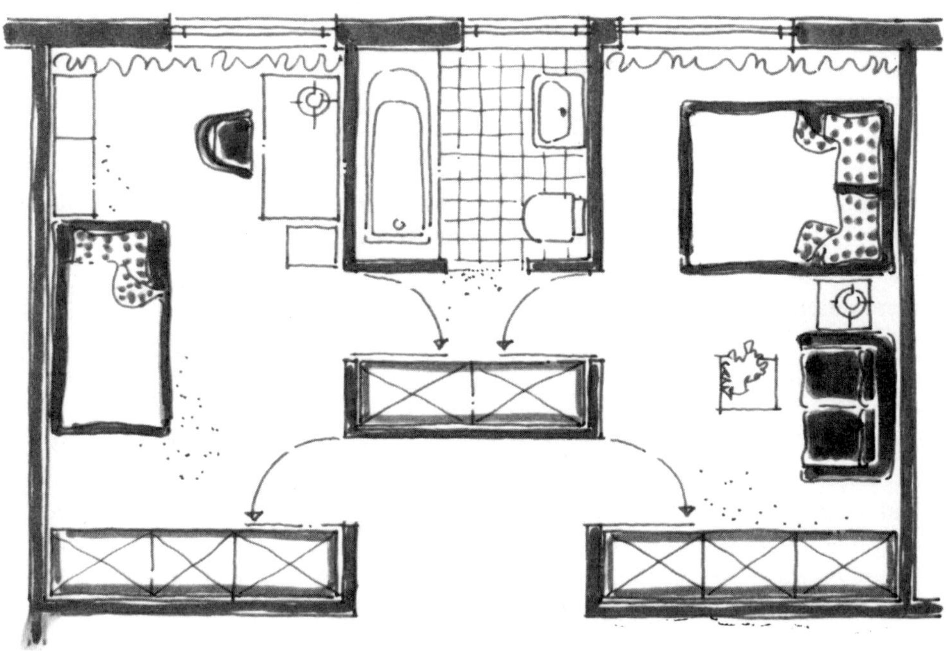

Blick auf den Schreibtisch im Herrenschlafzimmer

◀ *Konzeption zweier nebeneinanderliegender Schlafräume, getrennt durch das Bad und einen Schrankflur*

läßt sich so leicht zur Couch verwandeln. Am Fuße der Couch liegt eine schön gemaserte Felldecke. Falls dieser Raum auch zum Schlafen benutzt wird, wird das Bettzeug aus dem dafür vorgesehenen Schrank hervorgeholt. Das Bett ist, wenn es zum Schlafen benutzt wird, mit dunkel-braun leinener Bettwäsche bezogen, so daß auch das liegengelassene Bettzeug in diesem Raum die Farbzusammenstimmung nie stören würde.

Beleuchtung der Räume

Die ruhige Farbgebung dieser Räume wird durch ein intimes Licht unterstützt. Auf eine starke Schrankbeleuchtung wurde daher hier verzichtet. Die Schränke werden von innen beleuchtet, d. h. beim Öffnen der Schranktüren schaltet sich automatisch die Schrankinnenbeleuchtung an. Das Zimmer der Dame wird nur durch die am Bett befindliche Tischlampe erleuchtet, die über Variolux stark und hell bis zum ganz schwachen Dämmerlicht zu schalten ist.

Das Zimmer des Herrn hat eine Tischlampe auf dem Schreibtisch und eine Lesepunktleuchte am Bett. Beide Lichtelemente sind direkt beim Eintreten in das Zimmer von der Tür aus zu schalten.

5. Beispiel Schlafzimmer mit Dachschräge

Dieser sehr normal geschnittene Schlafraum mit 16,0 qm befindet sich im ersten Stock eines Hauses und unter einem schräg verlaufenden Dach. Der nicht allzu große Raum ist so geschnitten, daß er bestmöglich ausgenutzt werden kann. Um ihn ein bißchen interessant zu machen, wurde hier allein das Mittel der Farbe benutzt. Sonst bietet diese quadratische Form der Gestaltungsmöglichkeit schnell Grenzen. Sehr wichtig ist für den Zuschnitt des Raumes, daß die Tür zum Schlafzimmer so gelegen ist, daß man hinter der Tür die Tiefe von 60 cm für die Schrankwand gewinnen kann. Für die Gestaltung dieses Raumes ist es von Vorteil, wenn man mit einem französischen Ehebett auskommen kann, weil es natürlich raumvergrößernd

Aufteilung eines Schlafraumes im Dachgeschoß

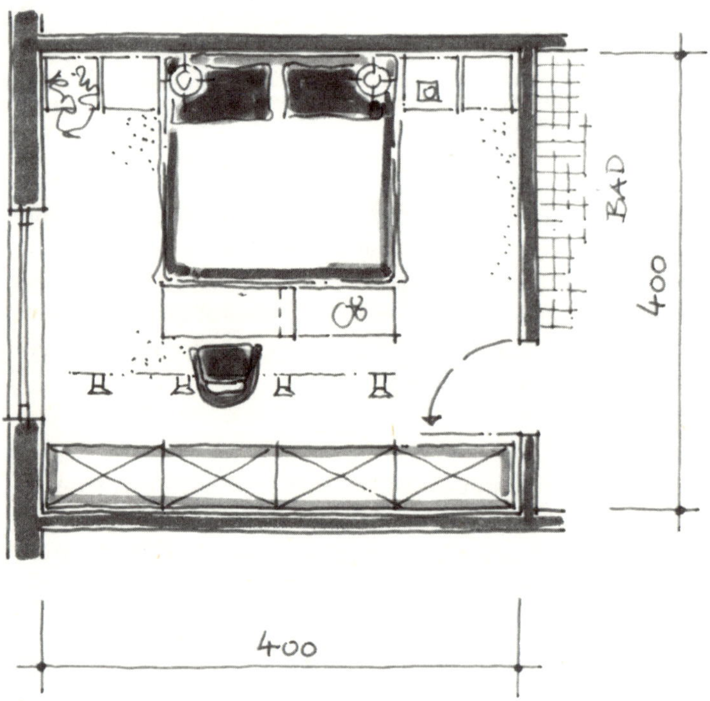

▶ *Ansicht des Schlafraumes unter dem schrägen Dach*

VII: Schlafzimmer in rustikalem Stil mit Deckenbalken und Himmelbett (Photo Michael Boys)

wirkt. Hier wurde der Wunsch ausgedrückt, noch einen kleinen zusätzlichen Arbeitsplatz zu gewinnen. Da der Raum unter dem Fenster dafür nicht breit genug war und die Fensterbank zu hoch saß, ist der kleine Arbeitstisch mit zusätzlicher Ablegekommode am Fußende des Bettes frei in den Raum gestellt worden.

Farbe und Material
Die Farbgebung dieses Raumes ist ganz in Blau gehalten. Damit das Blau nicht von zu einengender Wirkung ist, ist es ein wenig zu einem grünen Farbton hin erweitert worden. Es ist leicht möglich, daß die ausschließliche Tonintoneinrichtung einen Raum optisch gesehen zu eng umschließt. Man tut dann sehr gut, die Farbe zu öffnen und in einer bestimmten Richtung zu erweitern. So besteht zum Beispiel die Möglichkeit, wenn man einen Raum ganz in Rot einrichtet, ihn zum Rosa oder Orange hin zu erweitern. Blau kann zu Violett oder Grün geöffnet werden. Es ist günstig, eine benachbarte Farbe für diese Erweiterung zu wählen. So geht die Gestaltung dieses

Raumes zunächst von einem blauen, hochflorigen Teppich aus. Es ist ein Grau-Blau, kein aggressives Blau, sondern ein etwas mattes Grau-Blau. Die Wand ist dazu in einem zarten, sehr pastellfarbenen Hellblau gestrichen, auch wieder vom Grau-Blau ausgehend. Die Rückwand des Bettes hat eine großmustrige, blau-weiß-beige, ein wenig Grün enthaltende Tapete. Die Tapezierung dieser Wand in einem etwas größeren Motiv bewirkt eine gewisse Raumerweiterung gerade an der Stelle, wo der Raum durch die Schrägung etwas eng wirkt. Aus gestalterischen Gründen ist diese Wand in drei Teile gesetzt, so daß die Tapezierung hier wie eine Rahmen- und Füllungskonstruktion wirkt. Die Einrahmung dieser tapezierten Fläche ist in einem kräftigeren Blau gehalten. Der Bettüberwurf – die Tagesdecke – ist zart-grau-hellblau ein bißchen ins Weiß changierend, die Kissen dazu sind in Grün bis Hellblau und Blau gehalten. Die kleinen Möbel am Fußende des Bettes sind weiß, ebenso die Beistelltische links und rechts vom Bett. Die Gardine ist weiß mit breiten hellblauen und hellgrünen Streifungen. Die Gesamtwirkung des Raumes ist entspannend, ruhig, dabei aber fröhlich und heiter und beengt den Raum nicht. Es würde hier bestimmt störend sein, mit Gelb oder Rot und weiteren Farben in dieses Farbzusammenspiel einzugreifen.

Beleuchtung

Die Beleuchtung dieses Raumes besteht einmal aus den Bettlampen, die hier etwas höher über dem Bett an der Wand angebracht sind. Die Strahlerlampen sind so zu verstellen, daß sie als Leselampe ein gutes Licht auf einen kleinen Kreis, nämlich das Buch werfen können und den Nachbarn so nicht stören. Über der Schrankwand befindet sich eine Reihe Deckeneinbauleuchten, die gleichzeitig die Gesamtraumbeleuchtung darstellen. Sie sind über Variolux von strahlendem Hell bis zum matten Dunkel zu schalten.

6. Beispiel Schlafraum mit freistehendem Bett

Diese großzügige Lösung eines Schlafraumes gibt dem Einrichtenden allerlei Möglichkeiten zur Gestaltung. Ein freistehendes Bett hat Vorteile, es ist leicht in Ordnung zu halten. Die Benutzung dieses Bettes ist ebenso freizügig von allen Seiten möglich. Es ist nicht nur ein optischer Eindruck, daß man sich um dieses Bett herum völlig frei bewegen kann. Natürlich ist dieser Vorschlag vom Grundriß abhängig. Dem großzügigen Grundriß dieses Raumes entsprechend ist auch die Einrichtung elegant gehalten. Die lange Schrankwand bietet viele Möglichkeiten für die Unterbringung von Wäsche und Kleidung. Der Schnitt des Fensters läßt viel Helligkeit in den Raum

Konzeption für ein Schlafzimmer mit freistehendem Bett

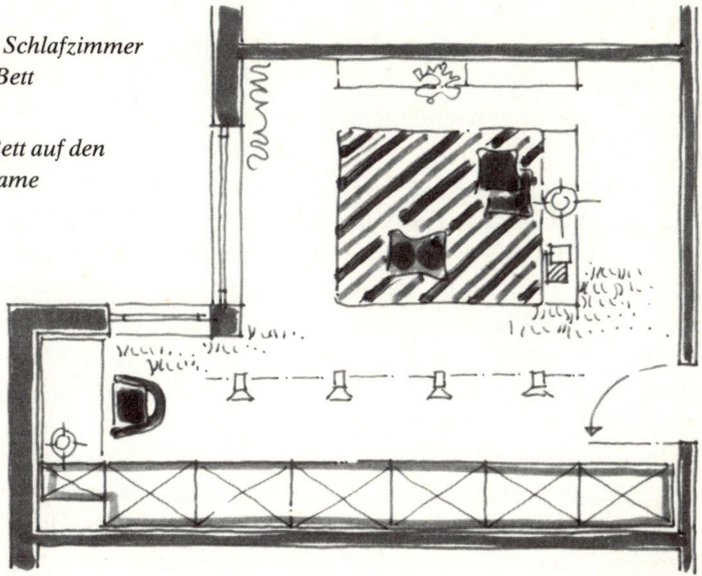

Ansicht über das Bett auf den Schreibtisch der Dame

hinein. Die Atmosphäre des Raumes ist ruhig und entspannend und zugleich sehr wohnlich gehalten, so daß man auch am Tage Lust verspürt, sich in diesem Zimmer aufzuhalten.

Farbgebung und Material

Die Materialien dieses Raumes sind von guter Qualität. Die lange Schrankwand mit Jalousetten-Türen ist in Mahagoniholz gearbeitet. Die große dunkle Fläche ist durch das leichte Raster der Jalousetten unterbrochen. Die Helligkeit des Raumes läßt es zu, ein so dunkles Holz für diese große Fläche zu wählen. Damit die optische Ausgeglichenheit des Raumes hergestellt wurde, sind auch die Gardinen in einem starken, lebhaften Muster gehalten, die also ebenso wie die Schrankwand einen dunklen Punkt in der Raumgestaltung geben. Um die beiden verbleibenden hellen Wände des Raumes nicht zu leicht wirken zu lassen, ist hier eine Reihe von Bildern aufgehängt, die auf diesen Wänden in enger Gruppe zusammenhängend ebenso einen gestalterischen Komplex bilden. Die gesamten Wände sind mit grauer Leinentapete bespannt, die vom Textil-Material her weich und warm wirkt. Dazu ist der Fußboden mit einem langflorigen eierschalfarbenem Teppich ausgelegt. Die Gardine besteht aus einem schönen Velourstoff mit großmustrigem Jugendstilmuster in Rot-Braun und leichtem Moosgrün auf einem eierschalfarbigen Untergrund. Der Bettüberwurf ist in demselben Rostbraun gehalten, das sowohl zu dem Jugendstilmuster der Gardine paßt als auch zu dem Hauptfarbton der Mahagonischrankwand. Verschieden helle Kissen beleben diese große Fläche. Das rückwärtige Bücherbord an der Bettseite ist in Mahagoni gearbeitet. Die Gestaltung dieses Raumes besteht aus einzelnen dunklen Elementen. Der eierschalfarbene Ton der Wand und der Fußbodens verbindet sich miteinander. Diese verbindende Farbe läßt es zu, einzelne starke Gruppen farblich herauszuheben. Dadurch besteht nicht unbedingt die Gefahr, daß die Schwerpunkte auseinanderfallen müssen. Seitlich beim kleinen Fenster am Endpunkt des Zimmers ist noch ein Arbeitsplatz eingerichtet, der unter Umständen auch als Toilettentisch benutzt werden kann. Seitliche Regale ermöglichen dort das Abstellen von Büchern und Schreibmaterial. Eine gute Leselampe beleuchtet die Tischfläche, ein kleiner Schreibtischwagen ermöglicht sogar, daß hier mit der Schreibmaschine gearbeitet wird.

Raumbeleuchtung

Um das schöne Material der Schrankwand zur Geltung zu bringen, verlangt sie auch am Abend eine gute Beleuchtung. Strahlerleuchten etwas unterhalb der Decke laufen auf einer Lichtschiene und beleuchten die Schrankwand.

Sie sind über Variolux zu schalten, so daß beim Heraussuchen der Kleider aus dem Schrank diese Strahlerleuchten ausreichend Licht hergeben. Gleichzeitig sind sie in matter Schaltung eine schöne Raumbeleuchtung. Sie ermöglichen, einen Seidenlichtschimmer auf die Schrankwand und das schöne Holz zu geben und somit die Gesamtstimmung des Raumes nicht zu stark werden zu lassen. Über dem Bett ist hier eine Hängelampe angebracht, die ebenso als Raumbeleuchtung wirken kann, natürlich nur mit einem matten Licht. Gleichzeitig sind in dem Bücherregal am Kopfende des Bettes kleine, punktförmige Leselampen befestigt, die ein sehr kleines Leselicht ausstrahlen und somit einem Ehepartner ermöglichen, störungsfrei zu schlafen, während der andere noch liest. Um den Tageslichteinfall dieses Raumes etwas zu filtern, ist eine Jalousette aus Japanmatte vor die Fenster gehängt. Zu der rotbraunen, samtigen Übergardine bildet diese weiche, beigefarbene Jalousette einen sehr feinen Lichtfilter, der in der Wirkung sehr viel stärker ist als eine weiße Untergardine.
Abschließend sei noch einiges zum Thema Schlafbereich gesagt. Grundsätzlich ist im Schlafraum hinsichtlich der Farbgebung und der Wahl der Möbel alles erlaubt, und es gelten die gleichen Grundregeln wie für das Einrichten anderer Räume. Die wichtigste Voraussetzung ist wohl, genügend Schrankraum vorzusehen. Dann ist schnell Ordnung zu schaffen, nichts liegt herum.

Zimmer für Kinder und Jugendliche

Ein Kinderzimmer ist stets ein Mehrzweckraum. Während sich die Beschäftigungen der Erwachsenen meistens über mehrere Räume erstrecken, hat ein Kind in seinem Zimmer zu schlafen, zu spielen und zu arbeiten. Es ist darum eine dringende Notwendigkeit, daß die Kinderzimmer nicht, wie so häufig, die kleinsten Zimmer in der Wohnung oder im Hause sind. Ein Kind kann nur in einem gut eingerichteten Kinderzimmer seine kleine Kinderwelt finden. Bewegt es sich ständig in der Zone der Erwachsenen, so ist das Kind in Gefahr, ausschließlich das Leben der Erwachsenen nachzuahmen und durch die Unruhe in ein unkonzentriertes Spiel ohne Ausdauer und Beharrlichkeit und ohne eigene Phantasie zu verfallen. Im Gegensatz zu allen anderen Räumen wird das Kinderzimmer zunächst für einen bestimmten Lebensabschnitt geplant. Die Einrichtung dieses Zimmers soll dann aber auch den Voraussetzungen dienen, die ein heranwachsendes Kind benötigt. Wie ist das mit ein und demselben Raum zu schaffen?
In dem Moment, wo ein neues Haus geplant oder eine neue Wohnung bezogen wird, sollte man zunächst dem Kind einen großen Raum aussuchen

und keinesfalls auf irgendwelche Notlösungen eingehen. Genau wie jeder Erwachsene beansprucht das Kind den vollen Raum, um seine Persönlichkeit zu entfalten. Selbstverständlich stehen da im Eigenheim sehr viel mehr Möglichkeiten zur Verfügung als in den festgelegten Grundrissen einer Etagenwohnung. So oder so wird ein gewisser Grundriß zugrunde gelegt werden müssen, und dann gilt es, diesen Raum zweckmäßig einzurichten. Wie auch immer die Möblierung ausfallen wird, für ein Kind ist es wichtig, daß es sich, abgesehen von der Kleinkinderzeit, dann wirklich bei seiner Persönlichkeitsentwicklung innerhalb dieser vier Wände ausdehnen kann. Es sollte für ein Kind so wenig wie möglich vorgestaltet werden. Der Raum soll dem Kind Anregung geben, selbst kreativ zu werden. Das bedeutet: weg mit allen Klischeevorstellungen. Ein Kind braucht nicht täglich Kasperlepuppen auf der Tapete oder das Rotkäppchen mit dem Kuchenkorb über dem Arm vor sich an der Wand zu sehen. Diese Bilder werden zur Gewohnheit und geben nicht die geringste Möglichkeit, Phantasie zu entwickeln. Für ein Kind ist es viel wichtiger, eine Wandfläche vor sich zu sehen, die es selbst gestalten darf. Wie kann man ihm das ermöglichen? Auf keinen Fall mit einer unifarbenen Rauhfasertapete. Die wird ein Kind in allerkürzester Zeit beschmutzen, es wird Fehden mit den Eltern geben, der Stärkere siegt dann, d. h. das Kind wird im allgemeinen auf der Tapete herummalen und die Eltern werden sich traurig zurückziehen und denken, sie haben das Kinderzimmer falsch gestaltet. Es ist auch müßig zu glauben, daß Kinder auf eine eigens dafür vorgesehene Schultafel malen. Ihre kreativen Bedürfnisse gehen meistens über die Wandtafelfläche weit hinaus. So bleibt also zu bedenken, daß die Einrichtung für das Kinderzimmer nicht das Wesentliche ist, sondern das Wesentliche ist, Wände, Fußböden, Türen und Fensterbrett so zu gestalten, daß das Kind sie in Besitz nehmen kann, daß das Kind an ihnen herumarbeiten kann und sie zum Feld seiner eigenen Tätigkeit werden lassen kann. Es ist selbstverständlich, daß ein Kleiderschrank in das Kinderzimmer gehört, wie in alle anderen Räume auch. Es empfiehlt sich meist, rechts und links von der Eingangstür auf jeden Fall in der dunkleren Zone, dem lichtabgewandten Teil des Zimmers, diese Einbauschrankwand vorzusehen. Man bemesse sie von Anfang an reichlich. Für ein Kleinkind kommt man zwar mit weniger Platz aus, aber einige Jahre später sind dort neben der Kleidung Bücher und Sportsachen unterzubringen. Man bedenke bereits, daß das Kind später vielleicht eine Couch benutzt. Dann sollte in der Schrankwand Bettzeug mit unterzubringen sein. Also bitte reichlich Raum bemessen! Es gilt vorweg noch die Frage zu klären, ob man mit einem oder zwei Kinderzimmern auskommt. Dieses Problem wird nicht zuletzt auch eine finanzielle Frage sein. Es besteht natürlich kein Zweifel, daß im Grunde jedem Kind sein eigenes Zimmer zugeordnet werden sollte. Besonders Kinder verschiedener Altersgruppen leiden darunter, wenn sie, an verschiedene Schlafzeiten gewöhnt, zusammen in einem Zimmer schlafen und leben müssen. Die Größe des Kinderzimmers hängt weitgehend davon ab, ob das Kinderzimmer ausschließlich der Bereich eines Kindes ist oder ob es mehr ein Schlaf- und Arbeitszimmer ist oder ob sich daneben im Haus noch ein Hobby- und Spielraum oder eine geräumige Diele befinden, die für solche Zwecke benutzbar sein können. Selbst wenn den Kindern ein Spielraum zur Verfügung gestellt werden kann, sollte man die geplanten Kinderzimmer nicht zu klein einrichten, denn es kommt über kurz oder lang die Zeit, in welcher Jugendliche nicht mehr ein Kinderzimmer brauchen, sondern einen Raum, in welchem sie arbeiten und sich ausdehnen müssen. Daher entsprechen die häufig viel zu kleinen Kinderzimmer, die für das Kleinkind als Schlafbereich ausreichend waren, bald nicht mehr den Erfordernissen. Weitschauende Planung sieht zunächst einen großen Kinderraum vor, der dann beim Hinzukommen von weiteren Kindern durch Trennwände unterteilt werden kann. Hierfür ist es wichtig, Fenster und Türeneinschnitte richtig zu bedenken.

1. Beispiel: Ein Kinderzimmer in drei Phasen

Für diese sehr kleinen Kinderzimmer von 9 qm zeigt der Grundriß drei Möblierungsvorschläge für drei verschiedene Altersstufen.
Der Vorschlag A zeigt die Einrichtung für ein Kleinkind. Am Fenster sehen Sie den Wickeltisch mit Ablagefläche, links von der Tür das Kinderbett, rechts von der Tür den Kleiderschrank.
Der Grundriß B zeigt, wie eine Couch hinter der Tür Platz findet, rechts wieder der Schrank. Statt des Wickeltisches ist ein Spieltisch mit einem dazugehörigen Spielbord untergebracht. Aus dem Säugling ist ein Kleinkind geworden, das nun am Tisch sitzt und spielen möchte. Man sieht bereits bei der Möblierung, daß kein großer Platz zum Spielen übriggeblieben ist. Es ist zu erkennen, wie unschön die aufgeschlagene Tür in der Ecke bereits an das Bett schlägt; aber es gibt viele Kinder, die mit 9 qm Platz auskommen müssen, und die Möblierung im Grundriß zeigt, daß es auch geht.
Im Grundriß C ist nun für das Schulkind die notwendige Arbeitsplatte unter die Fensterbank montiert worden, darunter sind Schubladen und Borde angebracht, die sich für das Schulzubehör eignen. Das vorhandene Bücherbord an der rechten Seite des Fensters ist ausgebaut und aufgestockt worden.
Zur Grundmöblierung des Vorschlags C wird bemerkt, daß Jugendliche auch gerne am Tag einmal auf ihrer Bettcouch liegen. Es empfiehlt sich deshalb,

A

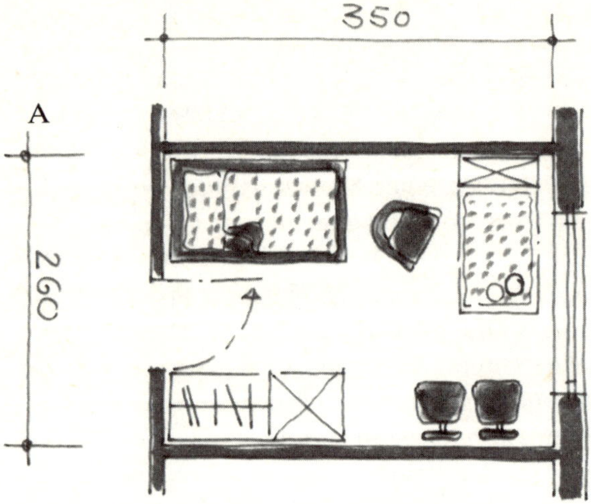

Kinderzimmer-Grundriß mit je nach Alter des Kindes abgewandelter Raumaufteilung

B

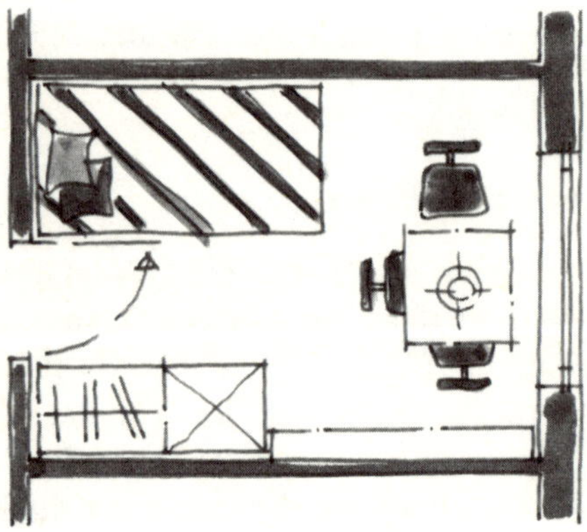

▶

Fensteransicht mit Arbeitsplatte im Kinderzimmer

C

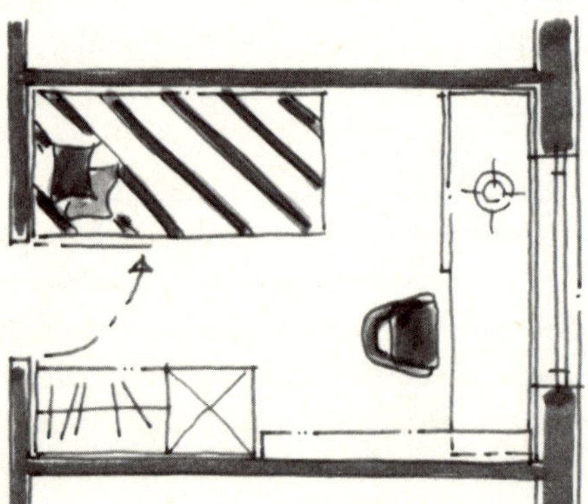

das Bettzeug am Tage wegzuräumen und im Schrank oder Bord dafür genügend Platz vorzusehen. Der Einbauschrank der rechten Seite hinter der Tür könnte für alle drei Vorschläge der gleiche sein, vorausgesetzt, daß man sich, gleich von Anfang an, für die richtige Größe entschieden hat.

2. Beispiel Zwei nebeneinander liegende Kinderzimmer

Der zweite Grundriß zeigt eine sehr raumsparende Lösung für zwei nebeneinander liegende Kinderzimmer. Die Länge der Räume ergibt sich aus zwei hintereinander stehenden Betten plus einer Wandstärke. Gewissermaßen in Zickzackform sind beide Betten von einer trennenden Mauer eingerahmt. So entsteht für jedes Zimmer eine getrennte Bettnische, die besonders heranwachsende Kinder sehr reizvoll finden. Die Fensterecke bleibt weitgehend frei, um ausreichende Arbeitsfläche zu bieten. Der Wandschrank befindet sich in der Nähe der Eingangstür. Diese Raumlösung bietet sowohl dem Kleinkind als auch dem heranwachsenden Jugendlichen eine geeignete Umgebung.

In dem angegebenen Beispiel befindet sich das *Zimmer der Tochter* rechts. Es ist etwas verspielter eingerichtet. Zimmerdecke, Wandschrank, Bett, das kleine Bord am Kopfende des Bettes, die Fensterbank und der Arbeitstisch sind weiß. Kontrastierend dazu sind die Wände orange gestrichen, der Fußboden ist mit braunen Nadelfilzplatten ausgelegt. Die Bettdecke ist im Patchwork-Muster genäht, die Grundfarbe ist orange-braun. Die Gardinen dazu sind gelb, weiß, bräunlich gemustert. Am Bett befindet sich eine Leselampe, ebenso ist über dem Schreibtisch eine Arbeitslampe angebracht. Vor dem Wandschrank inklusive der Tür sind drei eingebaute Deckenleuchten, die eine helle Schrankbeleuchtung und eine gute Gesamtbeleuchtung garantieren.

Das *Zimmer des Sohnes* ist etwas robuster gestaltet. Die Bettnische ist mit Holzplatten ausgekleidet. Hier wurde auf das Putzen des Mauerwerks ganz verzichtet. Die Spanplatten sind mit einer Lattenuntergrund-Konstruktion

Grundriß für zwei nebeneinanderliegende Kinderzimmer mit ineinandergeschobener Bettnische

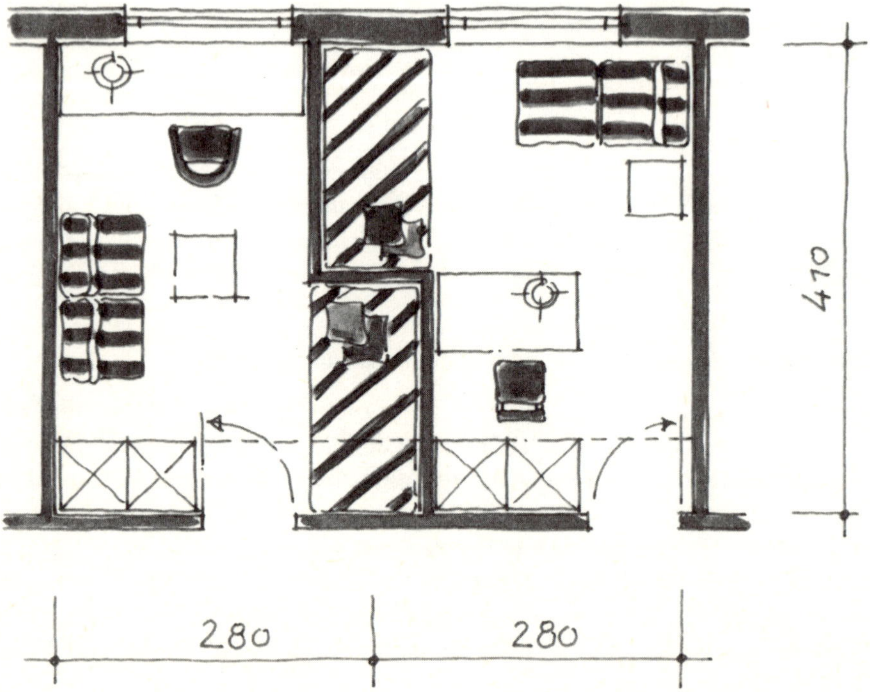

Blick in eines der nebeneinanderliegenden Kinderzimmer

direkt auf dem Mauerwerk angebracht worden. Die Arbeitsplatte des Schreibtisches ist hier aus einem massiven, starken Buchenholz gearbeitet. Hier kann auch ein Junge etwas basteln und handwerken. Die Platte sieht sicher dementsprechend aus. Der Wandschrank und das Bücherregal sind ebenfalls aus Kiefernholz, dem gleichen Material wie die Verkleidung der Bettnische. Der Fußboden hat die gleichen braunen Nadelfilzplatten wie das Zimmer der Tochter. Die verbleibenden Wandteile bestehen aus weißgeschlämmten Dämmplatten, so daß die ganze Fläche als Pin-Wände zu verwenden sind. Sie ist in unserem Fall hier auch von dem Kind mit vielen Postern und Plakaten, Photo- und Zeitschriftenseiten bedeckt worden. Vor der Bettnische, entlang der gesamten Fenster- bis zur Türseite läuft eine

Lichtschiene mit verstellbaren Strahlerleuchten, sechs Stück an der Zahl, die ein richtungsförmiges Punktlicht geben und dem Jungen gleichzeitig ermöglichen, eine Effektbeleuchtung auf einzelne gewünschte Gegenstände zu lenken. Zusätzlich eine Klemmlampe am Bett, eine Arbeitslampe auf dem Tisch. Die Farbgebung besteht hier ausschließlich aus braun und weiß. Braun ist die Farbe des mittleren Kiefernholzes. Dunkelbraun der Fußboden, weiß die Wände, dazu eine braun-weiß karierte Gardine. Dieses ist genug an Farben; das Zimmer lebt von der Gestaltungsfreudigkeit des Kindes, das mit Postern und großflächigen Bildern seine Wände dekoriert. Weitere Farben wären zuviel.

3. Beispiel Drei Kinderzimmer mit Spielflur

Der dritte Abschnitt zeigt einen in sich abgeschlossenen Wohnbereich mehrerer kleiner Kinder. Der Hausherr hat sich sogenannte Schlafkojen gewünscht, d. h. die Kinderzimmer sollten sehr klein sein und nur zum Schlafen und Schularbeitenmachen die notwendigen Möbelstücke aufnehmen. Zum Spielen ist vor den einzelnen Zimmern ein geräumiger Flur geplant, der das Miteinander-Spielen der Kinder ermöglicht und fördert. Gleich daneben liegt eigens dem Kinderbereich zugeordnet das Kinderbad. Da darüber hinaus im Keller noch ein Raum zum Basteln vorgesehen ist, dient dieser Spielflur ausschließlich dem Bedürfnis der spielenden Kleinkinder. Die Durchgehwand in die Schlafzonen ist gleichzeitig als Schrankwand ausgebildet, die für genügend Unterbringungsfläche sorgt. Die Kinderzimmer sind schnell in Ordnung gebracht, weil dort wenig Spielzeug herumsteht. Auch dies ist ein wichtiger Gesichtspunkt für die sehr praktische Anordnung dieser Räume. Gespielt wird im Spielflur, alles Spielzeug liegt dort herum und wird auch nur einmal am Tag aufgeräumt. Die Kinderzimmer sind leicht sauberzuhalten und dienen der Konzentration auf die Schularbeiten und sonst zum Schlafen. Das Kinderbad ist mit Dusche vollkommen ausreichend ausgestattet; eine zusätzliche Badewanne befindet sich im Sanitärbereich der Elternschlafzone.

Jedes Kinderzimmer hat ein eingebautes Bett und eine an der Wand festsitzende Arbeitsplatte, die auf die Fensterbank übergeht und eine große Schublade enthält. Kurze Regale, die einige Schulbücher aufnehmen können, finden ebenso ihren Platz neben der Arbeitsplatte. Nichts weiter steht auf dem Fußboden herum, in diesen Räumen ist schnell saubergemacht. Die Kippfenster über den Arbeitsplatten liegen 10 cm höher als die Arbeitsplatte, so daß auch bei geöffneten Fenstern nichts von den Tischen herunterzunehmen ist. Die Wandverkleidung dieser sehr schmalen Kinderzimmer sind alle in Kiefernholzverbretterung gearbeitet. Das verstärkt noch den Kojencharakter dieser Räume, aber gibt zugleich einen höhlenartigen, intimen Charakter. Weißgestrichene Wände wären zu empfindlich in diesen kleinen Räumen, wo es schon mal ein wenig robust zugeht und die Wände einige Knuffe und Puffe vertragen müssen. Um die Geräuschentwicklung nicht unnötig zu verstärken, muß der gesamte Bereich mit Tierhaar- oder Filzplatten ausgelegt werden, eine sehr wärmende Schicht auf dem Fußboden, auf der die Kinder lange herumsitzen können. Die fest eingebauten Couchen an den Wänden

Grundriß für drei nebeneinanderliegende Kinder-Schlafzimmer mit vorgelagertem Spielflur

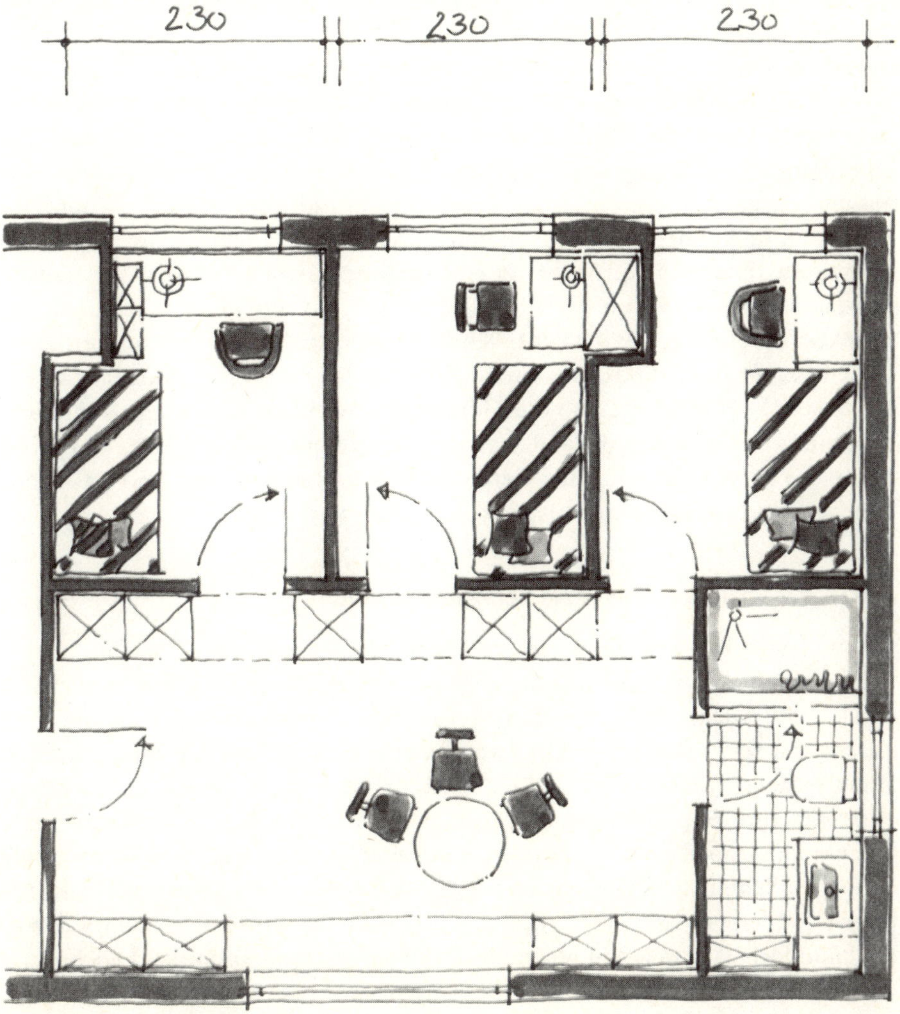

liegen auf zurückspringenden Sockelteilen, die als Schubkästen herausziehbar sind und die notfalls, wenn es so gewünscht wird, die Bettwäsche aufnehmen können. Diese Kästen laufen auf Rollen und sind sehr leicht zu bewegen. Die Arbeitstischplatten vor den Fensterbänken sind aus farbigem Resopal und bilden mit der Gardine und den Matratzen auf den Couchen die farbliche Gestaltung. Darum sind alle Zimmer unterschiedlich eingerichtet. Das erste Zimmer ist mit einem grünen Couchbezug, grün-weiß karierten Gardinen und hellgrüner Resopalplatte ausgestattet. Das zweite Zimmer wiederholt diese Farbgebung Rot-Rot, das dritte Blau. Jedes Kind hat zwei über Variolux zu schaltende Deckenleuchten, eine Klemmlampe am Bett und eine Schreibtischleuchte über der Arbeitsplatte. Ein verschließbarer Schrank im Spielflur dient dem Spielzeug, die offenen Regale an der Fensterwand sind für kleine Dinge gedacht. Der Fußboden besteht aus gepreßten Ziegenhaarplatten genauso wie in den Schlafräumen. Die verbleibenden kleinen freien Wandstücke sind mit Dämmplatten versehen. Diese Dämmplatten sind mit einer feinen Leiste eingerahmt und auf dem Putz angebracht; sie können also ausgewechselt werden. Die Jungs können nicht nur mit Buntstift darauf herummalen, sie können sie bekleben und alles mögliche an ihnen anstecken und festnageln. Die Tür zum Bad ist eine schwarzgestrichene Tür, die bemalt werden kann. Die Türen der Einbauschränke sind aus weißem Resopal. Sie reflektieren gleichzeitig das einfallende Licht vom Fenster her und erhellen diesen Raum stark. Die Zimmerdecke wurde hier mit einer Akustik-Schallschluckdecke abgehängt, die die Geräuschentwicklung in diesem Raum abschirmt. Vor der Schrankwand, entlang der gesamten Wandseite, läuft eine Lichtschiene, an der acht Strahlerleuchten verschiebbar sind und das Licht geben, das gewünscht wird.

4. Beispiel Kinderzimmer mit Schiebetrennwand

Diese Grundrißlösung zeigt ein großräumiges Kinderzimmer, das mit Hilfe einer Schiebetür in zwei in sich abgeschlossene Bereiche getrennt werden kann. Eine wichtige Voraussetzung für diese Lösung ist, den Raum von vornherein so zu planen, daß er zwei Fenster enthält und den Platz für zwei Zimmertüren vorsieht. Diese Lösung kann besonders im Kleinkinderalter eine sehr gute Einrichtung sein. Diese Wand wird dann auch wenig benutzt. Kleinkinder haben im allgemeinen, abgesehen vom ersten Lebensjahr einen ähnlichen Schlafrhythmus, vorausgesetzt, daß sie im Alter dicht aufeinanderfolgen. Sie haben dann eine große Spielfläche in der Mitte des Raumes. Zwei Kleinkinderbetten nehmen nur wenig Platz weg, Arbeitstische sind noch nicht nötig. In unserem Grundriß sind die Kinder bereits in dem Alter, in dem sie

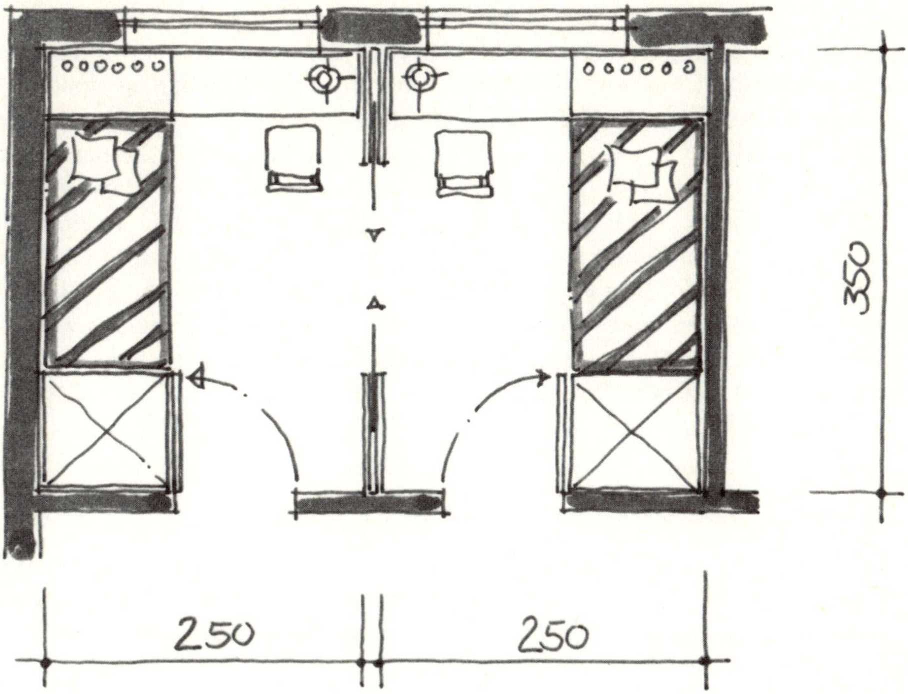

Grundriß für ein Kinderzimmer mit Schiebewand

volle Normalgrößen für Betten beanspruchen und richtige Arbeitsplätze brauchen. Dennoch ermöglicht das Wegschieben der Mittelwand ein ungehindertes Spielen in der Mitte des Raumes. Gerade gleichgeschlechtliche Kinder können auf die Weise auch wieder sehr viel mehr zusammen spielen. Trotzdem können sie getrennt Schularbeiten machen. Der Schlafrhythmus von zwei Kindern kann manchmal verschieden sein. Durch die Trennwand stören sie sich sehr wenig.
Für die Möblierung dieses Raumes gibt es nicht allzu viele Variationen. In jedem Fall gehört die Arbeitsplatte an das Fensterlicht. Der Kleiderschrank steht am vorteilhaftesten direkt an der Tür. Für die Couch gibt es auch noch Tageslicht, falls im Bett einmal gelesen werden soll oder man während des Tages auf der Couch ausruhen möchte. In diesem Raum ist die Wandgestaltung nicht so entscheidend wie in den bisherigen Lösungen. Praktisch können die Kinder hier nicht die Wände in ihr Spiel mit einbeziehen. Besonders wichtig ist es daher, daß das kleine Stückchen verbleibende Wandfläche an

der Arbeitsplatte möglichst als Pin-Wand ausgebildet ist, um hier dem Kind gestalterische Möglichkeiten zu bieten. Falls die Wandschränke in echtem Holz verarbeitet werden, wie es hier in unserem Fall gegeben ist, sollte die Bettrückwand möglichst im selben Material weitergeführt werden. Da die Schiebewand schon aus synthetischem Material besteht, ist es besonders wichtig, daß das Holz der Bettrückwand ein Gegenstück dazu bildet. Selbstverständlich sind die beidseitigen Einrichtungen gut aufeinander abzustimmen. Auf jeden Fall muß in beiden Räumen der gleiche Fußboden durchgezogen sein. In unserem Beispiel sind in jeder Raummitte 3 Einbaudeckenleuchten vorgesehen, die etwas herausgezogen und gekippt werden können und das Richtungslicht geben können, das gewünscht wird. Eine zusätzliche Arbeitstischbeleuchtung sowie Bettlampen sind in beiden Fällen vorhanden.

5. Beispiel Zimmer für einen Jugendlichen (12 qm)

Diese letzte Grundrißlösung zeigt ein recht aufwendiges und geräumiges Zimmer für einen Jugendlichen, das recht vielseitigen Bedürfnissen gerecht werden kann. Dieses großzügig eingerichtete Jugendzimmer hat eine sehr angenehme Atmosphäre, es wirkt geräumig und doch sehr zweckmäßig. Beim Betreten des Raumes ist linker Hand eine große Schrankwand aus hellem Eichenholz. Im gleichen Material setzt sich ein weiträumiges Bücherregal fort, in dem sich Tonband und alle sonstigen Phonogeräte des Jugendlichen unterbringen ließen. Die Fensterwand ist mit einem bis Fensterbankhöhe reichenden Eichenregal ausgestattet, auf dem die Arbeitstischplatte liegt, die ein Schubladenunterteil besitzt. Auf der rechten Seite des Zimmers wurde ein durchgehendes 30 cm hohes Podest von Wand zu Wand gezogen, das mit der gleichen Auslegeware wie der Fußboden bezogen ist. Etwa in der Mitte des Raumes liegt eine lose verschiebbare Schaumgummimatratze, die als Bett dient. Ein Teil des Podestes läßt sich mit einer Klappe von oben öffnen; dort hinein kann die Bettwäsche verstaut werden. Über dieser Bettwand sind mit Rupfen bezogene Dämmplatten angebracht, die auf einem Lattengerüst befestigt wurden. Der Naturton des Rupfens ist hier beibehalten, der dem ganzen Zimmer eine natürliche Farbgebung verleiht. Etwas aufmunternde Farbelemente sind die blau bezogene Matratze und die leuchtend blau, grün und violett gestreiften Gardinen. Eine bunte Reihe von Sofakissen reiht sich auf der Schaumgummimatratze entlang, in den Farben zwischen grün, braun, violett und blau.

In diesem Fall wurde eine Lichtschiene an der Decke über der Schrankwand, mit anschließendem Bücherregal, befestigt. An ihr gleiten fünf verschiedene

Konzeption für ein Jugendzimmer

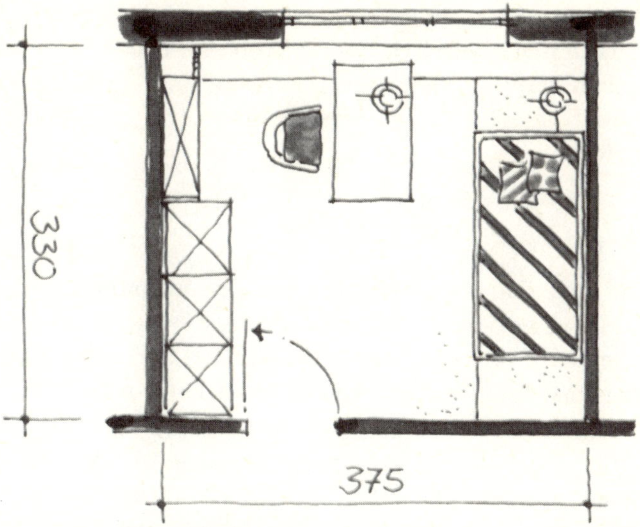

Blick auf den Arbeitstisch

Deckenstrahler in etwa 30 cm Abstand zur Decke entlang. Die einzelnen Strahler sind mit Gelenken zu verstellen, so daß sie auch ein Richtungslicht geben können, wie es von dem Bewohner gewünscht wird. Eine zusätzliche Arbeitslampe ist am Schreibtisch und eine Bettlampe über dem Bett befestigt.

Allgemeines

Obwohl sich die Grundrisse der Kinderzimmer sehr voneinander abheben werden, so ähneln sich doch sehr die Möglichkeiten des Einrichtens dieser Zimmer. Was sollte nun prinzipiell bei der Einrichtung von Kinderzimmern berücksichtigt werden? Kinderzimmer sollen recht gut belüftet werden, denn hier wird gearbeitet und geschlafen. Ein junger Mensch braucht frische Luft, da er sich auch viel bewegt. Lüftungsklappen oder Kippfenster erfüllen diese Voraussetzung. Für die Fensterdekoration sei zu bedenken, daß kein unnötiger Aufwand mit dem Reinigen der Gardinen getrieben wird; sie sollten einfach anzubringen sein. Ebenso wichtig ist es, gerade bei Kleinkindern, darauf zu achten, daß die Gardinen den Raum auch genügend abdunkeln, um für einen ausreichenden Morgen- und Mittagsschlaf zu sorgen. Eventuell auch zusätzlich Rollos oder Jalousetten vorsehen.

Solange ein Kind noch klein ist, ist das angenehmste Fußbodenmaterial ein PVC-Belag, der täglich feucht gereinigt werden kann. Außerdem ist das heute bei synthetischer Auslegeware auch möglich. Für die Fußböden des Kleinkindes sind nachher Fliesenteppichböden besonders geeignet. Es ist kaum zu vermeiden, daß im Laufe der Zeit starke Verschmutzungen entstehen. Bei den Teppichplatten können einzelne Quadrate ausgewechselt werden. Man sollte von vornherein genügend davon kaufen. Alle robusten Materialien, wie gepreßte Filzböden, gepreßte Tierhaarböden sind hier von großer Dauerhaftigkeit.

Die Beleuchtung im Kinderzimmer ist ähnlich wie im Arbeitszimmer der Erwachsenen und dem gesamten Wohnbereich. Eine Lichtschiene ist im allgemeinen sehr nützlich für ein Kinderzimmer. Keine Lichtquelle ist so variabel wie die Deckenstrahler, die auf einer Lichtschiene gleitend zu verstellen sind. Es wird sich leicht die günstigste Wand für diese Deckenschiene herausfinden lassen. Ein Teil der Strahler kann dann so gerichtet werden, daß er das Deckenlicht auf die gegenüberliegende Wand wirft, einige Strahler können ein punktförmiges Licht auf die Wand geben, vor der die Lichtschiene sitzt. Auch Wandschränke sind so gut zu beleuchten. Die zusätzliche Beleuchtung ist eine Bettlampe und eine Arbeitstischlampe. Reichlich Steckdosen sehe man von vornherein vor, denn wenn die

Jugendlichen später mit ihren elektrischen Anlagen umgehen möchten, ist es schwierig, sich durch das Gestrüpp der elektrischen Kabel hindurchzuarbeiten.

Die Wandgestaltung im Kinderzimmer ist ein wirkliches Problem. Einfache Kiefernholzverbretterungen sind eine gute Form, Wände robust zu gestalten und dem Kind einen natürlichen Ausdruck in der Wandgestaltung nahezubringen. Man muß allerdings in Kauf nehmen, daß die Kinder ungehindert Nägel in diese Bretterwand einschlagen, das sollte man nicht als nachteilig empfinden. Vielleicht läßt es sich einrichten, extra einen Wandteil zum Bemalen vorzusehen und hierfür eine große Dämmplatte oder Hartfaserplatte zu nehmen, die dunkel gestrichen werden kann. Ein weiterer Vorschlag für Kinderzimmerwände ist, Dämmplatten auf eine Rahmenunterkonstruktion zu nageln. Diese Dämmplatten können einmal weiß gestrichen werden und sind dann ähnlich wie Pin-Wände mit Bildern zu behängen und zu bekleben und geben dem Kind viele Möglichkeiten des eigenwilligen Gestaltens. Die Dämmplatten können aber auch mit Rupfen bespannt werden. Diese Wände lassen sich dann beliebig überstreichen. Zunächst sollte man sie im Naturton lassen, und wenn sie nicht mehr gut aussehen, kann man sie mit Ölfarbe überstreichen. Kinder können hier beliebig dekorieren und immer wieder ändern. Die Wände sind allerdings nicht gut zu bemalen, dafür sollte man ein Stück unbezogener Dämmplatte frei lassen. Für solche Kinderzimmergestaltung kann man auch auf den Wandputz total verzichten, die Unterkonstruktion des Lattengerüstes läßt sich auch direkt auf das Mauerwerk bringen, und die Dämmplatten werden dann daran festgeheftet. Tapeten werden im Kinderzimmer schnell beschädigt und reizen gerade dazu, sie einfach abzureißen. Jede Form von Ölfarbenanstrich ist für ein Kinderzimmer gut, ebenso die sehr festen Farben von Plastiktapeten, die man auch wie einen Sockel, nur bis zu einer Höhe von 1,50 m bis 1,80 m kleben kann.

Es ist verständlich, daß die Farben im Kinderzimmer hell und freundlich sein sollen. Es ist wichtig, daß man Kinder nicht ständig mit sehr aggressiven Farben umgibt. Sie sollen aus eigener Freude heraus stark farbige Bilder komponieren, Farben wählen und bevorzugen lernen, Farbkombinationen erproben. Das lernen sie sehr viel besser, wenn sie die Möglichkeit haben, sich Farben aus ihrer Umgebung zu wählen. Man sollte sie daher nicht ständig in ein stark orangefarbenes Zimmer setzen. Es ist ratsamer, die Zimmerwände in einer etwas zurückhaltenderen Farbwirkung zu wählen und Einzelstükke farblich stark herauszuheben. Auch hierbei sei auf stark farbige Gardinenvorhangstoffe, Bettüberzüge und Kissen hingewiesen. Der Fußboden sollte im allgemeinen in der Farbgebung etwas untergeordnet sein. Kinder ändern häufig ihr Verhältnis zur Farbe. Sobald sie in der Lage sind, selbst

Farben zu wählen, wünschen sie sich eine gewisse Wandfläche in Rot zu streichen, man sollte diesem Drängen nachgeben. Gerade wenn man rupfenbespannte Dämmplatten vorgesehen hat, ist es kein großes Problem, die Farbgestaltung dieser Wände zu ändern.

Das Mobiliar für einen Säugling spielt eine untergeordnete Rolle. Das Kind kommt im allgemeinen mit einem Kinderbett und einer Wickelkommode aus. Dazu kommt der Laufstall, der in den seltensten Fällen ausschließlich im Kinderzimmer stehen wird. Sobald die Wickelkommode ausrangiert werden kann, treten an ihre Stelle Kindertischchen und Kinderstühlchen, und die Babywäsche, die vielleicht noch in einem Regal unterzubringen war, quillt über und bedarf unbedingt eines Kleiderschranks, eines ausreichenden Wandschranks für Kleider und Wäsche.

Das Kleinkind wird sehr schnell neben Kindertisch und -stuhl das Bedürfnis haben, Kleinkindermöbel zu benutzen. Da ist es weitgehend eine Frage der Finanzen, wie sehr man sich auf die Angebote der Industrie einlassen kann. Es gibt sehr schöne Kleinkindermöbel, Kästen, Regale, die die Kinder anregen, selbst Ordnung zu schaffen und das Aufräumen mit Hilfe der Erwachsenen zu einem freudigen Spiel werden lassen. Die einfachsten Vorschläge sind immer die besten. Kästen, die auch zum Stapeln und Bauen anregen, sind den fertigen, kompletten Möbeln vorzuziehen. Sobald das Kind aus dem Kinderbett herausgewachsen ist, lohnt die Anschaffung eines großen Bettes. Für sehr kleine Kinderzimmer ist immer noch zu einem Klappbett zu raten. Das Kind hat dadurch am Tag mehr Spielfläche auf dem Fußboden und kann sich auch sonst im Zimmer besser ausbreiten. Es ist wichtig, auf die richtige Höhe der Arbeitsmöbel und der dazugehörigen Stühle zu achten. Gerade für das heranwachsende Kind ist die richtige Rücken- und Sitzhaltung von großer Bedeutung. Es versteht sich, daß ein Schulkind genügend Ablagemöglichkeit für Schulbücher und Hefte braucht. Je mehr Platz ihm zur Verfügung gestellt wird, desto leichter kann es Ordnung halten. Die Qualität der Bücherregale spielt gar keine Rolle, es können selbstgezimmerte Regale oder einfache Bretter sein. Mit Phantasie läßt sich gerade hier vieles zusammenzimmern, was dem kindlichen Gestaltungswillen sehr entgegenkommt. Es sei hier noch einmal bemerkt, daß es nicht so wichtig ist, daß die Eltern alle Arrangements nach dekorativem Gesichtspunkt schön finden. Es ist viel wichtiger, daß den Kindern das gefällt, was sie in ihrer Umgebung haben, daß die Kinder das bekommen, was sie sich in ihrem Zimmer zur Gestaltung wünschen.

Ausschluß von Gefahrenquellen

Es ist wichtig, daß Gefahrenquellen im Zimmer von Säuglingen und Kleinkindern ausgeschaltet werden. Steckdosen müssen unbedingt eine Sicherungsklappe haben. Die Fenster sollten so gesichert werden, daß sie auch für das Kind, das schon auf Stühle und Tische steigt, keine Gefahr mehr sind. Man kann heute von innen ein Fenstergitter vor die Scheibe setzen lassen oder ein kräftiges Nylonnetz spannen. Waschbecken und Wasserhähne im Kinderzimmer sollten so niedrig wie möglich angebracht werden, damit das heranwachsende Kind sich bald selbst im Stehen vor dem Waschbecken waschen kann. Es ist darauf zu achten, daß Überlaufventile angebracht sind, falls Kinder einen Wasserhahn laufen lassen. Falls zusätzlich Heizöfen im Kinderzimmer aufgestellt werden, dürfen sie nur sehr hoch angebracht werden, so daß ein Kind nicht heranreichen kann.

Die Küche

Die Vorausplanung für eine Küche und das Einbeziehen aller Erwägungen, welche Küche für diese ganz spezielle Familie die richtige ist, wurde bereits in dem Kapitel Raumprogramm abgeschlossen. In einem Grundriß wurden alle Überlegungen und Wünsche der Hausfrau festgehalten. Nun soll in diesen äußeren Rahmen die zweckmäßigste Lösung eingepaßt werden. Anhand von Einrichtungsgrundrissen, von Fotos soll dieses Kapitel hierfür Anregungen geben.
Wer heute ein Haus baut oder eine neue Wohnung bezieht, wird kaum bei der Planung seiner Küche den Gedanken erwägen, lose Küchenmöbel einzeln in der Küche aufzustellen. Der Gedanke an eine Einbauküche ist heute ganz vertraut geworden. Somit wählen wir eines der vielen Programme, die ein nahtloses Aneinanderfügen der einzelnen Möbel, die dem jeweiligen Arbeitsgang entsprechen, gestattet. Das Programm der Küchenmöbelhersteller ist so weit gespannt, daß sich fast für alle Baumaße die passenden Möbel finden lassen. Diese Firmen, die große Erfahrung auf dem Gebiet der Raumausstattung haben, stehen für eine ausführliche Beratung stets zur Verfügung.
Es wurde errechnet, daß eine Hausfrau durchschnittlich ca. 4–5 Stunden pro Tag in der Küche arbeitet. Von der Vorstellung, die Küche habe einem Laboratorium zu gleichen, ist man wieder abgekommen. Der Wunsch der Frau, sich an ihrem Arbeitsplatz wohl zu fühlen, wird heute respektiert. Häufig ergeben die Grundrisse und die Wohnverhältnisse, daß die Küche

nicht direkt nach Norden liegt. Die üblichen Kühlgeräte sorgen dafür, daß dennoch Lebensmittel kühl unterzubringen sind. Somit ist es vom Lichteinfall her bereits gegeben, daß die Küche ein freundlicheres Tageslicht erhält. Die Raumatmosphäre wirkt wesentlich anders als bei einem rein nach Norden hin eingerichteten Raum. Das Ziel der Architekten ist weitgehend, die Küche wieder etwas größer zu halten. Nicht nur in der Kleinstküche läßt sich rationell arbeiten, sondern in erster Linie in der richtig geplanten Küche. Die freundliche Atmosphäre ist dabei nicht hinderlich. Fröhliche Farben und schöne Kombinationen zwischen Frontstücken der Möbel, Fußboden und Wandplatte heitern die Atmosphäre einer Küche wesentlich auf. Das Angebot der rustikalen Holzküchen ist wieder sehr groß geworden. Es stellt sich also hier nur die Frage, für die entsprechenden Raumverhältnisse das Richtige zu wählen.

Zunächst ist zwischen drei Küchentypen zu unterscheiden, die jeweils durch die Lebensweise der Familie bestimmt werden. Dies sind die reinen Arbeitsküchen, die Eßküchen, d. h. die Küche, in der ein Eßplatz eingerichtet ist, der unter Umständen auch vom Küchenteil abzutrennen ist, und schließlich als drittes die Wohnküche, die in ihrer alten Form heute meist abgelehnt wird. In Amerika erfreut sie sich in einer neuen Form großer Beliebtheit. Hier wird sie als Glied einer zusammenhängenden Folge von Wohn- und Arbeitsraum betrachtet. Es ist aber nicht jedermanns Geschmack.

Der Arbeitsablauf in einer Küche erfolgt grundsätzlich im Uhrzeigersinn. Damit sich die einzelnen Geräte im richtigen Arbeitsablauf nahtlos aneinanderfügen, wird vorausgesetzt, daß alle Arbeitsflächen eine einheitliche Höhe besitzen. Die Tiefe dieser Geräte ist von den Produzenten im allgemeinen mit 60 cm festgelegt. Die Höhe der Arbeitsflächen richtet sich ein wenig nach der eigenen Körpergröße. Der Arbeitsprozeß innerhalb der Küche reiht sich rechts an den vorhergehenden Arbeitsplatz an, beginnt links mit dem Vorratsschrank bzw. der Schrankfläche, die für Vorräte vorgesehen ist, daneben eine Arbeitsfläche, dann folgt ein Wasserspülbereich, daneben die zentrale, große Arbeitsfläche, an der das bereits abgespülte Gemüse zubereitet wird. Danach kommt die Herdfläche, daneben nochmal eine kleine Abstellfläche – sie ist unbedingt erforderlich –, und dann schließt sich über die Geschirrschränke der Arbeitsablauf, bzw. in einer U-förmig angelegten Küche würde sich der Kreis der Arbeit hier schließen. Innerhalb dieser Reihe ist die wichtigste Einheit im Küchenkomplex, die unverrückbar eingehalten werden muß, die Folge von Arbeitsfläche, Spüle, Arbeitsfläche, Herd, Abstellfläche. Natürlich muß diese Folge ein wenig den jeweiligen Grundrissen, den Gegebenheiten, Lichtquellen, Tür-

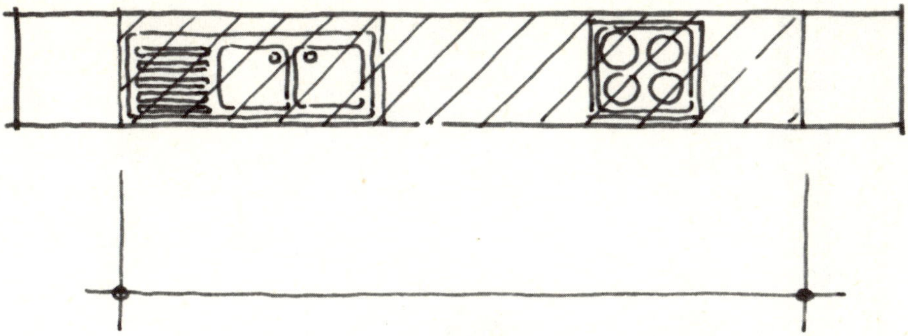

Die Zeichnung demonstriert den Arbeitsablauf in der Küche

maßen angepaßt werden. Das Vorratszentrum darf eventuell auch an einem anderen Platz untergebracht sein. Die Geschirrschränke sollten möglichst in der Nähe des Spülbereiches bleiben. Passen sie aber in den vorgeschriebenen Arbeitsablauf nicht hinein, so kann ein Platztausch mit dem Vorratszentrum vorgenommen werden. Wer in seiner Küche eine Geschirrspülmaschine mit unterbringt, sollte dringend darauf achten, daß sie unmittelbar neben dem Bereich der Geschirrschränke liegt, weil es außerordentlich arbeitsparend ist, wenn das gereinigte Geschirr mit einem Griff direkt in die Geschirrschränke gestellt werden kann.

1. Beispiel Die einzeilige Küche

Einzeilige Küche: Unser erstes Grundrißbeispiel zeigt eine Küche, die mit einer einzeiligen Küchenausstattung eingerichtet wurde. Die Art und Weise, die Küchenmöbel an eine Wand zu stellen, ist besonders vorteilhaft für einen Raum, der nur einem relativ kleinen Küchenbetrieb gewachsen sein muß. Diese Grundrißlösung bietet sich ebenfalls für Küchen an, die gleichzeitig einen Eßplatz mit beinhalten. Man kann unter Umständen auch die einzeilige Kücheneinrichtung mit einem Vorhang abtrennen, um sich dann, ohne auf unordentliche Küchentische sehen zu müssen, bei Tisch einer wohlgefälligen Ordnung zu erfreuen. Eine einzeilige Küchenlösung kann auch der Beginn einer Kücheneinrichtung sein. Es ist dann rechtzeitig zu überlegen, in welcher Form die Erweiterung dann später stattfinden sollte. Gerade bei einer einzeiligen Küchenlösung gilt es, die Unterbringung und die Arbeitsgänge genau zu planen; jeder Zentimeter muß hier gut genutzt werden.

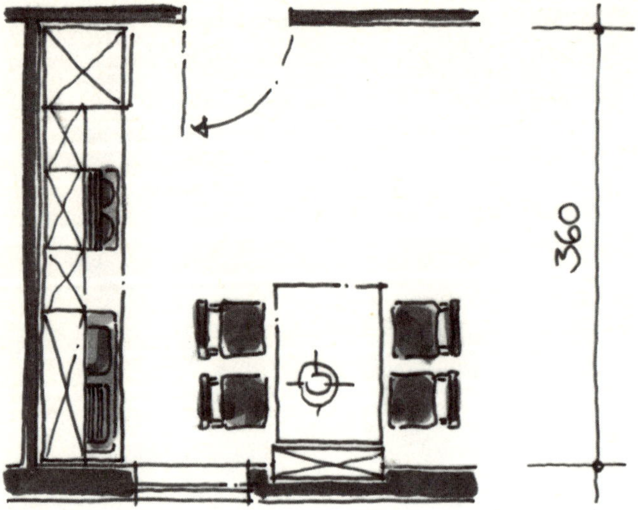

Grundriß einer einzeiligen Küche mit Eßplatz

2. Beispiel Die zweizeilige Küche

Die zweizeilige Küche empfiehlt sich besonders in den Fällen, wo der Grundriß der Küchen langgestreckt und schmal ist. In unserem Beispiel beträgt die Küchenbreite 2,50 m, das Mindestmaß, das für diese Küchenform angegeben wird. Dieses Maß ist so aufzuteilen, daß man an beiden Wänden die Küchenmöbeltiefe von 60 cm vorsieht und somit einen Mittelgang von 1,30 m behält. Diese Küchengliederung setzt voraus, daß der Haushalt im allgemeinen von einer Person in der Küche bewirtschaftet wird.

Sobald eine Hausangestellte oder helfende Kinder, d. h. mehrere Personen in der Küche tätig werden, empfiehlt es sich, für den Mittelgang zwischen den beiden Küchenzeilen ungefähr 1,60 m einzuplanen, d. h. daß die Gesamtküche eine Breite von 3 m haben sollte. Die zweizeilige Küche hat den großen Vorteil, daß es keine Ecklösungen gibt. Ecklösungen sind bei Küchen gelegentlich von Nachteil, da die Schrankfläche sich etwas schwerer in der Ecke ausnutzen läßt. Im allgemeinen kann in der Ecke immer nur eine Person stehen und tätig sein, bzw. während sie in der Ecke steht, verdeckt sie die Schrankfläche im Umkreis von ca. 60–70 cm zu beiden Seiten hin. Es ist also für mehrere Personen leichter, in einer zweizeiligen Küche zu arbeiten als in einer L- oder U-Form. Die Anordnung einer zweizeiligen Küche setzt voraus, daß an der Stirnseite die Tür liegt, ihr gegenüber das Fenster, oder

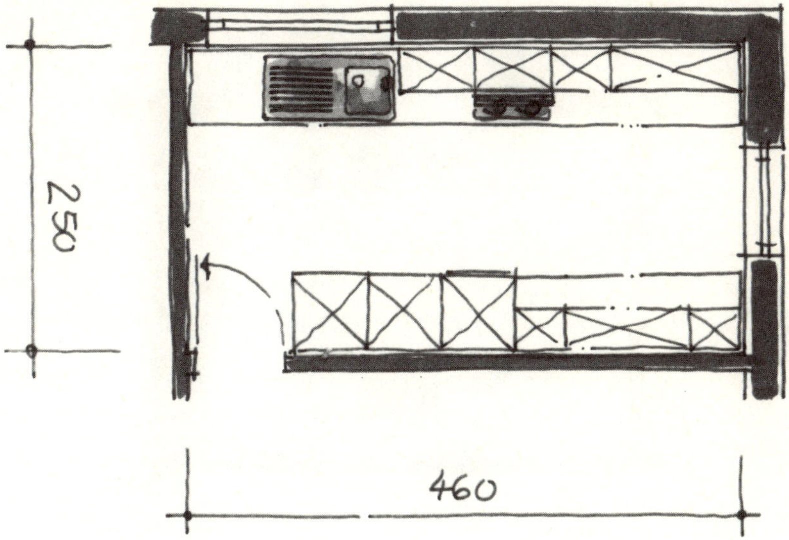

Grundriß einer zweizeiligen Küche

umgekehrt. Ein kleiner Nachteil der so angeordneten zweizeiligen Küche besteht darin, daß die günstigen Lichtverhältnisse unter dem Fenster nicht für die Arbeitsfläche ausgenutzt werden. Unser Grundriß weist dagegen zwei Fenster innerhalb der Küche auf. Wir haben also einen hellen Arbeitsplatz am Fenster und haben außerdem an der Stirnseite der Küche ein zweites Fenster. Die Einrichtung der Küche ist auch so gewählt worden, daß die Hauptarbeitsflächen dem Fenster zugeordnet sind, um die Lichtverhältnisse auszunutzen. Hier ist genügend Abstellfläche zwischen den einzelnen Arbeitsvorgängen vorgesehen. Eine Ausziehplatte unterhalb der eigentlichen Tischfläche sorgt dafür, daß hier auch im Sitzen gearbeitet werden kann. Im allgemeinen läßt sich bei dieser Anordnung kaum vermeiden, daß das abgetrocknete Geschirr oder das der Spülmaschine entnommene Geschirr auf die andere Küchenzeilenseite getragen werden muß, weil dort der Hauptteil der Geschirrschränke liegt. Der Kühlschrank wird ebenfalls auf der rechten Grundrißseite liegen; man muß also die Vorräte erst von dieser Seite zur Zubereitung auf die gegenüberliegende Seite tragen. Die rechte Schrankseite ist hier hauptsächlich mit Hochschränken, d. h. mit durchgehenden, 60 cm tiefen Schränken ausgefüllt, in die sich sehr viel hineinstellen läßt. Sollte hier eine Durchreiche zum daneben liegenden Eßzimmer eingebaut

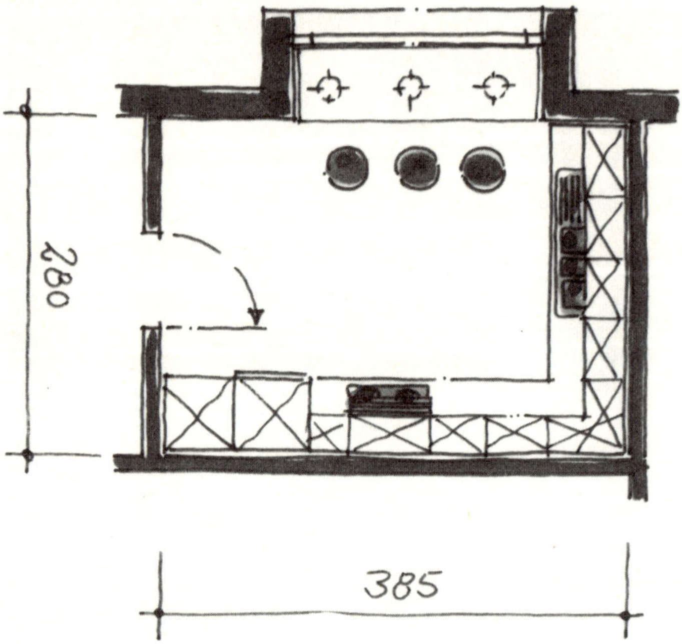

Grundriß einer Küche in L-Form

werden, wird man dementsprechend die Wand in Ober- und Unterschränke unterteilen. Auch für diese Lösung ist es notwendig, daß die Fensterbrüstung über dem Abwaschtisch hoch genug geplant wird, damit der Fensterflügel ungehindert zu öffnen ist und sich über die Armaturen innerhalb der Spüle frei bewegen läßt. So kann auch das Fenster bequem nach innen geöffnet werden, ohne daß man vorher Gegenstände von der Tischplatte zu entfernen hat. Die Form der zweizeiligen Küche erweist sich auch in den Fällen als besonders praktisch, wenn man die Einrichtung der Küche nur stufenweise vornehmen will. Beginnt man beispielsweise mit der Arbeitswand, so läßt sich vielleicht an der Wand, die später die Wandschränke aufnehmen soll, vorläufig mit einem alten vorhandenen Küchenschrank oder einem Regal auskommen. Wichtig ist nur, daß bei der Planung von Anfang an die Höhen- und Breitenmaße der Schränke berücksichtigt werden.

3. Beispiel Die L-Küche

Die Vorteile einer Kücheneinrichtung in L-Form gegenüber einer zweizeiligen Anordnung besteht zunächst darin, daß sich außer der Arbeitsfläche zwischen Herd und Spüle meist noch ein zweiter Arbeitsplatz ergibt, wo

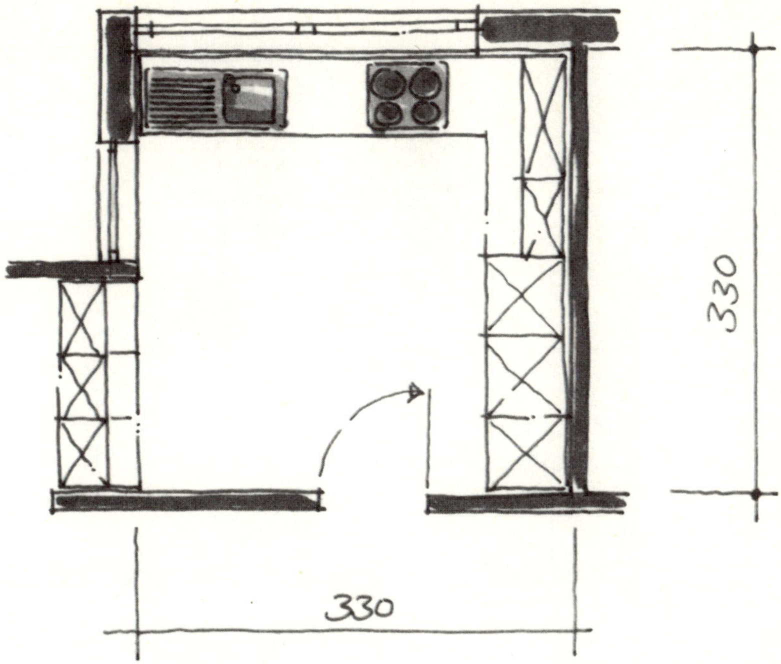

Grundriß einer Küche in U-Form

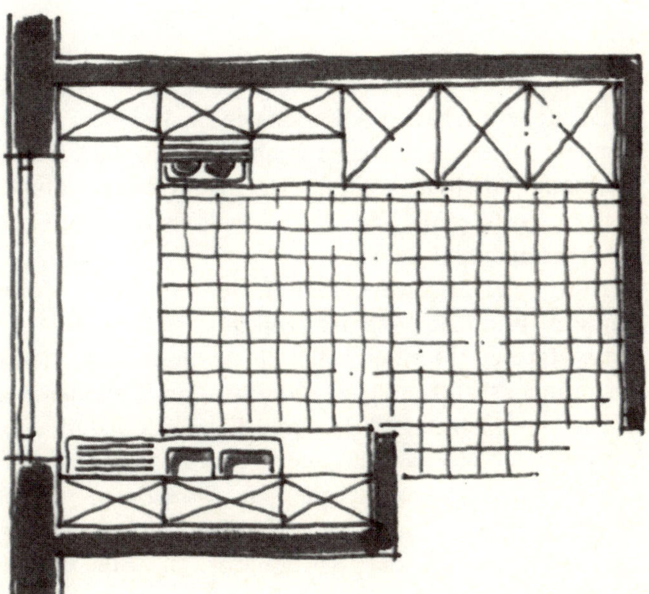

Grundriß einer Küche in unterbrochener U-Form

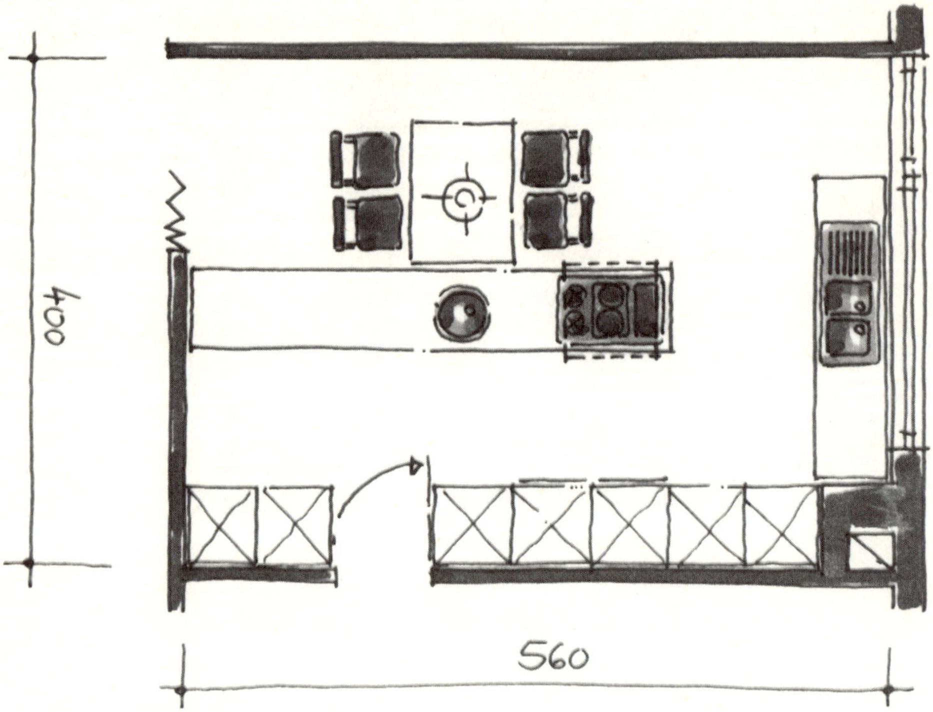

Grundriß einer Küche mit freistehendem Herdteil

vielleicht zeitraubende Arbeiten wie Backen oder Einkochen erledigt werden können. Dieser Vorteil ist besonders spürbar, wenn in der Küche zwei Personen arbeiten wollen. Bei genügender Quadratmeterfläche kann in der L-förmigen Küche ein Eßplatz vorgesehen werden, der mehr als nur einen Schnellimbiß zuläßt.

Der Grundriß zeigt eine ideale Lösung für eine L-förmige Anordnung. Hier wurde nicht nur der Ablauf (von links nach rechts) Arbeitsfläche – Spüle – Arbeitsfläche – Herd eingehalten, sondern auch allen anderen Bereichen ist der rationellste Platz zugewiesen worden. Linksseitig befindet sich in dieser Küche eine kleine Küchenеßbar, die beidseitig zu verwenden ist. Auch vom Wohnbereich aus kann man an dieser kleinen Bar essen. Eine Schiebewand läßt es zu, daß diese Küchenbar geschlossen werden kann und je nach Belieben wieder zu öffnen ist. Gleich neben dieser Bar beginnt der eigentliche Ablauf der Küchenarbeiten. Für Geschirr ist Platz in den Hängeschränken vorgesehen, darunter befindet sich der Spülbereich. Man kann also sowohl schmutziges Geschirr sehr bequem direkt von der Küchenbar aus im Spülbereich abstellen als auch gespültes Geschirr direkt handlich wieder in den Hängeschränken verwahren. Neben dem Spülbereich befindet sich ein Stück Arbeitsfläche – hier sehr reichlich bemessen –, dann kommt der Herd, danach wieder eine Abstellfläche, danach eingebauter Backofen und Vorratszentrum mit Kühlschrank und Gefrierschrank.

4. Beispiel Die unterbrochene U-Form

Bei der U-Form einer Küche sind die Stellflächen der Schränke zu einer ununterbrochenen Folge zusammengefaßt. Gelegentlich kann diese U-Form eine geringe Unterbrechung, nämlich ein Fenster haben und als unterbrochene U-Form bezeichnet werden. Bei einer Schrankanordnung in der U-Form ist es möglich, von einem Ende bis zum anderen Ende der Küche durchzuarbeiten, ohne den Arbeitsablauf zu unterbrechen. In unserem Beispiel beginnt der Ablauf der Küche an der linken Seite mit den Geschirrschränken, dann folgt der Spülbereich, daneben Arbeitsplatte, dann kommt der Herd, danach wieder eine große Arbeitsfläche, und dann folgen verschiedene große durchgehende Schränke. Ein Teil enthält den Einbaukühlschrank, der nächste den Einbaubackschrank und danach noch einmal einen Gesamtschrank.

Eine ununterbrochene U-Form zeigt das zweite Beispiel. Hier schließt sich an die Spüle eine breite Arbeitsfläche unter dem Fenster an, die gutes Tageslicht erhält. Eine ausziehbare Arbeitsplatte ermöglicht auch im Sitzen ein gutes Arbeiten. Dann folgt der Herd, daneben ist noch einmal genügend Arbeits- und Abstellfläche, so daß ein Kochtopf nach dem Kochen schnell von rechts nach links geschoben werden kann. Über dem Herd zwischen den einzelnen Oberschränken, die für Geschirr geplant sind, sitzt der Dunstabzug. Den Abschluß dieser Einbaureihe bilden noch einmal drei Hochschränke. Im ersten ist der eingebaute hochgelegene Backofen untergebracht, im zweiten der Einbaukühlschrank mit Tiefkühlfach, im dritten ein durchgehender Vorratsschrank. Alle Elektroeinbauten sind hier in den Frontstücken genau dem Farbton der Küche angepaßt, so daß sich ein sehr schönes, nahtloses optisches Bild ergibt.

5. Beispiel Die freie Küche

Dieses Beispiel zeigt eine Grundrißlösung für eine großflächig angelegte Küche. Mit über 20 qm handelt es sich hierbei wohl mit Recht um einen großen Raum. Der in die Mitte des Raumes verlagerte Arbeits- und Kochteil ermöglicht eine sehr reizvolle Gestaltung dieser Küche. Gleichzeitig bietet er sehr viel Schrankfläche an den Wänden. In dieser Küche ist ein geräumiger Eßplatz vorgesehen. Die Gesamteinrichtung der Küche ist sehr wohnlich, so daß man sich auch beim Essen hier behaglich fühlt. Die sogenannte Naß-Zone ist hier unter die Fensterbank gelegt. Spüle, Geschirrmaschine und genügend Abstellfläche zum Reinigen und Vorbereiten von Gemüse bzw. zum Abstellen des schmutzigen Geschirrs ist hier vorhanden. Die Entfernung zu den rechts liegenden Geschirrschränken ist relativ kurz, gutes Tageslicht ist für diesen Arbeitsbereich sehr angenehm. Das Kochen ist in den freistehenden Mittelteil verlegt. Hier gibt es ein zweites zusätzliches kleines Wasserbecken, um auch zum Kochen schnell Wasser parat zu haben. Dieses Becken ist aber nicht für das Reinigen von Geschirr vorgesehen. Diese geräumige Kochinsel hat zur linken Hand genügend Abstellfläche. Gleichzeitig läßt es sich einrichten, die zubereiteten Speisen unmittelbar auf den Eßtisch zu schieben. Die Vorratschränke und der Einbaubackofen, Kühlschrank und Gefrierschrank befinden sich alle im Rücken dieser freistehenden Kochinsel. Es sei vorausgesetzt, daß für diese großzügige Einrichtung ein zweiter Eßbereich im Grundriß des Hauses vorgesehen ist.

Allgemeines zur Einrichtung der Küche

Nachdem wir bisher hauptsächlich über die funktionell richtige Anordnung der einzelnen Elemente im Küchenbereich gesprochen haben, soll jetzt noch einiges zum Mobiliar selbst gesagt sein. Sehr wichtig ist, sich vor dem Einkauf der *Küchenmöbel* über die richtige Höhe der Arbeitsplatte klarzusein. Es sei noch einmal darauf hingewiesen, daß das Angebot der Küchenhersteller in der Höhe zwischen 80 und 95 cm variiert. Sollte sich erwiesen haben, daß die vorhandenen Küchenmöbel nicht hoch genug sind, um ein Arbeiten ohne Rückenschmerzen zu garantieren, sollte man sich helfen, indem man den vorhandenen Sockel der Küchenmöbel evtl. erneuert und erhöht. Für Arbeiten, die im Sitzen erledigt werden sollen, ist eine herausziehbare Arbeitsplatte vorgesehen, deren Höhe etwa 72 cm betragen sollte. Der Höhenunterschied zwischen Oberschrank und Unterschrank ist ebenfalls zu beachten, er sollte im allgemeinen 50 cm betragen. Ist er zu niedrig, besteht die Gefahr, daß man sich beim Hantieren sehr leicht am Kopf stößt.
Es sei hier das *Material* der Küchenmöbel angesprochen. Im allgemeinen gibt es heute nur eine Alternative zwischen kunststoffbeschichteten und Naturholzaußenfronten. Naturholzküchen kommen jetzt immer häufiger auf den Markt. Wer Freude an diesem schönen Material hat, kann seine Wahl ohne Bedenken treffen, denn die Oberflächen sind im allgemeinen so behan-

Höhenangaben der Küchenschränke

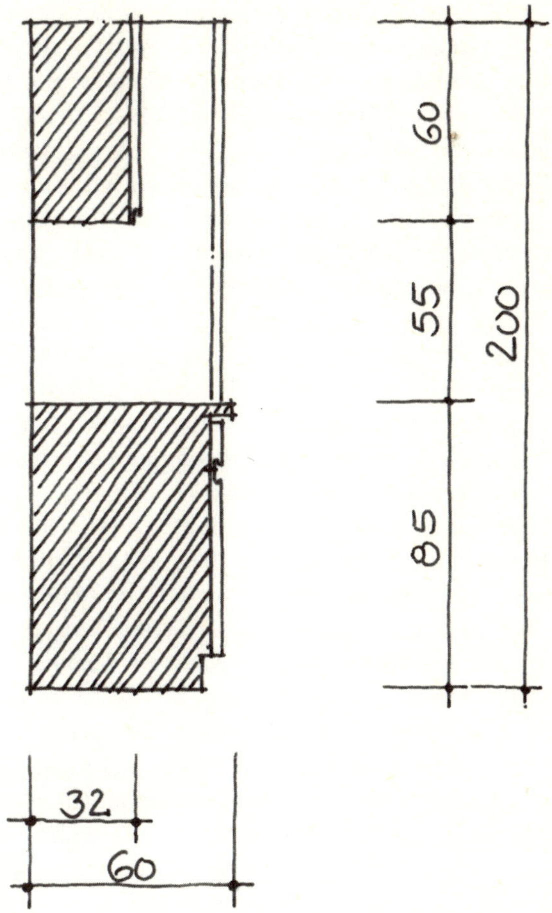

delt, daß hier die gleiche Strapazierfähigkeit garantiert wird wie bei den kunststoffbeschichteten Küchen. Es empfiehlt sich, sehr genau auf Griffleisten an den Türen zu achten. Sie bestimmen häufig den optischen Eindruck der Küchen und werden von den Designern auch als ein Schmuckelement eingesetzt. Nicht immer entsprechen sie dem reinen Zweck. Es besteht auch leicht die Gefahr, daß man mit Küchenschürze oder Handtüchern an ihnen hängen bleibt. Hier gilt ein Ausprobieren in den Ausstellungsräumen der Küchenlieferanten als sehr empfehlenswert. Schiebetüren sollten im Küchenbereich nur als Notlösung bei sehr beengten Raumverhältnissen verwendet werden. Sie sollten möglichst immer breiter als höher sein, damit man sie leicht schieben kann. Bei Schlagtüren, die die Schranköffnung ganz freigeben, läßt sich das Schrankinnere immer besser übersehen als bei einer Schiebetür. Die Schlagtüren sollten natürlich nicht breiter sein, als es der Platz erlaubt, d. h. man muß sich dahinter noch bewegen können. Sehr raumsparend in Schrankoberschränken sind die Türen, die sich nach oben aufschieben lassen. Man muß sich natürlich an diese Art des Öffnens erst gewöhnen. Einige Küchenhersteller stellen auch Schranktüren vor, die nach vorne aufgezogen werden. Auch hier ist es ratsam, dies sehr genau vorher im Küchenberatungsgeschäft auszuprobieren. Ein Blick in das Schrankinnere: Hier ist genau zu prüfen, ob das Schrankinnere reinigungsfähig ist, d. h. ob evtl. eingebaute Kästen auch herauszunehmen sind oder kleine Schlitze in den Böden angebracht sind, durch die Krümel und Staub herausgewischt werden können. Kastenförmige Innenteile ohne diese Schlitze sind sehr schwer zu reinigen.

Vorratsschränke sollten eine wirksame Belüftung haben, das bedeutet, sie müssen eine Verbindung nach außen erhalten, damit die Luft wirklich zirkulieren kann. Es ist sehr vorteilhaft, wenn man die Vorratshaltung so einteilt, daß man die trockenen Lebensmittel gesondert unterbringt und die Vorräte, die besonders viel frische Luft brauchen, wie Gemüse, Kartoffeln und gewisse Speisenreste, wieder für sich in einen Schrankteil abstellt. Es versteht sich von selbst, daß derartige Schränke möglichst an der Außenwand des Hauses stehen oder evtl. einen Zugang zu einem vorhandenen Kamin haben sollten.

Im allgemeinen erklären Küchenhersteller und Fachleute heute, daß die *Speisekammer* passé sei. Es bleibt aber nicht von der Hand zu weisen, daß in der Speisekammer, die gut belüftet ist (möglichst nach Norden liegt), mehr unterzubringen ist als in einem Vorratsschrank, der mehr für die trockenen Lebensmittelvorräte gedacht ist. Daneben gibt es eine ganze Reihe von Speisen, denen es nicht gut bekommt, im Kühlschrank zu stehen, ganz abgesehen von dem Kartoffeleimer, dem Kasten mit Bierflaschen, Obstvorräten und was eben sonst noch in einer größeren Familie benötigt wird. Es wäre nicht sinnvoll, in einer kleinen Küche den abgeschlossenen Arbeitslauf der nahtlos aneinandergereihten Einbauschränke durch eine Speisekammer zu unterbrechen, die womöglich noch an der Außenwand liegt, wo sie zwar sinnvoll liegt, aber unter Umständen den günstig beleuchteten Fensterplatz der eigentlichen Arbeitsfläche entwendet. In diesem Fall ist selbstverständlich ein Speiseschrank ratsamer. Aber besonders in größeren Küchen ist die Speisekammer eine praktische Einrichtung. Es ist empfehlenswert, die Speisekammer nicht zu klein zu wählen. Gerade in größeren Haushaltungen wird im allgemeinen einmal im Monat sehr reichlich eingeholt, und dann sollte hier wirklich ausreichend Platz für alle anfallenden Vorräte verfügbar sein. Je größer der Raum ist, desto übersichtlicher lassen sich die Borde

VIII: Großräumiges Bad mit Badewanne, WC, Bidet und Duschnische (Photo exklusiv, Allibert, Grohn, Florex, Hüppe) gestalten und die Lebensmittel, in richtigen Gruppen zusammengefaßt, sinngemäß hier unterbringen.

Der normale *Herd* besteht aus verschiedenen Kochplatten und dem Backofen darunter. Es gibt von der Industrie eine Reihe von Herden, die für den Einbau in die Küchenunterschränke vorgesehen sind, d. h. sie haben rechts und links keine überstehenden Kanten und lassen sich wie eine Kiste förmlich zwischen die Unterschränke schieben. Daneben gibt es aber den echten Einbauherd, so daß die Arbeitstischplatte wirklich durchgehend ist und nur die einzelnen Kochmulden aus der Arbeitsfläche heraussehen. In diesen Fällen wird dann meistens der Backofen in ein durchgehendes Schrankteil eingebaut, ist in der sehr angenehmen Augenhöhe untergebracht und garantiert eine günstige Arbeitshöhe von ca. 1 bis 1,20 m über dem Boden. Dies erspart der Hausfrau lästiges Bücken. Es sei noch auf die Automatikherde hingewiesen, die bei der entsprechenden Einstellung den Koch- oder Backvorgang selbst regeln.

Bei der Auswahl des Mobiliars ist auf die gute Reinigungsmöglichkeit der Arbeits- und Abstellplatten zu achten. Auch die Kratzfestigkeit sowie Säure- und Hitzebeständigkeit ist sehr zu prüfen.

Der *Fußboden* in der Küche sollte verschleißfrei, leicht zu reinigen, rutschfest, fußwarm und möglichst noch schalldämmend sein. Es ist sehr wichtig, daß der Fußbodenbelag gleich mit dem Sockelteil an der Wand verbunden ist, so daß in keinerlei Fugen Feuchtigkeit oder Schmutz eindringen kann. Einige Hersteller liefern den Kunststoffbelag der Sockelleisten extra, so daß er erst nach dem Aufstellen der Küchenmöbel wirklich nahtlos dem Fußboden angepaßt werden kann, nachdem der einbauende Tischler evtl. vorhandene Fußbodenunebenheiten ausgeglichen hat. Große einfarbige Flächen sollte man bei dem Fußbodenbelag möglichst vermeiden. Leicht gesprenkelte oder melierte Beläge zeigen verschmutzte Stellen nicht so deutlich. Als Material für den Fußboden in der Küche kommen PVC-Platten und -Bahnen in Frage, Gummiböden, Spachtelfußböden, Estrichböden, Terrazzoboden, also ein glattgeschliffener Zementboden und alle keramischen Steinplattenböden. Bei der Farbwahl sei darauf hingewiesen, daß dunkle Fußböden nicht nur raumverengend wirken, sie sind im allgemeinen auch schmutzempfindlicher und müssen häufiger gereinigt werden.

Selbst wenn für gute *Belüftung* in der Küche gesorgt ist, muß doch der Farbanstrich für Decke und oberen Wandteil wasserdampfdurchlässig sein. Helle ölfreie Mischbinderfarben sind dunklen Farben vorzuziehen. Wenn auch heute sehr häufig empfohlen wird, die Küche statt mit einer Wandfliese mit Tapete zu tapezieren, so sind wenigstens in der näheren Umgebung des

Spülbeckens Wandfliesen immer noch der beste Wandschutz. Für die weiteren Wandteile besteht die Möglichkeit, auf feuchtigkeitsabweisende, kunststoffbeschichtete, sehr feste Tapeten zurückzugreifen. Diese Tapeten lassen sich häufiger wechseln und kommen dem modisch wechselnden Dekorationsbedürfnis vieler Menschen sehr entgegen. Gehärtete und wasserunempfindlich gemachte Holzflächen bilden oft einen hübschen Gegensatz zu den kunststoffbeschichteten etwas steril wirkenden Schrankvorderflächen. Spachtelbeläge, Ölfarbenanstriche, feine Holzstabgewebe mit Ölfarbe unempfindlich gemacht, sind weitere Möglichkeiten der Wandverkleidung innerhalb des Küchenbereiches.

Die *Küchentür* sollte möglichst ohne Profile sein und eine leicht abwischbare Oberfläche haben. Hat man sich zu einer farbigen Kücheneinrichtung entschlossen, sieht es sehr einheitlich und hübsch aus, wenn das Türblatt auf der Küchenseite die gleiche Kunststoffplatte erhält wie die Küchenschränke. Dieses Material ist sehr unempfindlich und leicht zu reinigen und kann auch nach Musterangeboten getrennt bestellt werden. Schiebetüren sind besonders bei engen Raumverhältnissen angebracht. Man kann sie in einem Mauerspalt verschwinden oder sichtbar außerhalb der Wand auf einer Schiene laufen lassen. Ein Nachteil ist nur, daß sie oft offen stehenbleiben, wenn man sie gerne geschlossen hätte. So ist die Pendeltür sehr nützlich, besonders wenn man in der oberen Hälfte Glas in die Tür gibt, so daß man gleich erkennen kann, ob jemand die Tür aufzustoßen wünscht oder etwa jemand hinter der Tür steht und ausweichen müßte, um einen Zusammenstoß zu vermeiden.

Das richtige *Fenster* in der Küche ist eine ganz wichtige Voraussetzung für den reibungslosen Ablauf bei der Küchenarbeit. Hierauf sollte man als Bauherr schon bei der allerersten Skizzierung des Grundrisses ein Augenmerk legen. Das Fenster muß genügend Licht einlassen und beim Lüften die Arbeit auf der darunterliegenden Tischfläche nicht beeinträchtigen. Die Fenstermaße ergeben sich aus der Gesamtplanung. Vorteilhaft sind Kippflügel, Drehkippflügel und Schwenkflügel. Das Fenster sollte leicht zu reinigen sein, da es auch von der Innenseite schneller unansehnlich wird als in anderen Räumen und daher häufiger geputzt werden muß. Der Rahmen sollte einen guten feuchtigkeitsbeständigen Anstrich haben, und alle Beschläge müssen rostfrei sein. Es sei darauf hingewiesen, daß es sehr wichtig ist, daß der Höhenunterschied zwischen Arbeitsplatte und beginnendem Fenster so groß ist, daß man nicht für das Öffnen des nach innen schlagenden Fensters vorher alle auf der Arbeitsplatte befindlichen Gegenstände wegräumen muß.

Wer auf Gardinen im Küchenbereich nicht verzichten will, die allerdings auch zur behaglichen Atmosphäre in der Küche beitragen, sollte sich hier eines besonders praktischen Materials bedienen. Die Küchengardinen sollten gut zu reinigen und die Dekoration des Fensters leicht abnehmbar und wieder anzubringen sein. In erster Linie wird man hier farbechte Baumwollstoffe wählen, die sehr heiß zu waschen sind, oder auf Stoffe aus Kunstfasergewebe zurückgreifen, die frische helle Farben haben und schnell zu waschen sind. Sollte das Küchenfenster zuviel Sonneneinfall haben, so sind hier Springrollos oder Jalousetten zu empfehlen, die möglichst dicht am Fenster angebracht werden.

Da sich beim Kochen und Spülen viel Feuchtigkeit entwickelt, ganz besonders in kleinen Küchen, ist für eine gute *Belüftung* zu sorgen. In einer Küche muß etwa zehnmal soviel Luft gewechselt werden wie bei einem normalen Raum. Neben der natürlichen Belüftung (Fensterlüftung, Querlüftung bei zwei gegenüberliegenden Fenstern, Oberlüftung oder Lüftungsschlitze in der Wand) gibt es auch die künstliche Belüftung durch elektrische Ventilatoren. Dies sei jedoch nicht zu verwechseln mit dem Wrasenabzug über dem Herd. Der Ventilator kann frei blasend in die Außenwand eingebaut werden, dann schließen Streifenklappen die Entlüftungsklappen ab. Die Leistung des Ventilatormotors sollte bei einer 10 qm großen Küche 6 cbm pro Minute betragen.

Bei den häufig zum Wohnbereich hin offenen Küchen ist ein *Wrasenabzug* über dem Herd dringende Notwendigkeit. Er garantiert, daß die Gerüche und Dünste, die beim Kochen entstehen, in sehr viel schwächerer Form in den Wohnbereich dringen. Am stärksten ist die Wirkung eines Dunstabzuges, wenn er durch die Außenwand direkt nach außen zu lenken ist. Hierfür ist Voraussetzung, daß der Herd möglichst unmittelbar oder sehr dicht an der Außenwand steht. Diese Einrichtung sollte dann von Anfang an beim Bau eines Hauses geplant werden. Ein späterer Einbau verursacht erhebliche Mehrkosten. Ist ein Zugang zur Außenwand nicht möglich, kann man auch mit Hilfe eines Installationsrohres den Wrasenabzug an einen Entlüftungskamin anschließen. Auch bei dieser Form saugt das Abluftgerät die abzuführende Luft an und gibt sie an die Außenluft ab. Eingebaute Filter verhindern Verschmutzung im Inneren des Gerätes. Er gibt die Möglichkeit, Wrasenabzüge direkt in die Fensterscheibe zu führen, das sieht aber meist nicht schön aus. Falls es keine Abzugsmöglichkeiten nach außen gibt, kann man auch oberhalb des Herdes ein Umluftgerät einbauen. Bei diesem Gerät saugt ein Ventilator die zu reinigende Luft an, leitet sie durch einen Filter, der die Fettbestandteile aufnimmt, an Vorrichtungen vorbei, die die Gerüche weitgehend auffangen, und gibt dann diese gefilterte Luft wieder in den Raum zurück. Dieses Gerät hat allerdings nicht die gleiche Reinigungskraft wie ein richtiges Abluftgerät.

Die günstigste Voraussetzung für ein gutes Arbeiten ist ausreichendes

Tageslicht in der Küche. Zumindest für den Hauptarbeitsplatz sollte es garantiert sein. Hierfür sei darauf hingewiesen, daß helle Farben von Möbeln und Wänden die Gesamtwirkung der Küche stark aufhellen. Für die künstliche Beleuchtung in der Küche ist zunächst das Installieren von Deckenlampen notwendig. Diese sollte man gleich beim Betreten in den Küchenraum einschalten können. Hier sei sehr zu empfehlen, statt einer Mittelleuchte eine Reihe von Einbauleuchten in der Mitte der Küchenzeile entlangzuführen. So wird vermieden, daß das Licht rückwärtig auf den arbeitenden Menschen fällt. Bei mehreren Einbauleuchten werden jeweilig ein oder zwei Strahlerleuchten auch von vorn auf die Arbeitsfläche fallen und somit ein gutes Arbeitslicht geben, so daß dann überall in der Küche gute Beleuchtung herrscht. Aber darüber hinaus empfiehlt es sich, die Küche genau wie andere Räume in verschiedene Lichtzentren einzuteilen. Ist durch die Deckenbeleuchtung die gesamte Beleuchtung der Küche einmal garantiert, gilt es nun einzelne Arbeitsflächen hervorzuheben. Hierfür empfiehlt sich die Unterschrankbeleuchtung der Hängeschränke, die ein gezieltes Licht auf die Arbeitsplatte darunter wirft. Falls ein Eßplatz in der Küche ist, ist es für die Stimmung reizvoll, über dem Eßtisch eine direkte Tischlampe in Form einer Hängelampe vorzusehen. Es sei auch noch einmal auf die Schrankinnenbeleuchtung hingewiesen. Sollte sich ein größerer Schrankteil nicht genügend von der Deckenleuchte her beleuchten lassen, so ist eine Schrankinnenleuchte sehr nützlich, die automatisch angeht beim Öffnen der Schranktür.

Der Umfang der *elektrischen Installation* wird sich danach richten, mit welchen Geräten die Küche von Anfang an eingerichtet werden soll. Damit in Zukunft noch weitere Geräte angeschlossen werden können, sollte noch ein leeres Leitungsrohr von der Zentrale aus vorgesehen werden. Neben den festangeschlossenen elektrischen Küchengeräten sollten auf der Küchentischplatte mehrere Steckdosen vorgesehen werden. Es gibt eine Reihe von Küchenherstellern die dafür extra Steckdosenleisten vorgesehen haben. Es sei darauf hingewiesen, daß man hier nicht sparen sollte. Man plane sorgfältig wie viele elektrische Maschinen in der Küche aufzustellen sind. Um ein Herumhängen von langen Schnurteilen zu vermeiden, sollte für jedes Gerät genau an der Stelle, wo es stehen wird, eine Steckdose vorhanden sein. Für den elektrischen Küchenherd sei sehr zu empfehlen, eine extra abgesicherte Sicherung einzubauen.

Warmwassergeräte gibt es in verschiedensten Ausführungen. Sie haben Wasserspeicher, einen Wasserbehälter mit Wärmedämmung, sie sind auch an den Nachtstrom anzuschließen, was heute eine sehr günstige Regelung ist. Die Wahl der Speichergröße richtet sich nach dem Wasserbedarf, den der Haushalt erfordert. Im allgemeinen sind diese Speicher so groß, daß sie nicht

in der Küche untergebracht werden. Durchlauferhitzer können als Druckspeicher ausgebildet werden und dann mehrere Wasserstellen versorgen. Diese Geräte garantieren ein ununterbrochen warmes Wasser bis zu einer Wärme von 65 Grad.
Boiler haben einen Wasserbehälter ohne Wärmedämmung; sie dienen also zur Erwärmung von Wasser, das für einen schnellen Verbrauch gedacht ist. Das bedeutet, daß man im allgemeinen immer etwas warten muß, bis sich wieder eine genügende Menge Wasser erwärmt hat. Man hat also nach einem bestimmten Zeitpunkt nur eine gewisse Menge Wasser zur Verfügung. Diese Boiler müssen immer oberhalb des Spülbeckens angebracht werden, und können nur eine Wasserentnahmestelle versorgen.

Obwohl die Einrichtung der Küche in erster Linie funktional ausgerichtet ist, steht dem nicht im Wege, die Farbgebung so freundlich und heiter wie möglich zusammenzustellen. Es ist ratsam, die Schrankwände, die für viele Jahre gekauft wurden, in der Farbe zurückhaltend zu wählen. Es besteht die Gefahr, daß man aggressiver Farben mit der Zeit überdrüssig wird. Wer sich darauf einstellt, die Zwischenwände in der Küche mit Tapeten zu versehen, hat eine gute Möglichkeit, die Farbvorstellung von Zeit zu Zeit zu wechseln. Dann ist es auch nicht schwierig, ein bißchen gewagte Farben der Farbgebung der Schrankwand entgegenzusetzen. Hat man sich auf eine Fliesenwandfläche eingestellt, sollte man wiederum etwas vorsichtig in der Farbe sein, denn auch hier wird die Wahl viele Jahre, wenn nicht sogar die ganze Zeit des Wohnens bestimmen. Sehr schöne Farbzusammenstellungen für eine Küche sind immer wieder Gelb und Weiß, sie wirken fröhlich, heiter, sonnig, und im allgemeinen ist Gelb eine Farbe, die man sehr lange erträgt. Hellgrün und Weiß ist ebenfalls eine fröhliche Mischung, aber das Grün ist dabei mehr für die Wandbekleidung oder Gardine oder Tischplatte sowie für die Schrankflächen gedacht. Hellbraun und Weiß sind ebenfalls schöne Kombinationen für die Küche, wobei die Küche auch vorwiegend weiß sein kann. Die Arbeitsplatte und die Zwischenteile zwischen Ober- und Unterschrank können grau sein, ebenso der Fußboden dazu. Die Gardine würde man dann vielleicht braun-weiß vorschlagen. Diese Farbzusammenstellung wirkt sehr großzügig und vornehm. Für Holzküchen, d. h. Küchenvorderflächen, die in sichtbarem Holz gedacht sind, wird man im allgemeinen die Wandstücke sehr ruhig wählen, einfarbig glatte Fliesen, eventuell ein wenig Muster in Fußboden und Gardine. Als Ergänzungsfarbe für sichtbare Holzflächen in der Küche bieten sich Grün, Blau, Hell-Lila und Orange an.

Der Wirtschaftsbereich

Über die Vorzüge dieses – in Amerika bezeichnenderweise »Utility« genannten – Raumes wurde schon im Kapitel Raumplanung gesprochen. Seine Lage direkt neben der Küche, also unmittelbar in der Nähe des Arbeitszentrums der Hausfrau, wurde als besonders günstig erachtet.
In der Ausstattung wird dieser Arbeitsraum meistens etwas der Küche ähneln. Für die Einteilung muß hier kein strenges Schema eingehalten werden wie in der Küche, wo es durch den Arbeitslauf vorgeschrieben wird. Bei der Anordnung der Geräte wird man sich nach den Anordnungen der Raumverhältnisse richten. Es gilt, möglichst große, durchgehende Arbeitsflächen zu schaffen, die dem besten Tageslicht zugeordnet sind, während durchgehende Schrankwände an den schlechter belichteten Wandteilen ihren Platz finden sollten. So werden Nähmaschine und Bügelautomat fensternah untergebracht. Praktisch ist, wenn sie versenkt oder verstaut werden können und nur für den Arbeitsvorgang jeweils zu ihrer Zeit hervorgeholt werden.
Einige Küchenmöbelfabrikanten bieten heute schon komplette Einrichtungen für Wirtschaftsräume mit an. Wer eine solche Ausgabe erst für später vorsieht, kommt vielleicht vorläufig mit ein paar alten Küchenmöbeln und einem ausrangierten Tisch aus. Die nötigen elektrischen Anschlüsse für diesen Raum sollten sehr zahlreich vorgesehen werden.
Für das Mobiliar im Wirtschaftszimmer gelten die gleichen Voraussetzungen wie für die Küchenmöbel. Im allgemeinen werden hier kunststoffbeschichtete helle Möbel angeboten, um den Raum in jeder Weise so hell wie möglich auszustatten. Für das Familienleben erweist sich, daß man solche Räume nie groß genug wählen kann und unbedingt reichlich Schrankfläche vorzusehen hat. Die Industrie liefert fertig eingerichtete Putzschränke, Vorratsschränke, Schrankteile für Nähmaschinen, Schrankteile für Schmutzwäsche, ein Schrankunterteil für den versenkbaren Bügelautomaten, Schuhputzschränke; es ist also für alles gesorgt, was in diesen Hausbereich hineingehört.
Für den Fußboden eignet sich das gleiche Material wie für den Küchenbereich. Es sieht sogar sehr hübsch aus, wenn das gleiche Material nahtlos von Küche zum Wirtschaftsteil übergeht. Das gleiche gilt für die Wandbehandlung. Da im Wirtschaftsraum allgemein nicht soviel mit nassen Zonen zu rechnen ist, genügt es hier oft, die Wand ausschließlich mit Tapeten zu gestalten. Es sei aber darauf hingewiesen, daß ein kleines Waschbecken im Wirtschaftsraum dringend notwendig ist. In vielen Fällen werden hier direkt Waschmaschinen und Trockengeräte angeschlossen. Eine Pin-Wand kann nützliche Dienste erweisen; beim Nähen gibt es oft schnell etwas an dieser Wand anzuheften. Gleichzeitig kann der Wirtschaftsraum ein bißchen der

Kommandoraum der Hausfrau sein. Notizen zum Einkaufen, Notizen von Telefongesprächen lassen sich mühelos an der Pin-Wand befestigen.
Die Farbgestaltung im Wirtschaftsraum sollte fröhlich und heiter sein. Man sei vorsichtig mit allzugroßen Farbflächen, denn die Einbauschränke lassen nur wenig Wandfläche frei, so daß man sich einer ruhigen Farbe bedienen sollte. Im allgemeinen werden diese Schränke nicht wieder gewechselt. Es besteht die Gefahr, daß man einer kräftigen Farbe gelegentlich überdrüssig werden kann. Wählen wir aber eine weiße Wandschrankfläche für den Wirtschaftsraum, dann sollte man sich eine freundliche muntere Tapete dazu leisten, die in diesen etwas steril wirkenden Raum etwas Heiterkeit bringen kann. Das gleiche gilt für den Fußboden, er braucht nicht nur schwarz oder graumeliert sein, auch hier könnten schachbrettartig verlegte PVC-Fliesen einen hübschen Farbzusammenklang mit der Wandgestaltung geben. Im allgemeinen werden es Pastelltöne sein, die man für diesen Raum vorsieht. Orange-Gelb-Weiß-Kombinationen sind sehr freundlich. Helle, lindgrün mit weiß gemischte Farbzusammenklänge geben einen leichten, frohen Eindruck für diesen Raum, aber auch hellblau oder weiß mit violett kann eine reizvolle Farbgestaltung sein, ebenso weiß mit pink in verschiedenen Farbvariationen.

Beispiel: Ein zweizeiliger Wirtschaftsraum

Die hier gezeigte Grundrißlösung stellt eine zweizeilige Möblierung eines Wirtschaftszimmers vor. Diese Form der Einrichtung ist besonders geeignet, falls in dem Wirtschaftsraum eine Tür nach außen vorgesehen wird. In diesem Fall befindet sich ein Fenster an der Stirnseite dieses Raumes. Auf der rechten Seite befindet sich in erster Linie eine große Arbeitsfläche, die zum Nähen und Bügeln gedacht ist. Die linke Seite ist die Zone mit den Wasseranschlüssen, Trockenmaschine, Waschmaschine, Wasserbecken, darüber Hängeschränke, die viel Platz für Wäsche, Flickzeug und Vorräte bieten. Diese Gliederung ist sehr klar und sachlich. Es läßt sich hier angenehm arbeiten, auch zu zweit ist man sich in diesem Raum nicht im Wege.
Das Bild auf Seite — zeigt die U-förmige Einrichtung des Wirtschaftsraumes. Diese sehr geräumige Lösung weist darauf hin, daß der Wirtschaftsraum, wenn er genügend Platz beinhaltet, auch gleichzeitig der Mutter die Möglichkeit gibt, spielende Kinder mit zu beaufsichtigen. Hier ist der Wirtschaftsraum kein in sich abgeschlossener Raumteil, er geht in den Kellervorflur über. Er verfügt über reichlich Schrankfläche, aber auch in dem erweiterten vorgelagerten Flur sind Wäscheschränke für Haushaltswäsche vorgesehen. Vor dem Fenster befindet sich der eine Schenkel der U-förmigen Einbauschrankreihe, der eine gute Arbeitsfläche mit vorzüglichem Tageslicht

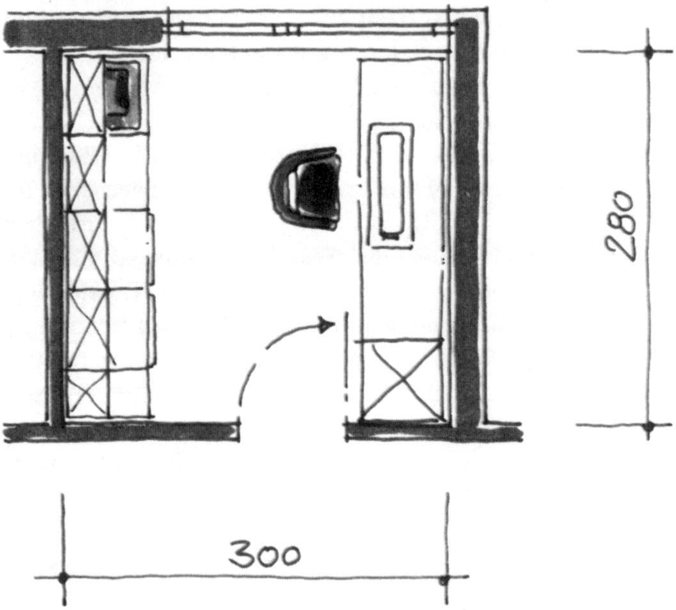

Grundriß eines Wirtschaftsraumes

besitzt. Eine Ausziehplatte nimmt die Nähmaschine auf. Die Hausfrau ist in der Lage zu nähen, ohne Arbeitsfläche zu versperren. Es kann gleichzeitig einmal gebügelt werden, was beim Nähen häufig erforderlich ist. Der rückwärtige Schenkel des U beinhaltet das Wasserbecken, auf der rechten Seite Wasch- und Trockenmaschine. Darüber wieder Hängeschränke, auf der rechten Seite eine Pin-Wand. Der ganze Wirtschaftsraum ist blau-weiß gehalten und bei den Einbauschränken, die hauptsächlich weiß sind, ist die Arbeitsfläche grau-blau, der Fußboden ist schachbrettartig freundlich blau-weiß gemustert. Die Pin-Wand ist mit einer hellblauen Holzleiste eingefaßt. Dieser Raum ist nicht nur funktional konzipiert, er ist gleichzeitig heiter, was die Hausarbeit erleichtert.

Sanitärbereich

Wie schon im vorderen Teil des Buches erwähnt, kann ein funktionsgerechtes und zugleich fröhlich und heiter eingerichtetes Bad zum Wohlbefinden des Menschen beitragen. Durch Farbgebung und Material lassen sich häufig zu hohe, zu große ungemütliche Baderäume freundlich und gefällig dekorieren. Wer die Möglichkeit hat, ein neues Haus zu planen, sollte von vornherein diesen Sanitärbereich so weiträumig und großzügig wie nur irgend möglich anlegen. Je mehr Platz in diesem Hausbereich vorhanden ist, desto häufiger wird man sich auch in diesen Raum zurückziehen, um etwas für die Wiederherstellung der Spannkraft des Körpers zu tun. Eine etwas wohnliche Ausstattung dieses Bereiches kommt der eigenen Pflege sehr entgegen. Abgesehen von der angenehmen Atmosphäre dieses Bereiches ist das gute Funktionieren und die ausreichende Ausstattung sehr wesentlich. Wer in der Lage ist, für ein Wohnzimmer 65 Quadratmeter zu planen, der sollte auf jeden Fall für seinen Sanitärbereich, der mehrmals am Tage aufgesucht wird, auch genügend Quadratmeter Fläche zur Verfügung haben. Bei der ersten Planung ist sehr wichtig zu berücksichtigen, wie schon im vorderen Teil des Buches erwähnt wurde, daß eine größere Familie zwei Badestuben im Hause benötigt. Für die Kinder genügt heute ein Duschwaschraum, der aus einer Dusche, einem WC und zwei Waschbecken besteht. Voraussetzung ist dann, daß das Elternbadezimmer eine Badewanne besitzt. In manchen Fällen ist es notwendig, den Sanitärbereich auch als Bereich der Wäschepflege zu benutzen. Evtl. muß hier eine Waschmaschine aufgestellt und gelegentlich auch Wäsche zum Trocknen aufgehängt werden. In solchen Fällen muß natürlich ausreichend Platz in der Badestube vorgesehen werden.
Raumgröße: Die Raumgröße hängt natürlich von der Größe der Familie ab und von den Ausstattungswünschen, die dem Lebensstil angepaßt werden. Als Standardgröße für ein Bad ohne WC gelten 4 qm, mit WC 5 qm. Das sind natürlich sehr knapp bemessene Raumgrößen, nach oben hin läßt sich diese Größe beliebig erweitern. Wer gerne einen Baderaum mit Bewegungsfreiheit haben möchte, wer neben der Duschkabine ein Bad, ein Bidet und ein WC plant, der sollte schon eine Größe von 8 bis 10 qm vorsehen.

1. Beispiel

Diese Grundrißlösung zeigt ein sehr normal ausgestattetes Bad. An der linken Wand folgen auf das WC zwei Waschbecken. Es ist selbstverständlich genauso möglich, das zweite Waschbecken auch durch ein Bidet auszuwechseln. Auf der rechten Seite die Einbauwanne kombiniert mit der Dusche.

Dies sind die Mindestabmessungen, die ein normales Bad enthalten sollte. Hier ist aber keinerlei Platz für Wandschränke, für einen geräumigen Sitzplatz, der vielleicht auch zum Haaretrocknen etc. verwandt werden kann. In solchen Fällen empfiehlt es sich, Einbauwaschbecken zu nehmen, so daß sich dann unter dem Waschbecken ein kleines Schränkchen befindet und rechts und links vom Waschbecken ein wenig Tischfläche, auf der zusätzliche Utensilien abgestellt werden können.

2. Beispiel

Dieser Baderaum ist etwas großzügiger ausgestattet. Ein großflächiger Schrank dient als Umkleidung der beiden Waschbecken. Auf der Tischfläche ist reichlich Platz, um gewünschtes Kleinzeug abzulegen. Unter dem Waschbecken befindet sich ein Einbauschrank, der zusätzlich Handtücher und Seifenartikel aufnehmen kann. Am Fenster sind Bidet und WC vorgesehen. Der Raum und die Lichtverhältnisse ermöglichen es nicht, diese beiden Teile abzutrennen, was im Grund wünschenswert wäre. Rechts in der Wandnische die eingebaute Badewanne. Tür und Fenster sind sehr günstig in diesem Raum verteilt, was eine sehr gute Raumausnutzung ermöglicht.

3. Beispiel

Diese Lösung zeigt eine weitere Variation für einen Baderaum. Hier sind an der Stirnseite des Raumes zwei Waschbecken neben eine Einbauwanne

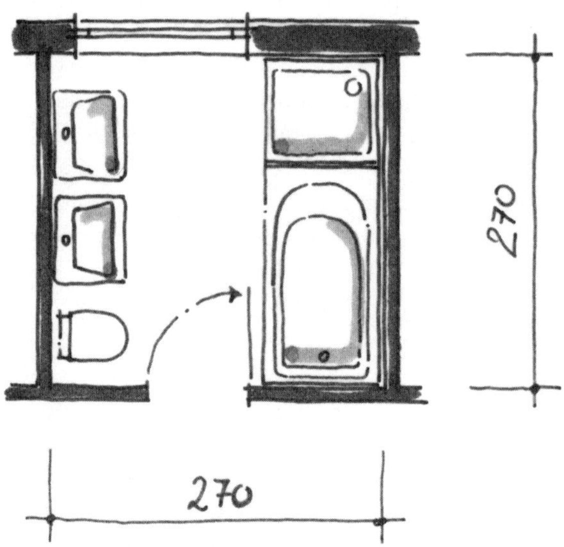

Bad mit Doppelbecken, Wanne, Dusche und WC

Bad mit Doppelbecken, Bidet und WC. Die Wanne in die Wand eingelassen

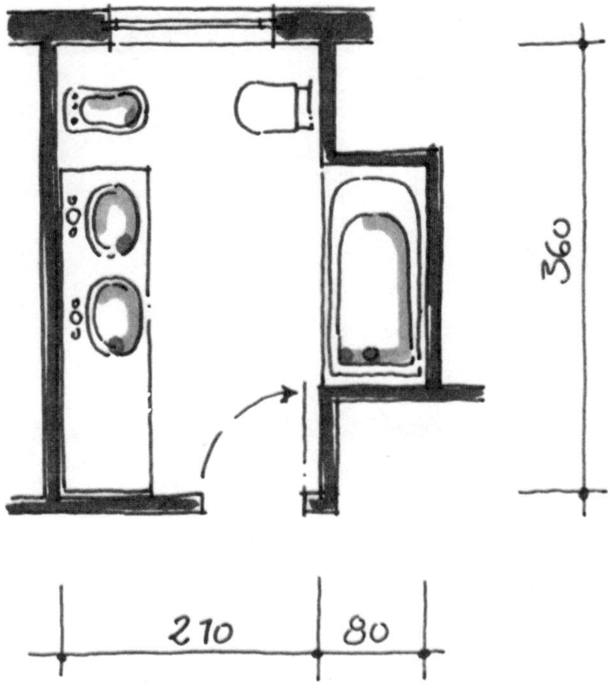

Bad mit Doppelbecken, Wanne, Schrankwand und WC

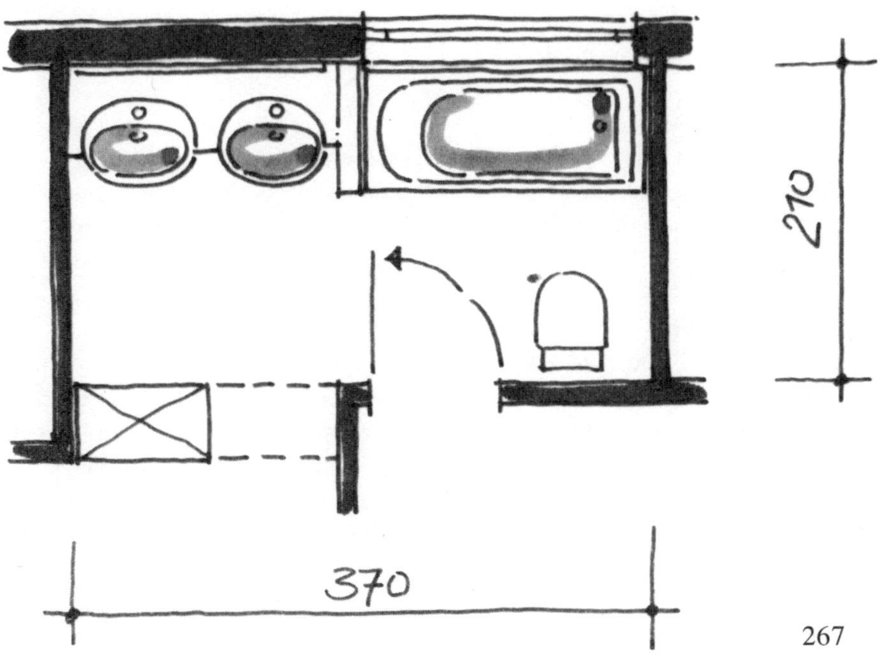

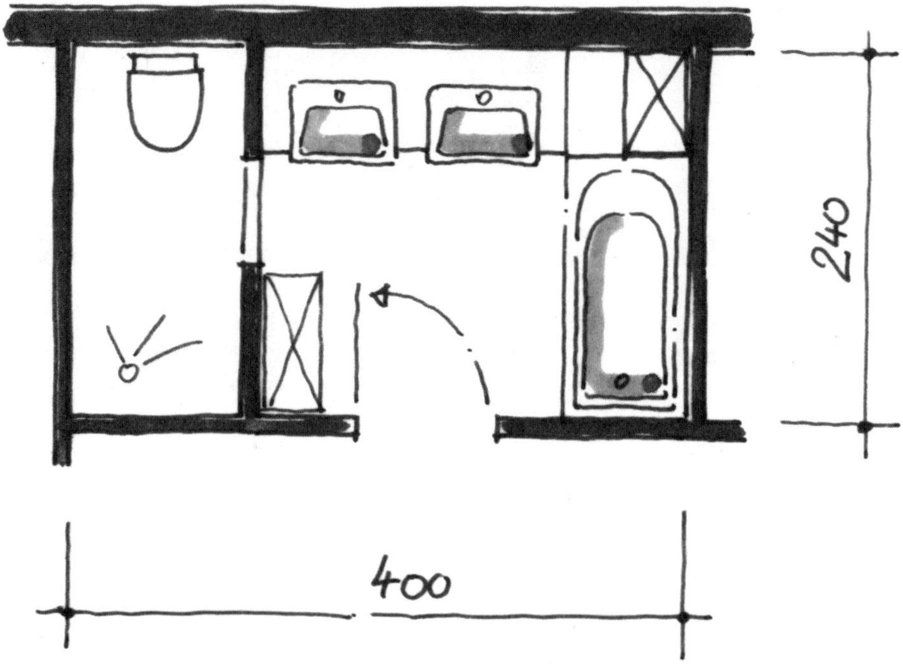

Bad mit separatem Duschraum mit WC

gebaut. Auch hier sind wieder Unterschränke vorgesehen, die gewisse Ablageflächen bieten. Das Bad ist zum Schlafbereich hin offen und vom Schlafbereich aus durch eine begehbare Schrankwand zu erreichen.

4. Beispiel

Dieses großzügige Bad hat im rechten Teil die Einbauwanne, dahinter ist noch ein Einbauschrank vorgesehen. Die beiden Waschbecken sind wieder eingebaut. Links von der Tür ein Wandschrank, dahinter abgetrennt Duschraum und WC. Ein Gegenvorschlag hierfür ist, die Dusche mit in die Badewanne zu verlegen und gegenüber vom WC ein Bidet einzubauen. Beides wäre dann von dem übrigen Bereich getrennt zu benutzen und damit besonders günstig gelegen.

Grundriß für ein Bad mit abgetrenntem WC und Dusche

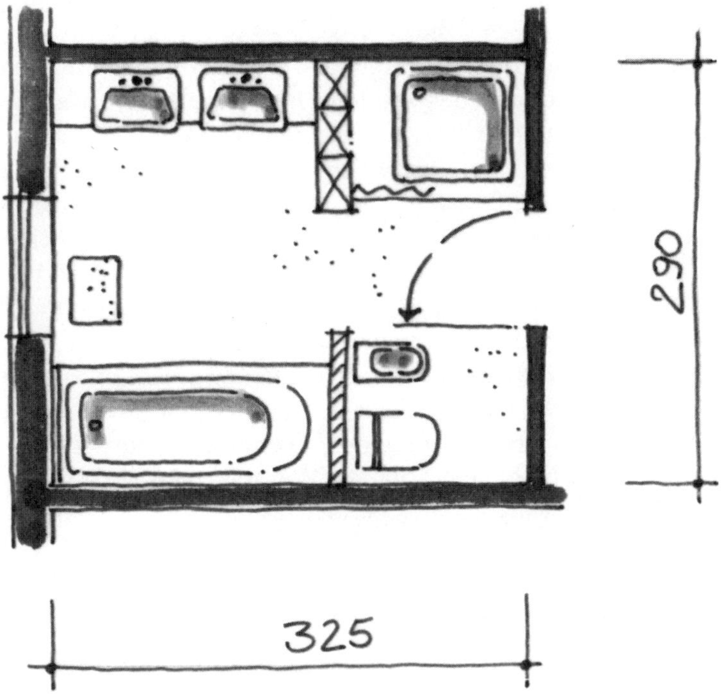

Ansicht der Wand mit zwei Waschbecken und Dusche

5. Beispiel

Dieser Grundriß zeigt einmal die ideale Lösung für eine Badestube. Hereinkommend in den Raum ist links abgetrennt Bidet und WC, rechts der Duschbereich, im weiteren Raumteil links die Einbauwanne, vor dem Fenster eine Sitzmöglichkeit und dann zwei Waschbecken. Dieses Bad benötigt ungefähr 9,5 qm Fläche. Es garantiert einen angenehmen Ablauf und ist von zwei Menschen gleichzeitig zu benutzen. Es ist auch möglich, die Ausstattung des Bades in dunkelfarbigem Material oder in Holz zu wählen, was ein kleineres Bad allzusehr einengen würde. Der Raum ist hier hell gehalten, der Fußboden mittelfarbig und die Raumdecke dunkel.
Da das Badezimmer mit seinen fest angeschlossenen Sanitärobjekten und mit der Wandfliese häufig während der gesamten Wohnzeit in einem Haus im Zustand der ersten Einrichtung verbleibt, erfordert die Auswahl dieser Einrichtung besondere Sorgfalt. Man sollte sich vorher sehr gründlich in den geeigneten Fachgeschäften beraten lassen.

Allgemeines zum Sanitärbereich

Längst gehört die freistehende Badewanne der Vergangenheit an. Die *Einbauwanne* ist für das Badezimmer obligatorisch geworden. Die Fliesenverkleidung an den Vorder- und Seitenwänden hält die Feuchtigkeit von dem Platz unter der Wanne fern. Neben der Einbauwanne im rechteckigen Format in allen verschiedenen Größen, hat sich in letzter Zeit die Diagonalwanne eingeführt. Sie hat eine körpergerechte Form, d. h. sie verjüngt sich zu dem für die Beine vorgesehenen Teil hin, so daß der Warmwasserverbrauch etwas geringer wird. Durch die diagonale Ausrichtung des Wanneninneren wird an Länge gewonnen. Die breite Bodenfläche am Kopfende bietet einen sicheren Stand beim Ein- und Aussteigen. Es gibt heute eine 1,22 m lange Stufenwanne. Sie hat eine Bidetmulde, eine bequeme Standfläche zum Duschen, und mit einem Fassungsvermögen von 130 Litern Wasser erlaubt sie auch ein angenehmes Baden. Für ältere Menschen hat die Sitzbadewanne große Vorzüge. Die Polybanwanne ist eine Mehrzweckduschwanne, deren erhöhter Rand gleichzeitig eine kleine Sitzwanne bildet. Sie enthält ebenfalls eine Bidetmulde und hat an einer Seite einen verbreiterten Rand, auf dem es sich bequem zum Füßewaschen niedersetzen läßt. In ganz komfortablen und großen Baderäumen kann die Badewanne auch rund sein und frei im Raum stehen. Sie kann ebenso in den Boden versenkt werden, so daß hier der Eindruck eines kleinen Schwimmbassins entsteht. Für Kinder und kranke Menschen sind tiefgelegene

Badewannen nicht besonders geeignet. Man sollte vermeiden, die Badewanne unter dem Fenster einzubauen. Dort ist die Abkühlung des Wassers besonders groß, und die fast immer auftretende Zugluft, allein durch die Luftabkühlung, mindert die Behaglichkeit beim Baden.
Vom *Material* her unterscheidet man zwischen Guß-, Stahl- und keramischen Wannen. Am häufigsten verwendet sind die Gußwannen. Gegen Aufpreis sind sie auch in säurebeständiger Ausführung erhältlich. Farbige Gußwannen sind immer säurebeständig. Stahlwannen sind ebenso immer säurebeständig, aber das Email kann von der Oberfläche leichter abspringen. Auch keramische Wannen sind säurebeständig. Sie sind häufig in älteren Wohnungen anzutreffen. Im allgemeinen hat die Gußwanne einen keramischen Mantel. Schürzenwannen sind die teuersten Badewannen. Hier ist der ganze Wanneneinbau aus einem Stück. Kein Fliesenkitt kann sich mehr lösen. Der obere Wannenrand ist bis zum unteren Boden heruntergezogen. Die Pflege der Wanne ist geradezu ein Vergnügen. Bei Luxusbadewannen umhüllt ein Mantel aus Porzellan-Emaille das Gußeisengestell. Diese Ausführung ist für Nischen und für freistehende Wannen zu haben. Die porzellan-emaillierten Gußwannen gibt es in vielen Farben, abgestimmt auf die übrigen Sanitärobjekte, so daß Wanne, Waschbecken, Bidet und WC zueinander passend ausgewählt werden können.

Das Waschbecken

Waschbecken gibt es in den verschiedensten Ausführungen und Größen. Man unterscheidet die normal an der Wand aufgehängten Becken, die Einbaubekken, d. h. Becken, die rechts und links in ein Holzgestell eingebaut werden, Doppelwaschbecken, Becken mit Ablage, Waschbecken auf Säulenfuß. Darüber hinaus gibt es Waschtische, die rechts oder links ein kleines angeformtes Mundspülbecken haben. Für kleine Waschräume, für das Gäste-WC oder den Händewaschplatz an der Garderobe ist eine langgezogene Muschelform praktisch. Bei entsprechendem Grundriß können auch Eckwaschbecken sehr vorteilhaft sein.
Ein guter Waschtisch ist so gebaut, daß die Reinigung des Oberkörpers sowohl in stehendem Wasser als auch unter fließendem Wasser möglich ist. Das Becken muß so geformt sein, daß das Wasser nicht spritzen kann. Außerdem muß es genügend breit sein – mindestens 60 cm. Wer beim Waschen den Unterarm eintauchen möchte, ohne daß das vom Ellenbogen abfließende Wasser auf den Fußboden tropft, der kann zwischen einem Becken mit einer konkaven Zarge und einer trapezförmigen Ausführung wählen.

Duschwanne

Auch bei den Duschwannen ist das Angebot sehr vielseitig. Es gibt Luxusbrausewannen, die wie die Luxusbadewannen einen porzellan-emaillierten Mantel haben. Sie sind für Nischen und Ecken erhältlich. Dann gibt es die porzellan-emaillierten Gußbecken mit glattem und profiliertem Rand, die für den Einbau, d. h. für eine Fliesenummantelung, vorgesehen sind. Sie können aber auch in den Fußboden eingelassen werden. Ihre Oberkante schließt dann bündig mit dem Fußboden ab. Brausewannen mit geriffeltem Boden sind rutschsicher. Die Polybanbrausewanne wurde bereits erwähnt. Je höher der Rand der Duschwanne, desto vielseitiger läßt sie sich verwenden. Eine weitere Möglichkeit ist, das Duschbecken ganz mit Fliesen auszulegen, was recht dekorativ aussehen kann. Stets sollte an der Duschwanne ein kleiner Sitzplatz sein, z. B. ein Klapphocker an der Wand, der das Füßewaschen sehr erleichtert. Diese Vorrichtung gibt es serienweise zu kaufen. Darüber hinaus gibt es fertige Duschkabinen, die seitlich zu schließen und wie ein kleines Schrankmöbel in den Sanitärbereich einzubauen sind.

Abtrennung der Duschnische

Für die Abtrennung der Duschnische kommt zunächst ein Vorhang aus Plastikfolie oder Frottierstoff in Frage. Wirkungsvoller trennt natürlich eine Tür ab. Es gibt Glasschiebetüren, Glasschwenktüren und Nurglastüren. Hier sollte stets ein undurchsichtiges Material gewählt werden, denn völlig klare Glasscheiben sind schwer sauberzuhalten. Schiebetüren aus Glas laufen auf Metall- und Plastikschienen, auch zusammenschiebbare Türen aus Plastikfolie eignen sich für die Abtrennung der Duschnische.

Sitzwaschbecken/Bidet

Das Bidet sollte in keinem modernen Badezimmer fehlen. In den romanischen Ländern gehört das Bidet seit langem zur Grundausstattung eines Bades. Für die Installation werden Anschlüsse für Warm- und Kaltwasser sowie eine Abflußleitung gebraucht. Das Becken wird mit einer über dem hinteren Rand befindlichen Mischbatterie gefüllt. Bei Modellen, die an der Wand aufgehängt werden, ist das Reinigen des Fußbodens wesentlich einfacher. Das Bidet sollte im Stil genau zu dem WC passen. Der einzig richtige Standort des Bidets ist unmittelbar neben dem WC, möglichst sollten die beiden Sanitärteile durch einen Vorhang, Schiebetür oder Nische vom übrigen Sanitärbereich abtrennbar sein.

WC

Die WC-Anlage besteht aus einem Klosettkörper und dem Wasserspülkasten. Nach der Konstruktion des Beckens unterscheidet man Flachspül-WC, das Tiefspül-WC und das Absauge-WC. Bei dem Flachspül-WC und bei dem Tiefspül-WC strömt das Wasser aus der Spülvorrichtung in die Schüssel und spült den Inhalt über den Geruchverschluß in die Kanalisation. Gegenüber dem Flachspül-WC, dessen flache Schüssel nur wenig Wasser enthält, so daß eine Geruchsbildung nicht zu vermeiden ist, ist das Tiefspül-WC etwas vorteilhafter. Beide Typen arbeiten aber nicht geräuschlos. Das Absauge-WC hat eine andere Konstruktion. Es arbeitet fast geräuschlos. Die Geruchbildung ist auf ein Minimum reduziert. Die Wasseroberfläche ist erheblich größer, somit verschmutzt die Schüssel nicht so leicht. Es wird meistens mit niedrig hängendem oder aufgesetztem keramischen Spülbecken gebaut. Hierbei ist zu beachten, daß nicht alle Druckspüler für das Absauge-WC geeignet sind. Es muß nämlich ein Wasseranschluß von 60 cm Höhe sichergestellt sein, um nach dem Absaugen den Geruchverschluß zu gewährleisten. Auch beim WC erleichtert eine an der Wand hängende Ausführung die Reinigung des Fußbodens. Der Geruchsentzieher soll an dieser Stelle noch einmal erwähnt werden. Am schönsten sind die in die Wand eingebauten Spülkästen. Man hat dann die Rückseite des WCs völlig glatt als Wandfläche ausgebildet, und keine unnötigen Nischen und Mauervorsprünge sind zu sehen.

Armaturen

Bei der Wahl der Armaturen sollte man sich im Fachgeschäft eingehend beraten lassen. Das Angebot ist groß und ständige Verbesserungen verändern es. Mischbatterien sind schon lange kein Luxus mehr. Auch heute hat jeder gute Wasserhahn einen Strahlverteiler. Für die Dusche (möglichst Druckdusche) ist ein Brausethermostat mit Temperaturwähler geeignet. Statt des Kettchenverschlusses haben Badewannen und Waschbecken heute meistens eine Verschlußmechanik, wo der Überlauf als Drehknopf ausgebildet ist, mit dem man gleichzeitig den Verschluß bedient. Wer unliebsame Geräusche fürchtet, der achte beim Kauf der Armaturen darauf, daß er eine solche Ausführung erhält, bei der Geräusche um einige Phone gemildert werden. Außerdem bitte er den Architekten, rechtzeitig daran zu denken, daß die Abflußrohre weitmöglichst von der Wand, an der die Betten im Schlafzimmer stehen, entfernt sind und zumindest gut isoliert werden. Ferner ist es wichtig zu bedenken, in welcher Form aus einem Waschbecken Wasser entnommen werden kann. Will man einen Eimer im Waschbecken mit Wasser füllen, so ist es dringend nötig, daß der Wasserhahn etwas höher über dem Waschbekken sitzt.

Ablagemöglichkeit im Badezimmer

Es ist heute üblich, wesentlich mehr Ablagefläche in den Badezimmern zu schaffen. Im allgemeinen hat man einen nischenförmigen Ausbau am Waschbecken, wo die nötigsten Utensilien untergebracht sind. Eine weitere Abstellmöglichkeit gibt ein Spiegelschrank, der statt eines Wandspiegels an der Wand über dem Waschbecken hängt. Die Spiegeltüren sind häufig dreiteilig ausgebildet, und somit gibt es eine gute Spiegelung beim Frisieren. Hinter diesen Türen sind dann Schrankteilchen mit sehr vielen verschiedenartigen Borden, in denen allerlei Kleinigkeiten untergebracht werden können. Eine weitere Möglichkeit, vorrätige Handtücher und Toilettenartikel unterzubringen, sind die eingebauten Waschtische, die unter dem Waschbekken ein Schrankunterteil haben. Falls dies nicht möglich ist, bietet die Industrie heute serienmäßig hergestellte Wandschränke an, die eigens für das Badezimmer entworfen sind. Fast immer gibt es zu wenig Ablagefläche im Badezimmer. Für jedes Familienmitglied sollte ein eigenes Ablagebord bestimmt sein. Und darüber hinaus bedenke man noch zusätzlichen Platz für hinzukommende Gäste. Um »Übergriffe« zu verhindern, kann man Borde mit Namensschildern versehen. Wer ungern allzuviel Kleinzeug direkt am Waschtisch herumstehen hat, wo es leicht einmal naß werden kann, der greife auf einen Wandschrank, etwas weiter entfernt vom Waschbecken, zurück.

Wandbelag

Der häufigste Wandbelag für das Badezimmer ist die Kachel mit der üblichen Abmessung 15×15 cm. Wer etwas Ausgefallenes sucht, für den stehen Platten im Format 15×20 zur Verfügung, mit denen sich durch waagerechte oder senkrechte Verlegung verschiedenartige Wirkung erzielen läßt. Kacheln mit matt-glasierter Oberfläche wirken weniger hart und aufdringlich als blanke Kacheln. Reich ist das Angebot an gemusterten Kacheln, besonders reizvoll ist ein Wandbelag in Kleinmosaik. Er ist völlig unempfindlich und sieht nie verschmiert aus, aber leider ist er etwas kostspieliger. Früher mußten die Fliesenverleger jedes Mosaiksteinchen mit einer Pinzette zu einem Muster zusammenlegen. Heute werden die Steine schon in gewissen Plattengrößen auf Spezialfolie aufgeklebt zum Verlegen geliefert. Mit seinen lebendigen Strukturen bietet sich der Marmor als sehr dekorative und völlig unempfindliche Wandverkleidung an. Aber auch er ist teuer. Gewisse Teile des Badezimmers, die nicht unmittelbar mit den Naßzonen konfrontiert werden, lassen sich ohne weiteres mit Holz verkleiden. Voraussetzung ist allerdings, daß die für diesen Zweck geeigneten Holzarten verwendet werden und die Verkleidung fachgerecht angebracht ist. Wesentlich ist hier, daß die Luft zwischen Mauerwerk und Holz richtig zirkulieren kann. Da von den Fliesen keine Feuchtigkeit aufgenommen wird, müssen die oberen Wandteile und die Decke im Badezimmer eine atmende Oberfläche erhalten. Auch stärkere Ausführungen von Tapeten, meist kunststoff-beschichtet, werden heute für die Wandbekleidung im Sanitärbereich verwandt. Es versteht sich, daß man dann die Dusche besonders gut abtrennen muß. Die Tapeten geben reizvolle Farbeffekte und sind häufiger einmal zu wechseln.

Bodenbelag

Für den Bodenbelag kommen die gleichen Materialien wie für den Wandbelag in Frage, nur müssen sie etwas härter sein. Von Solnhofener Platten über Schieferbelag, Hartziegel bis zu Mosaik und edlem Marmor reicht die Wahl. Die Industrie bietet auch einen Kunstfaserteppich als Bodenbelag an, auf dem es sich natürlich barfuß sehr angenehm geht. Auch hier gibt es keine Wasserpfützen. Wichtig ist, daß bei der Auswahl der Farbgebung darauf geachtet wird, daß gerade der Fußboden recht unempfindlich ist und leicht zu reinigen sein sollte.

Fußbodenheizung

Der Baderaum sollte angenehm und warm beheizt sein. Hier ist eine Fußbodenheizung besonders zu empfehlen. Sie wird ergänzt durch einen kleinen elektrischen Konvektor, in dessen Nähe man einen Handtuchhalter anbringen kann, der zu jeder Jahreszeit die gut ausgebreiteten Handtücher schnell trocknen kann.

Belüftung

Es ist gar keine Frage: Eine Außenbelüftung ist die beste Belüftung für einen Baderaum, in dem viel Wasserdunst auftritt. Beim Einzelhaus läßt es sich ja auch fast immer vermeiden, WC und Badezimmer ohne direkte Fenster an der Außenwand einzurichten. Undurchsichtige Scheiben im Kippflügel sind hier zu empfehlen. Doppelverglasung verhindert Zugluft und ist besonders da wichtig, wo das Fenster direkt bei der Dusche oder der Badewanne sitzt. Auch hier ist eine hochgelegene Fensterbrüstung zu empfehlen.

Beleuchtung

Die Beleuchtung im Badezimmer kann nicht hell genug sein. Mit einer Deckenleuchte allein wird man kaum auskommen. Es empfiehlt sich, von vornherein zwei bis vier Deckenlampen im Raum gleichmäßig zu verteilen. Darüber hinaus sollte über dem Spiegel noch eine Warmtonleuchtstoffröhre angebracht sein. Eine Sitzgelegenheit sollte möglichst in jedem kleinen Badezimmer vorhanden sein. Abgesehen von dem kleinen Klapphocker in der Duschkabine, ist ein freistehender Hocker, der leicht hin und her zu bewegen ist, fast unentbehrlich. Am besten wird er aus Plastik gewählt, aber auch ein weißgestrichener Holzhocker tut hier seinen Dienst.

Die Atmosphäre des Badezimmers wird wesentlich von *der Farbe* bestimmt. Badewannen und Waschbecken werden heute in allen für diesen Raum geeigneten Farben hergestellt. Man kann alle sanitären Objekte im gleichen Farbton bekommen und Wand- und Bodenbelag dazu abstimmen. Bei der Einordnung des Bades in den Grundriß des Hauses gilt es vielfach, die eigenen Wünsche den technischen Gegebenheiten unterzuordnen. Hinsichtlich der Farbe aber bleibt immer freie Hand. Freilich muß bedacht werden, daß eine Farbwahl hier eine Entscheidung für sehr lange Zeit ist. Vorsicht also bei allzu intensiven Farben! Sie können bei einem kleinen Raum erdrückend wirken. Bei Kacheln muß man unbedingt einkalkulieren, daß eine große Farbfläche viel intensiver wirkt als ein kleines Musterstück. Weiche Farbabstimmungen wirken auch in dieser Zone des Hauses angenehmer als harte Farbkontraste. Wobei noch hinzukommt, daß die Kachel als Material immer etwas hart wirkt. Bei weißen Wandflächen läßt sich durch fröhliche Frottéehandtücher viel Effekt erzielen. Bei aller Freude an der Farbe beachte man, daß ein gewisser Farbzusammenhang des Sanitärbereiches auch mit den übrigen Farbabstufungen im Hause bestehen sollte. Es ist nicht angenehm, beim Öffnen der Badezimmertür schockartig mit einem ganz neuen Farbbereich konfrontiert zu werden. Einige Farbvorschläge für die Badestube:

Für helle Räume: matte braune Fliesen, weiße Sanitärgegenstände, türkisfarbene Frottierware. Grau-blaue Fliesen, dazu die sanitären Gegenstände im gleichen Ton oder etwa weiße Sanitärgegenstände und wieder weiße Frottierwäsche.

Für dunkle Räume: Fliesen und sanitäre Gegenstände weiß, gelb- oder orangefarbene Frottierwäsche. Gelbe Fliesen, weiße sanitäre Gegenstände, hell- und dunkelbraune Frottierware.

Arbeitsplätze

Bei der Planung des Hauses wurden je nach den Verhältnissen und Bedürfnissen der Bewohner die Arbeitszimmer und Arbeitsplätze festgelegt (s. S. 60ff.). Es sollen Hinweise für die zweckmäßige Einrichtung dieser Arbeitsplätze gegeben werden. Wir meinen hier nicht das perfekte Arbeitszimmer, was ja eine einheitliche Raumplanung voraussetzt, sondern einzelne kleine Arbeitsplätze, die an den verschiedensten Plätzen im Hause eingerichtet werden können. Die Lage dieser Plätze wird sich im allgemeinen da ergeben, wo eben ein Räumchen freigeblieben ist. Zum anderen ist es natürlich erfreulich, wenn an diesem Arbeitsplatz auch etwas Tageslicht einzufangen ist, auch wird man so ein Plätzchen nicht gerade in einem Durchgang errichten mögen, auch nicht an den wichtigsten Verteilerzonen im Hause oder dort, wo viel Lärm entstehen könnte.

Zunächst das Mobiliar: Bei der Wahl des Tisches ist als erstes zu berücksichtigen, ob man ihn nur gelegentlich einmal zum Briefeschreiben benutzt oder ob es ein richtiger Arbeitstisch werden soll. Im letzten Falle muß der Zweckmäßigkeit vor allen anderen Gesichtspunkten der Vorzug gegeben werden. Die Größe des einzuplanenden kleinen Arbeitsplatzes richtet sich danach, wieviel Arbeitsmaterial griffbereit untergebracht werden soll. Je nach Umfang der hier zu erledigenden Arbeiten muß er flache und hohe Schubladen, Formularfächer und Schreibutensilien, Auszüge, Registratur- und Kartei-Züge, zusätzliche Arbeitsplatten, eine Schreibmaschinen-Schwenkvorrichtung, ein Fach für das Diktiergerät usw. enthalten. Die Arbeitsplatte selbst sollte kunststoffbeschichtet sein, es sei denn, man werkelt auch auf dieser Arbeitsplatte herum und bevorzugt eine robuste einfache Holzplatte.

Bei der Wahl des Schreibtisches wird man immer die am Arbeitsplatz vorgesehenen Ablageflächen und den Schrankraum mit im Auge haben. Ein nahebei gelegenes Regal, auf dem man möglichst ohne Aufzustehen die einzelnen Vorgänge übersichtlich ausbreiten kann, vergrößert die Gesamtnutzung der Arbeitsplatte. So ein frei in den Raum gestelltes Regal kann eine doppelte Funktion haben. Es dient nicht nur der Aufbewahrung des Arbeitsmaterials, es kann auch eine gewisse Raumteiler-Funktion haben und den Arbeitsplatz ein wenig abschirmen. Ist dieses freistehende Regal ohne Rückwand gearbeitet, und erlaubt von beiden Seiten den Durchblick, so kann diese sehr transparent wirkende Abgrenzung einen hübschen wohnlichen Effekt bieten. Ideal ist es natürlich, dicht an diesem Arbeitsplatz einen gewissen Schrankraum zur Verfügung zu haben. Dieser sei von vornherein nicht zu klein bemessen, denn im allgemeinen vergrößert sich im Laufe der

Zeit die anfallende Korrespondenz, das anfallende Rechnungswesen und alles, was zum Schriftverkehr des Familienlebens gehört. Man sollte keine Hemmungen haben, in einem Arbeitszimmer oder an einem Arbeitsplatz einen bis zur Decke reichenden Einbauschrank vorzusehen, in dem sich ein ganzes Büro unterbringen läßt.

Wie beim Schreibtisch, so müssen auch bei Sitzmöbeln und Arbeitstisch ästhetische Gesichtspunkte hinter denen der Zweckmäßigkeit zurücktreten. In erster Linie muß das Sitzmöbel also bequem sein und gesundes Sitzen gewährleisten. Ideal ist es immer, am Arbeitsplatz einen Stuhl mit Rollen zu haben, auf dem man sich sitzend vom Schreibtisch zu dem angrenzenden Bücherregal vor- und zurückrollen lassen kann. Auch in den aufgezogenen Schubladen läßt sich viel leichter hantieren, wenn man ein Stück vor- oder zurückrücken kann. Selbst ein ganz billiger einfacher Stuhl mit Rollen ist wesentlich praktischer und nützlicher als ein Stuhl, der weder gleiten noch rollen kann. Sehr angenehm sind in der Höhe verstellbare Stühle, zum Handschreiben sitzt man etwas tiefer, zum Schreibmaschineschreiben etwas höher. Ebenso sollte die Rückenlehne dieses Stuhles beweglich und den eigenen Körpermaßen genau anzupassen sein. Lehne und Sitz sind am besten flach gepolstert und abgefedert, so daß man ein längeres Arbeiten nicht gleich in den Knochen spürt. Ob der Schreibstuhl Armlehnen haben soll oder nicht, ist eine Frage des persönlichen Geschmacks. Im allgemeinen läßt er sich leichter bewegen und heranziehen, wenn er mit Armlehnen ausgestattet ist.

Für ein gutes Arbeiten am Arbeitsplatz ist die Beleuchtung ein sehr wichtiger Punkt. Es muß ein gezieltes, blendungsfreies Licht auf die Arbeitsfläche fallen, d. h. man sollte einen Metallschirm für diese Lampe wählen, der kein Licht nach oben ausfallen läßt und somit erst unterhalb des Auges sein eigentliches Licht entfaltet. Alle Klemmtischlampen sind sehr vorteilhaft, sie lassen sich vor- und zurückschieben und das Licht nah an den Punkt dirigieren, an dem man es haben möchte. Es sei darauf hingewiesen, daß diese Arbeitstischlampe wirklich nur die Fläche zum Schreiben beleuchtet und in keinem Fall den ganzen Bereich um die Schreibfläche herum. Es ist immer eine zusätzliche direkte Tischbeleuchtung erforderlich, die das richtige Licht für gutes Arbeiten garantiert.

1. Beispiel Arbeitsplatz am Regal

Die kleine Skizze zeigt einen Arbeitstisch, der an ein Regal angeschlossen ist. In diesem Fall ruht die Arbeitsplatte nicht direkt auf dem Regal, sie hat noch eine brettartige Unterstützung an der rechten Seite. Entscheidend ist aber, daß die Arbeitsplatte die gleiche Höhe hat wie das angrenzende Bücherbord,

Arbeitsplatz an einem Bücherregal

so daß beim Arbeiten herumliegendes Material direkt auf dieses angrenzende Bord geschoben werden kann. Links unter diesem Arbeitstisch steht ein auf Rollen befindliches Schubkastenteil, welches hervorgezogen werden kann. Auf diesem Teil ist sehr gut mit der Schreibmaschine zu arbeiten, da es hierfür die richtige Höhe hat. Die drei Schubkästen nehmen Kleinigkeiten am Arbeitsplatz auf. Der große untere Schubkasten ist für eine Hängeregistratur eingerichtet. Dieser halb bewegliche kleine Platz, der mit einem rollbaren Stuhl ausgerüstet ist, erfüllt die gute Funktion, allerlei Arbeit zu erledigen, die im Hause verrichtet werden soll. Dicht am Arbeitsplatz ist noch eine Pin-Wand angebracht, die nicht nur einen freundlichen Blick auf im Moment interessierende Notizen und Bildseiten ermöglicht, sie ist auch wie ein vergrößertes Notizbuch zu verwenden.

2. Beispiel Arbeitsplatz in einer Wandnische

Diese kleine Skizze zeigt, wie in einer Nische mit Hilfe von zwei Borden eine Arbeitsfläche und ein Regal geschaffen wurden. Dieser etwas improvisiert wirkende kleine Arbeitstisch kommt einer Kommandobrücke gleich, wo eine Hausfrau zwischen aller Betriebsamkeit ein kleines Plätzchen eingerichtet hat, an dem sich flüchtige Schreibarbeiten, Notizen, Rechnungen, kurze Telefongespräche und einiges mehr erledigen lassen. Für derlei Arbeit wird nicht sehr viel Unterbringungsfläche benötigt, es wäre aber auch keine Schwierigkeit, unter dieser schlichten Arbeitsplatte noch einen Schubkastenteil anzubringen. Hier sind die Borde rechts und links durch Metallträger in der Mauernische befestigt. Um die Intimität dieser Nische zu unterstützen,

Möglichkeiten für eine Arbeitsplatte zwischen zwei festen Wandteilen

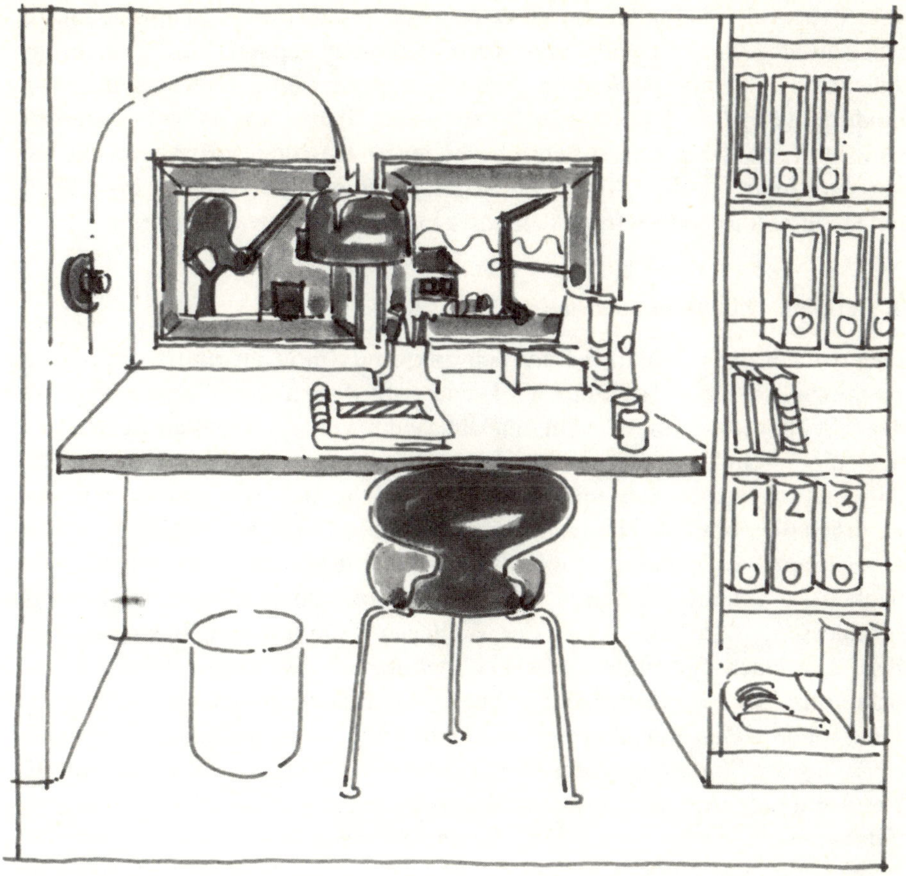

wurde sie dunkel gestrichen. Tageslicht kommt sowieso nicht an diese Stelle, und so hat man ein wenig das Gefühl der Abgeschlossenheit dadurch, daß eine farbliche Trennung in diesem Nischenteil hervorgerufen wurde. Die Wandleuchte befindet sich direkt an der Wand, die Arbeitstischleuchte ebenso und nimmt auch der kleinen Tischfläche wenig Platz weg.

3. Beispiel Arbeitsplatz zwischen zwei Wandteilen

Diese geräumige Arbeitsfläche wurde zwischen einer Regalseitenwand und einer Mauerwand auf der anderen Seite in Tischhöhe befestigt. Die Platte ist mit Resopal bezogen und rundum mit einem gleichfarbigen Umleimer versehen. Auf Schubladen wurde ganz verzichtet, da diese Tischplatte nur für gelegentliche Notizen und kurze Schreibarbeiten benutzt wird. Die seitlich sitzende Tischlampe beengt die Tischplatte wenig und gibt gleichzeitig einen modisch hübschen Effekt. Auch bei dieser Platte wurde auf Tageslicht verzichtet, da die geringen Schreibarbeiten sowieso nur zur Abendzeit hier vorgenommen werden. Auch bei diesem Beispiel wären ohne Schwierigkeiten fertig zu kaufende Schubladen unter die Schreibplatte zu setzen.

4. Beispiel Ein herausziehbarer Arbeitsplatz

Hier ist der Arbeitsplatz in die Schrankwand völlig integriert. Durch das Herausziehen eines Tischteils wird eine gute Arbeitsfläche geschaffen. Mit der Tischplatte in einem zieht man auch ein kleines Regalteil heraus, auf dem die Tischplatte ruht. In geschlossenem Zustand bildet das Regal das Vorderstück dieser Schrankfläche. Es versteht sich von selbst, daß man natürlich die Arbeitsfläche leerräumen muß, bevor der Schreibtisch wieder in die Schrankwand hineingeschoben wird. Auch dies ist nur eine Arbeitsmöglichkeit für seltenes Arbeiten im Haus. Sie ist sehr raumsparend, denn im geschlossenen Zustand behält der Wohnraum die normale Bewegungsfreiheit. Die auch für andere Zwecke benutzbare Stehlampe wird hier als Schreibtischlampe hinzugezogen. Diese Art Schreibmöbel bietet heute die Industrie in vielen Regaleinbauwänden an. In dieser und ähnlicher Form gibt es zahlreiche Varianten, die es ermöglichen, das Schreibmöbel aus der Bücherwand unter der geschlossenen Wohnzimmerschrankwand hervorzuholen. Könnte man nicht auch den *Kosmetikbereich* als einen Arbeitsplatz bezeichnen? Die Notwendigkeit, der Frau einen gut belichteten, bequemen Platz zum Entspannen und zum Regenerieren zu schaffen, wird wohl niemand bestreiten. Die Abmessungen des Toilettentisches bestimmt die Einrichtung des Schlafzimmers. Natürlich spielt auch eine Rolle, wie umfangreich die kosmetischen Arbeiten sind, die hier betrieben werden. Ebenso ist zu berücksichtigen, wieviel Zubehör man für diese Beschäftigung benötigt. Es wird kaum einer Frau an Phantasie fehlen, diesen kleinen Platz herzurichten. Abgesehen davon, daß die Industrie allerlei Angebote für diesen Bedarf bereithält, gibt es natürlich die Möglichkeit, in irgendwelchen entstandenen Nischen, zwischen Wandschrägen, sogar auf vergrößerten Fensterbrettern einen Toilettentisch einzurichten. Einzelne kleine Unterschränke auf Rollen, wie wir sie bereits am Schreibtisch zeigten, ließen sich auch unter solche Ablageborde stellen. Sehr wichtig für diesen Platz ist die gute Beleuchtung. Sie soll dem Tageslicht ähneln und von mehreren Seiten kommen. Ein Zuviel an Beleuchtung für diesen Platz gibt es nie. Die

Skizzen für einen herausschiebbaren Arbeitsplatz

Rückwand von dieser Ablagefläche könnte eine ganze Spiegelwand sein, an deren beiden Seiten eine Reihe von Punktleuchten oder Einbaudeckenstrahlern angebracht werden, deren Lichtfall lenkbar ist, und die somit die davorsitzende Frau von vielen Seiten beleuchtet. Vorsicht – das Licht sollte auf keinen Fall in den Spiegel fallen!
Eine Frau, die gern näht, aber keinen Wirtschaftsraum zur Verfügung hat, wird über einen kleinen *Nähraum* sehr glücklich sein. Das Wichtigste an solch einem Raum ist die Tür, die man hinter sich schließen kann. Man möchte gern bei dieser Arbeit ganz für sich sein, zum anderen ist es einem möglich, angefangene Arbeiten liegenzulassen und damit nicht das ganze Haus in Unordnung zu versetzen. Auch ist es auf die Weise möglich, daß die angefangene Näharbeit vor unliebsamer Zerstörung durch Kinderhände geschützt wird. Falls der dafür in Frage kommende Wirtschaftsraum nicht vorhanden ist, ist jede Dachschräge eine gut geeignete Ecke, um so ein Plätzchen einzubauen. Selbst an einem Flurende unter einer verbreiterten Fensterbank lassen sich kleine Regale unterbringen, die die Nähmaschine aufnehmen, vorausgesetzt, daß die Fensterbrett-Arbeitsplatte so breit gezogen ist, daß man richtig davor sitzen kann und auch das Nähzeug ausbreiten kann. Solche übriggebliebenen Nischen, die man für die Nähecke einrichten kann, sind evtl. auch durch einen Paravent oder einen Vorhang zu verschließen. Würde sich ein ganzes Zimmerchen zu diesem Zweck einrichten lassen, sollte es so lustig und wohnlich wie möglich sein. Gute Beleuchtungskörper und auch eine größere Spiegelfläche sollten nicht fehlen.

Vielzweckraum

Es ist sehr zu begrüßen, wenn bei der Einrichtung einer Wohnung oder der Planung eines Hauses ein sogenannter Vielzweckraum übrigbleiben kann. Die Größe dieses Raumes hängt natürlich von den Möglichkeiten ab, die uns hier die Planung läßt. Zu groß kann dieser Raum nie sein, er kann überall liegen, im Keller, auf dem Boden, im Untergeschoß oder auch angrenzend auf derselben Etage, dem normalen Wohnbereich zugeordnet. Dieser Vielzweckraum kann auch als Studio, als Musikraum, als Hobbyraum, als Werk- und Bastelzimmer ausgestattet sein. Die Lebensgewohnheiten der Familie werden die Betonung bei der Einrichtung dieses Raumes diktieren. In jedem Fall handelt es sich um einen Zusatz-Wohnbereich, der den verschiedensten Beschäftigungen nützlich sein soll. Da sich die Beschäftigungen in diesem Raum im Laufe einer Generation gewaltig verändern können, ist es sehr zu empfehlen, von vornherein die Verwendbarkeit des Raumes so vielseitig wie möglich zu gestalten.

Möblierung des Vielzweckraumes

Die Möblierung dieses Raumes dient allein der Bequemlichkeit und ist im Grunde nebensächlich. Sie sollte ein bißchen improvisiert und zufällig bleiben. Die Sitzmöbel für den täglichen Gebrauch sind einfach, aber bequem. Schwere Wohnzimmertische sind hier nicht am Platze, kleine zusammenstellbare Wandtische erfüllen ihren Zweck. Stapelstühle, falls man einmal Dias im größeren Kreis betrachten will, lassen sich in den Wandschränken, Nischen oder im Abstellraum unterbringen. Zusammenklappbare Stühle sind sehr günstig, sie lassen sich, falls einmal Tischtennis gespielt werden soll oder der Raum für Kinderspiele erweitert werden muß, schnell zusammengeklappt beiseite stellen. Es wird häufig vorkommen, daß man ausgediente Wohnzimmermöbel in diesen Raum zunächst »abschiebt«. Hier, in solch einem leger gehaltenen Zimmer sind sie noch gut am Platze. Man hüte sich aber, durch allzu viele abgeschobene Möbel diesen schönen Vielzweckraum in seiner Bewegungsfreiheit einzudämmen.

Wandgestaltung

Für die Wandgestaltung ist hier alles erlaubt. In vielen Fällen bauen sich die Familienmitglieder diesen Raum erst später selbst aus, wenn die Wände schon verputzt worden sind. Dann ist eine Verkleidung durch Dämmplatten oder Hartfaserplatten und auch durch Holzpaneele sehr zu empfehlen. Jede Form von rustikalem Wandanstrich ist hier angebracht, Rupfenbespannungen, schlichte naturfarbige Kiefernholzverbretterung etc.

Jede Art von Auslegware oder PVC-Plattenbelägen kommt für diesen Raum in Frage. Es sollte sich um ein kräftiges, leicht zu reinigendes, unempfindliches Material handeln, möglichst Plattenverlegung, damit beschädigte Stellen einmal ausgewechselt werden. Auch Steinfußboden ist für diesen Raum geeignet, selbst ein Zement-Estrich, der evtl. farbig gestrichen wird, ist ein guter Fußbodenbelag.

Die elektrische Beleuchtung dieses Raumes sollte so variabel wie möglich sein. Wenn der Raum groß ist, empfiehlt es sich, an den beiden Längsseiten des Raumes je zwei Lichtschienen anzubringen, in denen bewegliche Strahlerleuchten verschieden zu schalten sind und, durch einen Variolux-Dimmer ganz heruntergedreht, eine sehr schwache Stimmungsbeleuchtung ergeben. Falls an einer Wandseite einmal Zeichnungen aufgehängt werden sollen, so daß eine kleine Kindergalerie entsteht, sind diese Strahler wie Bilderstrahler zu verwenden. Zusätzlich sehe man für diesen Raum reichlich Steckdosen vor, um variabel zu sein und die Sitze einmal umgruppieren zu können. Da sehr häufig so ein Vielzweckraum als Studio oder Stereoraum benutzt wird, empfiehlt es sich sehr, von vornherein die Musikanlage sehr gut vorzubereiten.

Wer eine komplizierte Stereoanlage plant, sollte sich in erster Linie in einem guten Fachgeschäft beraten lassen. Gerade die großen Herstellerfirmen haben ausgezeichnetes Informationsmaterial, das jeden »Fan« in die Lage versetzt, sich die notwendigen Kenntnisse für den Einbau einer solchen Anlage zu erwerben. Zu einem richtigen »Fan« gehört es eigentlich, daß er selbst zum Bastler wird und die technischen Zusammenhänge seiner Anlage genau kennt. Dieses »Basteln« unterstützen die Firmen, indem sie zahlreiche Geräte liefern, die für den Einbau nach persönlichen Wünschen geeignet sind. So findet man unter Berücksichtigung der technischen Erfordernisse ebenso wie unter Berücksichtigung der Raumverhältnisse »seine« Stereoanlage heraus, die man dann nach eigener Vorstellung selbst einbauen kann. Die Zahl derer, die selbst ihre Anlage zusammenstellen und einbauen wollen, wird immer größer. Für die Unterbringung der Gegenstände wird nur ein Regal benötigt. Im Wohnzimmer wird man die Anlage in einem Bücherregal unterbringen, im Studio genügt ein ganz einfaches Wandregal. In Schienen eingehängte Holzborde ermöglichen ständige Veränderungen und Ergänzungen, die von einem geschickten Bastler immer selbst vorgenommen werden. Wichtig ist nur, daß die Anlage in einem Fach steht, das etwas Luftzirkulation zuläßt, damit die Betriebswärme abgeführt werden kann. Beim Einbau – nach mitgelieferter Anleitung – kommt kein einziger Nagel in das Regal. Eine entsprechend zugeschnittene Frontplatte schließt das Gerät bündig mit dem Bord ab, zur Wand hin steht es frei, so daß es später leicht einmal einen anderen Platz mit einer neuen Frontplatte erhalten kann. Wer ein wenig handwerkliches Geschick hat, der wird nicht länger als drei Stunden für diesen Einbau benötigen.

Geräte, die zur Bedienung gehören, sollten an einem Ort vereinigt sein. So werden lange Verbindungskabel vermieden, die elektrisch ungünstig sind und die Bedienung der einzelnen Geräte erschweren würden. Es spielt keine Rolle, in welcher Entfernung die Lautsprecher sitzen und wo die Anlage untergebracht wird. Für die Bedienung der Anlage ist es daher vorteilhaft, wenn die Geräte möglichst nahe der Sitzecke aufgestellt sind. Wer es gern bequem haben möchte, dem sei ein komplettes fahrbares Studio empfohlen, in dem alle Geräte, also Verstärker, Empfangstuner, Plattenspieler zusammengefaßt sind.

Für die Anbringung der Lautsprecher gilt die Regel, daß der Abstand zwischen Hörern und Lautsprechern möglichst einem gleichseitigen Dreieck ähneln soll. Diese Konstellation hat die beste Stereowirkung. Diese Bedingung muß nicht starr erfüllt werden, die Relation darf sich ruhig etwas verschieben. Bei zu großem Abstand der Lautsprecher entsteht in der Mitte ein unangenehmes, akustisches Loch. Stehen sie aber zu eng, ist keine Trennung der Stereokanäle mehr möglich. Anders gesagt, sitzt der Hörer in genügender Entfernung zum Lautsprecher, so müssen diese weiter auseinanderstehen. Sie müssen in Ohrhöhe des sitzenden Hörers angebracht sein. Man sollte sie also nicht unter die Zimmerdecke hängen. Die untere Grenze soll 50 cm über dem Fußboden sein, die obere Grenze bei 1,60 m liegen, vom Fußboden aus gemessen. Ist es nicht zu umgehen, daß die Lautsprecher sehr hoch sitzen, dann sollten die Schallwände um einige Grad nach unten geneigt werden, damit die Hörer gewissermaßen von der Tonrichtung angestrahlt werden. In rechteckigen Räumen ist es günstig, wenn die Lautsprecher von einer Schmalseite in den Raum einstrahlen. Eine Diagonalrichtung, also die Montierung der Lautsprecher in zwei gegenüberliegenden Zimmerecken ist nicht zu empfehlen. Hierdurch wird zwar der Rechts-Linkseffekt erhöht, aber es besteht die Gefahr, daß der Klangkörper auseinanderfällt.

Es ist nicht leicht, bei den Lautsprechern die richtige Wahl zu treffen. Hier sollte man unbedingt einen Fachhändler zu Rate ziehen. Die Preise für Lautsprecherboxen liegen zwischen 40 bis 50 Mark und 1500 bis 2000 Mark. Die Größe der Boxen muß sich nach der Größe des Raumes richten. Eine kleine Box in einem großen Raum ist immer eine Kompromißlösung. Je größer der Raum ist, um so mehr Schalldruck muß der Lautsprecher ausstrahlen, um die gewünschte Lautstärke zu erreichen. Will man in einem größeren Raum den erforderlichen Schalldruck mit kleinen Boxen erzeugen, muß man die Grundlautstärke erhöhen. Der Verstärker muß also höhere Leistung an die Lautsprecher liefern. Naturgemäß wird dadurch mit dem Schall auch die Verzerrung größer. Als Grenze sollte folgende Regel gelten: Kleinbox bis ca. 10 Liter Inhalt für kleine Räume bis 20 qm, mittelgroße Boxen zwischen 10 und 50 Liter Inhalt für mittelgroße Räume bis 30 qm, große Boxen mit mehr als 30 Liter Inhalt für mehr als 30 qm.

Wer beim Bau seines Hauses nicht gleich an eine Stereoanlage denken möchte, sollte aber doch von Anfang an Nischen für die Lautsprecher mit vorsehen, denn meistens müssen sie in den Wänden untergebracht werden. Es ist recht kompliziert, diese Nischen nachträglich einzubauen. Man wird immer versuchen, diese Boxen so unauffällig wie möglich zu placieren, vor allem, wenn die Anlage im Wohnraum vorgesehen ist. Bei gestrichenen Wänden lassen sich die Nischen mit dünnem Nesselstoff bespannen, der dem Farbton der Wand genau angepaßt werden kann, so daß die Lautsprecheröffnung überhaupt nicht sichtbar ist. Auch in einem Bücherregal kann man es erreichen, daß sie nicht ins Auge fällt. Aber da das Regal in den meisten

Fällen der Aufbewahrungsort für die Stereoanlage selbst ist, ist es wiederum nur selten möglich, auch die Lautsprecher im gleichen Regal sachgemäß unterzubringen. Sie sollten im Grunde an der gegenüberliegenden Wand sitzen.
Gerade bei einem Vielzweckraum ist es im allgemeinen üblich, nicht allzu viele textile Dekorationen anzubringen, da es sein kann, daß die Wiedergabe der Stereoanlage nicht so günstig ist. Man muß also die Ausstattung des Raumes ein wenig nach einem guten Stereoempfang ausrichten. Möglichst die Wand hinter dem Lautsprecher sollte hart sein, d. h. ungedämpft, so reflektiert sie den Ton am besten. Die dem Lautsprecher gegenüberliegende Wand hingegen sollte eine Dämpfung enthalten. Dort können also Polstermöbel, Stoffbespannung oder Dämmplatten und Gardinen reichlich vorhanden sein. Von einer gewissen Größe an empfiehlt es sich, in akustisch ungedämpften Räumen die Decke mit Holz oder Akustikplatten zu verkleiden.
Falls die Stereoanlage im Vielzweckraum eingerichtet ist, ermöglichen Wiedergabegeräte, auch in andere Räume des Wohnbereiches auszustrahlen. Diese Lautsprecher sollten im Raum möglichst hoch sitzen, um eine bessere Klangwirkung zu erzielen. Sonst gibt es aber für den Platz der Monoanlage keine Regel. Zunächst plant man diese Wiedergabemöglichkeiten nur für ein bis zwei Räume im Haus. Für nachträgliche Wünsche empfiehlt es sich dann, das Leerrohr (vergleiche Seite 168) zu benutzen.
In der gleichen Weise wie die Stereoanlage läßt sich auch der Fernseher sehr gut im Vielzweckraum unterbringen. Er entlastet damit das Wohnzimmer und garantiert einen »störungsfreien« Ablauf des Familienlebens. Vom Einbau der Fernsehgeräte ist man wieder mehr abgekommen. Inzwischen haben sich alle daran gewöhnt, daß ein Fernsehgerät eine nützliche Angelegenheit ist, und man geniert sich nicht, den Gegenstand frei im Raum zu zeigen. Die Auswahl der Geräte ist vielfältiger geworden. Das Design der Fernsehgeräte ist unauffällig geworden und die Abmessungen wesentlich kleiner, so daß man keine Schwierigkeiten mehr hat, diese Geräte optisch mit in den Raum einzubeziehen.

Die Zeit des Bauens

Mit Spannung wird jeder Bauherr den Zeitpunkt herbeiwünschen, in dem endlich mit dem Ausschachten begonnen wird. Fast scheint es unverständlich, daß bis zum ersten Spatenstich soviel Zeit vergangen ist. Aber man sollte sich zum Trost sagen, je besser in der Zeit des Planens alle Einzelheiten durchdacht und vorbereitet werden konnten, desto reibungsloser und schneller wird das eigentliche Bauen vor sich gehen, und desto sicherer wird man sich selber in dieser Zeit fühlen, die immer noch mit allerlei Unruhe und Spannung geladen ist. Sollte bis zu diesem Zeitpunkt noch kein Gartenplan gemacht sein, so ist dringend zu empfehlen, mit diesem Plan schnellstens zu beginnen. Selbst wenn es die Kosten nicht gleich zulassen, nach der Beendigung des Hausbaus den Garten perfekt anzulegen, so ist es wichtig, zu diesem Zeitpunkt in einem festen Plan allerlei für den Garten zu berücksichtigen.
Natürlich wird man gern den Fortschritt an der Baustelle verfolgen. Vieles wird da recht unverständlich aussehen, und ernste Sorgen werden sich einschleichen. Der Grundriß wirkt auf einmal unvorstellbar klein. Da noch jegliches Verhältnis zu einem Möbelstück fehlt und noch obendrein die unverputzten dunklen Wände die Räume sehr verkleinern, wird man entsetzt meinen, daß kein Möbelstück in den dafür vorgesehenen Raum passen wird. Der Architekt beruhigt den Bauherrn, und allmählich stellt sich wieder etwas Gelassenheit und Zuversicht ein. Aber es ist doch kein Fehler, wenn man gelegentlich den Zollstock aus der Tasche zieht und vergleicht, ob beispielsweise die Küchenwand die vorgesehenen 3,60 m innehat, auf die man das Programm der Einbauschränke abgestimmt hat. (Auf jeder Seite muß natürlich noch die Putzschicht einkalkuliert werden.) Schließlich können allen Menschen Irrtümer unterlaufen und vielleicht kann auf die Weise Ärger vermieden werden. Ein Bauherr muß sich darüber im klaren sein, daß er nicht so ohne weiteres dem Handwerker auf der Baustelle Befehle erteilen kann. Alle Extra- und Änderungswünsche muß er mit dem Architekten besprechen, denn dieser führt hier die Regie. Extrawünsche sind sehr teuer und sollten gründlich überlegt sein, bevor sie weitergegeben werden. Sicher ist es kein Fehler, wenn ein Bauherr von Zeit zu Zeit mit einer großen Wasserwaage ausgerüstet auch einmal die Verhältnisse am Bau kontrolliert. Wenn zu Beginn eines Baus eine Wand schief errichtet ist, so zieht das wellenartige Kreise nach sich. Es besteht die Gefahr, daß die eingesetzte Tür schief an der Wand hängt, daß der Wandschrank nicht stehen will, alle Türen im Wandschrank schräg hängen. Es entsteht eine verhängnisvolle Kettenreaktion. Das billigste wäre gewesen, im ersten Moment die schiefe Wand zu

ändern. Nur sollte man das wirklich feststellen können, und dazu hilft nur eine große Wasserwaage.
Alle Materialien, die bisher noch nicht gebraucht wurden – zum Teil wurden mit dem Architekten schon feste Vereinbarungen getroffen –, müssen jetzt ausgesucht sein. Zur Information sollte man allerlei dafür notwendige Besichtigungen vornehmen, Ausstellungen für zeitgemäßes und neuartiges Baumaterial aufsuchen, eventuell vorhandene Bauzentren konsultieren. Der Architekt wird dieses Recherchieren begrüßen. Da spielt für den Innenausbau zunächst das Fußbodenmaterial eine wichtige Rolle. Man kann gar nicht genug Untersuchungen und Vergleiche anstellen. Man sollte sich in erster Linie von den Herstellerfirmen bzw. deren Vertretungen beraten lassen, aber gleichzeitig nie versäumen, sich Referenzen zu erbitten, wo man an Ort und Stelle das verlegte Material, das evtl. 2–3 Jahre benutzt wurde, besichtigen kann. Somit erhält man von neutraler Seite Gutachten über die Haltbarkeit der Ware. Mit anderen Materialien sollte man genauso vorgehen. Die Holzart für die vorgesehenen Wandpaneele und für die Zimmerdecke muß ausgewählt werden. Das große Angebot der Fliesenhersteller muß sondiert werden, sanitäre Gegenstände, besonders Armaturen, sollten an Ort und Stelle in großen Ausstellungen besichtigt werden. Für Elektrogeräte, Heizkörper, Beleuchtungskörper, in erster Linie natürlich Einbauleuchten, muß zu diesem Zeitpunkt die Entscheidung getroffen werden. Die verschiedenen Vorrichtungen für Gardinenaufhängungen, die unter Putz gelegt werden, sind zu untersuchen. Beschläge für Fenster und Türen müssen geprüft werden, Steuer-, Klingel- und Sprechanlagen sollen mit Sorgfalt ausgewählt sein. Wenn man sich durch diesen Berg durchgearbeitet hat, beginnt die eigentliche Auswahl der Stoffe und Möbel für den Innenausbau.
An erster Stelle rangiert das Einbaumöbel. Es muß sich den Abmessungen der Wände anpassen. Noch besser ist es, wenn von vornherein die Maße der Wände mit den Serien der Herstellerfirmen übereinstimmend festgelegt wurden. Die Wahl der Küchenmöbel wird deshalb große Mühe kosten, weil es so viele gute Einbauküchen auf dem Markt gibt. Beim Einkauf der Kücheneinrichtung sowie der Wandschränke muß man unbedingt die Grundrißzeichnung des Hauses mit den Maßen und Eintragungen bei sich haben. Es ist zu bedenken, daß die Lieferzeiten der Einrichtungshäuser ein Vierteljahr und noch länger betragen. Deshalb sollte man mit dem Einkauf recht früh dran sein, um beim Einzug schließlich alles beisammen zu haben.
Häufig können Bekannte mit Adressen dienen, in denen man Einrichtungsgegenstände besonders günstig einkaufen kann. Da das Geld inzwischen knapp geworden ist, läßt man sich gerne und nur allzuleicht zu derartigen Käufen verleiten, mit denen man von vornherein nur halb zufrieden ist. Hier

sollte man standhaft bleiben. Lieber sollte ein Zimmer ein Jahr leer stehen, als daß man Möbel hineinstellt, die keinen anderen Vorzug haben, als daß sie billig waren. Vielleicht kann man doch noch ein Weilchen mit den alten Einrichtungsgegenständen vorliebnehmen, die dann später zur Benutzung in Keller- oder Abstellräumen degradiert werden.

Beim Einkauf der Textilien muß man nicht so konsequent sein. Hier handelt es sich um Materialien, die leicht einmal ausgewechselt werden können. Auch ist es recht angenehm, von Zeit zu Zeit einmal einen Stoff zu ändern. Eine Zwischenlösung ist hier absolut vertretbar. Natürlich bewährt sich ein gutes Material immer besser als ein einfaches Gewebe. Man sollte die Angebote mehrerer Einrichtungshäuser vergleichen, bevor man sich entscheidet. Die genauen Maße für die Fensterdekoration berechnet der Dekorateur auf Grund der Zeichnung des Grundrisses und der Wandansichten. Es ist ärgerlich, wenn man von einem langfristig bestellten, kostspieligen Stoff einen Meter zuwenig hat.

Sobald der Rohbau steht, gilt es, die Verlegung der elektrischen Leitungen festzulegen. In diesen Tagen empfiehlt es sich, die Baustelle öfter und recht aufmerksam zu besuchen. Man bemühe sich, den Einrichtungsplan genau vor Augen zu haben, man versuche beispielsweise, sich in Gedanken an den Eßtisch zu setzen oder auf der Wohnzimmercouch Platz zu nehmen und da zu überlegen, welche elektrischen Geräte man hier um sich haben möchte. Daraus ergibt sich, wo die Steckdosen zu sitzen haben. Im Rohbau kostet das Verlegen einer Steckdose nur einen geringen Betrag, später sind es erhebliche Kosten. Auch das Leerrohrnetz wird jetzt durch das gesamte Haus gezogen. Es empfiehlt sich dringend, von Raum zu Raum Leerrohre zu ziehen, die sowohl oben am Boden als auch unten im Keller einen Sammelpunkt anpeilen. Man achte peinlich darauf, daß dieses Leerrohrnetz vor starken Krümmungen und Biegungen geschützt ist. Sonst ist es später unmöglich, durch diese feinen Rohre wirklich Antennendrähte, Klingelleitungen, Sprechanlagen-Leitungen hindurchzuschleusen. Ein weiterer Gefahrenmoment für das Leerrohrnetz ist der Zeitpunkt des Verputzens im Hause. Wenn unvorsichtige Handwerker allzu viele Putzbröckel in die Leerrohre fallen lassen, so sind sie zweifellos verstopft, und es wird später fast unmöglich sein, ein elektrisches Kabel durch dieses Leerrohr zu schieben. Zu diesem Zeitpunkt, zu dem der elektrische Plan festgelegt wird, sollten auch alle Anschlüsse für Deckenbeleuchtung, Klingelanlagen, Sprechanlagen, das Netz für die Stereoeinrichtung und die Vorrichtung für die Fernsehantennen, die Anschlüsse im Badezimmer für Rasierer und elektrische Handtuchhalter, der Anschluß für den Wrasenabzug und für alle Elektrogeräte in der Küche, für Kühlschrank, Herd, Spülmaschinen, für Waschmaschine, Trockengeräte, evtl. im Badezimmer, bedacht und festgelegt sein. Auch die Steckdose auf der Terrasse, in der Garage oder an mehreren Außenstellen des Hauses wird oft vergessen.

Vorsichtige Bauherren wählen den Termin, zu dem sich die bisherige Wohnung kündigen ließ, vier Wochen später, als der von dem Architekten festgelegte Einzugstermin ist. Natürlich muß das Geheimnis bleiben. Man darf auf keinen Fall Gleichgültigkeit zeigen, wenn es so aussieht, als könnte sich der Einzugstermin auch nur um eine Woche hinausschieben, sondern muß systematisch zur Eile drängen. Diese Vorsichtsmaßnahme schont bei allen Beteiligten die Nerven. Nun ist man nicht gezwungen, bereits umzuziehen, solange der Neubau noch von allen Handwerkern belegt ist. Angesichts der Tatsache, daß man beabsichtigt, in dem neuen Haus ca. 30 bis 50 Jahre zu wohnen, ist es wirklich eine Frage, ob es sich lohnt, solchen chaotischen Zuständen entgegenzusehen. Es ist höchst unerfreulich, in ein Haus einzuziehen, das noch von mehreren Handwerkern belagert wird. Zum anderen gibt es besonders im Winter den Zeitpunkt, wo sich Handwerker recht gerne in einem gut geheizten Haus aufhalten. Da hilft dann wirklich nur das Mittel, sie hinauszuwohnen. Das kann sich natürlich nur nach einem Einzug vollziehen. Aber man sei vorsichtig mit übereilten Einzügen. Die noch im Haus befindlichen Handwerker können allerlei beschädigen, und das zu reparieren kostet Erhebliches. Es ist äußerst angenehm, das Einrichten eines Hauses schon vorzunehmen, wenn die eigene Familie noch nicht im Hause wohnt. Man kann dann noch einmal abwägen, ob der neue Schrank besser rechts oder links von der Haustür steht, ohne daß der Suppentopf überkocht oder daß die Kinder mit dem Roller über das frisch versiegelte Parkett schleifen. Hier hat man es doch wirklich selbst in der Hand, richtig zu planen, es sei denn, der Architekt läßt einen völlig im Stich; aber über so etwas sollte man hier gar nicht erst reden.

In den Tagen des Einzugs wird der Bauherr mit sorgenvollem Gesicht feststellen, was er alles vergessen hat, und ein leichter Zorn wird sich auf den Architekten oder den Innenarchitekten richten, denn dieser hätte ihn schließlich aufmerksam machen können. Aber man sollte Gelassenheit üben und sich damit trösten, Geld gespart zu haben. Vielleicht läßt sich einiges auch später noch nachholen. Nach einigen Tagen wird er vielleicht merken, daß das Vergessene gar nicht so wichtig war und inzwischen als gegenstandslos erscheint. Er sollte es einmal versuchen, das Haus richtig zu bewohnen. Letzten Endes wird er ja nicht in Perfektionismus ersticken wollen. Eine kleine Lücke für das Improvisieren sollte bleiben. Ohne sie würde das Einrichten keine Freude mehr machen. Nicht nur Versäumnisse werden den Hausherrn unruhig machen, gleichzeitig wird er verschiedene Dinge bemerken, die überflüssig erscheinen. Nach einiger Zeit sind es aber gerade diese Dinge, die ihm unentbehrlich geworden sind. Gelassenheit ist allen Beteiligten für die Wochen des Einzugs und des Einlebens zu wünschen. Man sollte nicht jedesmal erschreckt hochfahren, wenn wieder etwas nicht funktioniert, und einfach solche Mißstände einkalkulieren, sie alle aufschreiben und nach einer geraumen Zeit Handwerker und Architekten bestellen, um diese Mißstände zu beheben. Auch mit dem Auftreten von Kondenswasser muß gerechnet werden. Das Haus muß erst richtig trocken werden, man wird deshalb viel lüften. Türen klemmen oder gehen schwer. Alles wird sich mit der Zeit bessern. Hat man nach einigen Wochen immer noch Beanstandungen, so läßt man die Handwerker kommen, um diese Mängel zu beseitigen. Sie werden schnell herbeieilen, falls man so klug war, bei der letzten Rechnung noch eine gewisse Garantiesumme einzubehalten. Dem frisch gebackenen Hausherrn möchte man sagen:

Wappnen Sie sich gegen Vergessenes, Unvorhergesehenes und Ärgerliches. Vergessen sie über allem nicht die Freude an ihrem neuen Haus, und wenn manches anders wurde, als Sie es ursprünglich geplant haben, sicher ist einiges auch schöner und besser geworden. Nehmen Sie es in Besitz, Ihr eigenes Haus und Ihr Eigentum und geben ihm Ihre persönliche Note, denn das hat dem Neubau bisher noch gefehlt.

Stichwortverzeichnis